高等学校经济管理类主干课程教材·会计与财务系列

高级财务会计

— 第7版 —

立体化数字教材版

傅 荣 编著

ADVANCED FINANCIAL ACCOUNTING

中国人民大学出版社
·北京·

图书在版编目（CIP）数据

高级财务会计：立体化数字教材版/傅荣编著．--7版．--北京：中国人民大学出版社，2024.5
高等学校经济管理类主干课程教材．会计与财务系列
ISBN 978-7-300-32547-7

Ⅰ.①高… Ⅱ.①傅… Ⅲ.①财务会计-高等学校-教材 Ⅳ.①F234.4

中国国家版本馆CIP数据核字（2024）第037825号

高等学校经济管理类主干课程教材·会计与财务系列
高级财务会计（第7版·立体化数字教材版）
傅　荣　编著
Gaoji Caiwu Kuaiji

出版发行	中国人民大学出版社		
社　　址	北京中关村大街31号	**邮政编码**	100080
电　　话	010－62511242（总编室）		010－62511770（质管部）
	010－82501766（邮购部）		010－62514148（门市部）
	010－62515195（发行公司）		010－62515275（盗版举报）
网　　址	http://www.crup.com.cn		
经　　销	新华书店		
印　　刷	北京宏伟双华印刷有限公司	**版　　次**	2012年11月第1版
开　　本	787 mm×1092 mm　1/16		2024年5月第7版
印　　张	23.75 插页1	**印　　次**	2025年1月第5次印刷
字　　数	572 000	**定　　价**	56.00元

新形态立体化数字资源使用说明

本书是纸质教材和数字资源一体化设计的新形态教材，配备了丰富的立体化数字资源，主要包括与纸质教材同步的**双题库（主教材题库＋学习指导书题库）**、**PPT**、**教学大纲**、**思维导图**、**重难点视频讲解**、**试卷**等。针对不同用户、不同教学应用场景提供不同的使用入口。

1. 书中二维码资源免费获取和使用方式

（1）注册：微信扫描封面前折口上贴片的二维码→输入手机号（微信绑定）→点击“确定”。

（2）点击**“学习中心”**模块→点击“确定”。

（3）随时随地扫描教材中的二维码，即可免费学习。

2. 教师利用双题库进行随堂测、期中期末组卷并导出

输入网址（tk. rdyc. cn）→登录（手机号＋验证码）→组卷（自动/手动）

题库使用教程

资源使用过程中如有问题，请咨询（工作日 9:00—17:00）：

电话：010－62519146

QQ：275374474

总　序

从教材体系的角度看，基础会计、中级财务会计和高级财务会计三者既相对独立又相互衔接，系统完整地呈现了财务会计确认、计量与报告的理论与实务。

基础会计是财务会计知识体系的基础，由浅入深地讲解会计学的基本知识，循序渐进地介绍财务会计确认、计量与报告的基本原理和基本方法。基础会计将引导学习者步入财务会计知识的殿堂。

中级财务会计是财务会计知识体系的核心，系统地介绍有关资产、负债、所有者权益、收入、费用、利润等会计要素的确认、计量与报告的理论与实务的相关内容，完整地阐述企业利用财务报告列报企业的财务状况、经营成果和现金流量信息的原理与方法。中级财务会计承前启后，是连接基础会计和高级财务会计的桥梁。

关于高级财务会计应涵盖的内容，目前并无统一规范。是侧重于已经受到严峻挑战的四个会计前提的交易或事项有关的会计理论与实务，还是聚焦于有别一般交易或事项的“特殊”会计专题，见仁见智。但有一点是毋庸置疑的，即高级财务会计是在中级财务会计的基础上，对财务会计教学内容的补充与延伸，并且随着不断变化的经济环境对财务会计教学理念与体系随时提出新的要求，其补充与延伸的内容也在日益更新与丰富。

如果说读者通过基础会计的学习，主要是了解会计确认、计量与报告的基本原理和基本方法，那么，通过中级财务会计的学习，应该掌握将企业的财务状况、经营成果和现金流量信息以财务报告的形式呈报给会计信息使用者的理论体系与方法体系；通过高级财务会计的学习，应能把握某些较为复杂的交易或事项的会计确认、计量与报告的理论与实务，从而全面掌握财务会计知识体系的深层次内容。

基于以上思考，我们精心设计、编写了这组《基础会计》《中级财务会计》《高级财务会计》教材。本组教材既能够作为高等财经院校会计学专业、高等学历教育及其他经济类专业会计教学的必修课教材，也可以作为广大财会人员、企业管理人员及有志于从事或研究财务会计学的自学者的参考用书。

本组教材的编写以财务会计概念框架为理论基础，以《企业会计准则》及其讲解和应用指南等为主要依据，结合国际财务报告准则的最新动态，参照了我国财政部颁发的《企业会计准则解释第 1 号》至《企业会计准则解释第 16 号》等最新规范；在框架设计和内容板块的取舍上，本着既系统又实用的原则，既考虑企业尤其是上市公司常见会计实务的处理要求，又兼顾三本书的协调与衔接。其中，《基础会计》包括11章，系统介绍财务会计的基本理论和基本方法；《中级财务会计》包括12章，系统介绍一般企业对资产、负债、所有者权益、收入、费用和利润等会计要素的确认、计量与报告的基本理论、流程与方法；《高级财务会计》则主要按照非货币性资产交换、债务重组、股份支付、外币折算、租赁、所得税、企业合并、合并财务报表、衍生金融工具以及清算等方面，紧密结合相关交易或事项的理论与方法进行专题介绍。

本组教材的编写在体系与板块安排上着力实现衔接与一贯，在内容组织上注意做到由简到繁、由浅入深；在写作方法上，既有对同类优秀教材的经验借鉴，又有作者本人多年从事财务会计教学的经验总结。《基础会计》《中级财务会计》《高级财务会计》分别由东北财经大学的张捷教授和刘英明副教授、陈立军教授、傅荣教授编著。

本组教材从编写立项、结构安排到具体写作的每一个环节，都得到了中国人民大学出版社陈永凤女士、李文重先生的热情鼓励与支持。在此，我们表示衷心的感谢。

对于本组教材中可能存在的不足甚至错误，恳请老师、学生及各界读者不吝指正。

编著者

序　言

高级财务会计教材应该包括哪些内容？是解决国际会计的前沿问题，探讨会计领域的难点问题，还是回答会计领域的特殊问题？一直以来，没有定论。

下表是一些具有一定代表性的高级财务会计教材内容比较。

教材内容比较

教材名称	教材内容设置
《高级财务会计》 中国注册会计师教育教材编审委员会（1996 年）	第一篇　企业合并与合并报表（企业合并、合并报表） 第二篇　合伙与分支机构会计（合伙会计、分支机构会计） 第三篇　特殊会计报告（物价变动会计、分部报告与中期报告、公开发行股票公司的信息披露） 第四篇　跨国经营会计（外币业务、外币报表折算） 第五篇　政府与非营利组织会计（政府会计、非营利组织会计） 第六篇　其他专题（租赁、房地产、期货、退休金、所得税、公司破产清算与重组）
《现代高级会计（第 7 版）》 E. John Larsen 著，张文贤主译 （1999 年）	第一章　高级会计的道德问题 第二、三、四章　合伙与分支机构会计 第五章～第十一章　企业合并与合并财务报表 第十二章～第十五章　非营利组织会计 第十六、十七章　受托人会计（破产、遗产和信托） 第十八、十九、二十章　国际会计（国际会计准则、外币业务、外币报表换算、分部报告、中期报告、证券委员会要求的财务报表）
《高级会计学（第三版）》 郑丁旺、林美花 （2005 年）	第一章～第八章　企业合并与合并报表 第九章　分支机构与合资经营会计 第十章　衍生金融工具会计 第十一、十二章　外币交易会计、外币报表转换 第十三章　期中财务报表与部门别财务资讯 第十四、十五章　合伙会计 第十六、十七章　非营利组织会计 附录　基金会计

续表

教材名称	教材内容设置
《高级会计学（第五版）》 耿建新　戴德明 （2010 年）	第一章　非货币性资产交换 第二章　债务重组 第三章　外币折算 第四章　租赁 第五章　所得税 第六章　资产减值 第七、八章　衍生工具会计 第九章　企业合并 第十、十一章　合并财务报表 第十二章　分部报告与中期报告 第十三章　每股收益
《高级财务会计（第 5 版）》 刘永泽　傅荣 （2016 年）	第一章　企业合并会计 第二章　合并财务报表 第三章　外币业务会计 第四章　租赁会计 第五章　衍生金融工具会计 第六章　股份支付会计 第七章　中期财务报告 第八章　分部报告 第九章　清算会计 第十章　特殊行业会计

从上表可以看出，高级财务会计教材的内容中，有侧重于企业合并、企业清算、物价变动会计等挑战了会计假设的交易或事项的会计专题的，也有聚焦于合并财务报表、衍生金融工具会计等难点问题的；有关注合伙与分支机构会计、非营利组织会计等有别于公司会计的领域的，也有囊括外币折算会计等特殊业务会计、保险会计等特殊行业会计、中期报告、分部报告、合并财务报表等相对特殊的财务呈报话题的。

不同时期、不同作者编著的高级财务会计教材，虽然在具体内容设置上不像中级财务会计教材那样有大体一致的体系，但有一点是共通的，那就是：高级财务会计是在中级财务会计的基础上，对财务会计教学内容的补充与延伸；而且，随着不断变化的经济环境对财务会计教学理念与体系不断提出新的要求，这个补充与延伸的具体内容也在不断更新与丰富。这就是我们对高级财务会计教材内容的定位。

根据上述对高级财务会计教材内容的定位，本书的专题设计、体例安排都务求与本套教材中的《中级财务会计》相互衔接。因此，本书不仅包括高级财务会计教材中通常都包括的诸如企业合并会计、合并财务报表、外币折算会计、租赁会计等专题，还包括本套教材中的《中级财务会计》没有专门研究的、相对比较特殊的会计问题，比如非货币性资产交换、债务重组、所得税会计等专题，详细介绍相关专题的会计确认、计量与报告的原理与方法。根据读者的要求，本书从第 4 版开始，增加了衍生金融工具会计、清算会计两个专题，简要梳理相关专题的会计确认、计量与报告的基本原理与方法。

本书的专题设计，既服从与《中级财务会计》教材内容相补充与衔接之需，又满足对特殊领域及难点问题的关注与引领之要。本书的内容设计，既追求由简到繁、由浅入深的安排，又强化对重要知识点的梳理和系统归纳。

本书的适用对象为会计学专业和其他相关专业的本科生以及有兴趣或致力于财务会计

领域的学习、研究与工作的读者。

本书的整个编写过程以及改编过程，得益于本套教材编写团队的其他三位同仁张捷教授、刘英明副教授和陈立军教授的无私帮助，得益于同类优秀教材的思路启发，得益于中国人民大学出版社的有力平台和相关编辑人员的尽职尽责，也得益于读者多年来给予的建议与持续推动。作者在此一并表示由衷敬意和深深谢意。

本书由东北财经大学的傅荣教授编著。虽然本书从专题的设计原则、内容的讲解思路和要点的梳理角度都凝聚了作者多年来从事财务会计教学与研究的心得体会，但不足和错误仍在所难免，恳请老师、同学及各界读者不吝指正。谢谢！

编著者

前　言

本书第 7 版对第 6 版的内容进行了必要的增补与完善。

2021 年 4 月，根据 2019 年以来企业会计准则的重大变化，作者曾对本书第 5 版中的相关章节进行较大修改，并推出第 6 版。相对于第 5 版，第 6 版主要做了如下几个方面的修订：（1）结合相关会计规范的最新动态，对相关章节的内容进行增删和调整；（2）用思维导图的形式为每一章增加“内容导引”；（3）对大部分章首的“年报撷萃”“公告摘编”栏目进行资料更新；（4）将每一章的“财报精选”改为二维码形式；（5）对书中各章的文字和例题（尤其是第 9 章和第 10 章的例题）等做了必要的完善。另外，本书第 6 版还推出了 10 个教学重难点视频讲解的二维码，以期有助于读者对高级财务会计课程的学习。

现在，根据教材建设的实际需要，作者在第 6 版的基础上对本书做了如下增补：

第一，在部分章节增加“素养提升”专栏，以帮助学生培养良好的职业道德。

第二，在第 9 章后面专设“实训专栏”，以原教材中附设的“合并财务报表编制流程示例”为基础，完善合并财务报表编制的实训素材，以帮助学生借合并财务报表实训来增强关注企业实务的自主性和提高处理会计实务的能力。

第三，增加双题库。题库包括五项内容：题干、答案、解析、知识点和难易程度。

主教材题库：主教材以节为单位提供题库“即测即评”，包括单项选择题、多项选择题和判断题。

学习指导书题库：学习指导书以章为单位提供题库，学生除在纸质书上做题之外，还可扫码查看详细的解析。

第 7 版增加双题库是出于以下两方面的考虑：对于学生而言，可以随时随地扫码做题，查看解析，检测自己对主要知识点的掌握程度；对于教师而言，可以在线布置作业，无须打印试卷，系统自动打分，方便进行过程考核。

题库说明：为帮助师生更好地教学和学习，第 7 版特别增加了网页版题库（tk. rdyc. cn)，支持无限次在线随堂测、期中期末组卷并导出，教师用手机号加验证码登录即可使用。具体使用详情请扫以下二维码。

题库使用教程

教材是教学内容的主要载体，教学是科教兴国的重要基础之一。党的二十大报告明确提出："教育、科技、人才是全面建设社会主义现代化国家的基础性、战略性支撑。"为了更好地贯彻习近平新时代中国特色社会主义思想，更好地贯彻党的二十大精神，我们还将结合课堂教学和专业实践的实际需要，对本教材不断进行更新与完善。

恳请老师、同学及各界读者不吝指正！

傅　荣

目　录

第1章

非货币性资产交换会计

思维导图

学习目标：

通过本章的学习，了解非货币性资产交换的含义；明确非货币性资产交换的界定依据；掌握非货币性资产交换会计确认与计量的原则及其应用。

公告摘编

一、南京新百与南京三胞医疗的资产置换交换

南京新街口百货商店股份有限公司（公司简称：南京新百，股票代码：600682）于2022年6月3日发布了《关于公司资产置换暨关联交易的公告》。公告的主要内容摘编如下：

为了进一步聚焦公司大健康业务，拓展公司在大健康业务领域上下游产业链，贯彻落实公司发展战略，实现公司在大健康业务领域的产品服务多元化和业务领域加速扩张，从而进一步提升公司的盈利水平，强化企业的核心竞争力，同时为了履行公司逐步退出房地产业务的承诺，南京新百拟以持有的全资子公司南京新百房地产开发有限公司（新百地产）100%股权与南京三胞医疗管理有限公司（南京三胞医疗）持有的徐州新健康老年病医院有限公司（徐州新健康）80%股权进行置换。

根据北京中企华资产评估有限责任公司出具的《南京新街口百货商店股份有限公司拟收购徐州新健康老年病医院有限公司股权项目涉及的徐州新健康老年病医院有限公司股东全部权益价值评估项目资产评估报告》（中企华评报字〔2022〕第6089号）和江苏华信资产评估有限公司出具的《南京新街口百货商店股份有限公司拟进行股权置换涉及南京新百房地产开发有限公司股东全部权益价值资产评估报告》（苏华评报字〔2022〕第154号），徐州新健康评估价值为219 043.00万元，对应80%股权评估价值为175 234.40万元，作价173 010.62万元；新百地产评估价值为173 010.62万元，作价173 010.62万元。本次置换完成后，公司将持有徐州新健康80%股权，不再持有新

百地产的股权。

二、东阳光与控股子公司置换股权

广东东阳光科技控股股份有限公司（公司简称：东阳光，股票代码：600673）于2022年4月14日发布《广东东阳光科技控股股份有限公司关于资产置换暨关联交易的公告》。公告的主要内容摘编如下：

本次交易旨在解决公司2018年向宜昌东阳光药业发行股份购买资产所形成的交叉持股问题。东阳光于2018年6月向宜昌东阳光药业股份有限公司（以下简称“宜昌东阳光药业”）发行股份购买资产（以下简称“重组”）。在重组前，东阳光持有宜昌东阳光药业5 328.00万股股份；在重组后，宜昌东阳光药业持有东阳光18.08%的股份，东阳光与宜昌东阳光药业形成交叉持股。

经与控股股东协商一致，东阳光拟以控股股东之控股子公司宜昌东阳光药研发有限公司（以下简称“宜昌药研”）所持的等价值的广东东阳光药业有限公司（广药）股权置换公司持有的宜昌东阳光药业的股权。经评估，公司拟置出的宜昌东阳光药业5 328.00万股股份评估价值为77 672.13万元，对应的等价值的广药的注册资本为11 698 588元。

交易双方就本次资产置换事项签署了《宜昌东阳光药研发有限公司与广东东阳光科技控股股份有限公司关于广东东阳光药业有限公司股份之股东转让出资合同》以及《广东东阳光科技控股股份有限公司与宜昌东阳光药研发有限公司关于宜昌东阳光药业股份有限公司6.550 5%的股份之股东转让出资合同》。该合同规定，东阳光同意将持有宜昌东阳光药业（简称“标的公司1”）5 328万股股份（包括该等出资对应的所有权利、义务，简称“标的股权1”）转让给宜昌药研。经双方协商一致，本次交易标的股权的交易对价为人民币776 721 316元。宜昌药研同意以其持有的广药（简称“标的公司2”，与标的公司1合称“标的公司”）11 698 588元注册资本（包括该等出资对应的所有权利、义务，简称“标的股权2”，与标的股权1合称“标的股权”），作价776 721 316元，作为标的股权1的交易价款。

资料来源：上海证券交易所网站，http：//www.sse.com.cn.

阅读上述两份公告，我们会关注如下问题：公司间的股权置换是否属于非货币性资产交换？如果属于非货币性资产交换，是否适用《企业会计准则第7号——非货币性资产交换》的规范？如果适用该准则，置换双方应该如何对换出的股权进行终止确认？如何对换入的股权进行初始确认与计量？由此又引申出其他一些问题，比如：采用账面价值还是评估定价（或公允价值）如何判断？交换中涉及的货币性资产如何处理？是否需要确认转换损益？诸如此类的问题，正是非货币性资产交换会计所要解决的核心问题。

1.1 非货币性资产交换会计概述

1.1.1 非货币性资产交换的界定

非货币性资产交换，是指企业主要以固定资产、无形资产、投资性房地产和长期股权投资等非货币性资产进行的交换。非货币性资产交换是一种非经常性的特殊交易行为。企业间经常性的、常规的资产交易，是一方的货币性资产与另一方的非货币性资产交换；而企业间进行的非货币性资产交换，则是不涉及货币性资产或只涉及少量货币性资产的交易。进行非货币性资产交换的企业可能是出于各种考虑，但在一定程度上减少了货币性资产的流动则是显而易见的。

1. 非货币性资产与货币性资产

非货币性资产，是货币性资产以外的资产。货币性资产，是指企业持有的货币资金和收取固定或可确定金额的货币资金的权利，主要包括库存现金、银行存款、应收账款、应收票据等。非货币性资产作为与货币性资产相对而言的资产形态，主要包括存货、长期股权投资、投资性房地产、固定资产、在建工程、生产性生物资产和无形资产等。

非货币性资产的基本特征是：其为企业带来未来经济利益的金额是不固定的或不可确定的。这一特征导致非货币性资产交换在取得资产的入账价值的确定、交换损益的确定等方面，可能有别于通常意义上的资产交易。

2. 非货币性资产交换与货币性资产

非货币性资产交换一般不涉及货币性资产，但有时可能涉及少量货币性资产，亦即“补价”。这个补价应低于换入资产公允价值的 25％（对支付补价方而言），或者应低于换出资产公允价值的 25％（对收取补价方而言）。换言之，如果支付的补价高于（或等于）换入资产公允价值的 25％，或者收取的补价高于（或等于）换出资产公允价值的 25％，则相关交易应被界定为货币性资产交换，从而应遵循《企业会计准则第 14 号——收入》的规定。

3. 非货币性资产交换业务与适用的会计准则

根据 2019 年修订的《企业会计准则第 7 号——非货币性资产交换》，该准则适用于所有的非货币性资产交换，但下列各项除外：

（1）企业以存货换取客户的非货币性资产的，适用《企业会计准则第 14 号——收入》。

（2）非货币性资产交换中涉及企业合并的，适用《企业会计准则第 20 号——企业合并》、《企业会计准则第 2 号——长期股权投资》和《企业会计准则第 33 号——合并财务报表》。

（3）非货币性资产交换中涉及由《企业会计准则第 22 号——金融工具确认和计量》规范的金融资产的，金融资产的确认、终止确认和计量适用《企业会计准则第 22 号——金融工具确认和计量》和《企业会计准则第 23 号——金融资产转移》。

（4）非货币性资产交换中涉及由《企业会计准则第 21 号——租赁》规范的使用权资产或应收融资租赁款等的，相关资产的确认、终止确认和计量适用《企业会计准则第 21 号——租赁》。

（5）非货币性资产交换的一方直接或间接对另一方持股且以股东身份进行交易的，或者非货币性资产交换的双方均受同一方或相同的多方最终控制，且该非货币性资产交换的交易实质是交换的一方向另一方进行了权益性分配或交换的一方接受了另一方权益性投入的，适用权益性交易的有关会计处理规定。

敲黑板

权益性交易及其有关会计处理规定的相关内容，本教材第10章10.2节有所阐述。

1.1.2 非货币性资产交换会计要解决的主要问题

非货币性资产交换的核心会计问题是换入资产如何计量。这个问题如何解决直接关系到补价如何确认、交换损益是否确认以及如何计量、相关税费如何处理等一系列问题。

通常情况下，货币性资产交换中，购买方可以根据支付的购买价款及相关税费确定购入资产的入账价值，销售方则可以出售资产的交易价格与售出资产的账面价值之差为基础计量损益。非货币性资产交换则不然。非货币性资产交换中，参与交换的任一方均涉及换入资产的入账和换出资产的转出处理，从而引发需要特别关注的如下会计问题：

［财报精选］置入盈利资产助力战略转型 万泽股份夯实高温合金发展路线

1.1 即测即评

（1）换入资产是按照换出资产的账面价值还是公允价值入账，抑或按照换入资产的公允价值入账？

（2）是否需要确认交换损益？

（3）资产交换中的相关税费是否影响换入资产入账价值或交换损益的确定？

（4）如果涉及补价，如何确定换入资产的入账价值？是否涉及交换损益的确定？

（5）如果换入、换出多项资产，如何确定每项换入资产的入账价值？是否涉及交换损益的确定？

下面，我们将对上述问题进行阐述。

1.2 非货币性资产交换的会计处理

1.2.1 确认与计量的原则

1. 关于换入资产的初始确认时点、换出资产的终止确认时点

一般来说，对于换入资产，企业应当在换入资产符合资产定义并满足资产确认条件时予以确认；对于换出资产，企业应当在换出资产满足资产终止确认条件时终止确认。

有时会由于资产运输时间、办理资产过户手续等原因导致换入资产的确认时点与换出资产的终止确认时点不一致的情况，这时，企业在资产负债表日应当按照下列原则进行处理：换入资产满足资产确认条件，换出资产尚未满足终止确认条件的，在确认换入资产的同时将交付换出资产的义务确认为一项负债，如其他应付款；换入资产尚未满足资产确认条件，换出资产满足终止确认条件的，在终止确认换出资产的同时将取得换入资产的权利确认为一项资产，如其他应收款。

2. 关于换入资产的计量基础

换入资产的初始计量是非货币性资产交换会计确认与计量要解决的重要问题，而初始计量的关键是计量基础的确定。

根据企业会计准则的规定，非货币性资产交换如果同时满足下列两个条件，应当以公允价值作为换入资产初始计量的基础：第一，该项交易具有商业实质；第二，换入资产或换出资产的公允价值能够可靠地计量。不能以公允价值为计量基础的，应以账面价值为计量基础。

换入资产计量基础的上述思路如图 1－1 所示。

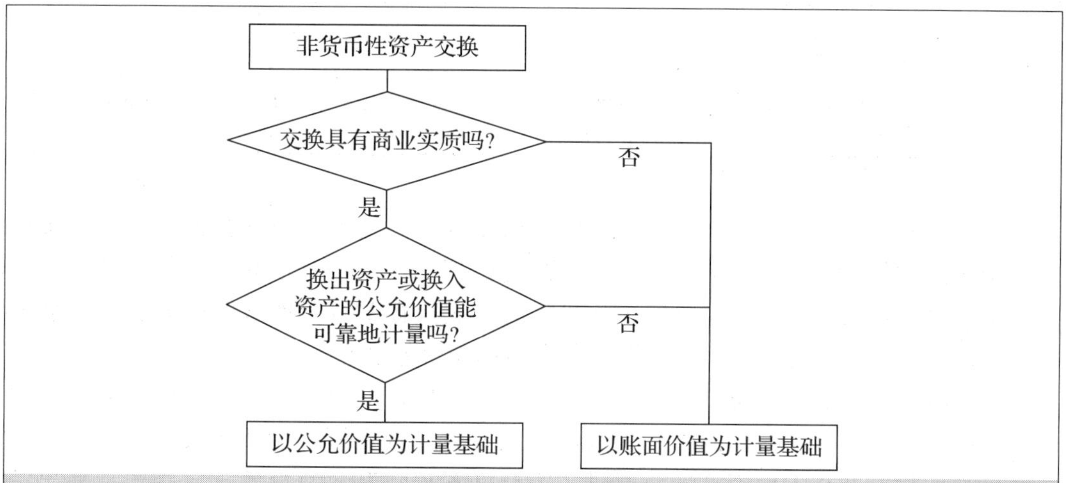

图 1－1　换入资产计量基础的确定

3. 关于换入资产入账价值的构成

根据企业会计准则的规定，以公允价值为基础计量的非货币性资产交换，对于换入资产，应当以换出资产的公允价值和应支付的相关税费，加上支付补价的公允价值（支付补价方）或减去收到补价的公允价值（收到补价方），作为换入资产的初始计量金额；有确凿证据表明换入资产的公允价值更加可靠的，对于换入资产，应当以换入资产的公允价值和应支付的相关税费，作为换入资产的初始计量金额。以账面价值为基础计量时，应当以换出资产的账面价值和应支付的相关税费，加上支付补价的账面价值（支付补价方）或减去收到补价的公允价值（收到补价方），作为换入资产的初始计量金额。

换入资产入账价值构成的基本规范归纳如表 1－1 所示。

表 1－1　换入资产入账价值的构成

构成	以公允价值为基础		以账面价值为基础
	首选换出资产的公允价值	换入资产的公允价值更可靠的，选换入资产的公允价值	
1	换出资产的公允价值	换入资产的公允价值	换出资产的账面价值
2	加：应支付的相关税费*	加：应支付的相关税费*	加：应支付的相关税费*
3	加：支付的补价 减：收取的补价		加：支付的补价 减：收取的补价

* 构成换入资产入账价值的相关税费中不包括准予从增值税销项税额中抵扣的进项税额。

4. 关于交换损益

换入资产以公允价值为计量基础的情况下会涉及对交换损益的确认，而交换损益如何计量则取决于换出资产的公允价值（或换入资产的公允价值）与换出资产的账面价值之间的差额以及补价的收付。换入资产以账面价值为计量基础的情况下不确认交换损益。计量交换损益的情形有三种，见表1-2。

表1-2 交换损益的计量

情形	计量方法
1. 以换出资产的公允价值为计量基础，无论是否涉及补价	交换利得* =换出资产的公允价值－换出资产的账面价值
2. 以换入资产的公允价值为计量基础，不涉及补价	交换利得＝换入资产的公允价值－换出资产的账面价值
3. 以换入资产的公允价值为计量基础，涉及补价	交换利得＝换入资产的公允价值－换出资产的账面价值－支付的补价＋收取的补价

* 计算结果等于负数则为损失。

可见，非货币性资产交换中如果确认损益，只能是以公允价值为计量基础时；而交换损益的金额通常等于换出资产的公允价值与换出资产的账面价值之差；在有确凿证据表明换入资产的公允价值更加可靠时，交换损益等于换入资产的公允价值加或减补价的公允价值之后的金额与换出资产的账面价值之差。

值得一提的是，交换损益记入什么会计科目，应视换出资产的种类而定，因为非货币性资产交换中换出的资产视为销售或处置。换出资产为固定资产、在建工程、生产性生物资产和无形资产的，通过“资产处置损益”科目核算相关损益；换出资产为投资性房地产的，通过“其他业务收入”和“其他业务成本”两个科目核算相关损益；换出资产为长期股权投资的，则通过“投资收益”科目确认相关损益。

5. 关于补价的影响

无论换入资产是采用公允价值基础还是账面价值基础进行计量，对于收到的补价，均需按其公允价值入账；对于支付的补价，按公允价值还是按账面价值转出则取决于换入资产采用的是公允价值计量基础还是账面价值计量基础。

无论换入资产是采用换出资产的公允价值还是换出资产的账面价值为基础进行计量，收到的补价都将减少换入资产的入账价值，支付的补价都将增加换入资产的入账价值。但在换入资产以换入资产的公允价值为计量基础的情况下，收到的补价或支付的补价将不会影响换入资产的入账价值，而是影响交换损益的计量。

根据上述归纳，补价的各种可能影响见表1-3。

表1-3 补价的影响

情形	补价影响换入资产入账价值的计量	补价影响交换损益的计量
1. 以换出资产的公允价值为计量基础	√	×
2. 以换入资产的公允价值为计量基础	×	√
3. 以换出资产的账面价值为计量基础	√	—

6. 关于相关税费

无论换入资产是采用公允价值计量基础还是账面价值计量基础，应支付的相关税费通常都应计入换入资产入账价值。换入资产应当确认的可抵扣增值税进项税额应单独予以确认。

7. 涉及单项资产交换时账务处理的基本思路

综上所述，在换入、换出资产均为单项资产的情况下，账务处理的基本思路可分别归纳如下：

（1）以换出资产的公允价值为计量基础时：

借：换入资产	[出公+b+c−d]	
银行存款等	[收到补价的公允价值]	d
贷：换出资产	[账面价值]	a
交换损益*	[出公−出账 a]	
应交税费等	[支付的相关税费]	b
银行存款等	[支付补价的公允价值]	c

* 也有可能在借方。交换损益记入什么会计科目应视换出资产的种类而定。

（2）以换入资产的公允价值为计量基础时：

借：换入资产	[入公+b]	
银行存款等	[收到补价的公允价值]	d
贷：换出资产	[账面价值]	a
应交税费等	[支付的相关税费]	b
银行存款等	[支付补价的公允价值]	c
交换损益*	[入公−a+d−c]	

* 也有可能在借方。交换损益记入什么会计科目应视换出资产的种类而定。

（3）以换出资产的账面价值为计量基础时：

借：换入资产	[a+b+c−d]	
银行存款等	[收到补价的公允价值]	d
贷：换出资产	[账面价值]	a
应交税费等	[支付的相关税费]	b
银行存款等	[支付补价的账面价值]	c

敲黑板

如何判断一项非货币性资产交换是否具有商业实质？

根据非货币性资产交换会计准则的规定，符合下列条件之一的，视为具有商业实质：(1) 换入资产的未来现金流量在风险、时间分布和金额方面与换出资产显著不同；(2) 使用换入资产所产生的预计未来现金流量现值与继续使用换出资产不同，且其差额与换入资产和换出资产的公允价值相比是重大的。

8. 涉及多项资产交换的确认与计量原则

涉及多项资产交换的主要会计问题是如何确定各项换入资产的入账价值。

（1）以换出资产公允价值为换入资产的计量基础时。

对于同时换入的多项资产：按照换入的金融资产（由《企业会计准则第 22 号——金融工具确认和计量》规范的金融资产）以外的各项换入资产公允价值相对比例，将换出资产公允价值总额（涉及补价的，加上支付补价的公允价值或减去收到补价的公允价值）扣除换入金融资产公允价值后的净额进行分摊，以分摊至各项换入资产的金额，加上应支付的相关税费，作为各项换入资产的成本进行初始计量。

对于同时换出的多项资产：将各项换出资产的公允价值与其账面价值之间的差额，在各项换出资产终止确认时计入当期损益。

（2）以换入资产公允价值为换入资产的计量基础时。

对于同时换入的多项资产：有确凿证据表明换入资产的公允价值更加可靠的，以各项换入资产的公允价值和应支付的相关税费作为各项换入资产的初始计量金额。这时，收到的补价或支付的补价与换入资产的入账价值无关（只能影响交换损益的计量）。

对于同时换出的多项资产：按照各项换出资产的公允价值的相对比例（换出资产公允价值不能可靠计量的，可以按照各换出资产的账面价值的相对比例），将换入资产的公允价值总额（涉及补价的，减去支付补价的公允价值或加上收到补价的公允价值）分摊至各项换出资产，分摊至各项换出资产的金额与各项换出资产账面价值之间的差额，在各项换出资产终止确认时计入当期损益。

（3）以账面价值为基础计量的非货币性资产交换，同时换入或换出多项资产的。

对于同时换入的多项资产：按照各项换入资产的公允价值的相对比例，将换出资产的账面价值总额（涉及补价的，加上支付补价的账面价值或减去收到补价的公允价值）分摊至各项换入资产，加上应支付的相关税费，作为各项换入资产的初始计量金额。换入资产的公允价值不能可靠计量的，可以按照各项换入资产的原账面价值的相对比例或其他合理的比例对换出资产的账面价值进行分摊。

对于同时换出的多项资产：将各项换出资产按其账面价值进行终止确认，不确认损益。

敲黑板

涉及多项资产交换的会计处理中，尤其要注意以下三个问题：

第一，以公允价值为计量基础的情况下，如果换入的多项资产中有金融资产，相关金融资产入账价值的确定先于其他换入资产。

第二，对于换入的多项资产，应支付的相关税费应分别计入各相关资产的入账价值。

第三，以换出资产公允价值为计量基础和以换入资产公允价值为计量基础的两种情况下，换出资产的处置损益的计量方法有所不同。

素养提升

非货币性资产交换中正确的会计职业判断有助于提高会计信息质量

非货币性资产交换业务的会计处理中，最关键的问题是如何对换入资产进行初始计量。

换入资产的初始计量不仅关系到换入资产按什么金额入账的问题，还直接关系到是否确认交换损益、如何计量交换损益等一系列问题，这就不仅涉及资产负债表中对相关资产如何报告，还涉及利润表中对相关损益如何报告，无疑关乎会计信息的质量。而要解决换入资产的初始计量问题，离不开以下几个重要判断：资产交换是否具有商业实质？换入或换出的资产的公允价值能否可靠确定？相关资产公允价值如何确定？由此可见，正确的会计职业判断是确保会计信息质量的重要前提。

[视频] 换入金融资产的计量

1.2.2　确认与计量的举例

1. 换入、换出单项资产

(1) 以换出资产的公允价值为基础计量——不涉及补价。

【例 1－1】

甲公司以账面价值 1 000 万元、公允价值 1 110 万元的无形资产与乙公司交换一套生产设备，该套设备在乙公司的账面价值为：原始价值 1 200 万元，累计折旧 100 万元，评估确定的公允价值为 1 090 万元。甲公司支付运费 2 万元。为简化起见，其他相关税费略。

根据上述资料，甲、乙公司的相关账务处理如下（金额单位为万元）：

(1) 甲公司确认资产交换。

借：固定资产	1 112	
贷：无形资产		1 000
资产处置损益		110
银行存款		2

(2) 乙公司。

1) 结转固定资产账面价值：

借：固定资产清理	1 100	
累计折旧	100	
贷：固定资产		1 200

2) 确认资产交换：

借：无形资产	1 090	
资产处置损益	10	
贷：固定资产清理		1 100

(2) 以换出资产的公允价值为基础计量——涉及补价。

【例 1－2】

沿用例 1－1 的资料。假定交换日乙公司向甲公司支付补价 20 万元。则甲、乙公司的相关账务处理如下（金额单位为万元）：

(1) 甲企业确认资产交换。

借：固定资产	1 092	
银行存款	20	
贷：无形资产		1 000
资产处置损益		110

银行存款　2

（2）乙公司。

1）结转固定资产账面价值：

借：固定资产清理　1 100

累计折旧　100

贷：固定资产　1 200

2）确认资产交换：

借：无形资产　1 110

资产处置损益　10

贷：固定资产清理　1 100

银行存款　20

（3）以换入资产的公允价值为基础计量——不涉及补价。

【例1－3】

沿用例1－1的资料。假定甲公司认为有确凿证据表明生产设备的公允价值更可靠。则甲公司的相关账务处理如下（金额单位为万元）：

借：固定资产　1 092

贷：无形资产　1 000

资产处置损益　90

银行存款　2

（4）以换入资产的公允价值为基础计量——涉及补价。

【例1－4】

沿用例1－2的资料。假定甲公司认为有确凿证据表明生产设备的公允价值更可靠。则甲公司的相关账务处理如下（金额单位为万元）：

借：固定资产　1 092

银行存款　20

贷：无形资产　1 000

资产处置损益　110

银行存款　2

（5）以换出资产的账面价值为基础计量——涉及补价。

【例1－5】

沿用例1－2资料。假定双方经判断此项交换不具商业实质。则甲、乙公司的相关账务处理如下（金额单位为万元）：

（1）甲公司确认资产交换。

借：固定资产　982

银行存款　20

　贷：无形资产　1 000

　　银行存款　2

（2）乙公司。

1）结转固定资产账面价值：

借：固定资产清理　1 100

　累计折旧　100

　贷：固定资产　1 200

2）确认资产交换：

借：无形资产　1 120

　贷：固定资产清理　1 100

　　银行存款　20

比较例 1－2 和例 1－5，可见：与以换出资产的公允价值作为换入资产计量基础的情况一样，以账面价值作为换入资产计量基础的情况下，补价的收付对于交换双方来说都成为换入资产入账价值的调整因素。

2. 换入、换出多项资产

（1）以换出资产公允价值为基础的多项资产交换。

【例 1－6】

甲公司以一项账面价值 400 万元、公允价值 450 万元的无形资产和一项对丁公司的债券投资（初始投资成本 600 万元，公允价值 750 万元，划分为其他债权投资，累计确认的其他综合收益为 150 万元）与乙公司交换三项资产：一套生产设备（原始价值 1 200 万元，累计折旧 300 万元，公允价值 950 万元），一项对丙公司的股权投资（账面价值 140 万元，公允价值 150 万元，划分为以公允价值计量且其变动计入当期损益的金融资产），一座厂房（原始价值 90 万元，累计折旧 15 万元，公允价值 80 万元），甲公司支付相关费用 7 万元（其中，与股票投资有关的 1 万元，相关设备的运输等费用 2.5 万元，与厂房有关的费用 3.5 万元）。乙公司支付补价 20 万元。为简化起见，其他相关税费略。

根据上述资料，甲公司的相关计算与账务处理如下（金额单位为万元）：

（1）有关计算。

需要在设备和厂房之间分配的金额＝450＋750－20－150＝1 030(万元)

分配率：

设备＝950÷(950＋80)×100%≈92%

厂房＝80÷(950＋80)×100%≈8%

入账价值：

设备＝1 030×92%＋2.5＝950.1(万元)

厂房＝1 030×8%＋3.5＝85.9(万元)

（2）有关账务处理。

1）确认资产交换：

借：交易性金融资产 150.00
　　银行存款 20.00
　　投资收益 1.00
　　固定资产——设备 950.10
　　　　　　——厂房 85.90
　贷：无形资产 400.00
　　　资产处置损益 50.00
　　　其他债权投资 750.00
　　　银行存款 7.00

2）结转其他综合收益：

借：其他综合收益 150
　贷：投资收益 150

【例1-7】

甲公司以一项账面价值400万元的无形资产和一项对丁公司的债券投资（账面价值750万元，划分为以摊余成本计量的金融资产）与乙公司交换三项资产：一套生产设备（原始价值1 200万元，累计折旧300万元，公允价值920万元），一项对丙公司的股权投资（原账面价值170万元，换入后划分为以公允价值计量且其变动计入其他综合损益的金融资产，交换日公允价值为180万元），一座厂房（原始价值90万元，累计折旧15万元，公允价值80万元）。甲公司支付相关费用7万元（其中，与股票投资有关的1万元，相关设备的运输等费用3.5万元，与厂房有关的费用2.5万元）。甲公司支付补价20万元。为简化起见，其他相关税费略。

根据上述资料，甲公司的相关计算与账务处理如下（金额单位为万元）：

（1）有关计算。

各项换入资产入账价值、换出资产处置损益的计算见表1-4、表1-5。

表1-4　换入资产入账价值的计算　　单位：万元

其他权益工具投资	180+1=181
固定资产——设备	920+3.5=923.5
固定资产——厂房	80+2.5=82.5

表1-5　换出资产的处置损益的计算　　单位：万元

项目	分摊率 ①	分摊额 ②=1 200*×①	账面价值 ③	处置损益 ④=②-③
无形资产	400÷(400+750)×100%≈35%	1 200×35%=420	400	20
债权投资	750÷(400+750)×100%≈65%	1 200×65%=780	750	30
合计	100%	1 200	1 150	50

* 1 200=180+920+80+20。

（2）有关账务处理。

借：其他权益工具投资　181.00

　　固定资产——设备　923.50

　　　　　　——厂房　82.50

　　银行存款　20.00

　贷：无形资产　400.00

　　　资产处置损益　20.00

　　　债权投资　750.00

　　　投资收益　30.00

　　　银行存款　7.00

（3）以换出资产账面价值为基础的多项资产交换。

【例 1－8】

甲公司以一项账面价值 400 万元的无形资产和一项对丁公司的债券投资（初始投资成本 600 万元，公允价值 750 万元，划分为其他债权投资，累计确认的其他综合收益为 150 万元）与乙公司交换三项资产：一套生产设备（原始价值 1 200 万元，累计折旧 300 万元），一项对丙公司的股权投资（原账面价值 140 万元，换入后划分为以公允价值计量且其变动计入当期损益的金融资产），一座厂房（原始价值 90 万元，累计折旧 30 万元）。甲公司支付相关费用 7 万元（其中，与股票投资有关的 1 万元，相关设备的运输等费用 3.5 万元，与厂房有关的费用 2.5 万元）。甲公司支付补价 20 万元。为简化起见，其他相关税费略。

根据上述资料，甲公司的相关计算与账务处理如下（金额单位为万元）：

（1）有关计算。

1）需要在换入资产之间分配的金额＝400＋750＋20＝1 170（万元）

2）分配率：

交易性金融资产＝140÷[140＋(1 200－300)＋(90－30)]×100%≈13%

固定资产——设备＝900÷[140＋(1 200－300)＋(90－30)]×100%≈82%

固定资产——厂房＝60÷[140＋(1 200－300)＋(90－30)]×100%≈5%

3）入账价值：

交易性金融资产＝1 170×13%＝152.1（万元）

固定资产——设备＝1 170×82%＋3.5＝962.9（万元）

固定资产——厂房＝1 170×5%＋2.5＝61（万元）

（2）有关账务处理。

1）确认资产交换：

借：交易性金融资产　152.10

　　投资收益　1.00

　　固定资产——设备　962.90

　　　　　　——厂房　61.00

贷：无形资产		400.00
其他债权投资		750.00
银行存款		27.00
2）结转其他综合收益：		
借：其他综合收益	150	
贷：投资收益		150

1.2.3　报表列报与附注披露

企业应当在资产负债表中对非货币性资产交换中换入的资产在相关资产项目中进行列报，对换出的资产进行终止确认；同时，企业应当在利润表中的“投资收益”“资产处置收益”等相关项目中列报非货币性资产交换确认的交换损益。

1.2 即测即评

企业应当在附注中对非货币性资产交换的如下相关信息予以披露：

（1）非货币性资产交换是否具有商业实质及其原因。

（2）换入资产、换出资产的类别。

（3）换入资产初始计量金额的确定方式。

（4）换入资产、换出资产的公允价值以及换出资产的账面价值。

（5）非货币性资产交换确认的损益。

思考题

1. 什么是非货币性资产？
2. 如何界定资产交换交易是否属于非货币性资产交换？
3. 非货币性资产交换的核心会计问题是什么？
4. 如何理解非货币性资产交换中“商业实质”的含义及其对会计计量的影响？
5. 非货币性资产交换中，如何选择与应用公允价值？
6. 非货币性资产交换中，如何对换入资产进行初始计量？
7. 非货币性资产交换中，是否需要确认交换损益？
8. 如何确认与计量交换损益？
9. 非货币性资产交换中的“补价”如何处理？

练习题

习题一

[目的]　关注非货币性资产交换中补价、相关税费的会计处理。

[资料]　甲企业2×20年9月1日用一项专利权与乙企业交换一座厂房。甲企业该专利权的账面价值为900万元（原始成本1 000万元，累计摊销100万元），公允价值为980万元；乙企业该厂房的账面价值为800万元（原始价值1 058万元，累计折旧

258 万元），公允价值为 1 000 万元。甲企业向乙企业支付补价 20 万元。双方经判断，此项交换具有商业实质。不考虑其他相关税费。

［要求］　根据上述资料，编制双方非货币性资产交换的会计分录（金额单位用万元表示）。

习题二

［目的］　练习涉及多项资产交换的会计处理。

［资料］　见例 1－6。

［要求］　根据上述资料，为乙公司进行相关账务处理。

年报分析

［资料］　见本章的“公告摘编”和“财报精选”专栏。

［要求］　根据上述资料，分析如下问题：

（1）资料中涉及的资产置换是否属于非货币性资产交换业务？是否适用非货币性资产交换准则？为什么？

（2）如果适用该准则，在进行会计处理时应涉及哪些资产类会计科目？

（3）通过关注企业非货币性资产交换实务，思考该类交易的主要动机及其对交换主体财务信息将产生哪些影响。

第2章

债务重组会计

思维导图

学习目标：

通过本章的学习，了解债务重组的含义及方式；掌握债务重组会计确认与计量的原则及其应用。

公司公告

一、汉商集团关于控股子公司实施债务重组的公告

汉商集团股份有限公司（公司简称：汉商集团，股票代码：600744）2020年12月30日发布了《汉商集团股份有限公司关于控股子公司实施债务重组的公告》，该公告称：汉商集团股份有限公司（以下简称“公司”）控股子公司武汉国际会展中心股份有限公司（以下简称“会展中心”）于2000年11月经武汉市政府协调，与汉口银行股份有限公司营业部（原武汉市商业银行，以下简称“汉口银行”）签订《借款合同》，借款3 000万元用于会展中心项目建设，借款期限从2000年11月至2005年11月。由于会展中心在该借款到期后尚未偿还，截至2020年11月，会展中心已计提该借款利息3 082万元，本息合计6 082万元。

为了尽快解决上述借款问题，经双方商议，拟签订《减免协议》，会展中心在2020年12月31日前一次性偿还借款本金3 000万元，同时支付利息500万元，剩余利息予以免除。

双方达成协议后，会展中心在2020年12月31日前偿还本息3 500万元后，剩余利息予以免除。会展中心将减少财务费用2 582万元，母公司损益将因此增加1 371万元。

二、株洲循环经济投资发展集团有限公司进行重大债务重组公告

株洲循环经济投资发展集团有限公司于2021年11月15日发布重大债务重组公告，公告的主要内容摘编如下：

株洲循环经济投资发展集团有限公司作为株洲市石峰区新城建设的实施主体，从

事石峰区范围内的基础设施配置建设、环境治理与生态修复等。为优化本公司资本结构，增强融资能力、整合资源、最大限度发挥资源利用效能，2021 年 9 月，根据《关于将株洲循环经济投资发展集团有限公司对石峰区政府的债务转增资本公积的批复》（株石政函〔2021〕269 号），株洲市石峰区人民政府将部分债务以账面价值增加资本公积 222 332.55 万元。转资本公积的债务明细如下：

序号	项目	金额（万元）		备注
		总额	其中：合并子公司株洲轨道交通产业发展股份有限公司	
1	北辅道专项资金	4 204.00	4 204.00	
2	轨道交通装备配套服务平台补助资金	1 010.00	1 010.00	
3	创客中心工作经费	150.00	150.00	
4	新能源乘用车电驱动系统产业化资金	200.00	200.00	
5	财政借款	139 475.30		其中：2019 年 1.75 亿元，2020 年 1.59 亿元，2021 年 10.6 亿元
6	政府置换债券资金	77 293.25	23 550.00	本公司本部合计置换资金 10.03 亿元，已结转 4.66 亿元，株洲轨道交通产业发展股份有限公司 2.355 亿元
合计		222 332.55	29 114.00	

本次债务重组有利于减轻公司债务负担，改善公司资产结构，提升公司资产质量，对本公司偿债能力无重大不利影响。

三、黑龙江国中水务股份有限公司关于债务重组的公告

黑龙江国中水务股份有限公司（公司简称：国中水务，股票代码：600187）2022 年 9 月 17 日在上交所网站发布了与湘潭九华经济建设投资有限公司（公司简称：九华经建投）进行债务重组的公告，公告主要内容摘编如下：

1. 债务重组原因

公司于 2019 年 10 月与九华经建投分别签订《关于转让湘潭国中水务有限公司股权的股权转让合同》《关于转让湘潭国中污水处理有限公司股权的股权转让合同》。公司向九华经建投分别出售控股子公司湘潭国中水务有限公司（以下简称“湘潭自来水”）81.80%股权，股权转让价格为 326 148 105.76 元；控股子公司湘潭国中污水处理有限公司（以下简称“湘潭污水”）75.80%股权，股权转让价格为 93 567 760.00 元。

截至本公告披露日，九华经建投按股权转让合同约定已支付湘潭自来水股权转让款 233 831 472.40 元，尚有 110 816 633.36 元未支付，导致产生应付而未付违约金

32 931 493.84 元（按日利率 0.3‰计算，计算截止日期：2022 年 9 月 15 日）；已支付湘潭污水股权转让款 67 083 287.33 元，尚有 146 767 383.40 元未支付，导致产生应付而未付违约金 46 790 435.87 元（按日利率 0.3‰计算，计算截止日期：2022 年 12 月 28 日）。

公司为加速应收账款清收，防范经营风险，彻底解决九华经建投延期付款问题，双方在自愿平等的基础上，经友好协商，拟签订《关于转让湘潭国中水务有限公司股权转让合同的补充协议》《关于转让湘潭国中污水处理有限公司股权转让合同的补充协议》，双方同意调整违约金利率，将日利率 0.3‰（即年利率 10.95%）调整为年利率 5.5%，最终应付逾期违约金计息至实际付款日。

2. 债务重组协议的主要内容

《关于转让湘潭国中水务有限公司股权转让合同的补充协议》：

经双方友好协商，转让方与受让方双方同意调整违约金利率，将日利率 0.3‰（即年利率 10.95%）调整为年利率 5.5%，最终应付逾期违约金计息至实际付款日。据此，截至 2022 年 9 月 15 日，受让方在原合同项下应付转让方股权转让款 92 316 633.36 元及逾期付款违约金 16 770 668.16 元。目标公司欠付转让方股东往来款欠款 18 500 000.00 元。

受让方承诺在 2022 年 9 月 15 日前，向转让方支付相关款项合计 111 279 896.24 元人民币（其中股权转款 76 009 228.08 元；代目标公司归还股东欠款 18 500 000.00 元；违约金 16 770 668.16 元，转让方在收取以上资金后 3 日内，配合受让方完成目标公司 81.8%的股权工商变更等手续（非转让方原因除外），同时，转让方将目标公司《资产清单》《债权债务清单》移交给受让方。如受让方未于 2022 年 9 月 15 日前完成所有款项支付，违约金利率恢复原合同约定（即按日利率 0.3‰计算逾期付款违约金）。

按原合同约定，由受让方向转让方开具与剩余股权转让款 5%的尾款等额的银行保函并在支付本协议第 2 条所述款项时，将保函一并交付给转让方。现双方约定由受让方将剩余股权转让款 5%的尾款转入转让方指定账户。同时，转让方将银行 UKEY 一枚交由受让方保管，转让方在确认资金到账户后一个月内完成目标公司的建筑、设备等质量检查，质量检查以转让方提供目标公司工程竣工验收备案（质监站）证明文件等为准。转让方完成所有资产、合同、印鉴等文件资料移交后，受让方即刻兑付 5%股权转让款尾款的支付义务，归还银行 UKEY，释放 16 307 405.28 元尾款给转让方。

《关于转让湘潭国中污水处理有限公司股权转让合同的补充协议》：

经双方友好协商，转让方与受让方双方同意调整违约金利率，将日利率 0.3‰（即年利率 10.95%）调整为年利率 5.5%，最终应付逾期违约金计息至实际付款日。据此，截至 2022 年 12 月 28 日，受让方在原合同项下应付转让方股权转让款 26 484 472.67 元及逾期付款违约金 23 828 462.71 元。目标公司欠付转让方股东往来款欠款 120 282 910.74 元。

受让方承诺在 2022 年 12 月 28 日前，向转让方支付相关款项合计 165 917 458.11 元人民币（其中股权转款 21 806 084.67 元；代目标公司归还股东欠款 120 282 910.74 元。违约金 23 828 462.71 元。转让方在收到以上资金后 3 日内，配合受让方完成目标公司 75.8%的股权工商变更等手续（非转让方原因除外），同时，转让方将目标公司《资产清单》《债权债务清单》移交给受让方。如受让方未于 2022 年 12 月 28

日前完成所有款项支付，违约金利率恢复原合同约定（即按日利率0.3‰计算逾期付款违约金）。

按原合同约定，受让方向转让方开具与剩余股权转让款5%的尾款等额的银行保函并在支付本协议第2条所述款项时，将保函一并交付给转让方。现双方约定由受让方将剩余股权转让款5%的尾款转入转让方指定账户。同时，转让方将银行UKEY一枚交由受让方保管，转让方在确认资金到账户后一个月内完成目标公司的建筑、设备等质量检查，质量检查以转让方提供目标公司工程竣工验收备案（质监站）证明文件以及环保验收通过的证明文件为准。转让方完成所有资产、合同、印鉴等文件资料移交后，受让方即刻兑付剩余5%股权转让款尾款的支付义务，归还银行UKEY，即将4 678 388.00元支付给转让方。

本次债务重组预计将增加公司税前利润约88 296 923.33元（其中股权款及往来款坏账准备冲回增加利润47 697 792.46元，逾期违约金利息计入营业外收入，增加利润40 599 130.87元）。

资料来源：上海证券交易所网站，http：//www.sse.com.cn.

浏览上述公告，我们关注到在三份公告所涉及的重组方案中，不仅涉及债务重组的概念，还涉及豁免部分债务、债务转为权益、修改偿还期限等多种债务重组方式，诸如此类的问题都是债务重组会计的主要内容。接下来，我们就对债务重组的含义、方式以及各种方式下如何对债务重组进行会计确认与计量等问题进行系统的介绍。

2.1 债务重组会计概述

2.1.1 债务重组的含义

债务重组，是指在不改变交易对手方的情况下，经债权人和债务人协定或法院裁定，就清偿债务的时间、金额或方式等重新达成协议的交易。

相对于债务人而言的“债务”重组，对于债权人而言实际上等于是“债权”重组，为简化表述，通常用“债务重组”表述债务人与债权人之间的债务债权重组事项。同理，通常用“债务重组损益”表述债务人、债权人双方在债务债权重组中产生的利得或损失。

学习债务重组的含义时应着重注意以下几点：

（1）债务重组的主体是债权、债务双方。

（2）债务重组涉及的“债权”“债务”是指《企业会计准则第22号——金融工具确认和计量》规范的金融工具。

（3）债务重组的内容是债务的清偿时间、金额或方式等。

（4）债务重组的结果是债权、债务双方就被重组的债权债务重新达成协议。

（5）债务重组的依据是相关债权、债务双方的协定或法院的裁定。

可见，与修订前的债务重组准则相比，现行债务重组准则中的债务重组，一方面，既不强调债务人发生困难与否，也不强调债权人作出让步与否，只要债权人和债务人就债务条款重新达成协议，就符合债务重组的定义。另一方面，将被重组债权、债务限定在金融资产、金融负债之内。

2.1.2 债务重组的方式

债务重组的方式主要包括：债务人以资产清偿债务、债务人将债务转为权益工具、修改其他条款以及组合方式。

1. 债务人以资产清偿债务

债务人以资产清偿债务，是指债务人转让其资产给债权人用以清偿债务的债务重组方式。债务人用以清偿债务的资产，通常包括已在资产负债表中确认的资产（比如现金、应收账款、长期股权投资、投资性房地产、固定资产、在建工程、生物资产、无形资产等），也可能包括不符合确认条件而未在资产负债表中确认的资产（比如债务人以未确认的内部品牌清偿债务，债权人在获得的商标权符合无形资产确认条件的前提下作为无形资产核算）。在少数情况下，债务人还可能以处置组清偿债务。这种重组方式，导致债权人将债权转为其他形式的资产。

2. 债务人将债务转为权益工具

债务人将债务转为权益工具，是指债务人将债务转为股本或实收资本等权益工具的债务重组方式。这种重组方式，导致债权人将债权转为股权。

值得一提的是，实务中，有些债务重组名义上采用“债转股”的方式，但同时附加相关条款，比如约定债务人在未来某个时点以某一金额回购股权，或债权人持有的股份享有强制分红权等。对于债务人而言，这些“股权”并非根据金融工具列报准则分类为权益工具的金融工具，不属于债务人将债务转为权益工具的债务重组方式。债权人和债务人还可能协议以一项同时包含金融负债成分和权益工具成分的复合金融工具替换原债权债务，这类交易也不属于债务人将债务转为权益工具的债务重组方式。

3. 修改其他条款

修改其他条款，是指除上述两种方式以外的修改债权和债务其他条款的债务重组方式。这种重组方式主要有调整债务本金、改变债务利息、变更还款期限等。与以资产清偿债务和将债务转为权益工具的结果是终止确认了相关债权与债务不同，修改其他条款的债务重组方式的结果是形成重组债权和重组债务。

4. 组合方式

债务重组实务中也有可能采取以上几个方式的组合，即同时采用以资产清偿债务、将债务转为资本以及修改其他条款几种方式来清偿债务的债务重组方式。比如，将债务的一部分以资产清偿，一部分转为资本，其余部分则修改债务其他条款。

2.1.3 债务重组适用的会计准则

债务重组的会计处理依据是《企业会计准则第 12 号——债务重组》。

值得一提的是，下列各项业务不适用债务重组准则：

（1）债务重组中涉及的债权、重组债权、债务、重组债务和其他金融工具的确认、计量和列报，分别适用《企业会计准则第 22 号——金融工具确认和计量》和《企业会计准则第 37 号——金融工具列报》。

（2）通过债务重组形成企业合并的，适用《企业会计准则第 20 号——企业合并》。

(3) 债权人或债务人中的一方直接或间接对另一方持股且以股东身份进行债务重组的，或者债权人与债务人在债务重组前后均受同一方或相同的多方最终控制，且该债务重组的交易实质是债权人或债务人进行了权益性分配或接受了权益性投入的，适用权益性交易的有关会计处理规定。

2.1.4　债务重组会计要解决的主要问题

债务重组的当事人包括债务人、债权人两个会计主体，重组的结果可能导致双方相关债权、债务的终止确认，也可能导致相关偿债资产的出让与受让，还可能导致相关权益工具及权益工具投资的确认，更有可能导致重组损益的确认。也就是说，不同的债务重组方式将涉及相关资产、负债、所有者权益的不同变动。与之相关的确认与计量，无疑是学习债务重组会计的重点。将债务重组确认与计量的基本思路予以归纳如表 2-1 所示。

表 2-1　债务重组双方确认与计量的基本框架

债务人	债权人
借：应付账款等债务 a 　贷：出让的资产 　　　转成的权益工具 } b 　　　确认的重组债务	借：受让的资产 　　转成的权益工具投资 } b 　　确认的重组债权 　贷：应收账款等债权 a

由表 2-1 可见，债务重组会计的问题主要有：

(1) 作为重组对象的债权、债务应如何转销？

(2) 债务人如何计量出让的资产？是否需要进行资产转让损益的确认与计量？

(3) 债务人如何确认与计量债务转成的权益工具？

(4) 债权人如何确认与计量所取得的金融资产或非金融资产？

(5) 重组双方是否有可能涉及对重组损益的确认与计量？如果涉及，应如何进行会计处理？

下面，我们将对上述问题进行阐述。

2.1 即测即评

2.2　债务重组的会计处理

[财报精选] 量体裁衣　四大资管公司襄助上市公司"御寒"

2.2.1　确认与计量的原则

1. 债权人的确认与计量

(1) 以资产清偿债务或者将债务转为权益工具方式进行债务重组。

以资产清偿债务时，债权人需要确认受让的资产（包括金融资产或非金融资产）；将债务转为权益工具时，债权人需确认对债务人的权益工具投资（形成交易性金融资产、其他权益工具投资或长期股权投资）。可见，这两种债务重组方式对于债权人而言，放弃被重组债权的同时都要确认受让的资产（金融资产或非金融资产）。这两种重组方式下，债权人的会计处理原则主要包括以下几个方面：

1）受让资产或转为的权益工具投资的初始确认时点。债权人应当在相关资产符合其定义和确认条件时予以确认。

2）受让的金融资产的初始计量。债权人受让的金融资产（包括以资产清偿债务中受让的金融资产以及将债务转为的其他权益工具投资），应当按照《企业会计准则第22号——金融工具确认和计量》的规定进行确认和计量。金融资产初始确认时按公允价值计量。

3）受让的非金融资产的初始计量。债权人受让的非金融资产和将债务转为权益工具的重组方式中债权转为对联营企业或合营企业的长期股权投资，原则上都按成本进行初始计量，这里的成本主要包括放弃债权的公允价值和可直接归属于相关资产的其他成本。

具体来讲，债务重组中债权人受让的存货，其成本包括放弃债权的公允价值和使该资产达到当前位置和状态所发生的可直接归属于该资产的税金、运输费、装卸费、保险费等其他成本；受让的投资性房地产，其成本包括放弃债权的公允价值和可直接归属于该资产的税金等其他成本；受让的固定资产，其成本包括放弃债权的公允价值和使该资产达到预定可使用状态前所发生的可直接归属于该资产的税金、运输费、装卸费、安装费、专业人员服务费等其他成本；受让的生物资产，其成本包括放弃债权的公允价值和可直接归属于该资产的税金、运输费、保险费等其他成本；受让的无形资产，其成本包括放弃债权的公允价值和可直接归属于使该资产达到预定用途所发生的税金等其他成本；受让的或债权转为的对联营企业或合营企业的权益性投资，其成本包括放弃债权的公允价值和可直接归属于该资产的税金等其他成本。

4）对所放弃债权或转为权益工具的债权的终止确认。以资产清偿债务或者将债务转为权益工具方式进行债务重组的，债权人应当在确认相关资产的同时对所放弃债权按账面价值进行终止确认；所放弃债权的公允价值与其账面价值之差，计入当期损益。

（2）采用修改其他条款方式进行债务重组。如果修改其他条款导致全部债权终止确认，债权人应当按照修改后的条款以公允价值计量重组债权，重组债权的确认金额与终止确认债权的账面价值之差，计入当期损益；如果修改其他条款未导致债权终止确认，债权人应根据相关债权的分类，继续以摊余成本、以公允价值计量且其变动计入其他综合收益或以公允价值计量且其变动计入当期损益进行后续计量。对于以摊余成本计量的债权，应当根据重新议定合同的现金流量变化情况，重新计量该重组债权的账面余额，并将相关利得或损失计入当期损益。

（3）以多项资产清偿债务或者组合方式进行债务重组。一方面，债权人应当首先按照《企业会计准则第22号——金融工具确认和计量》的规定确认和计量受让的金融资产和重组债权，然后按照受让的金融资产以外的各项资产的公允价值比例，对放弃债权的公允价值扣除受让金融资产和重组债权确认金额后的净额进行分配，并在此基础上再将可直接归属于相关资产的其他成本计入有关资产的入账价值。另一方面，债权人应将所放弃债权的公允价值与其账面价值之间的差额，计入当期损益。

综上所述可以看出：无论采用哪一种重组方式，债权人对所放弃的债权，都应按其账面价值进行终止确认；对受让的资产（金融资产除外）、转成的权益工具投资，都按放弃债权的公允价值和可直接归属于相关资产的其他成本进行初始计量；对受让的金融资产和确认的重组债权，则都需按金融工具会计准则的规范以其自身的公允价值为基础进行初始计量；如此会计处理时产生的差额，计入当期损益。

2. 债务人的确认与计量

（1）以资产清偿债务方式进行债务重组的，债务人应当在转让的相关资产和所清偿的债务符合终止确认条件时予以终止确认，所清偿债务账面价值与转让资产账面价值之间的差额计入当期损益。

（2）将债务转为权益工具方式进行债务重组的，债务人应当在所清偿债务符合终止确认条件时予以终止确认。债务人初始确认权益工具时应当按照权益工具的公允价值计量，权益工具的公允价值不能可靠计量的，应当按照所清偿债务的公允价值计量。所清偿债务账面价值与权益工具确认金额之间的差额，应当计入当期损益。

（3）采用修改其他条款方式进行债务重组的，如果修改其他条款导致全部债务终止确认，债务人应当按照公允价值计量重组债务，重组债务的确认金额与终止确认债务的账面价值之间的差额，计入当期损益；如果修改其他条款未导致债务终止确认，债务人应对未终止确认的债务的分类，继续以摊余成本、以公允价值计量且其变动计入当期损益或其他适当方式进行后续计量。对于以摊余成本计量的债务，应当根据重新议定合同的现金流量变化情况，重新计量该重组债务的账面价值，并将相关利得或损失计入当期损益。

（4）以多项资产清偿债务或者组合方式进行债务重组的，债务人应当按照公允价值确认和计量权益工具及重组债务，将所清偿债务的账面价值减去所转让资产的账面价值、所确认的权益工具和重组债务的入账价值之和的差额，计入当期损益。

综上所述可以看出：无论采用哪一种重组方式，债务人对所清偿或所重组的债务都应按其账面价值进行终止确认，对出让的资产也按其账面价值进行终止确认，而对转成的权益工具和确认的重组债务则需按金融工具会计准则的规范以其自身的公允价值为基础进行初始计量，如此会计处理时产生的差额，计入当期损益。

敲黑板

1. 关于“重组债权”“重组债务”的确认与计量

在采用修改其他条款方式进行债务重组的情况下，债权人并未放弃债权，债务人还未偿还债务，只是变更了应偿还债务的金额或偿还债务的期限。所以，债务重组日，债权人应在终止确认被重组债权的同时，将修改其他条款后的债权确认为“重组债权”，在资产负债表中予以列报。类似地，债务人也应该在终止确认被重组债务的同时，将修改其他条款后的债务确认为“重组债务”，在资产负债表中予以列报。

2. 关于债权人受让的金融资产的初始计量

债权人在债务重组中受让的金融资产之外的各项资产，主要以放弃债权的公允价值作为计量基础，受让的金融资产则需按照《企业会计准则第 22 号——金融工具确认和计量》的规定进行初始计量。也就是说，债权人应当按照受让金融资产自身的公允价值对相关金融资产进行初始计量，对于分类为以公允价值计量且其变动计入其他综合收益的金融资产和分类为以摊余成本计量的金融资产，还要将相关交易费用计入初始确认金额。

3. 关于公允价值的应用

从债务人来看，债务重组中只对确认的权益工具和确认的重组债务两者采用公允价值，而对所偿还的负债和所出让的资产，都采用账面价值予以转销；从债权人来看，除了放弃债权按账面价值终止确认之外，确认的受让的资产、债权转为的权益工具投资以及确认的重组债权，都采用公允价值为计量基础，其中：受让的非金融资产以及债权转为的长期股权投资，采用所放弃债权的公允价值为计量基础；受让的金融资产、债权转为的其他权益工具投资以及确认的重组债权，则分别按各自的公允价值为计量基础。

4. 关于相关税费等其他成本

对于债权人而言，其支付的相关税费等其他成本：与受让的非金融资产相关的，应计入受让资产的入账价值；与受让的金融资产相关的，按金融资产会计准则的相关规定计入当期损益或者计入有关资产的入账价值。对于债务人而言，其支付的相关税费，计入当期损益（因发行权益工具而支出的相关税费，应依次冲减资本溢价、盈余公积和未分配利润）。

5. 债务重组中计入当期损益的金额应记入什么会计科目？

就债权人而言，债务重组的会计处理中需计入当期损益的金额，都记入“投资收益”科目。对债务人而言，债务重组的会计处理中需计入当期损益的金额，根据具体情况，分别记入“投资收益”科目或“其他收益——债务重组收益”科目。债务人使用“其他收益——债务重组收益”科目的情形有两种：一是以非金融资产清偿债务或者以包括金融资产和非金融资产在内的多项资产清偿债务时，不需要区分资产处置损益和债务重组损益，也不需要区分不同资产的处置损益，而是将所清偿债务账面价值与出让资产账面价值之间的差额，记入“其他收益——债务重组收益”科目；二是采用组合方式清偿债务时，除非仅涉及金融工具，否则，债务重组损益记入“其他收益——债务重组收益”科目。

6. 债务重组损益能否在债务重组合同签订时确认？

根据《企业会计准则第 22 号——金融工具确认和计量》有关金融负债终止确认的规定，债务人应在债务的现时义务解除时终止确认债务。由于债权人与债务人之间进行债务重组涉及债权和债务的认定、清偿方式和期限等的协商，通常需要经历较长时间（例如破产重整中进行的债务重组）。所以，债务人只有在相关债务的现时义务解除日才能终止确认债务，并确认相应的重组损益。换句话说，在签署债务重组合同的时点，如果债务的现时义务尚未解除，债务人不能确认债务重组相关损益。

综上所述，对债务重组日债务重组双方账务处理的基本思路进行梳理，如表 2-2 所示（为简化起见，暂不考虑相关债权的减值准备）。

表 2-2 债权人、债务人确认与计量的账务处理思路归纳

重组方式		债权人的账务处理思路	债务人的账务处理思路
资产抵债	金融资产抵债	借：相关金融资产 [公允价值为基础] B 借或贷：投资收益 [A，B之差] 贷：应收账款等放弃的债权 [账面价值] A	借：应付账款等债务 [账面价值] A 贷：出让的相关金融资产* [账面价值] B 投资收益 [A，B之差] *如有累计在“其他综合收益”中的利得或损失，也应结转至当期损益或留存收益。
	非金融资产抵债	借：原材料等受让资产 [A+B] 借或贷：投资收益 [公允价值与账面价值之差] 贷：应收账款等放弃的债权 [账面价值] （以上两项：放弃的债权的公允价值 A） 银行存款等 [其他成本] B	借：应付账款等债务 [账面价值] A 借或贷：其他收益 [A与B，C之差] 贷：原材料等 [账面价值] B 银行存款等 [其他成本] C

续表

<table>
<tr><th colspan="2">重组方式</th><th>债权人的账务处理思路</th><th>债务人的账务处理思路</th></tr>
<tr><td rowspan="2">债权转为权益工具</td><td>转为长期股权投资</td><td>借：长期股权投资［A+B］
借或贷：投资收益［公允价值与账面价值之差］
贷：应收账款等放弃的债权［账面价值］
（以上：放弃的债权的公允价值A）
银行存款等［其他成本］B</td><td rowspan="2">借：应付账款等债务［账面价值］A
资本公积、盈余公积等［C］
借或贷：投资收益［A、B之差］
贷：股本等［权益工具公允价值*］B
银行存款等［发行费用］C
*权益工具的公允价值不能可靠计量的，按所清偿债务的公允价值。</td></tr>
<tr><td>转为其他权益工具投资</td><td>借：其他权益工具投资［公允价值为基础］B
投资收益［A、B之差］
贷：应收账款等放弃的债权［账面价值］A</td></tr>
<tr><td rowspan="2">修改其他条款</td><td>全部债权终止确认的</td><td>借：重组债权［按修改后条款以公允价值计量］B
投资收益［A、B之差］
贷：应收账款等债权［账面价值］A</td><td>借：应付账款等债务［账面价值］A
借或贷：投资收益、其他收益［A、B之差］
贷：重组债务［B*］
*按金融工具确认和计量准则进行计量。</td></tr>
<tr><td>被重组债权未终止确认的</td><td>对以摊余成本计量的债权：
借或贷：应收账款等［重新计量账面余额，需调整的金额］
贷或借：投资收益</td><td>对以摊余成本计量的债务：
借或贷：投资收益［重新计量账面余额，需调整的金额］
贷或借：应付账款等</td></tr>
</table>

2.2.2 确认与计量的举例

［视频］债务重组损益的确认

1. 以资产清偿债务

（1）以金融资产清偿债务。

素养提升

债务重组与优化营商环境

《农场经济管理》2021年第10期刊载的一篇题为《债务重组促共赢多点发力破困局》的文章（作者：郭春义、徐宏宇、孙卫晶），以友谊农场债务重组实务为例，对企业通过债务重组实现债务人债权人共赢局面的理论与实务进行了有益探索。这篇文章给我们带来很多启示。企业进行债务重组在大多数情况下是不得已而为之，通常面临诸多难题。但是，债务人和债权人企业双方只要积极沟通、用心设计，就有可能助力双方走出困局实现共赢。从这个意义上来说，积极务实合法合规的债务重组实践，必将有助于优化企业的营商环境。

【例2-1】

甲企业2×23年4月1日向乙企业赊购一批原材料，价格为3 000 000元，增值税为390 000元，货款及税款原定两个月后付清。因甲企业出现严重的资金周转困难，无法按合同规定如期足额偿还债务，双方于2×23年7月10日签订债务重组协议，乙企业同意甲企业以在5日之内支付3 200 000元现金的方式了结此项债务。甲企业2×23年7月14日用转账支票支付了3 200 000元给乙企业。

根据上述资料，甲、乙企业2×23年7月14日的相关账务处理如下：

（1）债务人甲企业。

借：应付账款　　3 390 000
　贷：银行存款　　3 200 000
　　　投资收益　　190 000

（2）债权人乙企业。

借：银行存款　　3 200 000
　　投资收益　　190 000
　贷：应收账款　　3 390 000

【例2-2】

沿用例2-1的资料。假定乙企业已于2×23年6月30日为该项应收账款计提了100 000元的坏账准备。

债务人甲企业的账务处理同上例，而债权人乙企业的账务处理为：

借：银行存款　　3 200 000
　　坏账准备　　100 000
　　投资收益　　90 000
　贷：应收账款　　3 390 000

可见，在某些情况下，债务重组中债权人承担了低于债务人债务重组利得金额的债务重组损失，这是因为债权人预先承担了债权的估计减值损失。从本例中的债权人来看，6月份确认了信用减值损失100 000元，7月份确认了90 000元的债务重组损失，两者之和190 000元，与债务人确认的债务重组利得金额相等。

【例2-3】

甲企业2×23年4月1日向乙企业购入一批原材料，价格为6 000 000元，增值税为780 000元，货款及税款共6 780 000元，原定三个月后付清，甲企业没有按期偿还债务。双方于2×23年7月29日签订债务重组协议。协议规定，甲企业将以其持有的一项确认为以公允价值计量且其变动计入当期损益的金融资产的对丙企业的股票投资和一项确认为长期股权投资的对丁企业的股权投资来抵偿所欠乙企业的6 780 000元应付账款。该金融资产的账面价值为400 000元，重组前已确认的公允价值变动损失为10 000元，重组当日的公允价值为390 000元，该长期股权投资的账面价值为6 000 000元，重组当日的公允价值为5 530 000元。2×23年7月30日双方办理了两项股权的转让手续。甲、乙企业分别支付7 000元、4 000元的相关费用。其他相关税费略。

假定乙企业将受让的股权投资分两种情况：作为长期股权投资和作为以公允价值计量且其变动计入其他综合收益的金融资产。

根据上述资料，甲、乙企业2×23年7月30日的相关账务处理如下：

（1）债务人甲企业用金融资产抵偿债务。

借：应付账款　　6 780 000
　贷：交易性金融资产　　390 000
　　　长期股权投资——丙企业　　6 000 000

银行存款 7 000

投资收益 383 000

（2）债权人乙企业。

1）如将受让资产作为长期股权投资：

借：长期股权投资 6 784 000

贷：应收账款 6 780 000

银行存款 4 000

2）如将受让资产作为以公允价值计量且其变动计入其他综合收益的金融资产：

借：其他权益工具投资（390 000＋5 530 000＋4 000） 5 924 000

投资收益 860 000

贷：应收账款 6 780 000

银行存款 4 000

（2）以非金融资产抵偿债务。

1）以存货抵债。

【例2－4】

沿用例2－3的资料。假定债务重组协议规定，甲企业以其所生产的一批A商品偿还此项债务。该批商品的账面价值为4 500 000元，市价为5 000 000元，增值税税率为13%。甲企业2×23年7月30日支付2 000元的运费将该批商品交付给乙企业，乙企业将其作为原材料核算。其他相关税费略。

根据上述资料，甲、乙企业2×23年7月30日的相关账务处理如下：

（1）债务人甲企业。

借：应付账款 6 780 000

贷：库存商品 4 500 000

应交税费——应交增值税（销项税额） 650 000

银行存款 2 000

其他收益——债务重组收益 1 628 000

如果甲企业用以偿债的这批商品属于应税消费品，假定消费税税率为10%，则甲企业还需确认应缴的消费税，其会计分录如下：

借：应付账款 6 780 000

贷：库存商品 4 500 000

应交税费——应交增值税（销项税额） 650 000

——应交消费税 500 000

银行存款 2 000

其他收益——债务重组收益 1 128 000

（2）债权人乙企业（假定其应收账款的公允价值等于账面价值）。

借：原材料 6 130 000

应交税费——应交增值税（进项税额） 650 000

贷：应收账款 6 780 000

2）以固定资产抵债。

【例 2-5】

沿用例 2-3 的资料。假定债务重组协议规定，甲企业以其一项固定资产抵偿该项债务，该项固定资产的账面原始价值为 6 400 000 元，累计已提折旧 600 000 元，经评估确认的净值为 5 900 000 元。甲企业支付 2 000 元的拆卸、运输费用，乙企业支付 3 000 元的安装费用，将该设备作为固定资产交付使用。其他相关税费略。

根据上述资料，甲、乙企业 2×23 年 7 月 30 日的相关账务处理如下：

（1）债务人甲企业。

首先，将固定资产转入清理：

借：固定资产清理	5 800 000	
累计折旧	600 000	
贷：固定资产		6 400 000

其次，支付清理费用：

借：固定资产清理	2 000	
贷：银行存款		2 000

最后，用固定资产抵偿债务：

借：应付账款	6 780 000	
贷：固定资产清理		5 802 000
其他收益——债务重组收益		978 000

（2）债权人乙企业。

首先，注销被重组的债权并受让固定资产：

借：在建工程	6 780 000	
贷：应收账款		6 780 000

其次，支付安装费用：

借：在建工程	3 000	
贷：银行存款		3 000

最后，将固定资产交付使用：

借：固定资产	6 783 000	
贷：在建工程		6 783 000

3）以无形资产抵债。

【例 2-6】

沿用例 2-3 的资料。假定债务重组协议规定，甲企业以其一项专利权抵偿该项债务，该项无形资产的账面原始价值为 7 400 000 元，已累计摊销 350 000 元，已计提减值准备 50 000 元。相关税费略。

根据上述资料，甲、乙企业 2×23 年 7 月 30 日的相关账务处理如下：

（1）债务人甲企业。

借：应付账款	6 780 000	

其他收益——债务重组损失	220 000	
无形资产减值准备	50 000	
累计摊销	350 000	
贷：无形资产		7 400 000

（2）债权人乙企业。

借：无形资产	6 780 000	
贷：应收账款		6 780 000

2. 债务转为权益工具

【例 2－7】

甲企业 2×23 年 4 月 30 日因向乙企业购入一批原材料（价格为 1 000 000 元，增值税为 130 000 元）而开出面值为 1 130 000 元的 6 个月期的商业汇票。2×23 年 10 月 30 日，甲企业与乙企业签订了债务重组协议。协议规定，甲企业以 180 000 股本企业普通股抵偿所欠乙企业的债务。甲企业的普通股面值为 1 元，每股市价为 5 元。甲企业支付 1 000 元的发行费用，乙企业支付 1 000 元的相关费用，并办理完股票登记手续。其他相关税费略。

根据上述资料，分别假定乙企业将转成的权益工具作为长期股权投资、分类为以公允价值计量且其变动计入其他综合损益的金融资产、分类为以公允价值计量且其变动计入当期损益的金融资产，进行甲、乙企业的相关账务处理。

（1）甲企业将债务转为权益工具。

借：应付票据	1 130 000	
贷：股本		180 000
资本公积——股本溢价		720 000
银行存款		1 000
投资收益		229 000

（2）乙企业将债权转为股权。

1）如果将转成的股权作为长期股权投资核算。

借：长期股权投资——甲企业	1 131 000	
贷：应收票据		1 130 000
银行存款等		1 000

2）如果将转成的股权分类为以公允价值计量且其变动计入其他综合收益的金融资产。

借：其他权益工具投资	901 000	
投资收益	230 000	
贷：应收票据		1 130 000
银行存款等		1 000

3）如果将转成的股权分类为以公允价值计量且其变动计入当期损益的金融资产。

借：交易性金融资产	900 000	
投资收益	231 000	

贷：应收票据　　1 130 000

　　银行存款等　　1 000

将例2-7与例2-3比较可见，债权人乙企业在这两笔债务重组业务中将受让的股权或转成的股权进行确认和计量的基本原理是一样的，但所确认的被投资方不同，例2-3中乙企业是受让了对丙企业和丁企业的权益性投资，例2-7中是将对甲企业的债权转为对甲企业的权益性投资。

3. 修改其他条款

【例2-8】

2×22年年末甲企业欠乙企业的货款共1 160 000元。双方签订的债务重组协议规定的债务重组方式为：乙企业同意将甲企业的债务免除160 000元，重组债权（重组日的公允价值等于账面价值）的偿还日延至2×23年12月31日，并从债务重组日起以2%的年利率（等于实际利率）支付利息。

根据上述资料，甲、乙企业的相关账务处理如下：

（1）甲企业。

1）计算重组债务的公允价值。根据题意，重组债务的公允价值为1 000 000元。

2）债务重组日终止确认相关债务并确认重组债务：

借：应付账款　　1 160 000

　贷：重组债务　　1 000 000

　　　投资收益　　160 000

3）2×23年12月31日偿还重组债务：

借：财务费用　　20 000

　　重组债务　　1 000 000

　贷：银行存款　　1 020 000

（2）乙企业。

1）债务重组日终止确认相关债权并确认重组债权：

借：重组债权　　1 000 000

　　投资收益　　160 000

　贷：应收账款　　1 160 000

2）2×23年12月31日终止确认重组债权：

借：银行存款　　1 020 000

　贷：财务费用　　20 000

　　　重组债权　　1 000 000

---

4. 以组合方式清偿债务

【例2-9】

甲企业应付乙企业一批进货款2 340 000元。2×22年12月31日，双方签订的债务重组协议规定：甲企业需在2×22年12月31日通过转让以下两项资产和债务转资本的方式偿还债务的 60%，转让一项账面价值为 700 000 元、评估的公允价值为 750 000 元的土地使用权，转让其对丙企业的账面价值为 300 000 元、公允价值为 350 000 元的长期股权投资，支付 100 000 股面值为 1 元、市价为 4 元的甲企业普通股；剩余债务免除 36 000 元后的余额（公允价值等于 900 000 元）延至 2×23 年 12 月 31 日还清，并从债务重组日起以 2%的利率（等于实际利率）按年支付利息。乙企业已为该项债权计提坏账准备 40 000 元。相关税费略。

根据上述资料，甲、乙企业的相关账务处理如下：

（1）甲企业。

1）债务重组日偿还部分债务并确认重组债务：

借：应付账款	2 340 000	
贷：无形资产		700 000
长期股权投资——丙企业		300 000
股本		100 000
资本公积——股本溢价		300 000
重组债务		900 000
其他收益——债务重组收益		40 000

2）2×23 年 12 月 31 日确认当年利息费用并偿还重组债务：

借：重组债务	900 000	
财务费用	18 000	
贷：银行存款		918 000

（2）乙企业的账务处理。

1）债务重组日终止确认部分债权并确认重组债权（假定被重组的债权的公允价值等于账面价值）：

借：无形资产	700 000	（A－B）的差额按比例分配
长期股权投资——丙企业	326 700	
——甲企业	373 300	
重组债权	900 000	（自身的公允价值）B
坏账准备	40 000	账面价值（等于公允价值）A
贷：应收账款	2 340 000	

2）2×23 年 12 月 31 日确认当年利息收入并收回重组债权：

借：银行存款	918 000	
贷：重组债权		900 000
财务费用		18 000

2.2.3 报表列报与附注披露

企业应当在资产负债表相关项目中列报债务重组涉及的增减变动后的资产、负债和所有者权益，并将债务重组损益分别列报于利润表中的“投资收益”“其他收益”等相关项目。

企业还应在财务报表中对债务重组的相关信息予以披露。债权人应当在附注中披露与债务重组有关的下列信息：

（1）根据债务重组方式，分组披露债权账面价值和债务重组相关损益。

（2）债务重组导致的对联营企业或合营企业的权益性投资增加额，以及该投资占联营企业或合营企业股份总额的比例。

2.2 即测即评

债务人应当在附注中披露与债务重组有关的下列信息：

（1）根据债务重组方式，分组披露债务账面价值和债务重组相关损益。

（2）债务重组导致的股本等所有者权益的增加额。

思考题

1. 什么是债务重组？
2. 如何理解债务重组的本质特征？
3. 债务重组的方式有哪几种？
4. 债务重组损益应如何确认？
5. 各种债务重组方式下如何对债务重组损益进行计量？

练习题

[目的] 分析债务重组交易的会计处理及其对财务报表的影响。

[资料] 甲企业是乙企业的主要原料供应商。乙企业2×22年上半年就因资金链出现问题，资金面临严重缺口；下半年经营状况也出现了问题，导致当年严重亏损。根据这种情况，甲企业于2×22年年底将应收乙企业的9 000万元的销货款计提了10%的坏账准备。2×23年6月，乙企业积欠的应付购货款9 000万元仍无力偿付，双方签署了债务重组协议。根据该协议，2×23年6月30日，乙企业用持有的丙公司债券予以偿还。该批债券在乙企业被分类为以摊余成本计量的金融资产，账面价值为6 002万元（其中，面值6 000万元，未摊销溢价2万元），重组日该批债券的公允价值为6 100万元。甲、乙企业分别支付6万元和4万元的相关费用。甲企业将受让的资产作为以公允价值计量且其变动计入其他综合收益的金融资产。其他资料略。

[要求] 根据上述资料，进行如下会计处理（金额单位用万元表示）：

（1）分别进行甲企业、乙企业债务重组日的账务处理。

（2）说明此项交易对甲企业、乙企业当期税前利润的影响。

（3）指出此项交易对2×23年6月末双方资产负债表中有关项目报告价值的影响。

公告分析

[资料] 见本章的“公司公告”专栏。

[要求] 根据上述资料，分析如下问题：

（1）武汉国际会展中心股份有限公司在 2020 年 12 月 31 日就债务重组业务应如何进行账务处理？

（2）株洲循环经济投资发展集团有限公司对债务重组的会计处理会对企业的资产负债表产生哪些影响？

第3章

股份支付会计

思维导图

学习目标：

通过本章的学习，明确股份支付的含义及种类；了解股份支付的环节及可行权条件；掌握股份支付会计确认与计量的原则及其应用。

年报撷萃　　**三一重工2020年半年度报告中的股份支付信息**

三一重工股份有限公司（简称“三一重工”，股票代码600031）为三一集团旗下核心企业，主要从事工程机械的研发、制造、销售，系中国工程机械龙头企业，是中国最大、全球第二的工程机械企业，也是全球最大的混凝土机械制造商。

下面摘录的是三一重工2020年半年度财务报告中披露的与股份支付有关的部分信息（金额单位：千元）。

一、合并财务报表注释披露的与股份支付有关的信息

1. 股本项目的注释

项目	期初余额	本期变动（十、一）					期末余额
		发行新股	送股	公积金转股	其他	小计	
股份总数	8 426 246	35 802				35 802	8 462 048

其他说明：

本年因股票期权行权增加股本35 801 899股。

2. 资本公积项目的注释

项目	期初余额	本期增加	本期减少	期末余额
资本溢价（股本溢价）	5 846 201	541 845		6 388 046
其他资本公积	102 116	355 100	315 585	141 631
合计	5 948 317	896 945	315 585	6 529 677

其他说明：

本期资本公积增加系限制性股票和股票期权解锁及行权或摊销，增加资本公积896 945 000 元；其他资本公积减少系限制性股票和股票期权解锁及行权，转入资本溢价 315 585 000 元。

3. 库存股项目的注释

项目	期初余额	本期增加	本期减少	期末余额
限制性股票回购义务	839 552		17 686	821 866

其他说明：

本年注销限制性股票解锁 4 433 732 股，减少库存股 17 686 000 元。

二、“重要事项”部分中披露的关于公司股份支付的信息：

1. 股份支付总体情况

公司本期授予的各项权益工具总额	366 174 976
公司本期行权的各项权益工具总额	249 562 471
公司本期失效的各项权益工具总额	82 133 485
公司期末发行在外的股票期权行权价格的范围和合同剩余期限	（1）2016 年 12 月 8 日发行 26 132.53 万份股票期权的行权价格 5.64 元，行权期为 2018 年至 2020 年；（2）2017 年 11 月 2 日发行 4 695.20 万份股票期权的行权价格 7.95 元，行权期为 2018 年至 2020 年
公司期末发行在外的其他权益工具行权价格的范围和合同剩余期限	（1）2016 年 12 月 8 日发行 4 707.781 3 万股限制性股票价格 2.82 元/股，解锁期为 2018 年至 2019 年；（2）2017 年 11 月 2 日发行 1 081.986 3 万股限制性股票价格 3.98 元/股，解锁期为 2018 年至 2019 年

其他说明（略）。

2. 以权益结算的股份支付情况

授予日权益工具公允价值的确定方法	本公司选用 Black-Scholes 模型确定股票期权公允价值，选用以限制性股票授予日收盘价为基础确定限制性股票公允价值
可行权权益工具数量的确定依据	在等待期内每个资产负债表日，根据最新取得的可行权职工人数变动等后续信息作出最佳估计，修正预计可行权的权益工具数量。在可行权日，最终预计可行权权益工具的数量与实际可行权工具的数量一致
本期估计与上期估计有重大差异的原因	无
以权益结算的股份支付计入资本公积的累计金额	507 366
本期以权益结算的股份支付确认的费用总额	−8 490

其他说明（略）。

3. 以现金结算的股份支付情况（无）

4. 股份支付的修改、终止情况

截至 2020 年 6 月 30 日，本公司已失效的限制性股票 688 825 股需办理回购注销手续。

资料来源：三一重工 2020 年半年度报告. 上海证券交易所网站，http://www.sse.com.cn.

仔细阅读上述资料，我们发现，三一重工的股份支付计划是以权益结算的股份支付，具体包括股票期权激励计划和限制性股票激励计划两部分。那么，什么是股份支付？什么是以权益结算的股份支付？什么是股票期权、限制性股票？股份支付都有哪些形式？股份支付计划什么情况下会影响到资本公积？该计划中的公允价值、行权价格、可行权权益工具数量的最佳估计数以及授予日、可行权日、行权日等指标对会计确认、计量与报告都意味着什么？诸如此类的问题不仅是解读三一重工该项股份支付计划的关键，也是股份支付会计的核心问题。

3.1 股份支付会计概述

3.1.1 股份支付的含义

股份支付（即以股份为基础的支付），是指企业为获取职工和其他方提供服务而授予权益工具或者承担以权益工具为基础确定的负债的交易。这个概念中的关键是“权益工具”。权益工具是指能证明拥有某个企业在扣除所有负债后的资产中的剩余权益的合同。权益工具的例子包括不可回售的普通股、优先股（不包括可赎回优先股）、企业发行的使持有者有权以固定价格购入固定数量该企业普通股的认股权证等。作为股份支付的权益工具，既包括企业自身的权益工具，也包括企业的母公司或同一集团中其他会计主体的权益工具。

目前具有代表性的股份支付交易，当属企业向其职工支付期权作为薪酬或奖励措施的行为。我国部分企业实施的职工期权激励计划即属这一范畴。2005年12月31日，中国证监会发布了《上市公司股权激励管理办法（试行）》；2006年9月30日，国务院国有资产监督管理委员会和财政部发布《国有控股上市公司（境内）实施股权激励试行办法》。这些法规的出台，为企业实施股权激励创造了条件。

股份支付具有以下三个特征：

（1）股份支付是企业与职工或其他方之间发生的交易。以股份为基础的支付可能发生在企业与股东之间（如企业向股东发行股票）；也可能发生在企业合并的双方之间（如企业合并中的合并方以发行的权益性证券作为合并对价实施对被合并方的合并）。这两类以股份为基础的支付，均不属于股份支付概念中所指的交易，只有发生在企业与其职工或向企业提供服务的其他方之间的以股份为基础的交易，才符合股份支付准则对股份支付的定义。

（2）股份支付是以获取职工或其他方服务为目的的交易。企业与提供服务方发生股份支付交易，其目的在于获取职工或其他方为企业提供的服务，而且企业获取这些服务的目的是用于正常生产经营，不是用于转手获利等。

（3）股份支付交易的对价或其定价与企业自身权益工具未来的价值密切相关。股份支付是企业为获取服务而支付的对价，但这种对价即股份支付交易对价或其定价与企业自身权益工具未来的价值密切相关，这一点是股份支付交易与企业同其职工之间的其他类型交易的显著不同。在股份支付中，企业无论是向职工支付其自身权益工具，还是向职工支付一笔现金，其金额高低都取决于结算时企业自身权益工具的公允价值。

敲黑板

在股份支付交易中，企业支付对价的特殊性是股份支付的最突出特征。

3.1.2 股份支付的环节

股份支付涉及多个环节。以薪酬性股票期权为例，典型的股份支付通常涉及四个主要环节：授予、可行权、行权和出售。图 3－1 描述了这四个环节的顺序。

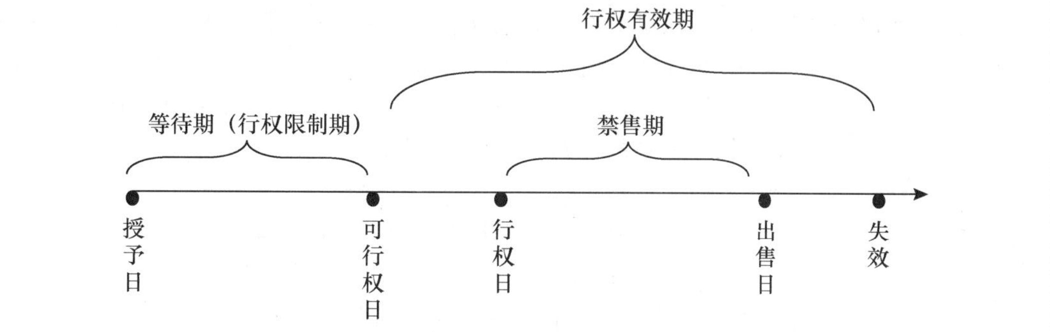

图 3－1 典型的股份支付交易环节示意图

下面对图 3－1 中的各环节做简要解释。

1. 授予日

授予日，是指股份支付协议获得批准的日期。其中获得批准，是指企业与职工或其他方就股份支付的协议条款和条件已达成一致，该协议获得股东大会或类似机构的批准。这里的达成一致，是指双方在对该计划或协议内容形成充分、一致理解的基础上，均接受其条款和条件。如果按照相关法规的规定，在提交股东大会或类似机构之前存在必要程序或要求，则应履行该程序或满足该要求。

2. 可行权日

可行权日，是指可行权条件得到满足，职工或其他方具有从企业取得权益工具或现金权利的日期。有的股份支付协议是一次性可行权，有的则是分批可行权。只有已经可行权的股票期权，才是职工真正拥有的财产，才能择机行权。从授予日至可行权日的时段，是可行权条件得到满足的期间，因此称为等待期，又称行权限制期。可见，可行权条件及其满足问题，在股份支付交易中十分关键。

3. 行权日

行权日，是指职工和其他方行使权利、获取现金或权益工具的日期。例如，持有股票期权的职工行使了以特定价格购买一定数量本公司股票的权利，该日期即为行权日。行权是按期权的约定价格实际购买股票，一般是在可行权日之后到期权到期日之前的可选择时段内行权。

4. 出售日

出售日，是指股票的持有人将行使期权所取得的期权股票出售的日期。我国法规规定，用于期权激励的股份支付协议，应在行权日与出售日之间设立禁售期，其中国有控股上市公司的禁售期不得低于两年。

行权有效期满尚未行权的股票期权失效。

3.1.3 股份支付的可行权条件与非可行权条件

可行权条件，是指能够确定企业是否得到职工或其他方提供的服务，且该服务使职工或其他方具有获取股份支付协议规定的权益工具或现金等权利的条件。反之，为非可行权条件。

1. 可行权条件的种类

可行权条件包括服务期限条件和业绩条件。服务期限条件是指提供服务方完成规定期间的服务才可行权的条件。业绩条件是指提供服务方完成规定期间的服务且企业达到特定业绩目标提供服务方才可行权的条件，具体包括市场条件和非市场条件。

上述各类可行权条件的关系，如图3-2所示。

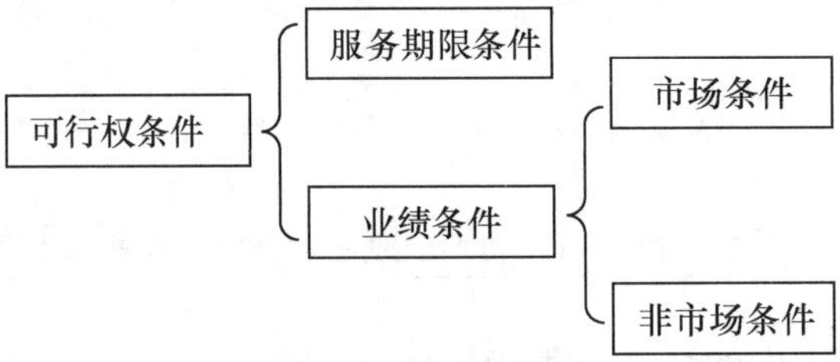

图3-2 可行权条件的种类

市场条件，是指行权价格、可行权条件以及行权可能性与权益工具的市场价格相关的业绩条件，如股份支付协议中关于股价至少上升至何种水平职工可相应取得多少股份的规定。企业在确定权益工具在授予日的公允价值时，应考虑股份支付协议规定的可行权条件中的市场条件的影响，即应考虑市场条件不被满足的可能性。但是，市场条件是否得到满足，不影响企业对预计可行权情况的估计。

非市场条件，是指除市场条件之外的其他业绩条件，如股份支付协议中关于达到最低盈利目标或销售目标才可行权的规定。企业在确定权益工具在授予日的公允价值时，不考虑非市场条件的影响。但是，非市场条件是否得到满足，影响企业对预计可行权情况的估计。

2. 非可行权条件

非可行权条件不影响可行权。企业在确定权益工具在授予日的公允价值时，应考虑股份支付协议规定的非可行权条件的影响。但是，在可行权日之前，非可行权条件是否得到满足，不影响企业对预计可行权情况的估计。职工或其他方能够选择满足非可行权条件但在等待期内未满足的，企业应当将其作为授予权益工具的取消处理。

敲黑板

（1）企业确定权益工具在授予日的公允价值时，已经考虑了市场业绩条件的影响，所以，市场业绩条件的满足与否，对预计可行权情况的估计没有影响。企业确定权益工具在授予日的公允价值时，并不考虑服务期限条件和非市场业绩条件，况且服务期限条件和非市场业绩条件往往决定着授予权益工具的数量，所以，非市场条件的满足与否，对预计可行权情况的估计是有影响的。

以对等待期长度的预计为例。在业绩条件为市场条件的情况下，不应对预计等待期长度进行后续修正；在业绩条件为非市场条件的情况下，如果后续的信息表明等待期的长度与以前的估计不同，如有必要，企业应修正其对等待期间长度的预计。

（2）对于可行权条件为服务期限条件的股份支付，只要提供服务者满足了服务期限条件，企业就应当确认已取得的服务；对于可行权条件为业绩条件的股份支付，只要提供服务者满足了所有非市场业绩条件（如利润增长率、服务期限等），即使市场业绩条件未得到满足，企业也应当确认已取得的服务。

3. 可行权条件与非可行权条件的判断

【例3-1】

20×9年1月，甲上市公司与其管理层成员签署一份旨在激励高管的股份支付协议。根据该协议，如果未来三年中管理层成员一直在公司任职服务，并且公司股价年均提高12%以上、公司净利润年均提高10%以上，管理层成员即可以低于市价的价格购买一定数量的本公司股票。作为协议的补充，公司把全体管理层成员的年薪提高了60 000元，但公司将这部分年薪按月存入公司专门的内部基金账户，三年后，管理层成员可用该基金中属于其个人的部分抵减其行权时支付的购买股票款项。如果管理层成员决定退出这项基金，可随时全部提取。甲公司以期权定价模型估计此项期权在授予日的公允价值为5 000 000元。截至第三年年末，已有5%的管理层成员离开公司；公司股价年均提高10%，净利润年均提高11%。

对此例涉及的可行权条件与非可行权条件分析如下：

首先，连续服务三年、公司股价年增长12%以上以及公司净利润年均增长10%以上这三个要求，是管理层成员行使股票期权必须同时具备的条件，因此三者都属于可行权条件。其中，服务满三年是一项服务期限条件，12%的股价增长要求是一项市场业绩条件，10%的利润增长要求是一项非市场业绩条件。其次，虽然公司要求管理层成员将部分薪金存入统一账户保管，但不影响其可行权，因此统一账户条款是非可行权条件。

由于95%的管理层成员满足了除市场业绩条件之外的其他可行权条件，因此，公司应当对三年中已接受的服务进行确认。

3.1.4 股份支付工具的类型

股份支付按照支付的方式不同，分为以权益结算的股份支付和以现金结算的股份支付两大类。

1. 以权益结算的股份支付

以权益结算的股份支付，是指企业为获得服务而以股份或其他权益工具作为对价进行结算的交易。以权益结算的股份支付最常用的工具有两类：限制性股票和股票期权。

限制性股票，是指职工或其他方按照股份支付协议规定的条款和条件，从企业获得一定数量的本企业股票。企业授予职工一定数量的股票，在一个确定的等待期内或在满足特定业绩指标之前，职工出售股票要受到持续服务期限条款或业绩条件的限制。股票期权，是指企业授予职工或其他方在未来一定期限内以预先确定的价格和条件购买本企业一定数量股票的权利。

2. 以现金结算的股份支付

以现金结算的股份支付，是指企业为获取服务而承担的以股份或其他权益工具为基础计算的交付现金或其他资产的义务的交易。以现金结算的股份支付最常用的工具有两类：现金股票增值权和模拟股票。

现金股票增值权和模拟股票均为用现金支付模拟的股权激励机制，即与股票挂钩，但用现金支付。除不需要实际行权和持有股票外，现金股票增值权的运作原理与股票期权是一样的。除不需要实际授予股票和持有股票之外，模拟股票的运作原理与限制性股票相同。

3.1.5 股份支付会计要解决的主要问题

首先，分析股份支付的确认。从确认时点来看，由于股份支付涉及若干环节，企业应在哪一个环节点进行初始确认是一个问题。从确认的会计要素来看，一方面，企业应根据服务的受益对象，确定股份支付交易中获取的服务或获取服务的权利应确认为成本、费用还是其他相关要素；另一方面，企业还需根据股份支付的不同类型，确定以股份为基础的未来支付应确认为权益性工具还是金融负债。

其次，分析股份支付的计量。股份支付交易的实质是企业对职工服务的奖励或激励，这就需要确定接受的服务的公允价值。一方面，直接计量所取得的服务的公允价值比较困难；另一方面，接受服务而支付的对价必然涉及企业自身权益工具或母公司及同一集团中其他会计主体的权益工具。因此，无论是以权益结算的股份支付还是以现金结算的股份支付，股份支付的计量都直接与权益工具的计量相关，这里无疑要涉及对公允价值的应用。那么，如何确定股份支付的公允价值，以及如何处理公允价值的变动影响，这些都是需要关注的。

综上所述，股份支付会计要解决的主要问题有：

（1）各环节点是否需要进行相应的会计处理？为什么？

（2）可行权条件的满足与否与股份支付的确认是什么关系？

（3）对一般的股份支付交易如何进行确认与计量？

（4）涉及企业集团内的股份支付如何进行会计处理？

（5）股份支付的作废、取消应如何处理？

（6）修改可行权条件的情况下如何进行会计处理？

3.1 即测即评

下面，我们对上述问题进行阐述。

公司公告

三一重工关于根据2018年年度利润分配实施方案调整股票期权行权价格及限制性股票回购价格的公告

证券代码：600031　证券简称：三一重工　公告编号：2019－060

本公司董事会及全体董事保证本公告内容不存在任何虚假记载、误导性陈述或者重大遗漏，并对其内容的真实性、准确性和完整性承担个别及连带责任。

2019年7月15日，三一重工股份有限公司（以下简称“公司”）召开第六届董事会第四十一次会议及第六届监事会第二十九次会议，审议通过《关于调整股票期权行权价格及限制性股票回购价格的议案》。现将相关事项公告如下：

一、2016年股权激励股票期权行权价格及限制性股票回购价格进行调整的情况

（一）调整事由

2019年5月24日召开的公司2018年年度股东大会，审议通过了《2018年度利润分配预案》：以公司2018年年度利润分配股权登记日总股本为基数，向全体股东每10股派发现金红利2.60元（含税）。

上述利润分配方案将于2019年7月17日实施完毕，具体内容详见公司2019年7月11日披露在上海证券交易所网站的《2018年年度权益分派实施公告》。

（二）调整情况

1.2016年股权激励股票期权行权价格的调整

根据《上市公司股权激励计划管理办法》及公司《2016年股票期权与限制性股票激励计划（草案）》的规定，若在行权前有派息、资本公积转增股本、派送股票红利、股票拆细、配股或缩股等事项，应对行权价格进行相应的调整。

其中，派发现金股利时股票期权行权价格的调整方法如下：

$$P=P_0-V$$

其中：P_0为调整前的行权价格；V为每股的派息额；P为调整后的行权价格。经派息调整后，P仍须为正数。

根据公式计算得出：

（1）本次公司2016年股权激励计划首次授予的股票期权调整后的行权价格＝5.45－0.26＝5.19元/股；

（2）公司2016年股权激励计划预留授予的股票期权调整后的行权价格＝7.79－0.26＝7.53元/股。

2.2016年股权激励限制性股票回购价格的调整

根据《上市公司股权激励计划管理办法》及公司《2016年股票期权与限制性股票激励计划（草案）》的规定，限制性股票回购价格为授予价格；若公司发生派息、资本公积转增股本、派送股票红利、股票拆细、配股或缩股等事项，应对限制性股票的授予价格进行相应的调整。

其中，派发现金股利时限制性股票的回购价格的调整方法如下：

$$P=P_0-V$$

其中：P_0为调整前的授予价格；V为每股的派息额；P为调整后的授予价格。经派息调整后，P仍须为正数。

根据公式计算得出：

（1）公司2016年股权激励计划首次授予的限制性股票调整后的回购价格＝2.63－0.26＝2.37元/股；

（2）公司2016年股权激励计划预留授予的限制性股票调整后的回购价格＝3.82－0.26＝3.56元/股。

二、本次调整事项对公司的影响

本次价格调整事项不会影响公司股权激励计划的实施，也不会对公司本年度公司

财务状况和经营成果产生实质性影响。

三、公司独立董事发表的独立意见

公司独立董事认为：本次调整股票期权行权价格及限制性股票回购价格，符合《上市公司股权激励管理办法》及公司《2016年股票期权与限制性股票激励计划》中关于价格调整的相关规定，本次调整事项履行了必要的审批程序，董事会审议程序合法、有效，不存在损害公司及股东利益特别是中小股东利益的情形；全体独立董事一致同意本项议案。

四、公司监事会的核查意见

经核查，监事会认为：本次调整股票期权行权价格及限制性股票回购价格符合《上市公司股权激励管理办法》及公司《2016年股票期权与限制性股票激励计划》中关于价格调整的相关规定，不存在损害股东利益的情况，同意公司对股票期权行权价格及限制性股票回购价格进行调整。

五、湖南启元律师事务所出具的法律意见

公司董事会本次对股票期权行权价格及限制性股票回购价格进行调整已取得股东大会的批准和授权；本次价格调整的具体内容及现阶段已履行的程序，符合《上市公司股权激励管理办法》及公司《2016年股票期权与限制性股票激励计划（草案）》的有关规定。

六、备查文件

1. 公司第六届董事会第四十一次会议决议；

2. 公司第六届监事会第二十九次会议决议；

3. 公司独立董事意见；

4.《湖南启元律师事务所关于三一重工股份有限公司调整股票期权行权价格及限制性股票回购价格相关事宜的法律意见书》。

特此公告。

三一重工股份有限公司董事会

二〇一九年七月十七日

资料来源：上海证券交易所网站，http://www.sse.com.cn.

3.2 股份支付的会计处理

3.2.1 确认与计量的基本原则

股份支付的确认与计量，应当以真实、完整、有效的股份支付协议为基础，那么，如何进行确认与计量呢？

1. 以权益结算的股份支付

从总体上看，以权益结算的股份支付，应按其公允价值将取得的服务计入相关资产成本或当期费用，同时计入资本公积。由于提供服务的主体不同，相关服务公允价值的确定方法也有区别。

（1）换取职工服务的股份支付。

1）关于确认。首先，确认的时点。对于有等待期的换取职工服务的股份支付，企业应在等待期内的每个资产负债表日对股份支付进行确认；对于授予后立即可行权的换取职工提供服务的权益结算的股份支付，应在授予日对股份支付进行确认。

其次，确认的项目。对于有等待期的换取职工服务的股份支付，企业应当在等待期内的每个资产负债表日将当期取得的服务计入相关资产成本或当期费用，同时计入资本公积中的其他资本公积；对于授予后立即可行权的换取职工服务的股份支付，企业应在授予日将取得的服务计入相关资产成本或当期费用，同时计入资本公积中的股本溢价。

2）关于计量。对于有等待期的换取职工服务的股份支付，企业应以等待期内各资产负债表日对可行权权益工具数量的最佳估计为基础，按照权益工具在授予日的公允价值，对取得的服务进行计量；对于授予后立即可行权的换取职工服务的股份支付，应按照授予日权益工具的公允价值对取得的服务进行计量。

权益工具公允价值的确定，应当以活跃市场中的市场价格为基础；没有活跃交易市场的情况下，则需要考虑估值技术。具体来看，对于授予职工的股份，其公允价值应按照企业股份的市场价格计量，同时根据授予股份所依据的条款和条件（不包括市场条件之外的可行权条件）进行调整。如果企业的股份尚未公开交易，则应以估计的市场价格为计量基础，并结合授予股份所依据的条款和条件进行调整。对于授予职工的股票期权，由于其通常受到一些不同于交易期权的条款和条件的限制，因而在许多情况下难以获得其市场价格。如果不存在条款和条件相似的交易期权，就应通过期权定价模型估计所授予的期权的公允价值。

权益工具公允价值无法可靠确定时，企业应在获取服务的时点、后续的每个资产负债表日和结算日，以最终可行权或实际行权的权益工具数量为基础，以内在价值对该权益工具进行计量，内在价值的变动计入当期损益。这里的内在价值是指交易对方有权认购或取得的股份的公允价值，与其按照股份支付协议应当支付的价格之间的差额。

（2）换取其他方服务的股份支付。对于换取其他方服务的股份支付，企业应将以股份支付所换取的服务计入相关资产成本或费用，其金额则按服务取得日该服务的公允价值计量。如果其他方服务的公允价值不能可靠计量，但权益工具的公允价值能够可靠计量，企业应当按照服务取得日该权益工具的公允价值对取得的服务进行计量。

2. 以现金结算的股份支付

对于有等待期的现金结算的股份支付，企业应当在等待期内的每个资产负债表日，以对可行权情况的最佳估计为基础，按照基于企业股份或其他权益工具的价值确定的企业承担负债的公允价值，将当期取得的服务计入相关资产成本或费用，同时确认负债；在结算前的每个资产负债表日和结算日，应对负债的公允价值重新计量，并将公允价值变动计入损益。

对于授予后立即可行权的现金结算的股份支付，企业应当在授予日按照企业承担负债的公允价值计入相关资产成本或费用，同时确认负债，并在结算前的每个资产负债表日和结算日对该负债的公允价值重新计量，将其变动计入损益。

敲黑板

（1）股份支付在授予日是否进行会计确认，取决于该股份支付是否属于授予后即可行权的股份支付。

（2）以权益结算的股份支付，按权益工具的公允价值（或取得服务的公允价值）

对取得的服务进行计量；以现金结算的股份支付，按承担负债的公允价值进行计量。

（3）以权益结算的股份支付，不符合负债的定义，所以，直接确认为所有者权益（资本公积）；以现金结算的股份支付，企业承担的未来交付现金或其他资产的义务要求企业确认相关负债。

（4）以权益结算的股份支付确认为权益（而不是负债）的计量要求是：采用授予日权益工具的公允价值，其直接结果是：一方面，可行权日之前各资产负债表日及可行权日如果涉及对取得的服务价值的调整，是可行权权益工具数量的最佳估计数发生变化导致的调整，而并非确认公允价值变动；另一方面，可行权日之后不再对已确认的所有者权益总额进行调整。

以现金结算的股份支付确认负债的直接结果是：一方面，可行权日之前各资产负债表日及可行权日，需根据可行权权益工具数量的最佳估计数以及负债的公允价值变动，对已确认的负债价值进行调整；另一方面，可行权日之后需要对已确认的负债按公允价值变动进行调整。

3. 账务处理的基本思路

企业如何根据上述确认与计量的原则对股份支付交易进行具体会计处理呢？

正如前述，股份支付分为授予后即可行权的股份支付和有等待期的股份支付两种形式。对于授予后即可行权的股份支付，其会计处理与有等待期的股份支付在可行权日的会计处理相同。

下面以有等待期的换取职工服务的股份支付为例，将股票期权形式的以权益结算的股份支付和现金股票增值权形式的以现金结算的股份支付会计确认与计量的具体处理思路归纳如表3-1所示。

表3-1　有等待期的股份支付账务处理基本思路

	以权益结算的股份支付	以现金结算的股份支付
授予日	不作处理	不作处理
等待期内的各资产负债表日以及可行权日	按当期取得的服务的公允价值*： 借：生产成本 　　制造费用 　　管理费用 　　销售费用 　　研发支出等 　贷：资本公积——其他资本公积	按当期取得的服务的公允价值**： 借：生产成本 　　制造费用 　　管理费用 　　销售费用 　　研发支出等 　贷：应付职工薪酬
可行权日之后各资产负债表日	不作处理	借或贷：公允价值变动损益*** 　贷或借：应付职工薪酬
行权日行权	借：资本公积——其他资本公积 　　银行存款、库存股等 　贷：股本 　　　资本公积——股本溢价［差额］	借：应付职工薪酬 　贷：库存现金等

* 以当时对可行权权益工具数量的最佳估计数为基础，按照权益工具在授予日的公允价值计算的本期应该承担的服务价值。

** 以当时对可行权情况的最佳估计数为基础，按所承担负债的公允价值计算的本期应该承担的服务价值。

*** 以可行权日对可行权情况的最佳估计数为基础，按所承担负债的公允价值计算的本期应该承担的负债公允价值的变动。

敲黑板

财政部 2015 年 11 月发布的《企业会计准则解释第 7 号》中，专门对限制性股票计划的确认与计量进行了规范，有关账务处理归纳如表 3-2 所示。

表 3-2 限制性股票计划的相关账务处理

<table>
<tr><th colspan="3">业务内容</th><th colspan="2">账务处理</th></tr>
<tr><td rowspan="2">授予日</td><td colspan="2">授予股票</td><td colspan="2">借：银行存款 [按收到的认股款]
贷：股本 [按授予股票数量相对应的股票面值]
资本公积——股本溢价 [两者之差]</td></tr>
<tr><td colspan="2">确认回购义务</td><td colspan="2">借：库存股 [按发行股票的数量以及相应的回购价格计算确定的金额]
贷：其他应付款——限制性股票回购义务</td></tr>
<tr><td rowspan="3">关于回购义务的终止确认</td><td rowspan="2">如因未达到解锁条件而回购股票时</td><td>回购</td><td colspan="2">借：其他应付款——限制性股票回购义务
贷：银行存款 [按支付的金额]</td></tr>
<tr><td>终止确认</td><td colspan="2">借：股本 [按注销的限制性股票数量相对应的股本金额]
贷：库存股 [按注销的限制性股票数量相对应的库存股的账面价值]
贷或借：资本公积——股本溢价 [两者之差]</td></tr>
<tr><td>达到解锁条件而无须回购股票时</td><td>终止确认</td><td colspan="2">借：其他应付款——限制性股票回购义务 [按解锁股票数量相对应的负债的账面价值]
贷：库存股 [按解锁股票数量相对应的库存股的账面价值]
贷或借：资本公积——股本溢价 [两者之差]</td></tr>
<tr><td rowspan="4">关于等待期内发放现金股利</td><td colspan="2" rowspan="2">如果现金股利可撤销，即一旦未达到解锁条件，被回购限制性股票的持有者将无法获得（或需要退回）其在等待期内应收（或已收）的现金股利</td><td>①对于预计未来可解锁限制性股票持有者</td><td>按应支付股利：
借：利润分配——应付现金股利
贷：应付股利——限制性股票股利
同时，
借：其他应付款——限制性股票回购义务
贷：库存股
支付股利时：
借：应付股利——限制性股票股利
贷：银行存款等</td></tr>
<tr><td>②对于预计未来不可解锁限制性股票持有者</td><td>按应支付股利：
借：其他应付款——限制性股票回购义务
贷：应付股利——限制性股票股利
支付股利时：
借：应付股利——限制性股票股利
贷：银行存款等</td></tr>
<tr><td colspan="2" rowspan="2">如果现金股利不可撤销，即不论是否达到解锁条件，限制性股票持有者都有权获得（或不得被要求退回）其在等待期内应收（或已收）的现金股利</td><td>①对于预计未来可解锁限制性股票持有者</td><td>按应支付股利：
借：利润分配——应付现金股利
贷：应付股利——限制性股票股利
支付股利时：
借：应付股利——限制性股票股利
贷：银行存款等</td></tr>
<tr><td>②对于预计未来不可解锁限制性股票持有者</td><td>按应支付股利：
借：管理费用
贷：应付股利——限制性股票股利
支付股利时：
借：应付股利——限制性股票股利
贷：银行存款等</td></tr>
</table>

财政部2022年12月31日发布的《企业会计准则解释第16号》中，规范了企业修改以现金结算的股份支付协议中的条款和条件，使其成为以权益结算的股份支付的相关会计处理。在修改日，企业应当按照当日所授予权益工具的公允价值计量以权益结算的股份支付，将截至修改日已取得的服务计入资本公积，同时终止确认以现金结算的股份支付在修改日已确认的负债，两者之间的差额计入当期损益。

3.2.2 可行权条件的修改

在会计上，无论已授予的权益工具的条款和条件如何修改，甚至取消权益工具的授予或结算该权益工具，企业都应至少确认按照所授予的权益工具在授予日的公允价值计量获取的相应的服务，除非因不能满足权益工具的可行权条件（除市场条件外）而无法可行权。

1. 有利于职工的修改

对于有利于职工的可行权条件的修改，企业应进行必要的调整处理。具体来看：

（1）增加了权益工具的公允价值。如果修改增加了所授予的权益工具的公允价值，企业应按照权益工具公允价值的增加相应地确认取得服务的增加。权益工具公允价值的增加，是指修改前后的权益工具在修改日的公允价值之间的差额。

如果修改发生在等待期内，在确认修改日至修改后的可行权日之间取得服务的公允价值时，应当既包括在剩余原等待期内以原权益工具授予日公允价值为基础确定的服务金额，也包括权益工具公允价值的增加。如果修改发生在可行权日之后，企业应当立即确认权益工具公允价值的增加。如果股份支付协议要求职工只有先完成更长期间的服务才能取得修改后的权益工具，则企业应在整个等待期内确认权益工具公允价值的增加。

（2）增加了权益工具的数量。如果修改增加了所授予的权益工具的数量，企业应将增加的权益工具的公允价值相应地确认为取得服务的增加。

如果修改发生在等待期内，在确认修改日至增加的权益工具可行权日之间取得服务的公允价值时，应当既包括在剩余原等待期内以原权益工具授予日公允价值为基础确定的服务金额，也包括权益工具公允价值的增加。

（3）其他有利于职工的修改。如果企业按照其他有利于职工的方式修改可行权条件，如缩短等待期、变更或取消业绩条件（非市场条件），企业在处理可行权条件时，应当考虑修改后的可行权条件。

2. 不利于职工的修改

对于不利于职工的可行权条件的修改，企业仍应继续对取得的服务进行会计处理，如同该变更从未发生，除非企业取消了部分或全部已授予的权益工具。具体来看：

（1）减少了权益工具的公允价值。如果修改减少了授予的权益工具的公允价值，企业应当继续以权益工具在授予日的公允价值为基础，确认取得服务的金额，而不应考虑权益工具公允价值的减少。

（2）减少了权益工具的数量。如果修改减少了授予的权益工具的数量，企业应当将减少部分作为已授予的权益工具的取消来进行处理。

（3）如果企业以其他不利于职工的方式修改了可行权条件，如延长等待期、增加或变更业绩条件（非市场条件），企业在处理可行权条件时，不应当考虑修改后的可行权条件。

3. 取消或结算

如果企业在等待期内取消了所授予的权益工具或结算了所授予的权益工具（因未满足可行权条件而被取消的除外），企业应当：

（1）将取消或结算作为加速可行权处理，立即确认原本应在剩余等待期内确认的金额。

（2）在取消或结算时支付给职工的所有款项均应作为权益的回购处理，回购支付的金额高于该权益工具在回购日公允价值的部分，计入当期费用。

（3）如果向职工授予新的权益工具，并在新权益工具授予日认定所授予的新权益工具是用于替代被取消的权益工具的，企业应以处理原权益工具条款和条件修改相同的方式，对所授予的替代权益工具进行处理。权益工具公允价值的增加，是指在替代权益工具的授予日，替代权益工具公允价值与被取消的权益工具净公允价值之间的差额。被取消的权益工具净公允价值，是指其在取消前立即计量的公允价值减去因取消原权益工具而作为权益回购支付给职工的款项。如果企业未将新授予的权益工具认定为替代权益工具，则应将其作为一项新授予的股份支付进行处理。

企业如果回购其职工已可行权的权益工具，应当计入所有者权益，回购支付的金额高于该权益工具在回购日公允价值的部分，计入当期费用。

敲黑板

问题：

未满足行权条件导致已授予的权益工具被取消，以及未在可行权期限内行权导致期权失效，应如何进行会计处理？

分析：

根据《国际财务报告准则第2号——以股份为基础的支付》（IFRS 2），授予的权益性工具在等待期后作废，以及股份期权在行权期期末失效，并不会改变原始交易发生这一事实。主体对于已确认的取得职工提供的服务金额不应予以转回，可能唯一要作的会计分录就是权益内部的转换，以反映不存在发行在外股份期权这个事实。

根据前面的描述，无论附有市场条件还是非市场条件，对于可行权条件为业绩条件的股份支付，只要职工满足了所有非市场条件（如利润增长率、服务期限等），企业就应当确认已取得的服务。这就意味着只有因不能满足非市场条件而无法行权的，会计上才不能确认已取得的服务。

综上所述，一个比较合理的处理思路是：

（1）未满足服务期限条件导致的“取消”，不确认已取得的服务。

（2）未满足非市场业绩条件导致的“取消”，不确认已取得的服务。

以上“不确认”是期末或可行权日调整确定本期应确认的成本费用时通过“转回”已确认的成本费用的方式实现的，其账务处理如下：

借：资本公积——其他资本公积

　　应付职工薪酬

　贷：相关成本费用

（3）未满足市场业绩条件而导致的“取消”，应确认已取得的服务，即不应转回已确认的服务，但应作转账处理。

（4）未在可行权期限内行权导致期权失效，应作转账处理。其账务处理如下：

借：资本公积——其他资本公积

　贷：资本公积——股本溢价

3.2.3 集团内股份支付

一般的股份支付交易，接受服务方同时也是结算方，而且通常采用企业自身的权益工具进行结算。但是，企业集团内发生的股份支付交易，有的时候接受服务方并不是结算方，或者接受服务方采用集团内其他企业的权益工具进行结算。在这些情况下，应当如何进行股份支付交易的确认与计量呢？

企业集团内部发生的股份支付交易，按以下原则进行会计处理：

1. 从结算方来看

结算企业以自身权益工具结算的，应当将该股份支付交易作为权益结算的股份支付处理。除此之外，应当作为现金结算的股份支付处理。

结算企业是接受服务企业的投资者的，应当按照授予日权益工具的公允价值（如以权益结算）或应承担负债的公允价值（如以现金结算）确认为对接受服务企业的长期股权投资，同时确认资本公积（其他资本公积）或负债。

2. 从接受服务方来看

接受服务企业没有结算义务或授予本企业职工的是其自身权益工具的，应当将该股份支付交易作为权益结算的股份支付处理。

接受服务企业负有结算义务且授予本企业职工的是企业集团内其他企业权益工具的，应当将该股份支付交易作为现金结算的股份支付处理。

敲黑板

结算企业是接受服务企业的投资者的情况下，结算企业没有接受服务，所以不能确认有关的成本费用，只能将其确认的未来将以权益工具结算的权益增加额或将以现金结算的负债增加额，确认为对接受服务企业的长期股权投资。

结算企业是接受服务企业但却以其他企业权益工具作为结算工具的情况下，结算企业只负有向其职工提供其他企业权益工具的义务，并不会增加本企业的普通股等权益。

接受服务企业应确认股份支付费用。

3.2.4 确认与计量的举例

下面举例说明股份支付的确认与计量。

（1）附服务年限条件的权益结算的股份支付（股票期权）。

【例3-2】

A公司为一上市公司，与股份支付相关的资料为：

(1) 2×21年1月1日，公司向其100名管理人员每人授予300份股票期权。这些管理人员从2×21年1月1日起在该公司连续服务三年，即可按每股6元的价格购买300股每股面值为1元的A公司股票，以便获利。A公司估计该期权在授予日的公允价值为每份16元。

(2) 2×21年，有10名管理人员离开A公司，公司估计三年中离开的管理人员比例将达到18%；2×22年，又有3名管理人员离开公司，公司根据掌握的情况将估计的管理人员离开公司的比例修正为15%；2×23年，有6名管理人员离开公司。

(3) 2×23年年末，81名管理人员行权。

相关会计处理如下：

(1) 计算A公司应计入各期费用和资本公积的股份支付的公允价值，见表3-3。

表3-3 各期费用计算表

单位：元

年份	预计三年总费用 (1)	累计应确认费用 (2)	期初累计已确认费用 (3)	当期应确认费用 (4)=(2)-(3)
2×21	100×(1-18%)×300×16 =393 600	393 600×1/3 =131 200	0	131 200
2×22	100×(1-15%)×300×16 =408 000	408 000×2/3 =272 000	131 200	272 000-131 200 =140 800
2×23	(100-19)×300×16 =388 800	388 800	272 000	388 800-272 000 =116 800

(2) 根据上述资料，进行账务处理。

1) 2×21年1月1日：

授予日不作处理。

2) 2×21年12月31日：

借：管理费用　　131 200

　贷：资本公积——其他资本公积　　131 200

3) 2×22年12月31日：

借：管理费用　　140 800

　贷：资本公积——其他资本公积　　140 800

4) 2×23年12月31日：

借：管理费用　　116 800

　贷：资本公积——其他资本公积　　116 800

5) 2×23年12月31日81名在职管理人员行权：

借：银行存款　　145 800

　　资本公积——其他资本公积　　388 800

　贷：股本　　24 300

　　　资本公积——股本溢价　　510 300

假定上例中81位管理人员在2×24年年末行权，则A公司2×23年年末不进行任何账务处理，2×24年年末持权人行权时进行如下账务处理：

借：银行存款　　145 800

　　资本公积——其他资本公积　　388 800

贷：股本　24 300
　　资本公积——股本溢价　510 300

可见，以权益结算的股份支付，在可行权日之前的各期，一方面，直接确认为所有者权益，而不是确认为负债；另一方面，需要反映估计可行权数量的变化对累计费用的影响，并不需要考虑权益工具公允价值的变动。

（2）回购股份用于附服务年限条件的权益结算的股份支付（股票期权）。

【例 3-3】

沿用例 3-2 的资料。假定 A 公司按每股 10 元的价格回购 25 000 股本公司普通股，并于 2×23 年 12 月 31 日将其中的 24 300 股出售给行权的 81 名管理人员，其他资料不变。

A 公司的有关账务处理为：

（1）各期期末确认有关费用和其他资本公积的账务处理同上例。

（2）回购股票时：

借：库存股　250 000
　　贷：银行存款　250 000

（3）管理人员行权时：

借：银行存款　145 800
　　资本公积——其他资本公积　388 800
　　贷：库存股（300×81×10）　243 000
　　　　资本公积——股本溢价　291 600

（3）附业绩条件（非市场条件）的权益结算的股份支付（股票期权）。

【例 3-4】

B 公司是一上市公司。其有关股份支付的资料为：

（1）可行权条件。2×21 年 1 月 1 日，B 公司为其 120 名管理人员每人授予 100 份股票期权，即达到可行权条件时每人可按每股 5 元的价格购买 100 股每股面值为 1 元的本公司股票。所附可行权条件为：第一年年末的可行权条件是公司当年净利润增长率达到 15%；第二年年末的可行权条件是公司 2×21 年至 2×22 年两年净利润平均增长率达到 14%；第三年年末的可行权条件是公司 2×21 年至 2×23 年三年净利润平均增长率达到 10%。每份期权在 2×21 年 1 月 1 日的公允价值为 20 元。

（2）净利润增长情况。2×21 年，净利润增长了 14%，公司预计 2×22 年将以同样速度增长，即 2×21 年至 2×22 年两年净利润平均增长率能够达到 14%；2×22 年，公司净利润增长了 11%，但公司预计 2×23 年净利润增长率可达到 10%，2×21 年至 2×23 年三年净利润平均增长率可超过 10%；2×23 年，公司净利润增长了 8%。

（3）人员流动情况。2×21 年，有 10 名管理人员离开，公司预计第二年将有 10 名管理人员离开公司；2×22 年，有 12 名管理人员离开，公司预计第三年将有 14 名管理人员离开公司；2×23 年，有 8 名管理人员离开。

（1）相关分析。

1）按照股份支付会计准则，本例中的可行权条件是一项非市场业绩条件。

2）后续的信息表明等待期的长度与以前的估计不同，公司应修正其对等待期长度的估计。

第一年年末，虽然没能实现净利润增长 15%的目标，但公司预计下一年将以同样的速度增长，能实现两年平均增长 14%的要求。因此预计 2×22 年 12 月 31 日可行权，遂将其预计等待期调整为 2 年。

第二年年末，虽然没能实现两年平均增长 14%的目标，但公司仍然估计能够在第三年年末实现年平均增长 10%的目标。因此预计 2×23 年 12 月 31 日将可行权，从而将预计等待期调整为 3 年。

第三年年末，三年的净利润平均增长率为 11%，满足了可行权条件（即三年净利润平均增长率达到 10%）。

3）对可行权人数的预计。

第一年，有 10 名管理人员离开，因此公司调整了期满（两年）后预计会有 100 人（120－10－10）行权。

第二年，有 12 名管理人员离开，高于预计数字，因此公司相应调整了第三年离开的人数，并据此预计第三年年末会有 84 人（120－10－12－14）行权。

第三年，实际离开公司的人数为 8 人，据此确定可行权人数为 90 人（120－10－12－8）。

（2）根据上述分析，B 公司应确认费用的计算及调整过程见表 3－4。

表 3－4　应确认费用计算表　　单位：元

计算时间	预计等待期内累计费用 (1)	累计应确认费用 (2)	累计已确认费用 (3)	当期应确认费用 (4)＝(2)－(3)
2×21 年年末	(120－10－10)×100×20 ＝200 000	200 000÷2 ＝100 000	0	100 000
2×22 年年末	(120－10－12－14)×100×20 ＝168 000	168 000×2/3 ＝112 000	100 000	112 000－100 000 ＝12 000
2×23 年年末	(120－10－12－8)×100×20 ＝180 000	180 000	112 000	180 000－112 000 ＝68 000

（3）根据上述资料，进行账务处理。

1）2×21 年 1 月 1 日：

授予日不作处理。

2）2×21 年 12 月 31 日：

借：管理费用　　100 000

　贷：资本公积——其他资本公积　　100 000

3）2×22 年 12 月 31 日：

借：管理费用　　12 000

　贷：资本公积——其他资本公积　　12 000

4）2×23年12月31日：

借：管理费用　68 000

　贷：资本公积——其他资本公积　68 000

5）2×23年12月31日如果有90名管理人员行权，则

借：银行存款　45 000

　　资本公积——其他资本公积　180 000

　贷：股本　9 000

　　　资本公积——股本溢价　216 000

（4）附服务年限条件的现金结算的股份支付（股份增值权）。

【例3-5】

C公司是一上市公司。其有关股份支付的资料为：

（1）2×21年年初，C公司为其150名中层以上员工每人授予100份现金股份增值权。根据协议，这些员工从2×21年1月1日起在该公司连续服务三年，即可按照当时股价的增长幅度获得现金，该增值权应在2×24年12月31日之前行使。

（2）公司估计该增值权在负债结算之前的每一资产负债表日以及结算日的公允价值和可行权后的每份增值权现金支出额见表3-5。

（3）人员流动情况。2×21年，有10名员工离开公司，公司估计三年中还将有20名员工离开；2×22年，有10名员工离开公司，公司估计还将有15名员工离开；2×23年，有18名员工离开公司。

表3-5　估计的增值权的公允价值及现金支出　单位：元

年份	增值权的公允价值	支付现金
2×21	20	
2×22	24	
2×23	30	28
2×24	33	32
2×25		35

（4）行权情况。2×23年年末，有50人行使股份增值权取得了现金。2×24年年末，有40人行使股份增值权。2×25年年末，剩余22人也行使了股份增值权。

C公司的相关会计处理如下：

（1）根据资料，计算各期应确认的负债与费用，见表3-6。

（2）根据表3-6进行有关账务处理。

1）2×21年12月31日：

借：管理费用　80 000

　贷：应付职工薪酬——股份支付　80 000

2）2×22年12月31日：

借：管理费用　104 000

　贷：应付职工薪酬——股份支付　104 000

表 3-6 应确认负债与费用金额计算表

单位：元

年份	负债应有余额 (1)	负债期初余额 (2)	本期应确认负债 (3)＝(1)－(2)	本期支付现金 (4)	当期费用 (5)＝(3)＋(4)	当期公允价值变动损益 (6)＝(3)＋(4)
2×21	(150－30)×100×20×1/3 ＝80 000	0	80 000	—	80 000	—
2×22	(150－35)×100×24×2/3 ＝184 000	80 000	184 000－80 000 ＝104 000	—	104 000	—
2×23	(150－38－50)×100×30 ＝186 000	184 000	186 000－184 000 ＝2 000	50×100×28 ＝140 000	2 000＋140 000 ＝142 000	—
2×24	(150－38－50－40)×100×33 ＝72 600	186 000	72 600－186 000 ＝－113 400	40×100×32 ＝128 000	—	128 000－113 400 ＝14 600（损失）
2×25	0	72 600	－72 600	22×100×35 ＝77 000	—	77 000－72 600 ＝4 400（损失）
总额	—	—	0	345 000	326 000	19 000（损失）

3）2×23年12月31日：

借：管理费用　142 000

　贷：应付职工薪酬——股份支付　142 000

借：应付职工薪酬——股份支付　140 000

　贷：银行存款　140 000

或者，

借：管理费用　142 000

　贷：应付职工薪酬——股份支付　2 000

　　银行存款　140 000

4）2×24年12月31日：

借：公允价值变动损益　14 600

　贷：应付职工薪酬——股份支付　14 600

借：应付职工薪酬——股份支付　128 000

　贷：银行存款　128 000

或者，

借：公允价值变动损益　14 600

　应付职工薪酬——股份支付　113 400

　贷：银行存款　128 000

5）2×25年12月31日：

借：公允价值变动损益　4 400

　贷：应付职工薪酬——股份支付　4 400

借：应付职工薪酬——股份支付　77 000

　贷：银行存款　77 000

或者，

借：公允价值变动损益　4 400

　应付职工薪酬——股份支付　72 600

　贷：银行存款　77 000

可见，与以权益结算明显不同的是，以现金结算的股份支付，一方面，在可行权日之前的各期，在确认相关费用的同时要确认负债并且需要反映估计可行权数量的变化对累计费用和负债的影响；另一方面，在可行权日之后至行权日之间，需要确认负债的公允价值变动。

（5）以现金结算的股份支付修改为以权益结算的股份支付。

【例3-6】①

2×21年初，A公司向其500名中层以上职工每人授予100份现金股票增值权，这些职工从2×21年1月1日起在该公司连续服务四年即可按照股价的增长幅度获得现金。A公司估计，该增值权在2×21年年末和2×22年年末的公允价值分别为10元和

① 摘自财政部会计准则委员会会计准则应用案例。

12 元。2×22 年 12 月 31 日，A 公司将向职工授予 100 份现金股票增值权修改为授予 100 股股票期权，这些职工从 2×23 年 1 月 1 日起在该公司连续服务三年，即可以每股 5 元购买 100 股 A 公司股票。每份期权在 2×22 年 12 月 31 日的公允价值为 16 元。A 公司预计所有的职工都将在服务期限内提供服务。假设 A 公司 500 名职工都在 2×25 年 12 月 31 日行权，股份面值为 1 元。不考虑其他因素。

该案例中，企业将以现金结算的股份支付修改为以权益结算的股份支付，修改日为 2×22 年 12 月 31 日。

2×21 年 12 月 31 日，A 公司按照承担负债的公允价值，将当期取得的服务计入相关费用和相应的负债，金额为 100×500×10×1/4＝125 000 元。有关账务处理为：

借：管理费用　　125 000
　贷：应付职工薪酬——股份支付　　125 000

2×22 年 12 月 31 日，A 公司将以现金结算的股份支付修改为以权益结算的股份支持，等待期由四年延长至五年。A 公司应当按照权益工具在修改日的公允价值，将当期取得的服务计入资本公积，金额为 100×500×16×2/5＝320 000 元，同时终止确认已确认的负债，两者的差额计入当期损益，金额为 320 000－125 000＝195 000 元。有关账务处理为：

借：管理费用　　195 000
　　应付职工薪酬——股份支付　　125 000
　贷：资本公积——其他资本公积　　320 000

2×23 年 12 月 31 日，按照权益工具在修改日的公允价值将当期取得的服务计入相关费用和资本公积，金额为 100×500×16×3/5－320 000＝160 000 元。有关账务处理为：

借：管理费用　　160 000
　贷：资本公积——其他资本公积　　160 000

2×24 年 12 月 31 日，按照权益工具在修改日的公允价值将当期取得的服务计入相关费用和资本公积，金额为 100×500×16×4/5－320 000－160 000＝160 000 元。有关账务处理为：

借：管理费用　　160 000
　贷：资本公积——其他资本公积　　160 000

2×25 年 12 月 31 日，按照权益工具在修改日的公允价值将当期取得的服务计入相关费用和资本公积，金额为 100×500×16－320 000－160 000－160 000＝160 000 元。有关账务处理为：

借：管理费用　　160 000
　贷：资本公积——其他资本公积　　160 000

当日，职工行权。有关账务处理为：

借：银行存款　　250 000
　　资本公积——其他资本公积　　800 000
　贷：股本　　50 000
　　　资本公积——股本溢价　　1 000 000

3.2.5 报表列报与附注披露

股份支付相关业务的会计处理将对资产负债表、利润表中“存货”“应付职工薪酬”“资本公积”“管理费用”“公允价值变动损益”等相关项目的列报金额产生影响。

企业应当在附注中披露如下信息：

（1）与股份支付有关的信息，包括：

1）当期授予、行权和失效的各项权益工具总额。

2）期末发行在外的股份期权或其他权益工具行权价格的范围和合同剩余期限。

3）当期行权的股份期权或其他权益工具以其行权日价格计算的加权平均价格。

4）权益工具公允价值的确定方法。

另外，企业对性质相似的股份支付信息可以合并披露。

（2）股份支付交易对当期财务状况和经营成果的影响的信息，包括：

1）当期因以权益结算的股份支付而确认的费用总额。

2）当期因以现金结算的股份支付而确认的费用总额。

3）当期以股份支付换取的职工服务总额及其他方服务总额。

3.2 即测即评

思考题

1. 什么是股份支付？
2. 股份支付有哪些主要环节？
3. 股份支付有哪些种类？
4. 以权益结算的股份支付和以现金结算的股份支付的确认与计量有何异同？
5. 回购股份激励职工和一般的股份支付有何区别？
6. 企业集团内发生的股份支付交易，应如何进行确认与计量？

练习题

[目的] 练习附业绩条件（市场条件）的权益结算股份支付的会计处理。

[资料]① D公司2×20年年初，授予一名高管10 000份股票期权。该股份支付协议规定：该高管未来三年需为本公司服务，而且如果第三年年末公司的股价没有从第一年年初的50元上升至65元，则该期权不能行权；如果第三年年末的股价超过65元，则股票期权能够在未来7年中即第10年年末前的任何时点行权。D公司采用二项式期权定价模型，考虑了第三年年末公司股价超过65元的可能和没超过65元的可能，估计该股票期权的公允价值为每份24元。

[要求] 根据上述资料，请分析，假定第三年该高管离开公司和假定第三年年末股价没有达到65元这两种情况下D公司应如何进行会计处理。

① 根据IFRS 2“应用指南”中的例5改编。

年报分析

［**主题**］　以权益结算的股份支付的确认与计量。

［**资料**］　三一重工的股份支付计划，具体资料见本章的“年报撷萃”专栏。

［**要求**］　根据上述资料，尝试思考三一重工股份支付的相关业务账务处理的思路，从而进一步思考账务处理与报表列报之间的关系。

第 4 章

外币折算会计

思维导图

学习目标：

通过本章的学习，了解外币折算业务的含义；掌握记账本位币的确定方法；掌握外币交易会计确认与计量的原则及其应用；掌握外币财务报表折算的方法。

年报撷萃 中国中铁 2020 年半年度报告中披露的有关外币业务的部分信息

中国中铁股份有限公司（公司简称：中国中铁，股票代码：601390）是集勘察设计、施工安装、工业制造、房地产开发、资源利用、金融投资和其他新兴业务于一体的特大型企业集团。中国中铁拥有 100 多年的历史源流。1950 年 3 月为中国铁道部工程总局和设计总局，后变更为铁道部基本建设总局。1989 年 7 月，经国务院批准撤销基本建设总局，组建中国铁路工程总公司。2000 年 9 月，与铁道部实行政企分开，整体移交中央大型企业工作委员会管理。2003 年 5 月由国务院国资委履行出资人职能。2007 年 9 月 12 日，中国铁路工程总公司独家发起设立中国中铁股份有限公司，并于 2007 年 12 月 3 日和 12 月 7 日，分别在上海证券交易所和香港联合交易所上市。2017 年 12 月由全民所有制企业改制为国有独资公司，更名为中国铁路工程集团有限公司。中国中铁具有中国国家住房和城乡建设部批准的铁路工程施工总承包特级资质、公路工程施工总承包一级资质、市政公用工程施工总承包一级资质以及桥梁工程、隧道工程、公路路基、路面工程专业承包一级资质，城市轨道交通工程专业承包资质，拥有中华人民共和国对外经济合作经营资格证书和进出口企业资格证书。作为全球最大建筑工程承包商之一，中国中铁连续 17 年进入世界企业 500 强，2022 年在《财富》世界 500 强企业排名第 34 位，在中国企业 500 强排名第 5 位。

以下是中国中铁 2020 年半年度报告中合并资产负债表项目附注里披露的与外币业务有关的部分信息。

1. 外币货币性项目部分信息

单位：千元

项目		2020 年 6 月 30 日		
		外币余额	折算汇率	人民币余额
货币资金	美元	1 300 601	7.079 5	9 207 605
	欧元	15 777	7.961 0	125 601
	西非法郎	9 250 579	0.012 1	111 932
	埃塞俄比亚比尔	306 098	0.202 7	62 046
	港币	56 668	0.913 4	51 761
	其他外币			2 103 733
	小计	—	—	11 662 678
其他非流动金融资产	港币	45	0.913 4	41
应收账款	美元	197 407	7.079 5	1 397 543
	欧元	2 710	7.961 0	21 574
	西非法郎	25 578 728	0.012 1	309 503
	埃塞俄比亚比尔	658 512	0.202 7	133 480
	港币	3 125	0.913 4	2 854
	其他外币			826 013
	小计	—	—	2 690 967
其他应收款	美元	183 154	7.079 5	1 296 639
	欧元	1 087	7.961 0	8 654
	西非法郎	2 473 306	0.012 1	29 927
	埃塞俄比亚比尔	16 724	0.202 7	3 390
	港币	12 099	0.913 4	11 051
	其他外币			2 033 860
	小计	—	—	3 383 521

2. 其他综合收益项目部分信息

单位：千元

项目	2019 年 12 月 31 日	税后归属于母公司	2020 年 6 月 30 日
不能重分类至损益的其他综合收益			
重新计量设定受益计划净负债的变动	(155 757)	(36 385)	(192 142)
其他权益工具投资公允价值变动	222 516	(164 181)	58 336
将重分类至损益的其他综合收益			
外币财务报表折算差额	(403 579)	(34 846)	(465 425)
合计	(265 645)	(226 863)	(492 508)

资料来源：中国中铁 2020 年半年度报告. 上海证券交易所网站，http://www.sse.com.cn.

阅读上述资料之后，你可能会问：什么是外币货币性项目？什么是折算汇率？如何选择折算汇率？什么是外币财务报表折算差额？外币财务报表折算差额为什么在其他综合收益中列示？诸如此类问题，都是外币折算会计的主要内容。

4.1 外币折算会计概述

4.1.1 外币与记账本位币

外币，通常是指本国货币以外的其他国家或地区的货币。从会计确认与计量的角度而言，外币则指记账本位币以外的货币。

1. 记账本位币的含义

记账本位币，是指企业经营所处的主要经济环境中的货币。这里的“主要经济环境”通常是企业主要收入和支出现金的经济环境。提出记账本位币概念的本质要求是：企业对外币交易进行确认与计量时，需将外币金额折算成记账本位币金额。从这个意义上讲，理解记账本位币的概念是学习外币折算会计的起点。

理解记账本位币的概念时应注意两个问题：第一，我国《企业会计准则第19号——外币折算》中界定的“记账本位币”与《国际会计准则第21号——汇率变动的影响》中使用的“功能货币”（functional currency），两者的含义相同，都是指企业经营所处主要经济环境中的货币；第二，“记账本位币”与《国际会计准则第21号——汇率变动的影响》中使用的“列报货币”（presentation currency），两者的侧重点不同，前者是企业记账时作为基本计量尺度的货币，后者则是列报财务报表所使用的货币。同一企业的记账本位币和列报货币可能相同，也可能不同。我国《企业会计准则第19号——外币折算》中规定，企业通常应选择人民币作为记账本位币；业务收支以人民币以外的货币为主的企业，也可以选择其中一种货币作为记账本位币，但是编报的财务报表应当折算为人民币。也就是说，列报货币为人民币。本章以下内容如不作特别说明，都假定记账本位币与列报货币相同。

2. 企业记账本位币的确定

企业应当根据经营所处的主要经济环境选定记账本位币。在选定记账本位币时，应当考虑下列因素：

（1）该货币主要影响商品和劳务的销售价格，通常以该种货币进行商品和劳务的计价和结算；

（2）该货币主要影响商品和劳务所需人工、材料和其他费用，通常以该货币进行上述费用的计价和结算；

（3）筹资活动获得的货币以及保存从经营活动中收取款项所使用的货币。

3. 企业境外经营记账本位币的确定

境外经营，是指企业在境外的子公司、合营企业、联营企业、分支机构。如果企业在境内的子公司、合营企业、联营企业、分支机构，其所采用的记账本位币与企业采用的记账本位币不同，也视同企业的境外经营。

企业在对确定其境外经营应该选用的记账本位币时，同样要考虑企业确定记账本位币的上述三个因素，同时，还要考虑以下几个因素的影响：

（1）境外经营对其所从事的活动是否拥有很强的自主性；

（2）境外经营活动中与企业的交易是否在境外经营活动中占有较大比重；

（3）境外经营活动产生的现金流量是否直接影响企业的现金流量，是否可以随时汇回；

（4）境外经营活动产生的现金流量是否足以偿还其现有债务和可预期的债务。

【例 4－1】

中国中铁 2020 年半年度报告的合并财务报表注释 74 明确“境外经营实体根据其经营所处的主要经济环境中的货币确定其记账本位币”，并对重要的境外经营实体的有关信息进行了披露（见表 4－1）。

表 4－1　中国中铁重要的境外经营实体

境外经营实体名称	主要经营地	记账本位币
MKM 矿业有限责任公司	刚果（金）	美元
绿砂矿业有限责任公司	刚果（金）	美元
新鑫有限责任公司	蒙古国	蒙图

4. 记账本位币的变更

选择哪一种货币作为记账本位币，是企业的一项重要会计政策。企业记账本位币一经确定，不得随意变更。

（1）记账本位币变更的条件。如果企业经营所处的主要经济环境发生了重大变化，企业可以变更记账本位币。企业经营所处的主要经济环境发生重大变化，通常是指企业主要收入和支出现金的环境发生了重大变化，使用该环境中的货币最能反映企业的主要交易业务的经济结果。

（2）记账本位币变更的处理。企业需变更记账本位币的，应当采用变更当日的即期汇率将所有项目折算为变更后的记账本位币。折算后的金额作为以新的记账本位币计量的历史成本，由于采用同一即期汇率进行折算，不会产生汇兑差额。

企业记账本位币发生变更的，应按照变更当日的即期汇率将所有项目折算为变更后的记账本位币时，其比较财务报表也应当以可比当日的即期汇率折算所有资产负债表和利润表项目。

企业需要提供确凿的证据证明其所处的主要经济环境发生了重大变化，并应在报表附注中披露变更的理由。

4.1.2　外币交易与外币折算

1. 外币交易

外币交易，是指企业以记账本位币以外的货币计价或者结算的交易。外币交易主要包括下列几类：

（1）买入或卖出以外币计价的商品或服务。这里的商品，可以是具有实物形态的存货、固定资产等，也可以是不具有实物形态的无形资产等。

（2）借入或借出外币资金。企业向银行或非银行金融机构借入以记账本位币以外的货币表示的资金，银行或非银行金融机构向人民银行、其他银行或非银行金融机构借贷以记账本位币以外的货币表示的资金，以及发行以记账本位币以外的货币计价或结算的债券等，都属于此类交易。

（3）外币兑换，即企业将一种货币兑换为另一种货币的交易。

（4）其他以外币计价或者结算的交易。比如，企业接受外币资本投资、接受外币现金捐赠。

2. 外币折算

外币折算与外币交易有关。企业为了把外币交易反映在企业的财务报表里，需要将相关的外币金额折算成记账本位币金额。这就涉及对外币交易的折算。

外币折算还同外币财务报表折算有关。企业为了把境外经营反映在企业的财务报表里，需要将境外经营以外币表示的财务报表折算为以企业记账本位币表示的财务报表，这就涉及对外币财务报表的折算。

由此可见，外币折算主要包括对外币交易的折算和外币财务报表的折算。

4.1.3 汇率与汇率变动的影响

1. 汇率

汇率，是指两种货币兑换的比率，亦即将一种货币与另一种货币相互交换时的比价。

按汇率的表示方式不同，汇率有直接汇率和间接汇率两种。直接汇率是一定数量的外币折算为本国货币的金额。其特点是：本国货币的数额随着汇率的变化而变化，本国货币币值的大小与汇率的高低成反比。目前，包括我国在内的大多数国家都采用直接汇率。间接汇率是一定数量的本国货币折算为外币的金额。其特点是：外币的数额随着汇率的变化而变化，本国货币币值的大小与汇率的高低成正比。

按照外汇交易的交割期限不同，汇率分为即期汇率和远期汇率。即期汇率是指立即交付的汇率；远期汇率是在未来某一日交付时的汇率。汇率还可分为现行汇率和历史汇率，记账汇率和账面汇率等。现行汇率是指资产负债表日的汇率，历史汇率是指取得外币资产或承担外币债务时的汇率；记账汇率是目前对外币交易进行确认时采用的折算汇率，账面汇率是对外币交易进行确认时曾经采用的折算汇率。记账汇率通常采用即期汇率，而过去的记账汇率就是今天的账面汇率，从这个意义上来说，账面汇率往往是历史汇率。

2. 汇率变动的影响

汇率变动的影响，是指对同样数量的外币金额采用不同的汇率进行折算而产生的折合为记账本位币的差额，它反映了汇率变动给企业带来的利得或损失。所以，汇率变动的影响也称为汇兑差额、汇兑损益。

汇兑损益主要与外币交易的折算有关。一方面，随着汇率的变动，同样一笔外币金额采用不同时点（交易发生日、结算日、资产负债表日）的汇率进行折算，折合成的记账本位币金额就会出现差额；另一方面，在货币兑换业务中，由于两种货币所采用的汇率不同，也会导致折合成的记账本位币出现差额。

汇兑损益还可能与外币财务报表折算有关。在对外币财务报表进行折算时，由于对不同的项目采用不同的折算汇率而导致的折算为记账本位币的差额，通常称为外币财务报表折算差额（损益）。广义的汇兑损益应该包含外币财务报表折算差额。

汇兑损益的类别如图 4－1 所示。

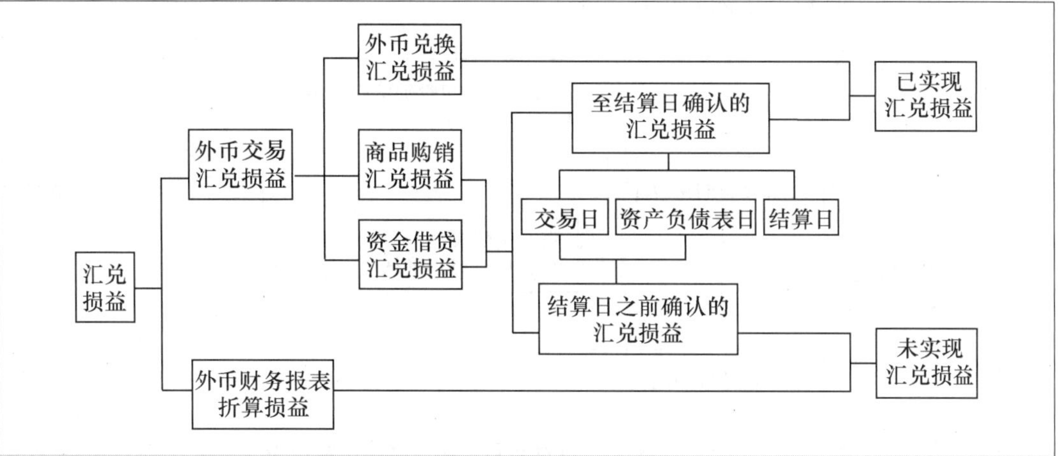

图 4－1 汇兑损益的类别

【例 4－2】

甲企业以人民币作为记账本位币。2×20 年 12 月 9 日，甲企业向乙企业赊销价格为 10 000 美元的原材料，当日的即期汇率为 1 美元＝7.00 元人民币；2×20 年 12 月 31 日的汇率为 1 美元＝7.06 元人民币；2×21 年 1 月 9 日，收到乙企业货款日的即期汇率为 1 美元＝7.10 元人民币。

根据上述资料，甲企业发生外币交易时按当时的汇率进行折算，其 10 000 美元应收账款记账本位币金额为 70 000 元人民币；2×20 年 12 月 31 日，该笔外币应收账款的记账本位币金额为 70 600 元人民币，这就出现了 600 元人民币的未结算货款的未实现汇兑损益（利得）；2×21 年 1 月 9 日收到的 10 000 美元按当日汇率折算，其记账本位币金额则为 71 000 元人民币，从而又产生了 400 元人民币的汇兑损益（利得），至此，已结算货款的全部已实现汇兑损益（利得）是 1 000 元人民币。

4.1.4 外币折算会计要解决的主要问题

[财报精选] 贬值带来汇兑损失 航空公司该为美元债务担忧吗?

正如前述，外币折算包括外币交易的折算和外币财务报表的折算两项内容。

外币交易的折算实际上包括两个环节：一是在交易发生日对外币交易进行初始确认与计量；二是在结算日或资产负债表日（会计期末）对外币项目进行后续计量。外币交易初始确认与计量的核心问题是如何将外币金额折算成记账本位币金额；会计期末后续计量的关键是如何确定外币项目的报告价值，而期末报告价值取决于外币余额与折算汇率，所以，确定外币项目期末报告价值的同时必然涉及对汇兑差额的确认与计量。

在外币财务报表的折算中，对同一张财务报表中不同项目如何进行折算，对不同的财务报表分别如何进行折算，出现的折算差额应该如何反映，这些问题都值得关注。

图4-2是对上述内容的简要概括。

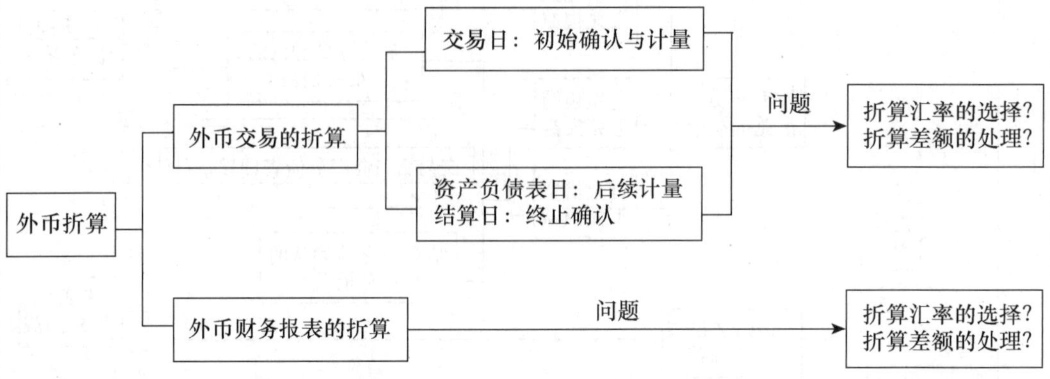

图4-2 外币折算会计问题的主要内容

接下来，我们将对上述问题进行阐述。

4.1即测即评

4.2 外币交易的会计处理

4.2.1 外币账户的设置①

为了清晰反映外币交易的会计处理过程，反映记账本位币的折算过程以及汇率变动的影响，企业应当对外币交易涉及的项目设置相应的外币账户。而有必要设置外币账户的项目只能是外币货币性项目。

货币性项目，是指企业持有的货币资金和将以固定金额或可确定的金额收取的资产或者偿付的负债，包括库存现金、银行存款、应收账款、应收票据等货币性资产项目和短期借款、长期借款、应付账款、应付票据、应付职工薪酬、应付股利等货币性负债项目。货币性项目的货币支付功能，决定了货币性项目应按现时价值报告，从而决定了外币货币性项目应承受汇率变动的影响。

非货币性项目，是货币性项目以外的项目，包括预收账款、预付账款、存货、长期股权投资、固定资产、无形资产等。外币非货币性项目在初始确认时已经根据当时的外币金额以及即期汇率折算的记账本位币金额作为这些项目的历史成本，并在后续计量过程中按该历史成本进行折旧、摊销、结转销售成本以及计提资产减值等。在这种情况下，如果再按资产负债表日的即期汇率折算，就会导致这些项目的价值不断变动，并导致对相关转移价值的不断调整，这不仅与这些项目的实际价值变动情况不符，

① 外币账户的设置与外币交易的日常记账方法有关。外币交易的日常记账方法有外币统账制和外币分账制两种。外币统账制，是指企业在发生外币交易时即按一定汇率折算成记账本位币进行初始计量，平时一般不确认汇兑差额（外币兑换业务除外），期末对各外币账户的外币余额按期末汇率折算成记账本位币余额，并对该余额与账面原有记账本位币余额之间的汇兑差额予以确认。外币分账制，是指企业在发生外币交易时直接按照原币金额入账，期末再按一定汇率将已入账的原币金额折算成记账本位币，同时确认汇兑差额。目前我国大多数涉及外币交易的企业采用外币统账制。外币分账制比较适合外币交易量较大、涉及外币币种较多的金融企业。本章内容主要基于外币统账制进行讨论。

而且会徒增会计处理的工作量。所以，实际工作中不需要对外币非货币性项目设置外币账户。

企业应在各货币性项目的总账下面，按记账本位币和外币分别设置二级账，其中，外币账户的“借”“贷”“余”三栏都分别下设“外币金额”“折算汇率”“记账本位币金额”栏目。

4.2.2 外币购销交易会计处理的两种基本方法

在外币商品购销交易中，只要商品交易与款项结算未同时进行，就存在汇率变动是否影响销货方的销售收入和购货方的购货成本的确定问题。比如，例4-2中甲企业2×20年12月9日所售商品的营业收入记账本位币金额应该是多少？是70 000元还是考虑到汇率变动的影响1 000元从而是71 000元呢？对于这个问题的基本处理方法有两种：单一交易观和两项交易观。

单一交易观，是指企业将商品购销交易与款项结算视为一笔交易的两个阶段，因此，款项结算前因汇率变动产生的汇兑损益计入购货方的购货成本和销货方的销售收入。也就是说，单一交易观下，按外币计价的销售收入和购货成本的记账本位币金额取决于结算日的汇率。

两项交易观，是指企业将商品购销交易与款项结算视为两项交易，因此，款项结算前因汇率变动产生的汇兑损益与购货方购货成本和销货方销售收入的计量无关。也就是说，两项交易观下，按外币计价的销售收入和购货成本的记账本位币金额只取决于交易日的汇率。

【例4-3】

沿用例4-2的资料。假定乙企业也以人民币作为记账本位币。相关税费略。

单一交易观和两项交易观的会计处理基本思路见表4-2、表4-3。

表4-2 单一交易观与两项交易观会计处理思路比较（甲企业） 单位：元

日期	单一交易观下的会计处理	两项交易观下的会计处理
2×20年12月9日	确认销售收入： 借：应收账款——美元户 70 000 贷：主营业务收入 70 000	确认销售收入： 借：应收账款——美元户 70 000 贷：主营业务收入 70 000
2×20年12月31日	将汇兑损益调整销售收入： 借：应收账款——美元户 600 贷：主营业务收入 600	将汇兑损益单独确认： 借：应收账款——美元户 600 贷：汇兑损益 600
2×21年1月9日	收到货款，将汇兑损益调整销售收入： 借：银行存款——美元户 71 000 贷：应收账款——美元户 70 600 主营业务收入 400	收到货款，将汇兑损益单独确认： 借：银行存款——美元户 71 000 贷：应收账款——美元户 70 600 汇兑损益 400

表4-3 单一交易观与两项交易观会计处理思路比较（乙企业） 单位：元

日期	单一交易观下的会计处理	两项交易观下的会计处理
2×20年12月9日	确认购入存货： 借：原材料 70 000 贷：应付账款——美元户 70 000	确认购入存货： 借：原材料 70 000 贷：应付账款——美元户 70 000

续表

日期	单一交易观下的会计处理	两项交易观下的会计处理
2×20 年 12 月 31 日	将汇兑损益调整购货成本： 借：原材料　600 　贷：应付账款——美元户　600	将汇兑损益单独确认： 借：汇兑损益　600 　贷：应付账款——美元户　600
2×21 年 1 月 9 日	支付货款，将汇兑损益调整购货成本： 借：应付账款——美元户　70 600 　原材料　400 　贷：银行存款——美元户　71 000	支付货款，将汇兑损益单独确认： 借：应付账款——美元户 70 600 　汇兑损益　400 　贷：银行存款——美元户　71 000

由表 4－2 和表 4－3 可知，单一交易观与两项交易观相比较，两者的本质区别在于交易日至结算日之间汇率变动导致的汇兑差额是影响销售收入和购货成本的计量还是应计入当期损益；而两者的共同点是交易日至结算日之间汇率变动导致的汇兑差额都会影响外币货币性项目的计量。①

在现行的会计准则体系中，两项交易观已经取代了单一交易观。

4.2.3 外币交易的确认与计量

下面根据现行会计准则，归纳梳理外币交易确认与计量的原则性规定，并举例予以说明。

1. 确认与计量的原则

（1）初始确认时折算汇率的选择。根据现行会计准则，企业对外币交易进行初始确认时，应采用交易发生日的即期汇率将外币金额折算为记账本位币金额；也可以按照系统合理的方法确定的与交易日即期汇率近似的汇率折算，近似汇率通常为当期平均汇率或加权平均汇率等。但是，对于收到的投资者以外币投入的资本，只能采用交易日即期汇率折算。

（2）外币项目期末报告价值的确定。企业在报告期末，应当采用下列方法确定外币项目的报告价值：

1）外币货币性项目，按外币余额和报告期末的即期汇率折算的记账本位币余额作为报告价值。这就意味着期末要根据汇率变动带来的汇兑差额调整外币货币性项目的记账本位币余额，这是货币性项目应按现时价值报告这一计量特性所要求的。

2）以公允价值计量的外币非货币性项目，按外币公允价值余额和公允价值确定当日的即期汇率折算的记账本位币余额作为报告价值。这意味着期末计量公允价值变动损益时要考虑汇率的变动，这是公允价值计量所要求的。

3）采用成本与可变现净值孰低法进行后续计量且期末采用了以外币反映的可变现净值计量的外币非货币性项目，按外币表示的可变现净值与期末的即期汇率折算的记账本位币余额作为报告价值。这意味着期末确认资产减值损失时要考虑汇率的变动，这显然符合按可变现净值计量的要求。

4）以历史成本计量的外币非货币性项目，按外币余额和交易发生日的即期汇率折

① 这也从一个侧面解释了为什么需要对外币货币性项目设置外币账户。

算的记账本位币余额作为报告价值。这意味着不必根据汇率变动带来的汇兑差额调整这些外币非货币性项目的记账本位币余额。

上述前三种情况实际上都将汇率变动的影响计入了相关外币项目的期末报告价值。

(3) 汇兑损益的确认。汇兑损益的确认要解决何时确认、确认为什么报表项目两个问题。

外币兑换业务的有关汇兑损益，应在确认外币兑换业务的会计处理同时予以确认；其他情况下涉及的汇兑损益，一般在报告期末或结算日进行确认。

汇兑损益的列报主要有以下几种形式：

1) 对于外币货币性项目而言，通常情况下的汇兑损益，计入当期损益（“财务费用”科目)；属于符合资本化条件的借款费用组成部分的汇兑损益，计入有关资产成本；属于清算期间的汇兑损益，计入清算费用。

2) 对于外币非货币性项目而言，即使按公允价值或可变现净值计量，其汇率变动的影响也不需单独计量并确认为汇兑损益。与以公允价值计量的外币非货币性项目有关的汇率变动的影响，计入公允价值变动损益；与以可变现净值计量的外币非货币性项目有关的汇率变动的影响，则计入资产减值损失。

2. 确认与计量的举例

下面举例说明各类外币交易的确认与计量。为了简化表述，均假定企业以人民币作为记账本位币。

(1) 交易日、结算日。

第一类交易：外币购销交易。

【例 4－4】

甲公司 2×20 年 12 月 9 日向境外某公司销售 100 000 美元的商品，当日的即期汇率为 1 美元＝7.00 元人民币；假定该项销售符合收入确认的条件。购货方于 20 日后支付货款，付款当日的即期汇率为 1 美元＝7.10 元人民币。甲公司对外币交易采用交易日即期汇率作为折算汇率。

甲公司的相关账务处理如下：

(1) 交易日对外币项目进行初始确认：

借：应收账款——美元户	700 000	
贷：主营业务收入		700 000

(2) 结算日确认收到货款以及已实现的汇兑损益：

借：银行存款——美元户	710 000	
贷：应收账款——美元户		700 000
财务费用——汇兑损益		10 000

(3) 如果考虑到期末对所有外币账户的余额进行调整，则为了简化处理，公司也可将已实现汇兑损益在期末调账时一并确认，结算日只对收到的货款进行如下账务处理：

借：银行存款——美元户	710 000	
贷：应收账款——美元户		710 000

【例4-5】

乙公司为增值税一般纳税人，2×20年12月9日从境外某公司购入200 000美元的原材料，当日的即期汇率为1美元=7.00元人民币；公司按规定用银行存款支付增值税204 000元、关税101 000元以及运杂费2 000元。公司按协议于20日后支付货款，付款当日的即期汇率为1美元=7.10元人民币。公司对外币交易采用交易日即期汇率作为折算汇率。

乙公司的相关账务处理如下：

（1）交易日对外币项目进行初始确认：

借：原材料（200 000×7.00+101 000+2 000）	1 503 000	
应交税费——应交增值税（进项税额）	204 000	
贷：银行存款——美元户		307 000
应付账款——美元户		1 400 000

（2）结算日确认支付的货款以及已实现的汇兑损益：

借：应付账款——美元户	1 400 000	
财务费用——汇兑损益	20 000	
贷：银行存款——美元户		1 420 000

（3）如果考虑到期末对所有外币账户的余额进行调整，则为了简化处理，公司也可将已实现的汇兑损益在期末调账时一并确认，结算日只对支付的货款进行如下账务处理：

借：应付账款——美元户	1 420 000	
贷：银行存款——美元户		1 420 000

第二类交易：外币借贷业务。

【例4-6】

丙公司2×20年7月1日从银行借入半年期贷款100 000美元，年利率为6%，借款当日的即期汇率为1美元=7.00元人民币；2×20年12月31日，偿还贷款本金及利息，当日的即期汇率为1美元=7.30元人民币。公司对外币交易采用交易日即期汇率作为折算汇率。

丙公司的相关账务处理如下：

（1）交易日对外币借款进行初始确认：

借：银行存款——美元户	700 000	
贷：短期借款——美元户		700 000

（2）2×20年12月31日偿还借款本息并确认与外币借款本金有关的已实现汇兑损益时：

借：短期借款——美元户	700 000	
财务费用——汇兑损益（100 000×(7.30-7.00)）	30 000	
——利息费用（100 000×3%×7.30）	21 900	
贷：银行存款——美元户（103 000×7.30）		751 900

（3）如果考虑到期末对所有外币账户的余额进行调整，则为了简化处理，公司也可

将已实现汇兑损益在期末调账时一并确认，现只对偿还的借款本息进行如下账务处理：

借：短期借款——美元户（100 000×7.30）　　730 000
　　财务费用——利息费用（100 000×3%×7.30）　　21 900
　贷：银行存款——美元户（103 000×7.30）　　751 900

第三类交易：外币兑换。

【例 4－7】

丁公司 2×20 年 9 月 1 日从中国银行以人民币买入 10 000 美元。公司以中国银行公布的人民币汇率中间价作为折算的即期汇率。中国银行当日美元卖出价为 1 美元＝7.60 元人民币，买入价为 1 美元＝7.56 元人民币。

丁公司买入外币的账务处理为：

借：银行存款——美元户　　75 800
　　财务费用——汇兑损益　　200
　贷：银行存款——人民币户　　76 000

第四类交易：接受外币资本投资。

【例 4－8】

戊公司 2×20 年 12 月 9 日收到某外商根据投资合同投入的资本 500 000 美元，当日的即期汇率为 1 美元＝7.00 元人民币。

戊公司收到外币资本的账务处理为：

借：银行存款——美元户　　3 500 000
　贷：实收资本　　3 500 000

（2）报告期末。

【例 4－9】

沿用例 4－4、例 4－5、例 4－6 的资料。假定甲公司应收账款（美元户）、乙公司应付账款（美元户）以及丙公司短期借款（美元户）没有期初余额，本期也没有发生除上例以外的其他业务。如果三个公司在结算日并未确认已实现的汇兑损益，则甲公司“应收账款——美元户”、乙公司“应付账款——美元户”以及丙公司“短期借款——美元户”的期末美元余额均为 0 的情况下，期末余额调整之前相应账户的记账本位币余额分别为 10 000 元（贷方）、20 000 元（借方）以及 30 000 元（借方）。所以，各公司 2×20 年 12 月 31 日应对外币账户余额进行调整。

［视频］外币账户的期末调整

相关账务处理如下：

（1）甲公司期末调整外币账户余额确认汇兑损益：

借：应收账款——美元户　　10 000
　贷：财务费用——汇兑损益　　10 000

（2）乙公司期末调整外币账户余额确认汇兑损益：

借：财务费用——汇兑损益　　20 000

　贷：应付账款——美元户　　20 000

（3）丙公司期末调整外币账户余额确认汇兑损益：

借：财务费用——汇兑损益　　30 000

　贷：短期借款——美元户　　30 000

至于各公司“银行存款——美元户”的余额也要根据需要进行必要的调整。

【例 4－10】

丁公司对外币交易采用交易日即期汇率作为折算汇率。2×20 年 10 月有关外币应收账款的资料如下：

（1）月初“应收账款——美元户”的余额为 20 000 美元，折合记账本位币余额为 140 000 元人民币；

（2）10 月 10 日收回月初外币应收账款余额中的 4 000 美元；

（3）10 月 12 日销售一批商品，货款 30 000 美元，货款的 40%于 28 日收到；

（4）10 月 10 日的汇率为 1 美元＝7.10 元人民币，10 月 12 日的汇率为 1 美元＝7.15 元人民币，10 月 28 日的汇率为 1 美元＝7.14 元人民币，10 月 31 日的汇率为 1 美元＝7.16 元人民币。

丁公司有关外币交易的账务处理如下：

（1）10 月 10 日收回 4 000 美元：

借：银行存款——美元户　　28 400

　贷：应收账款——美元户　　28 400

（2）10 月 12 日销售商品：

借：应收账款——美元户　　214 500

　贷：主营业务收入　　214 500

（3）10 月 28 日收到 12 000 美元：

借：银行存款——美元户　　85 680

　贷：应收账款——美元户　　85 680

（4）10 月 31 日调整外币应收账款账户余额并确认汇兑损益。有关计算见表 4－4。

表 4－4　“应收账款——美元户”账户余额调整计算表

项目		计算过程
期末外币余额（美元）		20 000－4 000＋30 000－12 000＝34 000
期末即期汇率		7.16
调整后期末记账本位币余额（元）		34 000×7.16＝243 440
调整前期末记账本位币余额（元）		140 000－28 400＋214 500－85 680＝240 420
调整金额（元）	汇兑损益（利得）	243 440－240 420＝3 020
	其中：已实现汇兑损益	4 000×(7.10－7.00)＋12 000×(7.14－7.15)＝280
	未实现汇兑损益	16 000×(7.16－7.00)＋18 000×(7.16－7.15)＝2 740

根据表4-4，报告期末调整外币账户余额的账务处理为：

借：应收账款——美元户　　3 020

　贷：财务费用——汇兑损益　　3 020

【例4-11】

某商贸公司2×20年2月10日进口A商品1 000件，每件价格为300美元，货款以美元支付，当日的即期汇率为1美元=6.95元人民币；2×20年12月31日库存A商品尚有100件。期末，国内市场并无同类货物，但在国际市场上该种商品的价格已降至每单位260美元，当日的即期汇率为1美元=6.90元人民币。相关税费略。该公司对外币交易采用交易日即期汇率作为折算汇率。

相关账务处理如下：

(1) 2×20年2月10日进口A商品：

借：库存商品——A　　2 085 000

　贷：银行存款——美元户　　2 085 000

(2) 2×20年12月31日计提存货跌价准备：

借：资产减值损失（30 000×6.95−26 000×6.90）　　29 100

　贷：存货跌价准备　　29 100

可见，该公司期末确认的29 100元的资产减值损失中，实际上包括了商品美元价格变动的影响（(300−260)×6.95×1 000=27 800元）和美元与人民币汇率变动的影响（260×(6.95−6.90)×100=1 300元）。

【例4-12】

乙公司2×20年12月10日支付40 000美元购入A公司每股2美元的B股20 000股，划分为交易性金融资产，当日即期汇率为1美元=7.30元人民币。2×20年12月31日，A公司B股的市价为每股3美元，当日即期汇率为1美元=7.25元人民币；2×21年1月20日，乙公司将其持有的A公司股票以每股2.7美元全部售出，当日即期汇率为1美元=7.10元人民币。乙公司对外币交易采用交易日即期汇率作为折算汇率。相关税费略。

乙公司的相关账务处理如下：

(1) 2×20年12月10日购入A公司B股股票：

借：交易性金融资产　　292 000

　贷：银行存款——美元户（40 000×7.30）　　292 000

(2) 2×20年12月31日确认该交易性金融资产的报告价值并确认公允价值变动（含汇率变动）损益：

借：交易性金融资产　　143 000

　贷：公允价值变动损益（60 000×7.25−40 000×7.30）　　143 000

(3) 2×21年1月20日出售所持B股股票：

借：银行存款——美元户（54 000×7.10）　　383 400

　　投资收益（435 000−383 400）　　51 600

贷：交易性金融资产（60 000×7.25） 435 000

同时，

借：公允价值变动损益 143 000

贷：投资收益 143 000

乙公司 40 000 美元购入的 A 公司股票以 54 000 美元售出，实现的投资收益折合记账本位币为 91 400 元（54 000×7.10－40 000×7.30）。

4.2.4 报表列报与附注披露

外币交易的会计处理将涉及资产负债表、利润表等财务报表中诸多相关项目的列报金额，尤其是计入当期损益的汇兑损益，更是直接影响到“财务费用”项目的列报。

4.2 即测即评

企业应当在附注中披露以下与外币交易折算相关的信息：

（1）企业及其境外经营选定的记账本位币及选定的原因，记账本位币发生变更的，说明变更理由；

（2）采用近似汇率的，说明近似汇率的确定方法；

（3）计入当期损益的汇兑差额。

4.3 外币财务报表的折算

4.3.1 一般情况下外币财务报表的折算

外币财务报表折算，是指企业为了把境外经营反映在企业的财务报表里，将境外经营以外币表示的财务报表折算为以企业记账本位币表示的财务报表的过程。如果企业的境外经营是企业的子公司，对其外币财务报表进行折算是将其纳入企业合并财务报表的需要；如果企业的境外经营是企业的合营企业、联营企业和分支机构，对其外币财务报表进行折算则是满足企业按权益法反映相关投资的需要。

外币财务报表折算的关键问题是折算汇率的选择以及折算差额的处理。对此人们先后提出过四种解决方法：货币与非货币性项目法、流动与非流动性项目法、时态法、现行汇率法。下面，根据现行会计准则，对外币财务报表折算的原则要求及其应用进行阐述。

1. 外币财务报表折算原则

（1）资产负债表中的资产和负债项目，采用资产负债表日的即期汇率折算；除“未分配利润”项目外的其他所有者权益项目，采用发生时的即期汇率折算。

（2）利润表中的收入和费用项目，采用交易发生日的即期汇率折算，也可以采用按照系统合理的方法确定的与交易日即期汇率近似的汇率折算。

所有者权益变动表中利润分配项目的折算汇率，可比照收入和费用项目。

（3）外币财务报表折算中产生的外币财务报表折算差额，根据 2006 年颁布的《企业会计准则第 19 号——外币折算》，应当在合并资产负债表中的所有者权益部分，以“外币报表折算差额”单项列示；根据 2014 年修订后的《企业会计准则第 30 号——财务报表列报》，“外币财务报表折算差额”构成“其他综合收益”项目的组成内容之一。

可见，现行的外币财务报表折算基本上采用的是现行汇率法。

2. 外币财务报表折算举例

【例 4－13】

甲公司以人民币作为记账本位币，乙公司是甲公司设在美国的一家全资子公司并以美元作为记账本位币。乙公司的有关资料如下：

（1）有关汇率资料：2×23 年 12 月 31 日的即期汇率是 1 美元＝7.80 元人民币，2×23 年度的平均汇率是 1 美元＝7.70 元人民币，实收资本发生时的汇率为 1 美元＝8.00 元人民币。

（2）2×23 年 12 月 31 日的累计盈余公积为 10 000 美元，折算的记账本位币金额为 79 500 元；累计未分配利润 47 000 美元，折算的记账本位币金额为 365 660 元；2×23 年提取盈余公积 3 000 美元。

（3）相关资产负债表、利润表资料见表 4－5、表 4－6。

表 4－5　资产负债表（折算前）

编制单位：乙公司　　2×23 年 12 月 31 日　　单位：美元

资产	期末数	负债和所有者权益	期末数
流动资产：		流动负债：	
货币资金	50 000	短期借款	15 000
交易性金融资产	20 000	应付账款	36 000
应收账款	30 000	应付职工薪酬	14 000
存货	70 000	应交税费	7 000
流动资产合计	170 000	流动负债合计	72 000
非流动资产：		非流动负债：	
固定资产	130 000	长期借款	90 000
无形资产	80 000	长期应付款	18 000
非流动资产合计	210 000	非流动负债合计	108 000
		负债合计	180 000
		所有者权益：	
		实收资本	100 000
		资本公积	0
		其他综合收益	0
		盈余公积	13 000
		未分配利润	87 000
		所有者权益合计	200 000
资产总计	380 000	负债和所有者权益总计	380 000

表 4－6　利润表（折算前）

编制单位：乙公司　　2×23 年度　　单位：美元

项目	金额
一、营业收入	500 000
减：营业成本	320 000

续表

项目	金额
税金及附加	50 000
销售费用	10 000
管理费用	60 000
财务费用	20 000
二、营业利润	60 000
加：营业外收入	40 000
减：营业外支出	30 000
三、利润总额	70 000
减：所得税费用	27 000
四、净利润	43 000
五、其他综合收益	0
六、综合收益总额	43 000

根据上述资料，对乙公司财务报表的折算过程见表4-7、表4-8和表4-9。

表4-7　资产负债表

编制单位：乙公司　　　　　　2×23年12月31日

项目	期末数（美元）	折算汇率	折算为人民币（元）
流动资产：			
货币资金	50 000	7.80	390 000
交易性金融资产	20 000	7.80	156 000
应收账款	30 000	7.80	234 000
存货	70 000	7.80	546 000
流动资产合计	170 000		1 326 000
非流动资产：			
固定资产	130 000	7.80	1 014 000
无形资产	80 000	7.80	624 000
非流动资产合计	210 000		1 638 000
资产总计	380 000	—	2 964 000
流动负债：			
短期借款	15 000	7.80	117 000
应付账款	36 000	7.80	280 800
应付职工薪酬	14 000	7.80	109 200
应交税费	7 000	7.80	54 600
流动负债合计	72 000		561 600
非流动负债：			
长期借款	90 000	7.80	702 000
长期应付款	18 000	7.80	140 400
非流动负债合计	108 000		842 400
负债合计	180 000		1 404 000
所有者权益：			

续表

项目	期末数（美元）	折算汇率	折算为人民币（元）
实收资本	100 000	8.00	800 000
其他综合收益	0		−16 260*
盈余公积	13 000		102 600**
未分配利润	87 000		673 660***
所有者权益合计	200 000		1 560 000
负债和所有者权益总计	380 000	—	2 964 000

* −16 260＝(2 964 000−1 404 000)−(800 000＋102 600＋673 660)

** 102 600＝79 500＋23 100

*** 673 660＝365 660＋331 100−23 100

表 4-8　利润表

编制单位：乙公司　　　　　　2×23 年度

项目	本年数（美元）	折算汇率	折算为人民币（元）
一、营业收入	500 000	7.70	3 850 000
减：营业成本	320 000	7.70	2 464 000
税金及附加	50 000	7.70	385 000
销售费用	10 000	7.70	77 000
管理费用	60 000	7.70	462 000
财务费用	20 000	7.70	154000
二、营业利润	60 000		462 000
加：营业外收入	40 000	7.70	308 000
减：营业外支出	30 000	7.70	231 000
三、利润总额	70 000		539 000
减：所得税费用	27 000	7.70	207 900
四、净利润	43 000		331 100
五、其他综合收益			
⋮	0		0
外币财务报表折算差额	0		−16 260
六、综合收益总额	43 000		314 840

表 4-9　所有者权益变动表

编制单位：乙公司　　　　　　2×23 年度

项目	实收资本			其他综合收益			盈余公积			未分配利润		所有者权益合计（元）
	美元	折算汇率	折算为人民币（元）	美元	折算汇率	折算为人民币（元）	美元	折算汇率	折算为人民币（元）	美元	折算为人民币（元）	
一、上年年末余额	100 000	8	800 000				10 000		79 500	47 000	365 660	1 245 160
二、本年增减变动金额												
（一）综合收益总额						−16 260				43 000	331 100	314 840
（二）利润分配												

续表

项目	实收资本			其他综合收益			盈余公积			未分配利润		所有者权益合计（元）
	美元	折算汇率	折算为人民币（元）	美元	折算汇率	折算为人民币（元）	美元	折算汇率	折算为人民币（元）	美元	折算为人民币（元）	
1. 提取盈余公积							3 000	7.70	23 100	−3 000	−23 100	0
⋮												
三、本年年末余额	100 000	8	800 000			−16 260	13 000		102 600	87 000	673 660	1 560 000

4.3.2 恶性通货膨胀经济中境外经营财务报表的折算

1. 恶性通货膨胀经济的判定

当一个国家的经济环境显现出（但不局限于）以下特征时，应当判定该国处于恶性通货膨胀经济中：

（1）三年累计通货膨胀率接近或超过100%；

（2）利率、工资和物价与物价指数挂钩，物价指数是物价变动趋势和幅度的相对数；

（3）一般公众不是以当地货币而是以相对稳定的外币单位作为衡量货币金额的基础；

（4）一般公众倾向于以非货币性资产或相对稳定的外币来保存自己的财富，持有的当地货币立即用于投资以保持购买力；

（5）即使信用期限很短，赊销、赊购交易仍按补偿信用期预计购买力损失的价格成交。

2. 处于恶性通货膨胀经济中的境外经营财务报表的折算

当企业的境外经营处于恶性通货膨胀的环境时，对境外经营外币财务报表进行折算时就面临一个问题：消除通货膨胀影响与报表折算孰先孰后？对于这个问题，不外乎两个解决方法：一是先消除通货膨胀影响，再进行报表折算；二是先进行报表折算，再消除通货膨胀影响。现行的企业会计准则采取了第一种方法，即“先消除后折算”的方法。

（1）对外币财务报表进行重述。企业需要对处于恶性通货膨胀经济中的境外经营的财务报表进行重新表述：对资产负债表项目运用一般物价指数予以重述，对利润表项目运用一般物价指数变动予以重述。具体来看：

1）对资产负债表项目的重述。第一，对于货币资金、应收账款等货币性项目，不需要进行重述，因为货币性项目已按资产负债表日的计量单位表示；第二，对于已按可变现净值列报的存货，不需要进行重述，因其已按资产负债表日的计量单位表示；第三，对于已按公允价值计量的金融资产、投资性房地产等非货币性项目，也不需要进行重述，因为这些非货币性项目也已按资产负债表日的公允价值列示；第四，对于其他非货币性项目，应自购置日起根据自购置日至资产负债表日期间的一般物价指数变动，对各项目的历史成本和累计折旧（累计摊销）等进行重述。

2）对利润表项目的重述。对利润表所有项目的金额，都需要自其初始确认之日起，以一般物价指数变动予以重述，以使利润表所有项目都以资产负债表日的计量单位表示。重述过程产生的差额计入净利润。

（2）对重述后外币财务报表进行折算。企业应对重述后的外币财务报表，按照资产负债表日的即期汇率进行折算。也就是说，无论是对外币资产负债表还是外币利润表，都按资产负债表日的即期汇率予以折算，因为所有报表的所有项目金额都已调整至资产负债表日的计量单位了。

敲黑板

一般情况下对外币财务报表进行折算时，不同的报表项目可能需要采用不同的折算汇率；而对处于恶性通货膨胀环境的境外经营的外币财务报表，在按一般物价指数消除了通货膨胀影响之后进行折算时，所有项目采用单一汇率——资产负债表日即期汇率。

（3）境外经营的停止重述。在境外经营不再处于恶性通货膨胀经济中时，应当停止重述，按照停止之日的价格水平重述的财务报表进行折算。

4.3.3　境外经营的处置

企业处置境外经营的方式包括出售、清算、返还股东或放弃全部或部分权益等。

企业应在处置境外经营的当期，将已列入合并财务报表所有者权益的外币财务报表折算差额中与该境外经营有关的部分，自所有者权益项目转入处置当期损益。如果是部分处置境外经营的，则按处置比例计算处置部分的外币财务报表折算差额，转入处置当期损益。

4.3 即测即评

企业应在财务报表附注中披露处置境外经营对外币财务报表折算差额的影响。

思考题

1. 什么是记账本位币？如何确定记账本位币？
2. 什么是外币交易？外币交易的内容有哪些？
3. 什么是外币折算？外币折算的内容有哪些？
4. 什么是汇兑差额？汇兑差额如何计量和确认？
5. 如何选择折算汇率对外币交易进行初始确认与计量？
6. 如何确定外币项目的期末报告价值？
7. 外币货币性项目期末的汇兑损益与外币非货币性项目的汇兑损益分别如何确认？
8. 为什么要进行外币财务报表的折算？哪些情况下需要进行外币财务报表折算？
9. 根据我国现行会计准则，如何对外币财务报表进行折算？
10. 根据我国现行会计准则，如何对处于恶性通货膨胀环境中的境外经营的财务报表进行折算？

练习题

习题一

［目的］　掌握外币商品购销交易的确认与计量。

［资料］　甲公司以人民币作为记账本位币，发生外币交易时采用交易日的即期汇率进行折算。有关外币交易的资料如下：

(1) 2×20 年 11 月 10 日，向客户 A 销售一批成本为 580 000 元的自产商品，价款为 100 000 美元，按协议货款将于一个月以后收到，经判断此项销售符合收入确认的条件；2×20 年 12 月 10 日，收到其中 80%的货款。

(2) 2×20 年 12 月 10 日，收到客户 B 发来的材料一批，已验收入库，货款为 60 000美元；甲公司因出现暂时资金周转问题，未能及时支付货款；甲公司随后于 12 月 20 日支付了 60%的货款。

(3) 有关汇率资料为：

2×20 年 11 月 10 日：1 美元＝6.65 元人民币。

2×20 年 12 月 10 日：1 美元＝6.67 元人民币。

2×20 年 12 月 20 日：1 美元＝6.64 元人民币。

2×20 年 12 月 31 日：1 美元＝6.63 元人民币。

相关税费及其他资料略。

［要求］

(1) 对上述外币交易进行相应的账务处理。

(2) 计算上述交易对甲公司 2×20 年度税前利润的影响金额。

(3) 计算 2×20 年确认的汇兑损益中已实现的汇兑损益和未实现的汇兑损益。

习题二

［目的］　练习与借款费用资本化有关的外币借款的确认与计量。

［资料］　甲公司以人民币作为记账本位币，发生外币交易时采用交易日的即期汇率进行折算。有关外币交易的资料如下：

(1) 2×21 年 6 月 30 日，为购建固定资产专门借入一笔借款，本金为 1 000 万美元，利息按单利 4%计算，期限为 2 年，到期一次还本付息。

(2) 该笔借款的费用符合资本化条件的时点在 2×21 年 10 月初；该资产达到预定可使用状态的时点在 2×22 年年末。

(3) 有关汇率资料为：

2×21 年 6 月 30 日：1 美元＝6.65 元人民币。

2×21 年 9 月 30 日：1 美元＝6.66 元人民币。

2×21 年 12 月 31 日：1 美元＝6.67 元人民币。

2×22 年 12 月 31 日：1 美元＝6.64 元人民币。

2×23 年 6 月 30 日：1 美元＝6.63 元人民币。

相关税费及其他资料略。

［要求］

（1）对上述外币交易进行相应的账务处理（金额单位用万元表示）。

（2）分别计算上述交易对甲公司2×21年度、2×22年度和2×23年度税前利润的影响金额。

年报分析

［主题］　外币财务报表折算及折算差额的列报。

［资料］　中国中铁2020年半年度报告中有关外币账户信息以及外币财务报表折算差额信息，具体资料见本章的“年报撷萃”专栏。

［要求］　根据上述资料，思考如下问题：

（1）企业为什么要设置外币账户？应该怎样设置外币账户？

（2）如何理解外币财务报表折算差额在报表中的列报方式及其对相关报表项目的影响？

第5章

租赁会计

思维导图

学习目标：

通过本章的学习，了解租赁业务的相关概念和租赁识别的内容；掌握承租人企业对使用权资产和租赁负债确认与计量的基本原理；掌握承租人企业对短期租赁和低价值资产租赁的会计处理方法；掌握出租人企业对租赁的分类标准以及对融资租赁和经营租赁确认与计量的基本原理；了解转租赁、售后租回等相关业务的会计处理原则及其应用。

年报撷萃　东方航空2020年半年度报告中与租赁飞机相关的信息

中国东方航空股份有限公司（简称“东方航空”）是由中国东方航空集团有限公司于1995年4月独家发起设立的股份有限公司，注册地址为上海市浦东新区国际机场机场大道66号。公司所发行的H股股票，于1997年分别在香港联合交易所和纽约证券交易所上市；公司所发行的A股股票，于1997年在上海证券交易所上市。东方航空及其子公司主要经营国内和经批准的地区、国际航空客、货、邮、行李运输业务及延伸服务；通用航空业务；航空器维修；航空设备制造与维修；国内外航空公司的代理业务；行业相关材料、设备与技术进出口业务；旅游服务；宾馆业务及与航空运输有关的其他业务。

东方航空租赁飞机及发动机等资产，并在资产负债表中报告相关的使用权资产和租赁负债。2020年半年度报告中披露了与之相关的如下信息：

一、相关会计政策

本集团使用权资产类别主要包括飞机及发动机、房屋及建筑物、其他设备。

在租赁期开始日，本集团将其可在租赁期内使用租赁资产的权利确认为使用权资产，包括：租赁负债的初始计量金额；在租赁期开始日或之前支付的租赁付款额，存在租赁激励的，扣除已享受的租赁激励相关金额；承租人发生的初始直接费用；承租人为拆卸及移除租赁资产、复原租赁资产所在场地或将租赁资产恢复至租赁条款约定状态预计将发生的成本。除与发动机大修相关的部分组件按飞行小时以工作量法计提折旧外，本集团后续采用年限平均法对使用权资产计提折旧。能够合理确定租赁期届满时取得租赁资产所有权的，本集团在租赁资产剩余使用寿命内计提折旧。无法合理确定租赁期届满时能够取得租赁资产所有权的，本集团在租赁期与租赁资产剩余使用寿命两者孰短的期间内计提折旧。

本集团按照变动后的租赁付款额的现值重新计量租赁负债，并相应调整使用权资产的账面价值时，如使用权资产账面价值已调减至零，但租赁负债仍需进一步调减的，本集团将剩余金额计入当期损益。

二、合并资产负债表中有关项目的列报（人民币：百万元）

合并资产负债表

2020年6月30日

项目	2020年6月30日	2019年12月31日
资产：		
⋮	⋮	⋮
使用权资产	123 198	127 361
⋮	⋮	⋮
负债及股东权益：		
⋮	⋮	⋮
租赁负债	88 958	94 685
⋮	⋮	⋮

三、合并财务报表附注中有关项目的注释（人民币：百万元）

1. 关于使用权资产的注释

2020年1—6月	飞机及发动机	房屋及建筑物	其他设备	合计
成本：				
期初余额	172 680	1 108	85	173 883
增加	1 325	941	—	2 266
转出至固定资产	(375)	—	—	(375)
处置	(1 259)	(99)	—	(1 358)
期末余额	172 381	1 950	85	174 416
累计折旧：				
期初余额	(46 226)	(284)	(12)	(46 522)
计提	(5 465)	(620)	(11)	(6 096)
转出至固定资产	169	—	—	169
处置	1 201	30	—	1 231
期末余额	(50 321)	(874)	(23)	(51 218)
账面价值：				
期末	122 060	1 076	62	123 198
期初	126 464	824	73	127 361

续表

2019年	飞机及发动机	房屋及建筑物	其他设备	合计
成本：				
期初余额	166 122	496	12	166 630
增加	26 315	622	73	27 010
转出至固定资产	(19 023)	—	—	(19 023)
处置子公司	—	(10)	—	(10)
处置	(724)	—	—	(724)
期末余额	172 690	1 108	85	173 883
累计折旧：				
期初余额	(39 705)	—	—	(39 705)
计提	(11 964)	(284)	(12)	(12 260)
转出至固定资产	4 759	—	—	4 759
处置	684	—	—	684
期末余额	(46 226)	(284)	(12)	(46 522)
账面价值：				
期末	126 464	824	73	127 361
期初	126 417	496	12	126 925

2. 关于租赁负债的注释

	2020年6月30日	2019年12月31日
应付租赁款（a）	104 761	110 275
减：一年内到期的租赁负债	15 803	15 590
	88 958	94 685

（a）应付租赁款

2020年1月1日	110 275
本期增加	1 476
本期减少	(7 650)
汇率变动的影响	660
2020年6月30日	104 761

应付租赁款是指本集团应付租赁公司的款项，按租入使用权资产的最低租赁付款额扣除未确认融资费用后的余额确认。于2020年6月30日，该等租赁款的年利率为0.73%～4.90%。

资料来源：东方航空2020年半年度报告．上海证券交易所网站，http://www.sse.com.cn.

从东方航空2020年半年度报告的上述资料中可以看出：东方航空的飞机及发动机租入业务中，涉及一个新概念——使用权资产，随之导致对使用权资产的确认与计量、租赁负债的确认与计量。那么，作为承租方，东方航空应该如何对租入资产进行系统的会计处理？确认使用权资产这种会计处理对类似于航空公司这样存在大量租赁业务的行业而言，将会产生什么财务影响？另一方面，出租人企业又应如何处理租赁业务？还有，转租赁业务和售后租回交易等特定租赁业务的相关会计处理又有什么值得关注之处？接下来，我们将一一予以介绍。

5.1　租赁会计概述

5.1.1　租赁的概念与租赁的识别

1. 租赁的概念

租赁，是指在一定期间内，出租人将资产的使用权让与承租人以获取对价的合同。

正确理解租赁的概念，要注意以下几点：第一，在租赁期内转移资产的使用权而非所有权，是租赁合同的本质。这一特点使租赁业务有别于资产购销，也有别于运输合同、保管合同、仓储合同等并未转移资产使用权的服务性合同。第二，有偿转移资产使用权，是租赁得以实现的条件。这一特点使租赁区别于无偿提供使用权的借用合同。

与租赁有关的合同，应依据《企业会计准则第 21 号——租赁》进行会计处理，但也有例外。承租人通过许可使用协议取得的电影、录像、剧本、文稿等版权、专利等项目的权利，以出让、划拨或转让方式取得的土地使用权，适用《企业会计准则第 6 号——无形资产》；出租人授予的知识产权许可，适用《企业会计准则第 14 号——收入》；勘探或使用矿产、石油、天然气及类似不可再生资源的租赁，承租人承租生物资产，采用建设经营移交等方式参与公共基础设施建设、运营的特许经营权合同，不适用租赁准则。

确定一项合同是否属于或者包含租赁业务，直接关系到是否根据租赁准则进行确认与计量，所以，租赁的识别是一个非常重要的问题。

2. 租赁的识别

在合同开始日，企业应当评估合同是否为租赁或者包含租赁，以便确定相关合同是否适用《企业会计准则第 21 号——租赁》。

（1）原则规定。如果合同中一方让渡了在一定期间内控制一项或多项已识别资产使用的权利以换取对价，则该合同为租赁或者包含租赁。

为确定合同是否让渡了在一定期间内控制已识别资产使用的权利，企业应当评估合同中的客户是否有权获得在使用期间内因使用已识别资产所产生的几乎全部经济利益，并有权在该使用期间主导已识别资产的使用。可见，这里涉及三个层次的判断：是否存在已识别资产？客户是否在使用期间有权获得已识别资产所产生的几乎全部经济利益？客户是否有权在使用期间主导已识别资产的使用方式和使用目的？

将上述识别原则采用图示的方式表述，租赁的识别决策树见图 5-1。

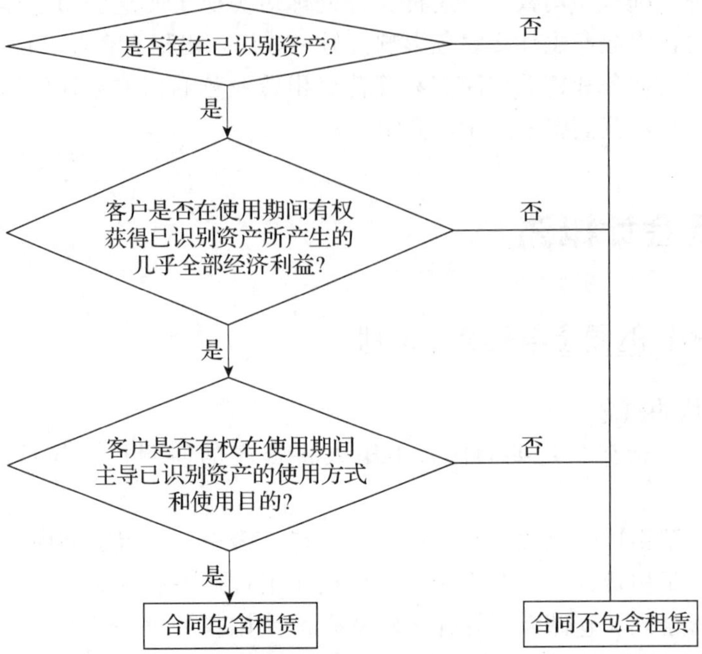

图5－1 租赁的识别决策树

（2）具体解释。接下来，我们对租赁的识别决策树中几个关键步骤进行解释。

1）如何判断是否存在已识别资产。已识别资产通常由合同明确指定，也可以在资产可供客户使用时隐性指定。但是，即使合同已对资产进行指定，如果资产的供应方在整个使用期间拥有对该资产的实质性替换权，则该资产不属于已识别资产。

下面我们从三个方面来对上述规范作进一步解释。

首先，为什么要识别资产？承租人控制被识别资产的使用，是租赁定义的本质要求。相关资产能够被识别，是承租人能够控制其使用、出租人能够对其进行终止确认的前提。所以，识别资产非常重要。

其次，为什么要关注资产供应方在整个使用期间是否具有实质性替换权？因为如果供应方可在整个使用期间替换资产，则无被识别资产，因为是该供应方（而非客户，承租人）控制了资产的使用。

最后，如何判断供应方是否拥有资产的实质性替换权呢？租赁准则规定，同时符合下列条件时，表明供应方拥有资产的实质性替换权：第一，资产供应方拥有在整个使用期间替换资产的实际能力；第二，资产供应方通过行使替换资产的权利将获得经济利益。企业难以确定供应方是否拥有对该资产的实质性替换权的，应当视为供应方没有对该资产的实质性替换权。

2）如何评估客户在使用期间是否有权获得已识别资产所产生的几乎全部经济利益。在评估是否有权获得因使用已识别资产所产生的几乎全部经济利益时，企业应当在约定的客户可使用资产的权利范围内考虑其所产生的经济利益。

3）如何判断客户是否有权在使用期间主导已识别资产的使用。存在下列情况之一的，可视为客户有权主导对已识别资产在整个使用期间内的使用：第一，客户有权在整个使用期间主导已识别资产的使用目的和使用方式；第二，已识别资产的使用目的和使用方式在使用期开始前已预先确定，并且客户有权在整个使用期间自行或主导他人按照其确定的方式运营该资产，或者客户设计了已识别资产并在设计时已预先确定了该资产在整个使用期间的使用目的和使用方式。

下面举例予以说明。

【例 5－1】　租赁的识别①

甲公司（客户）与乙公司（供货商）签订合同，合同要求乙公司为甲公司提供 10 节特定类型火车车厢的 5 年使用权，且指定了具体的火车车厢。甲公司决定何时何地使用这些车厢以及用其运输什么货物。不使用时，车厢存放在乙公司处。甲公司可将车厢用于其他目的（比如存储）。但合同明确规定甲公司不能运输特定类型的货物（比如易燃易爆物）。如果某个车厢需要保养或维修，乙公司应以同类型的车厢进行替换。除非甲公司违约，乙公司在这 5 年里不得收回车厢。合同还规定乙公司在甲公司要求时提供火车头和司机。火车头在乙公司处存放，乙公司向司机发出指示，详细说明甲公司的货物运输要求。乙公司可选择使用任一火车头履行甲公司的要求，并且该火车头既可用于牵引运输甲公司货物的车厢，也可用于牵引运输其他客户货物的车厢（即如果其他客户要求运输的货物目的地与甲公司要求的目的地距离不远且时间范围接近，乙公司可选择在该火车头牵引多达 100 节车厢）。

该合同是否包含租赁？

（1）分析是否存在已识别资产。一方面，合同中明确指定了甲公司拥有 5 年使用权的这 10 节车厢；另一方面，车厢一旦被交付给甲公司，仅在需要保养或维修时方可替换，乙公司虽有替换车厢的能力但并不能通过行使替换车厢的权利去获得经济利益，所以不具有 5 年中的实质性替换权。由此可见，该合同存在 10 节被识别的车厢。用于牵引车厢的火车头不是被识别资产，因为合同中既未明确也未隐含地指定某一火车头。

（2）分析客户是否有权获得整个使用期间几乎全部经济利益。甲公司作为承租人，拥有这 10 节车厢在整个使用期间内（包括不用于运输货物的时间）的专属使用权，所以说，甲公司有权获得在 5 年使用期内使用这些车厢所产生的几乎全部经济利益。

（3）分析客户是否主导车厢的使用。合同在运输易燃易爆物品上的限制，是供应商的保护性权利，只是规定了甲公司车厢使用权的范围，而在规定范围内，甲公司可以自行决定何时将何种货物运往何地，甚至有权自行决定不运输货物时如何使用这些车厢。可见，甲公司有权在使用期间主导已识别资产的使用。

综上所述，该合同包含租赁。

【例 5－2】　租赁的识别

丙公司与丁公司签订的一项合同要求丙公司在 5 年内按照规定的时间表使用指定类型的火车车厢运输指定数量的货物。指定的时间表和货物数量即丁公司在 5 年中使用 10 节火车车厢。作为合同的一部分，丙公司提供火车车厢、司机和火车头。合同还规定了所运输货物的性质、数量以及用于运输货物的火车车厢类型。丙公司可在大量

① 本章例题资料大都取自或改编自《国际财务报告准则第 16 号——租赁》的示例。

类似火车车厢中选择用来履行合同。同样，丙公司可选择使用任一火车头用来牵引车厢运输丁公司和其他客户的货物。不运货时，车头和车厢均存放在丙公司处。

该合同是否包含租赁？

首先，不存在已识别资产，因为哪些车厢和哪个火车头用来专门运输丁公司的货物既没有明确指定也没有隐含指定；丙公司在整个使用期间既有实际能力也有实质性权利替换火车头和车厢。

其次，丁公司作为客户无权获得整个使用期间几乎全部经济利益，因为丙公司作为供应商可通过替换车厢或火车头（比如选择已位于任务所在地附近的车厢、利用客户未使用而闲置的车厢或火车头等方式）获取经济利益。

最后，丁公司不能主导车厢或火车头的使用，因为丙公司主导了5年内指定时间表中运输货物的车厢、火车头的选择与使用。也就是说，丙公司并未让渡车厢和火车头资产的使用权，仅仅提供货运服务。

综上所述，该合同不包含租赁。

【例5-3】 租赁的识别

甲商贸公司与乙船运公司签订了乙船运公司使用指定船只（船运公司没有替换权）将甲商贸公司的指定货物在指定日期从大连港运至连云港的合同。运送甲商贸公司的货物将占据船只的几乎全部动力。乙船运公司负责船只的操作和维护以及船上货物的安全运输。合同期间，甲商贸公司不得雇佣其他人员操作船只或自行操作船只。

该合同是否包含租赁？

首先，这里存在已识别资产，因为船只被指定且乙船运公司无权替换。其次，甲商贸公司作为客户有权获得使用期间内使用船只所产生的几乎全部经济利益，因为其货物的运输将占据船只几乎全部动力从而避免了其他方从船只使用上获得利益。但是，甲商贸公司没有控制船只使用的权利，因其无权改变船只的使用方式和使用目的，也没有船只使用的其他决策权。

综上所述，该合同不包含租赁。

5.1.2 租赁的分拆、合并与变更

1. 租赁的分拆

租赁的分拆包括两种情形。

第一种情形：合同中同时包含多项单独租赁。在这种情况下，承租人和出租人应当将合同予以分拆，并分别各项单独租赁进行会计处理。

那么，怎么判断“单独租赁”呢？根据企业会计准则的规定，同时符合下列条件的，使用已识别资产的权利构成合同中的一项单独租赁：（1）承租人可从单独使用该资产或将其与易于获得的其他资源一起使用中获利；（2）该资产与合同中的其他资产不存在高度依赖或高度关联关系。

第二种情形：合同中同时包含租赁和非租赁部分。在这种情况下，承租人和出租

人应当将租赁和非租赁部分进行分拆（除非企业选择不分拆），租赁部分应当分别按照租赁准则进行会计处理，非租赁部分应当按照其他适用的企业会计准则进行会计处理。在分拆合同包含的租赁和非租赁部分时，承租人应当按照各租赁部分单独价格及非租赁部分的单独价格之和的相对比例分摊合同对价，出租人应当根据《企业会计准则第14号——收入》关于交易价格分摊的规定分摊合同对价。

为了简化起见，承租人可以按照租赁资产的类别选择是否分拆合同包含的租赁和非租赁部分。承租人选择不分拆的，应当将各租赁部分及与其相关的非租赁部分分别合并为租赁，按照租赁准则进行会计处理。但是，对于按照《企业会计准则第22号——金融工具确认和计量》应分拆的嵌入衍生工具，承租人不应将其与租赁部分合并进行会计处理。

2. 租赁的合并

企业与同一交易方或其关联方在同一时间或相近时间订立的两份或多份包含租赁的合同，在符合下列条件之一时，应当合并为一份合同进行会计处理：

（1）该两份或多份合同基于总体商业目的而订立并构成一揽子交易，若不作为整体考虑则无法理解其总体商业目的。

（2）该两份或多份合同中的某份合同的对价金额取决于其他合同的定价或履行情况。

（3）该两份或多份合同让渡的资产使用权合起来构成一项单独租赁。

3. 租赁变更

租赁变更，是指原合同条款之外的租赁范围、租赁对价、租赁期限的变更，包括增加或终止一项或多项租赁资产的使用权，延长或缩短合同规定的租赁期等。

5.1.3 其他相关概念

1. 租赁开始日

租赁开始日，是指租赁合同签署日与租赁各方就主要租赁条款作出承诺日中的较早者。

2. 租赁期

租赁期，是指承租人有权使用租赁资产且不可撤销的期间。值得一提的是，确定租赁期时要注意“选择权”的影响。承租人有续租选择权，即有权选择续租该资产，且合理确定将行使该选择权的，租赁期还应当包含续租选择权涵盖的期间；承租人有终止租赁选择权，即有权选择终止租赁该资产，但合理确定将不会行使该选择权的，租赁期应当包含终止租赁选择权涵盖的期间；发生承租人可控范围内的重大事件或变化，且影响承租人是否合理确定将行使相应选择权的，承租人应当对其是否合理确定将行使续租选择权、购买选择权或不行使终止租赁选择权进行重新评估。

3. 租赁期开始日

租赁期开始日，是指承租人有权行使其使用租赁资产权利的日期，是租赁双方开始对租赁合同进行相关会计处理的日期。

4. 使用权资产

使用权资产，是承租人可在租赁期内使用租赁资产的权利。《国际财务报告准则第16号——租赁》中将使用权资产定义为“代表承租人在租赁期内使用标的资产的权利的资产”。根据修订后的租赁准则，承租人将对租赁确认使用权资产。

5. 短期租赁

短期租赁，是指在租赁开始日，租赁期不超过12个月的租赁。包含购买选择权的租赁不属于短期租赁。

6. 低价值资产租赁

低价值资产租赁，是指单项租赁资产为全新资产时价值较低的租赁。如果标的资产在全新时不属于低价值资产，则该标的资产的租赁不能按照低价值资产租赁进行处理。这里的关键是低价值资产的界定。低价值资产的判定仅与资产的绝对价值有关，不受承租人规模、性质或其他情况影响。所以，对于一项特定的资产是否为低价值资产，不同的承租人应得出相同的结论。当满足以下条件时，可将标的资产视为低价值资产：(1) 承租人可从标的资产的单独使用，或将其与易于获得的其他资源一起使用中获利；(2) 标的资产与其他资产不存在高度依赖或关联关系。平板电脑、个人电脑或办公家具和电话等都属于常见的低价值资产的例子。

7. 融资租赁

融资租赁，是指实质上转移了与租赁资产所有权有关的几乎全部风险和报酬的租赁。其所有权最终可能转移，也可能不转移。

8. 经营租赁

经营租赁，是指实质上没有转移与租赁资产所有权相关的风险与报酬的租赁。

9. 初始直接费用

初始直接费用，是指为达成租赁所发生的增量成本。这里的增量成本是指若不取得该租赁则不会发生的成本，即承租人和出租人在租赁谈判和签订租赁合同过程中发生的可直接归属于某租赁项目的费用，主要包括手续费、律师费、差旅费、印花税、佣金、谈判费等。

10. 租赁付款额

租赁付款额，是指承租人向出租人支付的与在租赁期内使用租赁资产的权利相关的款项，包括下列项目：

(1) 固定付款额及实质固定付款额，存在租赁激励的，扣除租赁激励相关金额；

(2) 取决于指数或比率的可变租赁付款额，该款项在初始计量时根据租赁期开始日的指数或比率确定；

(3) 购买选择权的行权价格，前提是承租人合理确定将行使该选择权；

(4) 行使终止租赁选择权需支付的款项，前提是租赁期反映出承租人将行使终止租赁选择权；

(5) 根据承租人提供的担保余值预计应支付的款项。

租赁付款额的概念中还涉及租赁激励、实质固定付款额、可变租赁付款额以及担保余值等几个概念。

11. 租赁激励

租赁激励，是指出租人为达成租赁向承租人提供的优惠，包括出租人向承租人支付的与租赁有关的款项、出租人为承租人偿付或承担的成本等。

12. 实质固定付款额

实质固定付款额，是指在形式上可能包含变量但实质上无法避免的付款额。实质固定付款额或存在于以下情形：

（1）付款额设定为可变租赁付款额，但没有实际变量。此类付款额包含可变条款，但没有真正的经济实质，比如：付款额仅须在资产经证实能够在租赁期间运行时，或不可能发生的事件发生时支付；或初始设定为与使用标的资产相关的可变租赁付款额，但其变量将于租赁期开始日之后的某个时刻确定下来，因而在租赁期的剩余期间付款额变为固定的。在变量确定时，该类付款额成为实质固定付款额。

（2）承租人有多套付款额方案，但其中仅有一套是可行的。在此情况下，承租人应考虑采用该可行的付款额方案作为租赁付款额。

（3）承租人有多套可行的付款额方案，但必须选择其中一套。在此情况下，承租人应考虑采用总金额（在折现基础上）最低的一套作为租赁付款额。

13. 可变租赁付款额

可变租赁付款额，是指承租人为取得在租赁期内使用租赁资产的权利，向出租人支付的因租赁期开始日后的事实或情况发生变化（而非时间推移）而变动的款项。取决于指数或比率的可变租赁付款额包括与消费者价格指数挂钩的款项、与基准利率挂钩的款项和为反映市场租金费率变化而变动的款项等。

14. 资产余值、担保余值、未担保余值

资产余值，是指租赁开始日估计的租赁期届满时租赁资产的公允价值；担保余值，是指与出租人无关的一方向出租人提供担保，保证在租赁结束时租赁资产的价值至少为某指定的金额；未担保余值，是指租赁资产余值中，出租人无法保证能够实现或仅由与出租人有关的一方予以担保的部分。

15. 租赁收款额

租赁收款额，是指出租人因让渡在租赁期内使用租赁资产的权利而应向承租人收取的款项，包括：

（1）承租人需支付的固定付款额及实质固定付款额，存在租赁激励的，扣除租赁激励相关金额；

（2）取决于指数或比率的可变租赁付款额，该款项在初始计量时根据租赁期开始日的指数或比率确定；

（3）购买选择权的行权价格，前提是合理确定承租人将行使该选择权；

（4）承租人行使终止租赁选择权需支付的款项，前提是租赁期反映出承租人将行使终止租赁选择权；

（5）由承租人、与承租人有关的一方以及有经济能力履行担保义务的独立第三方向出租人提供的担保余值。

16. 未实现融资收益

未实现融资收益，是指融资租赁业务中出租人的租赁投资总额与租赁投资净额两者之差。

17. 租赁投资总额

租赁投资总额，是指在融资租赁下出租人的未担保余值和租赁期开始日尚未收到的租赁收款额两者之和。

18. 租赁投资净额

租赁投资净额，是指融资租赁下出租人按照租赁内含利率折现的租赁投资总额，即等于未担保余值和租赁期开始日尚未收到的租赁收款额按照租赁内含利率折现的现值之和。

19. 租赁内含利率

租赁内含利率，是指使出租人的租赁收款额现值与未担保余值的现值之和等于租赁资产公允价值与出租人的初始直接费用之和的利率。即使得下面等式成立的利率：

租赁收款额现值＋未担保余值现值＝租赁资产公允价值＋初始直接费用

20. 承租人增量借款利率

承租人增量借款利率，是指承租人在类似经济环境下为获得与使用权资产价值相近的资产，在类似期间以类似抵押条件借入资产需支付的利率。

21. 转租赁

转租赁，是指在原出租人与原承租人之间的租赁（原租赁）仍然有效的情况下，原承租人（中间出租人）将标的资产转租给第三方的交易。

5.1.4 租赁的分类

1. 承租人对租赁的分类

根据2018年修订后的《企业会计准则第21号——租赁》，承租人不再对租赁划分为融资租赁和经营租赁两类，而是对所有租赁都采用一种方法进行会计处理：确认使用权资产和租赁负债，但短期租赁和低价值资产租赁除外。

2. 出租人对租赁的分类

出租人应在租赁开始日，根据是否实质上转移了与租赁资产所有权有关的几乎全部风险与报酬，将租赁分为融资租赁和经营租赁两类。

（1）融资租赁的判断标准。一项租赁属于融资租赁还是经营租赁取决于交易的实质，而不是合同的形式。根据租赁准则，满足下列标准之一的，即应认定为融资租赁。

1）在租赁期届满时，租赁资产的所有权转移给承租人。也就是说，如果租赁合同中已经约定，或者根据其他条件在租赁开始日就可以合理地判断，租赁期届满时出租人会将租赁资产的所有权转移给承租人，那么，该项租赁就是融资租赁。

2）承租人有购买租赁资产的选择权，所订立的购买价格与预计行使选择权时租赁资产的公允价值相比足够低，因而在租赁开始日就可以合理确定承租人将行使这种选择权。这里的“足够低”的标准如何掌握，需要企业结合具体实务进行必要的判断。

3）资产的所有权虽然不转移，但租赁期占租赁资产使用寿命的大部分。这里的“大部分”一般掌握在租赁期占租赁资产使用寿命的75%以上（含75%，下同）。值得注意的问题是：第一，这里的量化标准只是指导性标准，企业在实际应用中应以准则规定的相关条件为依据进行必要的判断。第二，使用这条量化标准时要注意区别租赁资产的“使用寿命”和“全部可使用年限”，如果租赁资产是旧资产，在租赁前已使用年限超过资产自全新时起算的可使用年限的75%以上时，则不能采用这条标准判断租赁的类别。

例如，某项设备全新时可使用年限为10年。第一种情况是，已经使用3年，在第

4 年年初开始对外租赁，租期定为 3 年，这时，租赁期占使用寿命的比例为 42.9%，不符合判定为融资租赁的第三条标准（需要再采用其他标准进行判断）。第二种情况是，已经使用 3 年，在第 4 年年初开始对外租赁，但租期定为 6 年，则租赁期占使用寿命的比例为 85.7%，符合判定为融资租赁的第三条标准，可将此项租赁判定为融资租赁。第三种情况是，已经使用了 8 年，在第 9 年年初起租，租期定为 2 年，这时，即使租赁期占使用寿命的比例为 100%，但该设备租赁前已使用年限达到全新时可使用年限的 80%，不能采用这条标准判定租赁类别（只能采用其他标准进行判断）。

4）在租赁开始日，租赁收款额的现值几乎相当于租赁资产的公允价值。这里的“几乎相当于”，通常掌握在 90%以上（含 90%）。同样，这里的量化标准只是指导性标准，企业在实务中应根据准则的相关规定进行具体的判断。

5）租赁资产性质特殊，如果不作较大改造，只有承租人才能使用。融资租赁资产往往租赁时间比较长、租金金额比较大，而这样的资产需由出租人根据承租人对资产型号、规格等方面的特殊要求专门购买或建造，具有专购、专用的性质，这样的资产如果不作较大的重新改制，其他企业通常难以使用。所以，符合这一条件的租赁，可被认定为融资租赁。

（2）属于融资租赁的几个迹象。除了根据上述标准对租赁是否属于融资租赁进行判断之外，实务中可能还会存在一些表明与租赁资产所有权相关的风险和报酬实质发生转移从而可以判断为融资租赁的迹象。一项租赁存在下列一项或多项迹象的，也可能分类为融资租赁：

1）若承租人撤销租赁，撤销租赁对出租人造成的损失由承租人承担。

2）资产余值的公允价值波动所产生的利得或损失归属于承租人。

3）承租人有能力以远低于市场水平的租金继续租赁至下一期间。

不属于融资租赁的租赁业务归类为经营租赁。

5.1.5　租赁会计要解决的主要问题

租赁业务中，承租人对通常的租赁业务，采用相应的会计处理方法；出租人对融资租赁和经营租赁等不同类别租赁业务，需要采用不同的会计处理方法。不仅如此，双方还可能需要对租赁变更、转租赁以及售后租回等业务进行具体的会计处理。这些具体业务的会计处理涉及的内容很多，将对资产负债表、利润表、现金流量表和所有者权益变动表中相关信息的列报与披露产生重大影响。

对租赁会计主要内容的简要梳理见表 5－1。

表 5－1　租赁会计处理的主要内容概览

<table>
<tr><td rowspan="3">承租人</td><td rowspan="3">一般租赁</td><td>初始确认与计量</td><td>使用权资产的初始确认与计量
租赁负债的初始确认与计量</td></tr>
<tr><td rowspan="2">后续计量</td><td>基本：
对使用权资产采用成本模式进行后续计量
偿还租赁负债并确认利息费用</td></tr>
<tr><td>其他：
重新计量租赁负债
租赁变更（也可能涉及重新计量租赁负债）</td></tr>
</table>

续表

出租人	短期租赁和低价值资产租赁	可以选择简化处理 租赁期变更的处理	
	融资租赁	租赁期开始日	终止确认租出资产 初始确认租赁应收款
		后续计量	各期利息收入的确认与计量 对应收融资租赁款进行会计处理 未纳入租赁投资净额计量的可变租赁付款额的处理 出租人作为生产商或经销商时的处理 租赁变更的处理
	经营租赁	对租赁收款额确认为租金收入以及初始直接费用的处理 对租出资产的后续计量（折旧与摊销、减值） 收到未计入租赁收款额的可变租赁付款额的处理 租赁变更的处理	
转租赁	对转租赁的分类		原租赁为通常租赁的情形下 原租赁为短期租赁的情形下
	对转租赁的处理		被分类为融资租赁的转租赁的会计处理 被分类为经营租赁的转租赁的会计处理
售后租回	资产转让属于销售的售后租回交易		承租人的会计处理
			出租人的会计处理
	资产转让不属于销售的售后租回交易		承租人的会计处理
			出租人的会计处理

5.1 即测即评

接下来，我们就分别从承租人的会计处理、出租人的会计处理、特殊租赁业务的会计处理三个方面阐述租赁会计的具体内容。

5.2　承租人的会计处理

5.2.1　一般租赁业务的会计处理

1. 设置的会计科目

承租人企业应设置“使用权资产”“使用权资产累计折旧”“使用权资产减值准备”“租赁负债”等会计科目，分别对使用权资产和租赁负债进行确认与计量。

2. 使用权资产和租赁负债的初始确认与计量

（1）使用权资产和租赁负债的确认时点。在租赁期开始日，承租人应当对租赁确认使用权资产和租赁负债。

（2）使用权资产的初始计量。使用权资产应当按照成本进行初始计量。该成本包括：

1）租赁负债的初始计量金额；

2）在租赁期开始日或之前支付的租赁付款额，存在租赁激励的，扣除已享受的租赁激励相关金额；

3）承租人发生的初始直接费用；

4）承租人为拆卸及移除租赁资产、复原租赁资产所在场地或将租赁资产恢复至租赁条款约定状态预计将发生的成本。

以上各项目中，如何确定租赁负债的初始计量金额，是关键问题。

（3）租赁负债的初始计量。租赁负债应当按照租赁期开始日尚未支付的租赁付款额的现值进行初始计量。租赁付款额的概念及其内容前面已有介绍，现在的问题就是折现率的选择了。根据租赁准则的规定，在计算租赁付款额的现值时，承租人应当采用租赁内含利率作为折现率；无法确定租赁内含利率的，应当采用承租人增量借款利率作为折现率。

敲黑板

承租人在租赁期开始日对使用权资产和租赁负债进行初始确认与计量时，要注意以下几个问题：

第一，关于承租人为拆卸及移除租赁资产、复原租赁资产所在场地或将租赁资产恢复至租赁条款约定状态预计将发生的成本。首先，这些成本构成使用权资产的成本的一部分，但如果这些成本是为生产存货而发生的，则应计入有关存货成本；其次，企业对这些成本中预计将要发生的部分，应按照《企业会计准则第 13 号——或有事项》进行确认和计量。

第二，关于租赁负债的初始计量。简而言之，租赁负债是租赁付款额的现值，所以，租赁付款额的构成和折现率的确定是两个事关租赁负债准确计量的关键因素。在注意折现率的选择顺序的同时，还要注意租赁付款额的内容构成以及可变租赁付款额的纳入与否。

综上所述，租赁期开始日承租人对使用权资产和租赁负债的初始确认与计量的账务处理思路归纳如下：

借：使用权资产　　［a＋b＋c＋d］
　贷：租赁负债　　［租赁期开始日尚未支付的租赁付款额的现值］a
　　银行存款、预付款项等［租赁期开始日或之前支付的租赁付款额，扣除租赁激励］b
　　银行存款等　　［支付的初始直接费用］c
　　预计负债　　［预计的拆除、复原、恢复等成本］d

如果考虑到“租赁负债”的明细科目，则账务处理为：

借：使用权资产［a1－a2＋b＋c＋d］
　租赁负债——未确认融资费用［a1－a1 的现值］a2
　贷：租赁负债——租赁付款［租赁期开始日尚未支付的租赁付款额］a1
　　银行存款、预付款项等［租赁期开始日或之前支付的租赁付款额，扣除租赁激励］b
　　银行存款等　　［支付的初始直接费用］c
　　预计负债　　［预计的拆除、复原、恢复等成本］d

3. 使用权资产和租赁负债的后续计量

（1）使用权资产的后续计量。在租赁期开始日后，承租人应采用成本模式对使用权资产进行后续计量。

一方面，承租人应当参照《企业会计准则第4号——固定资产》有关折旧的规定，对使用权资产计提折旧。折旧期限按以下原则确定：承租人能够合理确定租赁期届满时取得租赁资产所有权的，应当在租赁资产剩余使用寿命内计提折旧；无法合理确定租赁期届满时能够取得租赁资产所有权的，应当在租赁期与租赁资产剩余使用寿命两者孰短的期间内计提折旧。

另一方面，承租人应当按照《企业会计准则第8号——资产减值》的规定，确定使用权资产是否发生减值，并对已识别的减值损失进行会计处理。

（2）租赁负债一般情况下的后续计量。如何对租赁负债进行后续计量，至少应从两个层次来进行梳理：一是一般情况下的租赁负债后续计量；二是需要重新计量租赁负债情况下的租赁负债后续计量。这里我们主要阐述一般情况下的租赁负债后续计量。

租赁期开始日后，一方面，承租人应按合同约定分期偿还租赁付款额；另一方面，承租人应当按照固定的周期性利率计算租赁负债在租赁期内各期间的利息费用，并将其计入当期损益。一般情况下，这个周期性利率就是前述的将租赁付款额折算为租赁负债时采用的折现率。

下面举例说明承租人对租赁负债和使用权资产的初始计量和一般情况下的后续计量。

【例5-4】 使用权资产和租赁负债的初始确认与计量（每年年初支付当年租金）

甲公司作为承租人就某栋建筑物的某一楼层与乙公司签订了为期10年的租赁合同，合同有关条款和其他资料为：

（1）该租赁合同具有5年的续租选择权。

（2）初始租赁期内租赁付款额为每年50 000元，选择权期间为每年55 000元，年初支付当年所有款项。

（3）为获得该项租赁，承租人发生初始直接费用20 000元，其中，15 000元是向该楼层前任租户支付的款项，5 000元为向此租赁的房地产中介支付的佣金。

（4）作为对承租人的激励，出租人同意为承租人报销5 000元的佣金并承担7 000元的装修费。

（5）租赁内含利率为5%。

（6）在租赁期开始日，承租人得出结论认为不能合理确定将行使续租选择权，因此，将租赁期确定为10年。

根据上述资料，甲公司的有关账务处理及与租赁负债有关的账务处理对现金流量表和利润表的主要影响分析如下：

（1）有关计算。

租赁负债＝租赁期开始日尚未支付的租赁付款额的现值
＝50 000×(P/A，5%，9)
＝50 000×7.107 8
＝355 390(元)

使用权资产的成本＝租赁负债＋租赁期开始日支付的租赁付款额

+支付的初始直接费用－租赁激励
=355 390+50 000+20 000－5 000
=420 390(元)

租赁负债、使用权资产后续计量的相关计算见表5-2。

表5-2 租赁负债、利息费用、使用权资产折旧费用计算表 单位：元

年份	租赁负债（5%）				使用权资产		
	期初余额 (1)	支付租赁付款额 (2)	利息费用 (3)=[(1)－(2)]×5%	期末余额 (4)=(1)－(2)+(3)	期初余额 (5)	折旧费用 (6)	期末余额 (7)=(5)－(6)
1	355 390	—	17 770	373 160	420 390	42 039	378 351
2	373 160	50 000	16 158	339 318	378 351	42 039	336 312
3	339 318	50 000	14 466	303 784	336 312	42 039	294 273
4	303 784	50 000	12 689	266 473	294 273	42 039	252 234
5	266 473	50 000	10 824	227 297	252 234	42 039	210 195
6	227 297	50 000	8 865	186 162	210 195	42 039	168 156
7	186 162	50 000	6 808	142 970	168 156	42 039	126 117
8	142 970	50 000	4 649	97 619	126 117	42 039	84 078
9	97 619	50 000	2 381	50 000	84 078	42 039	42 039
10	50 000	50 000	0	0	42 039	42 039	0
合计	—	450 000	94 610	—	—	420 390	—

（2）租赁期开始日初始确认与计量的有关账务处理。

1）支付首期租金：

借：使用权资产 50 000
  贷：银行存款 50 000

2）对租赁负债进行初始确认：

借：使用权资产 355 390
  贷：租赁负债 355 390

3）支付初始直接费用：

借：使用权资产 20 000
  贷：银行存款 20 000

4）收到出租人报销的部分初始直接费用：

借：银行存款等 5 000
  贷：使用权资产 5 000

如果将以上四个账务处理进行合并，则租赁期开始日的有关账务处理为：

借：使用权资产 420 390
  贷：租赁负债 355 390
    银行存款 65 000

从上述账务处理可以看出，5 000元的佣金支出和7 000元的装修费并未计入甲公司的使用权资产成本，因为前者由乙公司报销，后者则由乙公司直接承担。

如果企业在“租赁负债”科目下设置了“租赁付款额”“未确认融资费用”明细科目，则甲公司租赁期开始日初始确认使用权资产和租赁负债的账务处理应改为：

借：使用权资产　　420 390
　　租赁负债——未确认融资费用　　94 610*
　贷：租赁负债——租赁付款额　　450 000
　　　银行存款　　65 000

*随后的各租赁期内，将未确认融资费用逐期按实际利率法确认为各期利息费用。

（3）对使用权资产进行后续计量的账务处理。

假定甲公司对使用权资产采用直线法计提折旧，在不考虑其他因素的情况下，每年计提折旧的账务处理为：

借：管理费用等　　42 039
　贷：使用权资产累计折旧　　42 039

（4）根据表5-2对租赁负债进行后续计量的账务处理。

1）第1年年末确认当年利息费用：

借：财务费用　　17 770
　贷：租赁负债——未确认融资费用　　17 770

2）第2年：

年初支付租金：

借：租赁负债——租赁付款额　　50 000
　贷：银行存款　　50 000

确认当年利息费用：

借：财务费用　　16 158
　贷：租赁负债——未确认融资费用　　16 158

3）第3年：

年初支付租金：

借：租赁负债——租赁付款额　　50 000
　贷：银行存款　　50 000

确认当年利息费用：

借：财务费用　　14 466
　贷：租赁负债——未确认融资费用　　14 466

4）第4年至第9年的有关账务处理比照上述处理，此处略。

5）第10年年初支付最后一笔租金：

借：租赁负债——租赁付款额　　50 000
　贷：银行存款　　50 000

将上述账务处理过程用丁字账形式示意如图5-2。

（5）分析上述账务处理对财务报表有关信息的影响。如果仅就与此项租赁负债有关的直接影响分析：从资产负债表的角度看，表5-2中各年的租赁负债期末余额、使用权资产期末余额，分别构成资产负债表中“租赁负债”项目和“使用权资产”项目的期末报告价值；从对税前利润的影响看，10年中利息费用94 610元（当然，第10年不承担利息费用）、折旧费用420 390元，共515 000元；从现金流量表的角度看，10年中相关的现金流出金额515 000元，主要影响筹资活动现金流量。

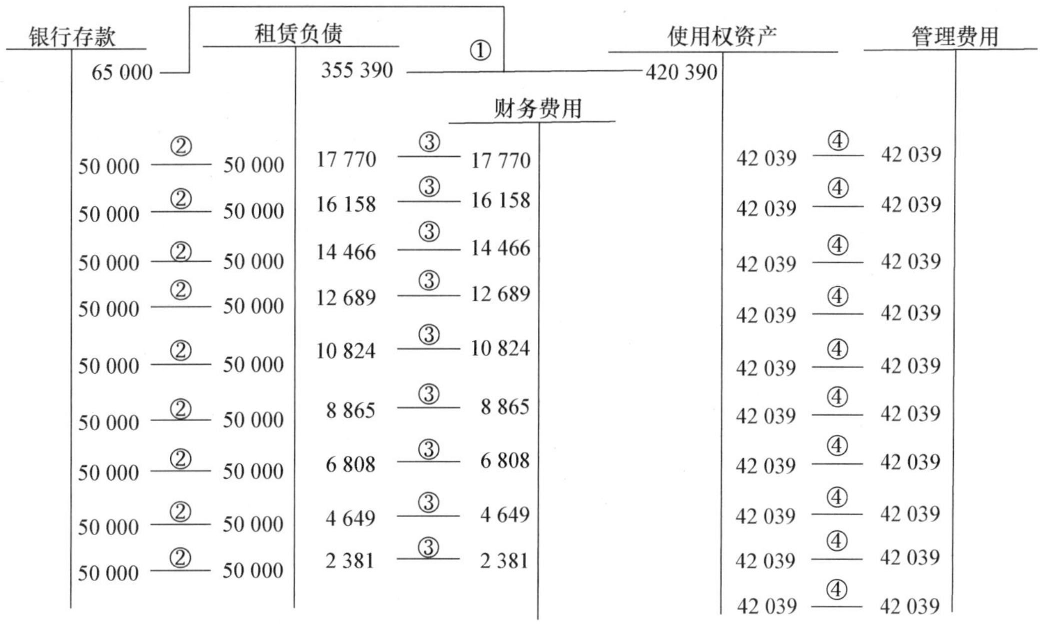

①租赁期开始日初始确认；

②租赁期开始日后各年年初支付租赁付款额；

③租赁期内各年确认利息费用；

④租赁期各年计提使用权资产的折旧费用。

图 5－2　使用权资产和租赁负债确认与计量账务处理流程示意

4. 租赁负债的重新计量

租赁期开始日后，有时需要对租赁负债进行重新计量。重新计量租赁负债至少要明确以下四个问题：

（1）哪些情形下需要重新计量租赁负债？

租赁期开始日后，可变租赁付款额的发生或实质固定付款额的变动会导致租赁负债的重新计量。可变租赁付款额的发生通常与下列事项相关：一是续租选择权、终止选择权或购买选择权等发生变化导致未来租赁付款额发生变动；二是根据担保余值预计的应付金额发生变动或者因用于确定租赁付款额的指数或比率变动而导致未来租赁付款额发生变动。

（2）如何重新计量租赁负债？

重新计量租赁负债的方法是：先根据变化了的情况计算未来租赁付款额，然后根据变动后的未来租赁付款额和修订后的折现率或原折现率重新计算租赁负债。

（3）什么情况下需要采用修订后的折现率，什么情况下需要采用原折现率？

对变化了的未来租赁付款额进行折现以便重新计量租赁负债时，如果未来租赁付款额的变化源自选择权的变化，需要采用剩余租赁期间的租赁内含利率作为折现率或重估日的承租人增量借款利率（无法确定剩余租赁期间的租赁内含利率时）；如果未来租赁付款额的变化起因于根据担保余值预计的应付金额发生变动或者用于确定租赁付款额的指数或比率发生变动，通常采用原折现率，除非租赁付款额的变动源自浮动利率变动（这时需使用修订后的折现率）。

（4）重新计量租赁负债时应如何进行后续计量的账务处理？

毫无疑问，企业应根据租赁负债调整金额，在调整租赁负债账面余额的同时相应调整使用权资产账面价值；使用权资产账面价值已调减至零，但租赁负债还需进一步调减的，承租人应将剩余金额计入当期损益。

综上所述，将重新计量租赁负债的相关会计规范进行归纳，见图5-3。

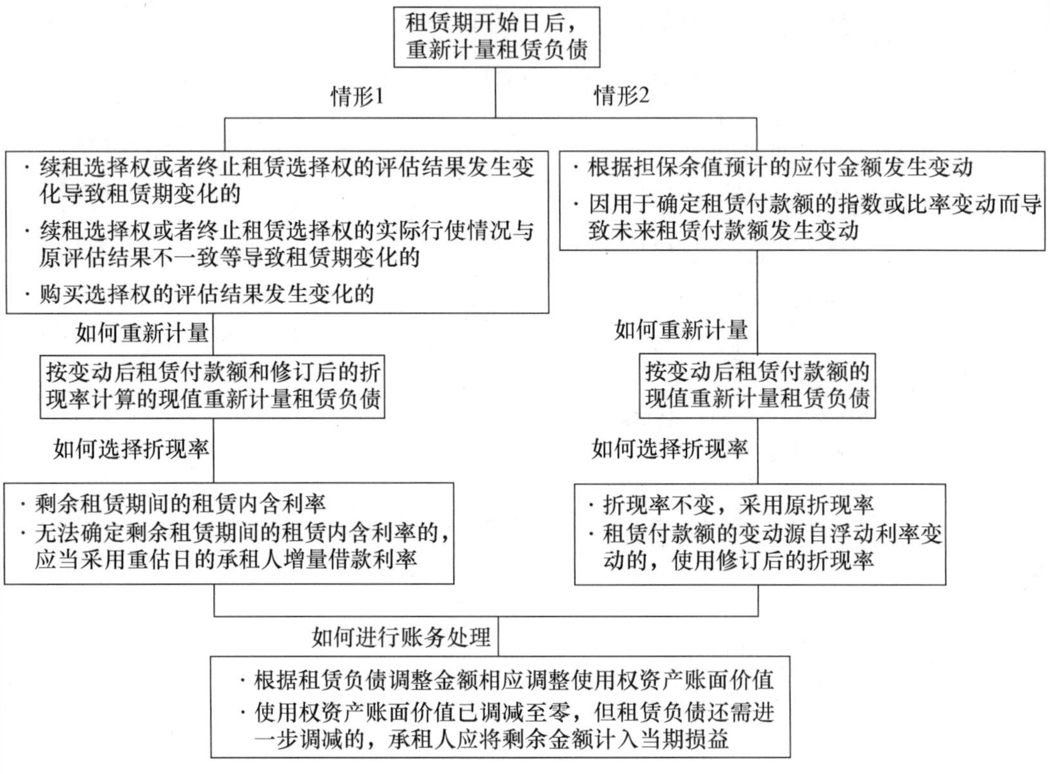

图5-3 重新计量租赁负债的情形与方法思路归纳

下面举例予以说明。

【例5-5】 取决于指数变动的可变租赁付款额

甲公司作为承租人就某栋建筑物的某一楼层与乙公司签订了一项租赁合同，合同的主要条款如下：租期10年，每年的租赁付款额为50 000元，年初支付；租赁付款额每两年基于过去24个月消费者价格指数的上涨上调一次。其他资料为：租赁期开始日的消费者价格指数为125；不考虑初始直接费用；租赁内含利率无法直接确定，承租人增量借款利率为每年5%，该利率反映的是承租人以类似抵押条件借入期限为10年、与使用权资产等值的相同币种的借款而必须支付的固定利率。

根据可变租赁付款额重新计量租赁负债。

根据上述资料，甲公司有关计算及会计处理如下：

（1）租赁开始日后第1年、第2年的会计处理（“租赁负债”明细科目略）。租赁期开始日尚不考虑可变租赁付款额，甲公司租赁负债的有关计算见表5-3。

表 5-3 未考虑可变租赁付款额时的租赁负债计算表 单位：元

年份	租赁负债（5%）			
	期初余额	租赁付款额	利息费用	期末余额
1	355 390	—	17 770	373 160
2	373 160	50 000	16 158	339 318
3	339 318	50 000	14 466	303 784
4	303 784	50 000	12 689	266 473
5	266 473	50 000	10 824	227 297
6	227 297	50 000	8 865	186 162
7	186 162	50 000	6 808	142 970
8	142 970	50 000	4 649	97 619
9	97 619	50 000	2 381	50 000
10	50 000	50 000	0	0

1）租赁期开始日：

借：使用权资产　　405 390

　贷：租赁负债　　355 390

　　　银行存款　　50 000

2）第1年确认利息费用：

借：利息费用　　17 770

　贷：租赁负债　　17 770

第2年确认利息费用：

借：利息费用　　16 158

　贷：租赁负债　　16 158

3）每年确认折旧费用（假定采用直线法）：

借：管理费用等　　40 539

　贷：使用权资产累计折旧　　40 539

（2）重新计量租赁负债。租赁期开始日后第3年年初，消费者价格指数为135。甲公司根据过去24个月消费者价格指数的变化计算可变租赁付款额进行调整，调整后的第3年、第4年每年付款额为54 000元（50 000×135÷125）。据此计算出第3年年初租赁负债应有余额为366 466元（54 000+54 000×(*P*/*A*，5%，7)），所以，重新计量租赁负债的有关结果见表5-4。

表 5-4 取决于指数变动的可变租赁付款额及相关租赁负债计算表 单位：元

年份	租赁负债（5%）			
	期初余额	租赁付款额	利息费用	期末余额
1	355 390	—	17 770	373 160
2	373 160	50 000	16 158	339 318
3	366 466	54 000	15 623	328 089
4	328 089	54 000	13 704	287 793

1）第3年年初调整租赁负债和使用权资产余额：

借：使用权资产　　27 148

　贷：租赁负债（366 466－339 318）　　27 148

2）第3年年初支付当年租赁付款额：

借：租赁负债　　54 000

　贷：银行存款等　　54 000

3）第3年确认当年利息费用：

借：利息费用　　15 623

　贷：租赁负债　　15 623

4）第3年确认当年折旧费用：

借：管理费用等　　43 933

　贷：使用权资产累计折旧((405 390－81 078＋27 148)÷8)　　43 933

5）第4年年初支付当年租赁付款额：

借：租赁负债　　54 000

　贷：银行存款等　　54 000

6）第4年确认当年利息费用：

借：利息费用　　13 704

　贷：租赁负债　　13 704

7）第4年确认当年折旧费用：

借：管理费用等　　43 933

　贷：使用权资产累计折旧　　43 933

第5年年初根据消费者价格指数的变化所进行的必要的调整处理以及此后的相关账务处理比照上述处理，此处略。

值得一提的是，租赁变更也有可能导致租赁负债的重新计量。接下来就来看租赁变更的相关会计问题。

5. 租赁变更的确认与计量

租赁变更时，承租人应分别以下两种情况进行相应的会计处理。

第一种情况：租赁变更作为一项单独租赁处理。租赁发生变更且同时符合下列条件的，承租人应当将该租赁变更作为一项单独租赁进行会计处理：（1）该租赁变更通过增加一项或多项租赁资产的使用权而扩大了租赁范围或延长了租赁期限；（2）增加的对价与租赁范围扩大部分或租赁期限延长部分的单独价格按该合同情况调整后的金额相当。

第二种情况：租赁变更未作为一项单独租赁处理。通常情况下，对于不符合作为一项单独租赁处理条件的租赁变更，在租赁变更生效日，承租人应当进行如下会计处理：

（1）按照各租赁部分单独价格之和的相对比例分摊变更后合同的对价，或予以简化处理，即将各租赁部分合并。

（2）确定变更后的租赁期。

（3）按照变更后租赁付款额和修订后的折现率计算的现值重新计量租赁负债（采用剩余租赁期间的租赁内含利率作为修订后的折现率；无法确定剩余租赁期间的租赁内含利率的，应当采用租赁变更生效日的承租人增量借款利率作为修订后的折现率）。

（4）对租赁负债余额和使用权资产的账面价值进行调整。

租赁变更导致租赁范围缩小或租赁期缩短的，租赁变更生效日承租人的会计处理比较复杂。为了反映由于缩小范围或缩短租期导致的对原租赁的部分终止或完全终止，承租人应当按缩小或缩短的相应比例，调减使用权资产的账面价值，并将调减的租赁负债金额与调减的使用权资产账面价值两者之间的差额，作为部分终止或完全终止租赁的相关利得或损失，借记或贷记“资产处置损益”科目。值得一提的是，租赁变更导致租赁期缩短至 1 年以内的，承租人应当调减使用权资产的账面价值，部分终止租赁的相关利得或损失记入“资产处置损益”科目。企业不得改按短期租赁进行简化处理或追溯调整。

下面举例予以说明。

【例 5－6】 租赁变更作为一项单独租赁处理

甲公司（承租人）就 2 000 平方米的办公场所签订了一项为期 10 年的租赁合同。在第 6 年年初，承租人和出租人同意对原租赁剩余的 5 年租赁进行修改，以扩租同一建筑物内 3 000 平方米的办公场所。扩租的场所于第 6 年第 2 季度末时可供承租人使用。租赁总对价的增加额与新增 3 000 平方米办公场所的当前市价并根据承租人所获折扣进行调整后的金额相当，该折扣反映了出租人节约的成本，即将相同场所租给新租户出租人会发生该等成本（如营销成本）。

分析租赁变更是否作为单独租赁处理。

该变更符合作为单独租赁处理的两个条件，即该租赁变更通过增加一项租赁资产的使用权而扩大了租赁范围，且增加的对价与租赁范围扩大部分的单独价格按该合同情况调整后的金额相当。所以，应将该变更作为一项单独的租赁，与原来的 10 年期租赁分别进行会计处理，即在新租赁的租赁期开始日（第 6 年第 2 季度末），确认与新增 3 000 平方米办公场所租赁相关的使用权资产和租赁负债，对原来的 2 000 平方米办公场所租赁的会计处理不因此项变更而进行任何调整。

【例 5－7】 仅变更对价的租赁变更（未作为一项单独租赁处理）

甲公司（承租人）就 5 000 平方米的办公场所签订了一项为期 10 年的租赁合同。在第 6 年年初，承租人和出租人同意对原租赁剩余的 5 年租赁进行修改，将租赁付款额从每年的 100 000 元降至每年 95 000 元。租赁内含利率无法直接确定。承租人在租赁期开始日的增量借款利率为 6%，在第 6 年年初的增量借款利率为 7%。每年的租赁付款额在年末支付。

分析租赁变更是否作为单独租赁处理。如何处理？

（1）甲公司不将该变更作为一项单独的租赁处理，因该变更不符合作为单独租赁处理的两个条件。

（2）租赁变更生效日（第 6 年年初）应进行如下计算与账务处理：

1）进行有关计算。基于剩余租期为 5 年、年付款额为 95 000 元、每年的租赁付款额于年末支付、租赁期开始日的增量借款利率为 6%、第 6 年年初的增量借款利率为 7%等信息，计算结果为：

租赁负债第6年年初的现有账面余额＝100 000×(P/A，6%，5)
＝100 000×4.212 4＝421 240(元)

租赁负债第6年年初的应有账面余额＝95 000×(P/A，7%，5)
＝95 000×4.100 2＝389 519(元)

租赁负债第6年年初应调减金额＝421 240－389 519＝31 721(元)

使用权资产的账面价值也应调减31 721元。

2）编制第6年年初的有关调整分录如下：

借：租赁负债　　31 721

　贷：使用权资产　　31 721

至此，将按调整后的租赁负债和使用权资产账面价值进行第6年到第10年的相关会计处理。

【例5-8】 缩小租赁范围的租赁变更（未作为一项单独租赁处理）

甲公司（承租人）就5 000平方米的办公场所签订了一项为期10年的租赁合同，每年的租赁付款额为100 000元，在年末支付；承租人在租赁期开始日的增量借款利率为6%。在第6年年初，承租人和出租人同意对剩余的5年租赁进行修改，即从第6年年初起将租赁场所缩减至2 500平方米，并将未来5年每年租赁付款额改为60 000元。承租人在第6年年初的增量借款利率为5%。

对承租人第6年年初的租赁变更进行相应的会计处理。

由于这一租赁变更不应作为单独租赁处理，因此，应对租赁负债进行重新计量，并进行相应的调账处理。

（1）计算原使用权资产应终止确认部分的账面价值。

使用权资产初始确认的账面价值＝100 000×(P/A，6%，10)
＝100 000×7.360 1＝736 010(元)

租赁变更前使用权资产已提折旧＝736 010/10×5＝368 005(元)

租赁变更前使用权资产的账面价值＝736 010－368 005＝368 005(元)

与缩减50%租赁范围相关的应调减使用权资产金额＝368 005×50%＝184 002.5(元)

（2）计算租赁变更生效日对租赁负债账面价值的调整金额。

变更前租赁负债的现有余额＝100 000×(P/A，6%，5)
＝100 000×4.212 4＝421 240(元)

与缩减50%租赁范围相关的应调减租赁负债金额＝421 240×50%＝210 620(元)

因缩减50%租赁范围而应调减的租赁付款额＝100 000×50%×5＝250 000(元)

因缩减50%租赁范围而应调增的未确认融资费用＝250 000－210 620＝39 380(元)

或　＝78 760* －39 380** ＝39 380(元)

* 见表5-5（2）栏。

** 见表5-6（2）栏。

剩余租赁范围的租赁负债现有余额＝421 240－210 620＝210 620(元)

剩余租赁范围的租赁负债应有余额＝60 000×(P/A，5%，5)

＝60 000×4.329 5＝259 770(元)

剩余租赁范围的租赁负债应调整金额＝259 770－210 620＝49 150(元)

因增加年租金而应调增的租赁付款额＝(60 000－100 000×50%)×5＝50 000(元)

因降低折现率而应调减的未确认融资费用＝50 000－49 150＝850(元)

或 ＝40 230* －39 380** ＝850(元)

* 见表 5-7（2）栏。

** 见表 5-6（2）栏。

（3）第 6 年年初确认租赁变更的有关账务处理。

1）对原使用权资产和原租赁负债账面价值的 50%予以终止确认，并将差额计入当期损益：

借：租赁负债　210 620.00

　贷：使用权资产　184 002.50

　　资产处置损益　26 617.50

或者，

借：租赁负债——租赁付款额　250 000.00

　贷：租赁负债——未确认融资费用　39 380.00

　　使用权资产　184 002.50

　　资产处置损益　26 617.50

2）对继续确认的使用权资产和租赁负债的账面价值进行调整：

借：使用权资产　49 150

　贷：租赁负债　49 150

或者，

借：使用权资产　49 150

　租赁负债——未确认融资费用　850

　贷：租赁负债——租赁付款额　50 000

至此，无论是使用权资产还是租赁负债，第 6 年年初（租赁变更生效日）的账面价值均达到了变更后的应有余额。

表 5-5、表 5-6、表 5-7 分别是不考虑租赁变更因素、仅考虑缩减租赁范围因素、考虑所有租赁变更因素三种情况下租赁负债的有关计算，以期有助于大家理解本例的上述内容。

表 5-5 原租赁合同下租赁负债计算表

（第 6～10 年的未确认融资费用之和为 78 760 元）

年份	租赁负债（6%）			
	期初余额 (1)	利息费用 (2)＝(1)×6%	租赁付款额 (3)	期末余额 (4)＝(1)＋(2)－(3)
1	736 010	44 161	100 000	680 171

续表

年份	租赁负债（6%）			
	期初余额 (1)	利息费用 (2)=(1)×6%	租赁付款额 (3)	期末余额 (4)=(1)+(2)-(3)
2	680 171	40 810	100 000	620 981
3	620 981	37 259	100 000	558 240
4	558 240	33 495	100 000	491 735
5	491 735	29 505	100 000	421 240
6	421 240	25 274	100 000	346 514
7	346 514	20 791	100 000	267 305
8	267 305	16 038	100 000	183 343
9	183 343	11 001	100 000	94 344
10	94 344	5 656	100 000	0

表5-6 合同变更——缩减50%的租赁面积之后的租赁负债计算表

（第6～10年的未确认融资费用之和为39 380元）

年份	租赁负债（6%）			
	期初余额 (1)	利息费用 (2)=(1)×6%	租赁付款额 (3)	期末余额 (4)=(1)+(2)-(3)
6	210 620	12 637	50 000	173 257
7	173 257	10 395	50 000	133 652
8	133 652	8 019	50 000	91 671
9	91 671	5 500	50 000	47 171
10	47 171	2 829	50 000	0

表5-7 合同变更——缩减50%的租赁面积、降低年租金、变更折现率之后的租赁负债计算表

（第6～10年的未确认融资费用之和为40 230元）

年份	租赁负债（6%）			
	期初余额 (1)	利息费用 (2)=(1)×6%	租赁付款额 (3)	期末余额 (4)=(1)+(2)-(3)
6	259 770	12 989	60 000	212 759
7	212 759	10 638	60 000	163 397
8	163 397	8 170	60 000	111 567
9	111 567	5 578	60 000	57 145
10	57 145	2 855	60 000	0

敲黑板

对于承租人而言，可变租赁付款额的发生，可能源自续租等各项选择权变更、担保余值预计的应付金额变动、相关指数或比率的变动甚至某些租赁变更情形，因为这些变动或变更有可能导致未来租赁付款额发生变动。而这些原因引起的可变租赁付款额的发生，将涉及对租赁负债的重新计量，从而导致对租赁负债余额和使用权资产余额的调整。

值得一提的是，有的情况下，可变租赁付款额的发生并不会导致租赁负债的重新计量，比如与未来的销售挂钩的额外的可变租赁付款额。

可变租赁付款额的发生是否会导致租赁负债的重新计量，取决于该可变租赁付款额是否被纳入租赁负债的计量。

6. 未纳入租赁负债计量的可变租赁付款额

根据租赁准则的规定，未纳入租赁负债计量的可变租赁付款额，应当在实际发生时计入当期损益。按照《企业会计准则第1号——存货》等准则规定应当计入相关资产成本的，从其规定。

【例5-9】 不会导致重新计量租赁负债的可变租赁付款额的发生

假定资料同例5-4，另要求承租人每年支付可变租赁付款额，其金额为承租人所租不动产所产生的销售额的1%。租赁期的第1年承租人所租不动产产生的销售额为800 000元。

分析承租人应如何进行会计处理。

与未来的销售挂钩的额外的可变租赁付款额，不满足租赁付款额的定义，从而不应纳入使用权资产和租赁负债的计量。所以，承租人按1%支付可变租赁付款额8 000元时的账务处理为：

借：销售费用	8 000	
贷：银行存款		8 000

5.2.2 短期租赁和低价值资产租赁的会计处理

对于短期租赁和低价值资产租赁，承租人可以选择不确认使用权资产和租赁负债。也就是说，承租人对短期租赁和低价值资产租赁，可以选择简化处理，即将租赁付款额在租赁期内分期按照直线法或其他系统合理的方法（如能更好地反映承租人的受益模式的话）计入相关资产成本或当期损益。

不确认使用权资产和租赁负债的简化处理中，应当注意两个问题：第一，按类还是分项选择简化处理？根据租赁准则的规定，对于短期租赁，按租赁资产类别作出简化处理的选择；对于低价值资产租赁，根据每项租赁资产的具体情况作出简化处理的选择。第二，选择简化处理的租赁发生租赁变更时应如何处理？根据租赁准则规定，简化处理的短期租赁发生租赁变更或因租赁变更之外的原因导致租赁期发生变化的，承租人应当将其视为一项新的租赁进行会计处理。

下面举例予以说明。

【例5-10】 短期租赁

2×21年11月初，甲企业由于场地搬迁原因，向乙企业租入一套写字间，租赁期限为4个月，租金总计50 000元。乙企业提供的激励措施是：允许甲企业使用该写字间5个月，并从第2个月起每月支付租金。在租赁开始日，甲企业用银行存款支付1 000元简易装修费以及60 000元押金。租赁期的第3个月，用现金支付600元的修缮费。其他因素略。

进行承租人甲企业的账务处理，并指出此项短期租赁业务对承租人甲企业2×21年、2×22年两个会计年度税前利润的影响数。

（1）甲企业应进行如下账务处理。

1）支付押金和简易装修费：

借：其他应收款	60 000	
管理费用	1 000	
贷：银行存款		61 000

2）租期内第1个月确认应付租金：

借：管理费用	10 000	
贷：其他应付款		10 000

3）租期内第2个月至第5个月每月支付租金：

借：管理费用	10 000	
其他应付款	2 500	
贷：银行存款		12 500

4）租赁期的第3个月支付局部修缮费：

借：管理费用	600	
贷：库存现金		600

5）租赁期满收回押金：

借：银行存款	60 000	
贷：其他应收款		60 000

（2）此项短期租赁业务对甲公司2×21年、2×22年两个会计年度税前利润的影响数分别为−21 000元和−30 600元。

素养提升

承租人企业在划分租赁类型的过程中如何进行正确的会计职业判断

先来看一个小例子。滨海商贸公司估计未来3年里都面临库房短缺的问题。在准备与其母公司签订租期暂定1年的库房租赁合同时，公司有关人员就是否可将此项租赁划分为短期租赁问题产生了争议。小张认为，此项库房租用期间虽然暂定为1年，但实际上公司是会续租的，所以应将此项租赁作为一般租赁进行会计处理而不应分类为短期租赁；小李认为，作为一般租赁进行会计处理时需要确认使用权资产和租赁负债，而划分为短期租赁在会计处理上则相对简单，为此，应先按短期租赁对此项租赁进行会计处理，以后续租时再对续签的租约另行进行会计处理。小张则觉得小李的思路不符合现行租赁准则关于承租方租赁分类的规定。

通过前面的学习，我们知道，就承租人而言，一般的租赁业务和分类为短期租赁的租赁业务，两者有着不同的会计处理思路，从而对资产负债表、利润表等财务信息会产生不同的影响。所以，承租人需要按照租赁准则的规范对租赁业务的类别归属进行正确的职业判断，以便提供正确的会计信息。

上面这个例子中的关键问题是如何判断一项租赁是否属于短期租赁。虽然从租赁准则的相关定义来看，短期租赁是指在租赁开始日租赁期不超过12个月的租赁，但实务中企业应本着实质重于形式的原则结合实际情况进行正确的判断。财政部会计司在2021年6月10日就“承租人与出租人签订租赁期为1年的租赁合同，能否简单认定该租赁为短期租赁”的问题所发布的相关回复中明确指出：当承租人与出租人签订租赁期为1年的租赁合同时，不能简单认为该租赁的租赁期为1年，而应当基于所有相关事实和情况判断可强制执行合同的期间以及是否存在实质续租、终止等选择权以合理确定租赁期。如果历史上承租人与出租人之间存在逐年续签的惯例，或者承租人与出租人互为关联方，尤其应当谨慎确定租赁期。

可见，不能仅因为租期没超过1年就把相关租赁划分为短期租赁，还要结合其他因素本着实质重于形式的原则进行判断。这样我们也就能理解为什么“包含购买选择权的租赁，即使租赁期不超过12个月，也不属于短期租赁”这一规范了。

5.2 即测即评

5.3 出租人的会计处理

5.3.1 融资租赁的会计处理

1. 设置的会计科目

出租人企业应设置“融资租赁资产”科目对融资租赁资产的增减变动进行确认与计量。另外，还需设置“应收融资租赁款”“应收融资租赁款减值准备”等科目对租赁应收款进行确认与计量，并通过“租赁收入”或“其他业务收入”等科目核算相关的租赁收入和利息收入。

“融资租赁资产”科目核算租赁企业作为出租人为开展融资租赁业务取得资产的成本。租赁业务不多的企业，也可以通过“固定资产”等科目核算相关资产。租赁企业和其他企业对于融资租赁资产在未融资租赁期间的会计处理遵循固定资产准则或其他适用准则。本科目可按租赁资产类别和项目进行明细核算。

“应收融资租赁款”科目核算出租人融资租赁产生的租赁投资净额。本科目可分别设置“租赁收款额”“未实现融资收益”“未担保余值”等明细科目。租赁业务较多的企业，还可以在“租赁收款额”明细科目下进一步设置明细科目核算。

“租赁收入”科目核算租赁企业作为出租人确认的融资租赁和经营租赁的租赁收入。本科目下可分别设置“利息收入”“可变租赁付款额”“经营租赁收入”等明细科目。一般企业根据自身业务特点采用“其他业务收入”等科目核算租赁收入。出租人为金融企业的，租赁期内确认的各期利息收入记入“利息收入”科目。

2. 确认与计量的原则

(1) 租赁期开始日的确认与计量。在租赁期开始日，出租人应当对融资租赁确认应收融资租赁款，并终止确认融资租赁资产。如何对应收融资租赁款进行初始计量，对融资租赁资产按其账面价值还是公允价值进行终止确认？这两个问题是租赁期开始日会计处理的关键。

根据修订后租赁准则的规定，出租人应当以租赁投资净额作为应收融资租赁款的入账价值。

敲黑板

现在有必要采用公式的方式来重温一下前面已经介绍过的租赁收款额、租赁投资总额、租赁投资净额之间的关系：

租赁收款额＝承租人需支付的固定付款额及实质固定付款额－租赁激励
＋取决于指数或比率的可变租赁付款额
＋承租人购买选择权的行权价格
＋承租人行使终止租赁选择权需支付的款项
＋由承租人等向出租人提供的担保余值

租赁投资总额＝租赁期开始日尚未收到的租赁收款额＋未担保余值

租赁投资净额＝按照租赁内含利率折现的租赁投资总额
＝租赁期开始日尚未收到的租赁收款额的现值
＋未担保余值的现值

未实现融资收益＝租赁投资总额－租赁投资净额

租赁内含利率是使下面等式成立的利率：

租赁收款额的现值＋未担保余值的现值＝租赁资产公允价值＋初始直接费用

综上所述，租赁期开始日，出租人确认应收融资租赁款的有关账务处理应为：

借：应收融资租赁款　　[租赁投资净额] A＝B＋C
　贷：融资租赁资产　　[租出资产的账面价值] D ⎫
　　资产处置损益等*　[租出资产的转让利得] E ⎭ B（租出资产的公允价值）
　　银行存款等 [支付的初始直接费用] C

* 融资租赁资产的公允价值小于其账面价值之差时在借方。

如果考虑到“应收融资租赁款”的明细科目，则账务处理为：

借：应收融资租赁款——租赁收款额
　　　　　　　　——未担保余值
　贷：应收融资租赁款——未实现融资收益
　　融资租赁资产　　[租出资产的账面价值]
　　资产处置损益等 [租出资产的转让利得]
　　银行存款等　　[支付的初始直接费用]

（2）应收融资租赁款的后续计量。租赁期开始日后，一方面，出租人应当按照固定的周期性利率计算并确认租赁期内各个期间的利息收入，这里“固定的周期性利率”是指租赁内含利率，在转租情况下，若租赁内含利率无法确定，则采用原租赁的折现率（根据与转租有关的初始直接费用进行调整）；另一方面，出租人应按照《企业会计准则第 22 号——金融工具确认和计量》和《企业会计准则第 23 号——金融资产转移》的规定，对应收融资租赁款进行终止确认和减值的相应处理。取得的未纳入租赁投资净额计量的可变租赁付款额应当在实际发生时计入当期损益。

根据上述规定，出租人应收融资租赁款的有关账务处理思路为：

确认利息收入时：

借：应收融资租赁款——未实现融资收益

　贷：租赁收入、其他业务收入等

收到应收融资租赁款时：

借：银行存款等

　贷：应收融资租赁款——租赁应收款

确认应收融资租赁款减值损失：

借：信用减值损失　　　　[按预期信用损失模型计量]

　贷：应收融资租赁款减值准备

取得未纳入租赁投资净额计量的可变租赁付款额时：

借：银行存款等

　贷：租赁收入、其他业务收入等

值得一提的是，将应收融资租赁款或其所在的处置组划分为持有待售类别的，应当按照《企业会计准则第 42 号——持有待售的非流动资产、处置组和终止经营》进行会计处理。

下面举例予以说明。

【例 5-11】 出租人融资租赁的一般业务（每年年初收取当年租金）

沿用例 5-4 的资料，乙公司作为出租人就某栋建筑物的某一楼层与甲公司签订了为期 10 年的租赁合同，该楼层的账面价值为 360 000 元，公允价值为 390 000 元。合同有关条款和其他资料为：

（1）该租赁为期 10 年。

（2）租赁期内租赁付款额为每年 50 000 元，年初支付当年所有款项。

（3）为获得该项租赁，出租人发生初始直接费用 3 390 元，为向此租赁的房地产中介支付的佣金。

（4）作为对承租人的激励，出租人同意为承租人报销 5 000 元的佣金并承担 7 000 元的装修费。

（5）租赁内含利率为 5%。

（6）在租赁期开始日，承租人得出结论认为不能合理确定将行使续租选择权，因此，将租赁期确定为 10 年。

根据上述资料，乙公司的有关会计处理如下：

（1）租赁期开始日的会计处理。

租赁收款额＝承租人需支付的固定付款额及实质固定付款额－租赁激励
　　　　　＋取决于指数或比率的可变租赁付款额
　　　　　＋承租人购买选择权的行权价格
　　　　　＋承租人行使终止租赁选择权需支付的款项
　　　　　＋由承租人等向出租人提供的担保余值
　　　　＝50 000×10－12 000
　　　　＝488 000(元)

租赁投资总额＝出租人应收的租赁收款额＋未担保余值
＝488 000＋0＝488 000(元)
租赁投资净额＝按照租赁内含利率计算的租赁投资总额的现值
＝(50 000－12 000)＋50 000×(P/A，5%，9)
＝38 000＋50 000×7.107 8＝393 390(元)
或＝390 000＋3 390＝393 390(元)
未实现融资收益＝租赁投资总额－租赁投资净额
＝488 000－393 390＝94 610(元)

1）租赁期开始日的初始确认：

借：应收融资租赁款	393 390	
贷：融资租赁资产		360 000
资产处置损益		30 000
银行存款		3 390

如果考虑“应收融资租赁款”的明细科目，则确认应收融资租赁款并终止确认租赁资产的账务处理应为：

借：应收融资租赁款——租赁收款额	488 000	
贷：应收融资租赁款——未实现融资收益		94 610
融资租赁资产		360 000
资产处置损益		30 000
银行存款		3 390

2）为承租人报销佣金并承担装修费：

借：应收融资租赁款——租赁收款额	12 000	
贷：银行存款等		12 000

3）收到第1年租金：

借：银行存款	50 000	
贷：应收融资租赁款——租赁收款额		50 000

（2）租赁期开始日后的会计处理。

有关计算见表5-8。

表5-8 租赁投资净额及融资收益情况表 单位：元

租期	租赁投资净额期初余额(1)	收回租赁收款额(2)	融资收益(3)＝[(1)－(2)]×5%	租赁投资净额期末余额(4)＝(1)－(2)＋(3)
1	393 390	38 000	17 770	373 160
2	373 160	50 000	16 158	339 318
3	339 318	50 000	14 466	303 784
4	303 784	50 000	12 689	266 473
5	266 473	50 000	10 824	227 297
6	227 297	50 000	8 865	186 162
7	186 162	50 000	6 808	142 970

续表

租期	租赁投资净额期初余额(1)	收回租赁收款额(2)	融资收益(3)=[(1)-(2)]×5%	租赁投资净额期末余额(4)=(1)-(2)+(3)
8	142 970	50 000	4 649	97 619
9	97 619	50 000	2 381	50 000
10	50 000	50 000	0	0
合计	—	488 000	94 610	—

1）第 1 年年末：

借：应收融资租赁款——未实现融资收益 17 770

　贷：租赁收入 17 770

2）第 2 年：

借：银行存款 50 000

　贷：应收融资租赁款——租赁收款额 50 000

借：应收融资租赁款——未实现融资收益 14 466

　贷：租赁收入 14 466

3）第 3 年至第 9 年的账务处理比照第 2 年的账务处理，此处略。

4）第 10 年：

借：银行存款 50 000

　贷：应收融资租赁款——租赁收款额 50 000

根据上述会计处理可见，乙公司 10 年中共收取租赁收款额 488 000 元，10 年前 393 390 元的租赁投资净额，10 年中为公司带来 94 610 元的租赁收入。

【例 5-12】 出租人融资租赁的一般业务（每年年末收取当年租金）

2×21 年 12 月 31 日，甲公司与专营租赁公司乙公司签署一份设备租赁合同。

合同主要条款如下：

(1) 租赁标的物：某专用设备。

(2) 租赁期开始日：2×22 年 1 月 1 日。

(3) 租赁期：2×22 年 1 月 1 日至 2×24 年 12 月 31 日，共 3 年。

(4) 固定租金支付：2×22 年、2×23 年、2×24 年每年的 12 月 31 日支付租金 200 000 元。

(5) 该设备租赁期内的保险、维护等费用，均由承租人甲公司承担。

(6) 该设备在 2×21 年 12 月 31 日的公允价值为 560 000 元。

(7) 租赁合同规定的年利率为 5%（等于乙公司租赁内含利率）。

(8) 该设备为全新设备，在乙公司的账面价值等于公允价值，预计使用年限为 5 年。

(9) 租赁期届满时，甲公司享有按 1 500 元的优惠价购买该设备的选择权，估计租赁期届满时该设备的公允价值为 30 000 元。

(10) 如果甲公司在 2×23 年和 2×24 年采用该专用设备生产 A 产品，实现销售收入分别超过 2 000 000 元和 3 000 000 元，需要分别在当年年末向乙公司按超额销售收入的 5%向乙公司支付经营分享收入。

其他资料为：

(1) 乙公司发生的初始直接费用为11 816元，以银行存款支付。

(2) 甲公司在租赁期开始日能够合理确定租赁期届满时将会行使优惠购买选择权，并于租赁期届满时行使了优惠购买选择权。

(3) 甲公司在2×23年和2×24年采用该专用设备生产A产品，实现销售收入分别为2 800 000元和4 000 000元。

(4) 甲公司对租入设备采用年限平均法计提折旧。

(5) 甲公司2×22年、2×23年、2×24年每年为该租入设备用银行存款支付的保险费、维修费等均为20 000元。

(6) 其他相关税费略。

根据上述资料，乙公司的有关会计处理如下：

(1) 判断租赁类型。根据例题资料可知，一方面，甲公司在租赁开始日能够合理确定租赁期届满时将会行使优惠购买选择权，且购买价款仅为估计租赁期届满时相关资产公允价值的5%；另一方面，乙公司租赁收款额的现值等于租赁开始日租赁资产公允价值的近98%。所以，应将此项租赁业务归类为融资租赁。

(2) 相关计算。

租赁收款额＝200 000×3＋1 500＝601 500(元)

租赁投资总额＝601 500＋30 000＝631 500(元)

租赁投资净额＝200 000×(P/A，5%，3)＋1 500×(P/F，5%，3)＋30 000×(P/F，5%，3)＝571 816(元)

未实现融资收益＝631 500－571 816＝59 684(元)

应收融资租赁款未实现融资收益分配额的计算，见表5-9。

表5-9 租赁投资净额及融资收益变动情况表 单位：元

年份	租赁投资净额期初余额(1)	融资收益(2)＝(1)×5%	租赁投资总额			租赁投资净额期末余额(6)＝(1)＋(2)－(3)－(4)－(5)
			收到租金(3)	收到留购款(4)	转销未担保余值(5)	
2×22	571 816	28 591	200 000	0	0	400 407
2×23	400 407	20 020	200 000	0	0	220 427
2×23	220 427	11 073*	200 000	1 500	30 000	0
合计	—	59 684	600 000	1 500	30 000	—

*做尾数调整。

2×23年未纳入租赁收款额的可变租赁收款额＝(280 000－200 000)×5%＝4 000(元)

2×24年未纳入租赁收款额的可变租赁收款额＝(400 000－300 000)×5%＝5 000(元)

(3) 相关账务处理。

1) 2×22年1月1日，转销租出资产、确认相关债权以及未实现融资收益：

借：应收融资租赁款——租赁收款额 601 500

——未担保余值 30 000

贷：应收融资租赁款——未实现融资收益 59 684
融资租赁资产 560 000
银行存款等 11 816

2）2×22年12月31日：

收到租金：

借：银行存款 200 000
贷：应收融资租赁款——租赁收款额 200 000

分配未实现融资收益（确认利息收益）：

借：应收融资租赁款——未实现融资收益 28 591
贷：租赁收入 28 591

3）2×23年12月31日：

收到租金：

借：银行存款 200 000
贷：应收融资租赁款——租赁收款额 200 000

收到可变租赁付款额：

借：银行存款 4 000
贷：租赁收入 4 000

分配未实现融资收益（确认利息收益）：

借：应收融资租赁款——未实现融资收益 20 020
贷：租赁收入 20 020

4）2×24年12月31日：

收到租金：

借：银行存款 200 000
贷：应收融资租赁款——租赁收款额 200 000

收到可变租赁付款额：

借：银行存款 5 000
贷：租赁收入 5 000

分配未实现融资收益（确认利息收益）：

借：应收融资租赁款——未实现融资收益 11 073
贷：租赁收入 11 073

收到承租人留购设备款：

借：银行存款 1 500
贷：应收融资租赁款——租赁收款额 1 500

终止确认未担保余值：

借：租赁收入 30 000
贷：应收融资租赁款——未担保余值 30 000

（3）租赁变更的确认与计量。租赁变更时，出租人应分别以下两种情况进行相应的会计处理。

第一种情况：租赁变更作为一项单独租赁处理。租赁发生变更且同时符合下列条件的，出租人应当将该租赁变更作为一项单独租赁进行会计处理：1）该租赁变更通过增加一项或多项租赁资产的使用权而扩大了租赁范围或延长了租赁期限；2）增加的对价与租赁范围扩大部分或租赁期限延长部分的单独价格按该合同情况调整后的金额相当。

第二种情况：租赁变更未作为一项单独租赁处理。租赁变更未作为一项单独租赁处理的，应区别两种情况进行处理。假如变更在租赁开始日生效，该租赁会被分类为经营租赁的，出租人应当自租赁变更生效日开始将其作为一项新租赁进行会计处理，并以租赁变更生效日前的租赁投资净额作为租赁资产的账面价值；假如变更在租赁开始日生效，该租赁会被分类为融资租赁的，出租人应按照《企业会计准则第22号——金融工具确认和计量》关于修改或重新议定合同的规定进行会计处理。

5.3.2 经营租赁的确认与计量

经营租赁下，由于与租赁资产所有权相关的所有风险和报酬并未转移给承租人，因此，出租人仍应将租出资产作为自有资产核算，从而不涉及租出资产的终止确认问题，并需要继续为租出资产计提折旧；同时要对发生的初始直接费用、租赁收款额等问题进行确认与计量。具体内容包括：

1. 租赁收款额

租赁期内，采用直线法或其他系统合理的方法，将租赁收款额分期确认为租金收入。企业确认各期租金收入时，借记“银行存款”“其他应收款”等科目，贷记“租赁收入”“其他业务收入”等科目。

2. 未计入租赁收款额的可变租赁付款额

出租人收到的未计入租赁收款额的可变租赁付款额，应于实际收到时计入当期损益。收到未计入租赁收款额的可变租赁付款额时，借记“银行存款”等科目，贷记“租赁收入”“其他业务收入”等科目。

3. 发生的初始直接费用

出租人在经营租赁业务中发生的初始直接费用，应予以资本化，在租赁期内按照与确认租金收入的相同基础分期计入当期损益。支付初始直接费用时，借记“长期待摊费用”等科目，贷记“银行存款”等科目；在租赁期内分期计入各期损益时，借记“管理费用”等科目，贷记“长期待摊费用”等科目。

4. 对租出资产的后续计量

一方面，租出的若是固定资产，按类似资产的折旧政策计提折旧；租出的若是其他资产，根据适用准则进行摊销。另一方面，应根据资产减值准则对租出资产进行减值处理。

5. 关于租赁变更

经营租赁如果发生租赁变更，出租人应自变更生效日起，将其作为一项新租赁进行会计处理，与变更前租赁有关的预收或应收租赁收款额应当视为新租赁的收款额。

敲黑板

经营租赁的出租方，可能是专营租赁公司，也可能是非专营租赁的企业。两者对经营租出资产租赁业务进行相关的会计确认时，采用的会计科目可能会有所不同。以租金收入为例，专营租赁公司，其租金收入属于主营业务收入，可通过“租金收入”科目予以确认；而一般企业经营租出资产的租金收入，可确认为其他业务收入。

下面举例予以说明。

【例5－13】 非专营租赁公司的经营租赁

2×23年11月初，甲企业由于场地搬迁原因，向乙企业租入一套写字间，租赁期限为4个月，租金总计50 000元。乙企业提供的激励措施是：允许甲企业使用该写字间5个月，并从第2个月起每月支付租金。在租赁开始日，甲企业用银行存款支付4 000元简易装修费以及60 000元押金。乙企业不是专营租赁公司，其租出资产按成本模式进行后续计量，按直线法计每月计提折旧3 000元，其他因素略。

进行出租人乙企业的账务处理，并指出此项业务对出租人乙企业2×23年度税前利润的影响。

根据上述资料，乙企业应进行如下账务处理：

(1) 收到押金：

借：银行存款	60 000	
贷：其他应付款		60 000

(2) 租期内第1个月确认租金收入：

借：其他应收款	10 000	
贷：其他业务收入		10 000

(3) 租期内第2个月至第5个月每月收取租金：

借：银行存款	12 500	
贷：其他业务收入		10 000
其他应收款		2 500

(4) 每月计提折旧：

借：其他业务成本	3 000	
贷：投资性房地产累计折旧		3 000

(5) 租赁期满退回押金：

借：其他应付款	60 000	
贷：银行存款		60 000

此项经营租赁业务对乙企业2×23年度税前利润的影响额为14 000元（20 000元的租金收入与6 000元的折旧费用之差）。

可见，对于出租人而言，经营租赁业务取得的租金收入与租出资产的折旧费用成为决定出租业务利润的主要因素。

5.3 即测即评

5.4 特殊租赁业务的会计处理

[财报精选] 新租赁会计准则 2019 年生效

5.4.1 转租赁的会计处理

1. 转租赁中的主体界定

我们在前面介绍有关概念时曾经讲过，转租赁是在原租赁仍然有效的情况下原承租人将标的资产转租给第三方的交易。所以，提到转租赁就会想到三个主体：原租赁的出租人、中间出租人、转租赁的承租人。就中间出租人而言，其与两个租赁合同有关：原租赁合同、转租赁合同，从而中间出租人就有了两个身份：原租赁的承租人、转租赁的出租人。这些关系如图 5－4 所示。

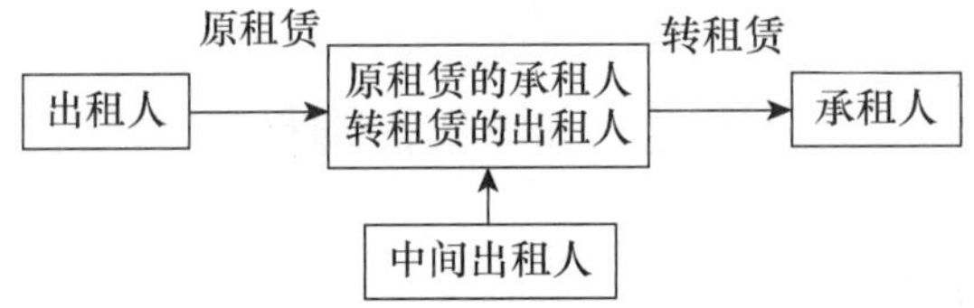

图 5－4　中间出租人的界定

由此可见，转租赁的会计问题主要是与中间出租人有关。

中间出租人应将原租赁和转租赁作为两份单独的合同，原租赁合同以承租人身份按前述承租人的会计处理原则处理，对转租赁合同以出租人身份按前述出租人的会计处理原则处理。但是，毕竟中间出租人同时面对原租赁出租人和转租赁承租人两个交易对手，原租赁形成的债务通常不会因转租赁的条款或条件而偿清，转租赁租出的标的资产又不是自有资产。这些事实决定了中间出租人对于转租赁的分类和会计确认与计量。

2. 中间出租人对转租赁的分类及确认与计量

（1）对转租赁的分类。租赁准则对中间人将转租赁分类为融资租赁还是经营租赁有两个原则性规定：第一，转租出租人应当基于原租赁产生的使用权资产，而不是原租赁的标的资产，对转租赁进行分类；第二，原租赁为短期租赁，且转租出租人对原租赁进行不确认使用权资产和租赁负债的简化处理的，转租出租人应当将该转租赁分类为经营租赁。

第二个原则性规定很好理解。现在的问题是如何理解第一个原则性规定的合理性。《国际财务报告准则第 16 号——租赁》的“结论基础”中从三个方面解释了会计准则作出这样规定的原因：

首先，标的资产并不归属于中间出租人所有，也未计入中间出租人的资产负债表，中间出租人控制的不是标的资产而仅是使用权资产。

其次，中间出租人的使用权资产相关风险可通过签订转租协议转化成信用风险，转租赁的租赁期涵盖了原租赁的大部分或整个租赁期。将该等转租赁作为融资租赁进行会计处理（根据使用权资产对其分类）将反映该风险，因为中间出租人会确认对该租赁的净投资（应收款）而非使用权资产。

最后，如果转租赁针对的是相应原租赁的全部剩余期限，则中间出租人不再拥有标的资产的使用权。在这种情况下，中间出租人终止确认使用权资产并确认对租赁的净投资是适当的。

敲黑板

国际会计准则理事会也注意到，与根据标的资产分类相比，根据原租赁形成的使用权资产对租赁进行分类，会导致中间出租人将更多的转租赁分类为融资租赁，从而出现出租人对相似租赁（如标的资产和租赁期限均相似的租赁）的分类可能因标的资产为自有还是为租入而有所不同。然而，该理事会认为，这种分类的差异反映了实际的经济差异。中间出租人仅有权在一段时间内使用标的资产，如果转租赁涵盖了原租赁的全部剩余期限，则中间出租人事实上已经将该权利转移给其他方；与此相反，在自有资产的经营租赁中，出租人将预期在租赁期结束时从标的资产中获得经济利益。

（2）转租赁的确认与计量。中间出租人应当根据其对转租赁的不同分类进行相应的会计处理。

1）被分类为融资租赁的转租赁。在签订转租赁合同时，中间出租人在资产负债表中继续保留原租赁的租赁负债，但应终止确认与原租赁相关且转给转租赁承租人的使用权资产，按转租赁投资净额确认租赁应收款，并将终止确认的使用权资产与确认的租赁应收款两者之间的差额计入当期损益。在转租期间，中间出租人既要确认转租赁的租赁收入，也要确认原租赁的利息费用；既要按期收回转租赁的租赁债权，也要按期偿还原租赁的租赁负债。

2）被分类为经营租赁的转租赁。在签订转租赁合同时，中间出租人在资产负债表中继续保留原租赁相关的租赁负债和使用权资产。在转租期间，中间出租人既要确认使用权资产的折旧费用和租赁负债的利息费用，还要确认转租赁的租赁收入。

敲黑板

对于中间出租人而言，转租赁被分类为融资租赁还是经营租赁，两者会计处理上的相同点是，都要继续对原租赁的租赁负债按期偿付租赁付款额并确认利息费用，都要对转租赁确认租赁收益；不同之处在于，是否终止确认原租赁形成的使用权资产并确认转租赁的应收融资租赁款。

下面举例予以说明。

【例5-14】　被分类为融资租赁的转租赁

甲公司作为承租人与乙公司就某栋建筑的某一楼层签订了一项为期10年的租赁合同（原租赁）。在第3年年初，甲公司将该楼层转租给丙公司，期限为原租赁的剩余8年时间，假定按合同规定每年年末收取租金51 000元，经计算转租赁的租赁投资净额为329 613元，转租当年的融资收益为16 480元。此时甲公司与原租赁有关的账户余额资料为："使用权资产"借方余额336 312元，"租赁负债"贷方余额339 318元。按原租赁合同，每年年初支付租金50 000元，根据5%的利率计算的第3年租赁负债利息费用为14 466元。

甲公司转租赁的会计处理如下：

首先，甲公司基于原租赁形成的资产使用权对转租赁进行分类，将此项转租赁分类为融资租赁。然后，签订转租赁合同后，甲公司进行如下账务处理：

(1) 转租赁日，终止确认原租赁的使用权资产，确认转租赁的应收债权：

借：应收融资租赁款　　329 613

　　资产处置损益　　6 699

　贷：使用权资产　　336 312

(2) 在转租赁当年，偿还原租赁的租赁负债，确认原租赁的利息费用：

借：利息费用　　14 466

　贷：租赁负债　　14 466

借：租赁负债　　50 000

　贷：银行存款　　50 000

(3) 在转租赁当年，确认转租赁的融资收益和收到的租赁款：

借：应收融资租赁款　　16 480

　贷：租赁收入　　16 480

借：银行存款　　51 000

　贷：应收融资租赁款　　51 000

以后7年中，每年都要进行与上述(2)、(3)相类似的账务处理（只是各年利息费用金额不同，各年融资收益金额也不同），也就是，既要确认转租赁的融资收益，也要确认原租赁的利息费用；既要按期收回转租赁的租赁债权，也要按期偿还原租赁的租赁负债。

【例5-15】 被分类为经营租赁的转租赁

沿用例5-14的资料，假定甲公司在原租赁合同的第3年年初将该楼层转租给丙公司，期限为2年，每年年初收取租金51 000元。

甲公司转租赁的会计处理如下：

首先，甲公司基于原租赁形成的资产使用权对转租赁进行分类，将此项转租赁分类为经营租赁。然后，签订转租赁合同后，甲公司进行如下账务处理：

(1) 转租赁当年，继续对原租赁确认的使用权资产计提折旧（假定按直线法）：

借：管理费用等　　33 631

　贷：使用权资产累计折旧　　33 631

(2) 转租赁当年，继续偿还原租赁的租赁负债，确认原租赁的利息费用：

借：利息费用　　14 466

　贷：租赁负债　　14 466

借：租赁负债　　50 000

　贷：银行存款　　50 000

（3）转租赁当年，将转租赁收到的租赁款确认为租赁收入：

借：银行存款　51 000

　贷：租赁收入　51 000

转租赁的第2年，也作类似会计处理；转租赁期满后原租赁的剩余6年中只需对原租赁进行相应会计处理。

5.4.2　生产商或经销商作为出租人的融资租赁

生产商或经销商作为出租人，是指生产商或经销商将其生产的产品或经销的商品出租给客户。这种情况下，生产商或经销商一方面要确认销售损益，另一方面要确认应收融资租赁款。那么，这里的问题是：如何对销售损益进行计量？具体会计处理原则如下：

［视频］租赁中的销售损益

首先，在租赁期开始日，出租人（生产商或经销商）应当按照租赁资产的公允价值与租赁收款额按市场利率折现的现值两者孰低确认销售收入，并按照租赁资产账面价值扣除未担保余值的现值之后的余额确认销售成本，从而以销售收入和销售成本之间的差额计量销售损益。

另外，为取得融资租赁而发生的成本，应在租赁期开始日计入当期损益。

下面举例予以说明。

【例5-16】　出租人为生产商的融资租赁

甲公司是一家设备生产商。2×20年年末甲公司与乙公司签订了一份租赁合同，向乙公司出租本公司生产的设备，合同主要内容为：租赁期从2×21年1月1日至2×26年12月31日，共6年，每年租金400 000元，于年末支付；合同利率（等于市场利率）为6%；租赁期内该设备的保险、维修等费用均由乙公司承担。该设备在2×21年1月1日的账面价值为1 600 000元，公允价值为2 000 000元；预计使用寿命为7年。甲公司预计该设备租赁期届满时的余值为60 000元，乙公司及其关联方未提供担保。甲公司为取得此项租赁支付相关费用4 000元。设备已于2×21年1月1日交付乙公司。

根据上述资料，甲公司的有关会计处理如下：

（1）判断租赁类型。租赁期达到设备预计使用寿命的85%，租赁收款额的现值几乎达到租赁资产公允价值的98%。据此可判断此项租赁为融资租赁。

（2）进行有关计算。

租赁收款额＝400 000×6＝2 400 000(元)

租赁收款额的现值＝400 000×(P/A，6%，6)

＝400 000×4.917 3＝1 966 920(元)

未担保余值的现值＝60 000×(P/F，6%，6)＝60 000×0.704＝42 240(元)

租赁期开始日的租赁投资净额＝1 966 920＋42 240＝2 009 160(元)

租赁期开始日未确认融资收益＝2 400 000＋60 000－2 009 160＝450 840(元)

应确认销售收入的金额为1 966 920元，因为与租赁资产公允价值2 000 000元相比，租赁收款额的现值 1 966 920 元较低。

应确认销售成本的金额＝1 600 000－42 240＝1 557 760(元)

各期租赁收益的计算见表 5－10。

表 5－10 租赁投资净额及融资收益变动情况表 单位：元

日期	收取租金 (1)	本期确认的租赁收入* (2)＝上期期末(4)×6%	应收租赁款减少额 (3)＝(1)－(2)	应收租赁款净额 期末(4)＝上期(4)－(3)
2×21 年 1 月 1 日	—	—	—	2 009 160
2×21 年 12 月 31 日	400 000	120 550	279 450	1 729 710
2×22 年 12 月 31 日	400 000	103 783	296 217	1 433 493
2×23 年 12 月 31 日	400 000	86 010	313 990	1 119 503
2×24 年 12 月 31 日	400 000	67 170	332 830	786 673
2×25 年 12 月 31 日	400 000	47 200	352 800	433 873
2×26 年 12 月 31 日	400 000	26 127***	373 873**	60 000
			60 000	0
合计	2 400 000	450 840	2 009 160	—

* 各期租赁收入包含两部分内容：分摊的租赁收款额的未实现融资收益和确认的未担保余值利息收益。

** 373 873＝433 873－60 000

*** 26 127＝400 000－373 873

(3) 进行账务处理。

1) 2×21 年年初（租赁期开始日）：

确认销售收入：

借：应收融资租赁款——租赁收款额 2 400 000

贷：应收融资租赁款——未实现融资收益（租赁收款额的未实现收益） 433 080

主营业务收入 1 966 920

确认销售成本：

借：主营业务成本 1 557 760

应收融资租赁款——未担保余值 60 000

贷：应收融资租赁款——未实现融资收益（未担保余值的未实现收益） 17 760

库存商品 1 600 000

至此，未确认融资收益 450 840 元（433 080＋17 760）将于以后各期分期确认为租赁收入。

确认为取得租赁发生的费用：

借：销售费用 4 000

贷：银行存款等 4 000

2) 2×21 年年末：

确认租赁收款额的融资收益和未担保余值的利息收益：

借：应收融资租赁款——未实现融资收益 120 550*

贷：租赁收入 120 550

* 120 550＝1 966 920×6%＋42 240×6%

收到租金：

借：银行存款　　400 000

　贷：应收融资租赁款——租赁收款额　　400 000

3）2×22 年年末：

确认租赁收款额的融资收益和未担保余值的利息收益：

借：应收融资租赁款——未实现融资收益　　103 783

　贷：租赁收入　　103 783

收到租金：

借：银行存款　　400 000

　贷：应收融资租赁款——租赁收款额　　400 000

4）2×23 年至 2×26 年各年年末的账务处理以此类推，此处略。

敲黑板

按租赁资产的公允价值与按市场利率折现的租赁收款额的现值两者孰低确认销售收入时，如果租赁资产的公允价值低于按市场利率折现的租赁收款额的现值，则出租人要重新计算租赁内含利率（使租赁收款额的现值与未担保余值的现值之和等于租赁资产公允价值的利率），并在租赁期开始日按该利率计算租赁投资净额，在租赁期内各期按该利率计算租赁收入。

5.4.3　售后租回的会计处理

1. 售后租回交易的含义

售后租回交易，是指资产的转让方将资产转让后再从受让方租回所转让资产的交易。售后租回交易中，转让方同时也是承租人，受让方同时也是出租人。售后租回交易从形式上包含了两笔业务：转让、租赁。根据修订后的租赁准则的规定，承租人和出租人应当按照《企业会计准则第 14 号——收入》的规定，评估确定售后租回交易中的资产转让是否属于销售，在此基础上做出不同的会计处理，而不再基于租赁类型的判断。所以，售后租回形成的租赁如何进行会计处理，取决于资产转让是否属于销售。

2. 资产转让属于销售的售后租回交易的确认与计量

资产转让属于销售的售后租回交易，交易双方如何进行会计处理，应从两个方面来看。

一方面，承租人应当按原资产账面价值中与租回获得的使用权有关的部分，计量售后租回所形成的使用权资产，并仅就转让至出租人的权利确认相关利得或损失。出租人应当根据其他适用的企业会计准则对资产购买进行会计处理，并根据租赁准则对资产出租进行会计处理。

另一方面，如果销售对价的公允价值与资产的公允价值不同，或者出租人未按市场价格收取租金，这种情况下，承租人应当将销售对价低于市场价格的款项作为预付租金进行会计处理，将高于市场价格的款项作为出租人向承租人提供的额外融资进行会计处理；同时，承租人按照公允价值调整相关销售利得或损失，出租人按市场价格调整租金收入。

在进行上述调整时，企业应当基于以下两者中更易于确定的项目：销售对价的公允价值与资产公允价值之间的差额，租赁合同中付款额的现值与按租赁市价计算的付款额现值之间的差额。

以上会计处理思路的描述采用图示归纳，见图5-5。

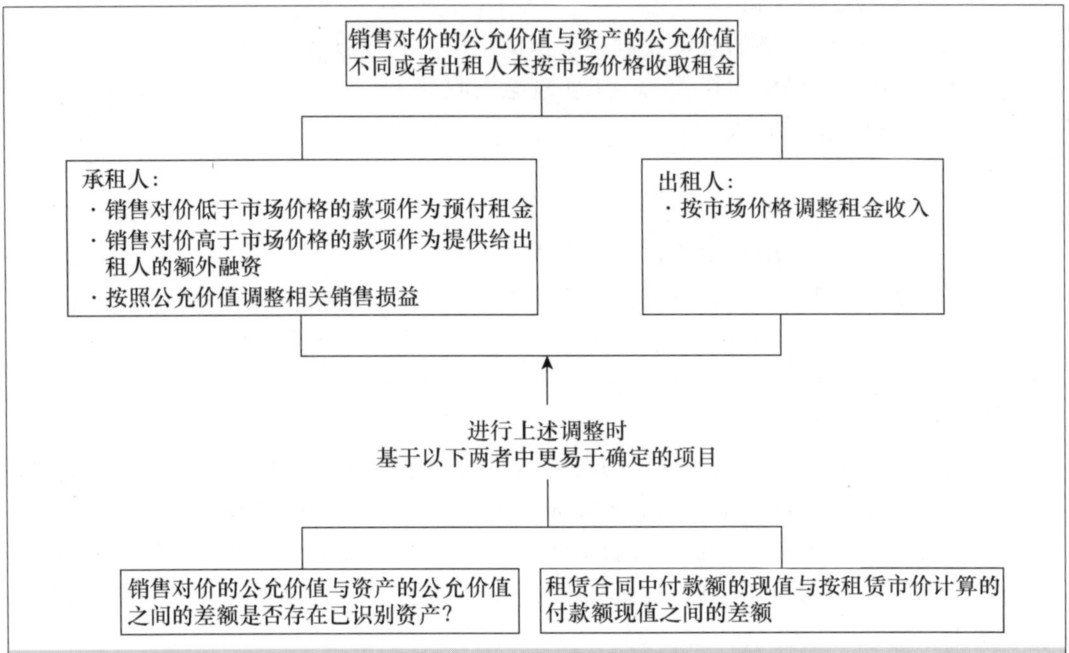

图5-5 售后租回交易中需要调账的情形及处理原则

下面举例予以说明。

【例5-17】 资产转让属于销售的售后租回交易——销售对价高于资产的公允价值

甲公司以现金2 000 000元的价格向乙公司出售一栋建筑物。交易前，该建筑物的账面成本是1 000 000元。甲公司与乙公司签订了合同，取得了该建筑物18年的使用权，每年年末支付120 000元。该建筑物在销售当日的公允价值为1 800 000元。根据交易条款，甲公司转让建筑物符合收入准则关于确定是否满足履约义务的规定。不考虑初始直接费用。租赁内含利率为4.5%。乙公司将该租赁分类为经营租赁。

因为该建筑物的售价2 000 000元并非公允价值1 800 000元，甲公司和乙公司需分别调整销售损益和租金收入。

（1）甲公司的有关会计处理。

首先，进行有关计算，见表5-11。

表5-11 有关指标的计算

项目	计算过程
①租赁付款额的现值	租赁付款额的现值＝18期120 000元按4.5%的折现率计算的折现值 ＝120 000×(*P*/*A*，4.5%，18) ＝120 000×12.159 99 ＝1 459 199(元)

续表

<table>
<tr><th colspan="2">项目</th><th>计算过程</th></tr>
<tr><td rowspan="2">②将 1 459 199 元的租赁付款额现值分解成两部分内容</td><td>与提供给承租人额外融资相关的</td><td>所提供的额外融资的现值＝资产转让价格－资产公允价值
＝2 000 000－1800 000
＝200 000(元)
说明：
● 这个 200 000 元，代表着按 4.5%的折现率计算的 18 年中每年 16 447 元的付款额的现值，即 200 000÷12.159 99＝16 447 元。
● 18 年中与提供额外融资相关的租赁付款额＝16 447×18＝296 046 元。</td></tr>
<tr><td>与租赁相关的</td><td>与租赁相关的租赁付款额现值＝租赁付款额现值－提供额外融资的现值
＝1 459 199－200 000
＝1 259 199(元)
说明：
● 这个 1 259 199 元，代表着按 4.5%的折现率计算的 18 年中每年 103 553 元的付款额的现值，即 1 259 199÷12.159 99＝103 553 元。
● 18 年中与租赁相关的租赁付款额＝103 553×18＝1 863 954 元。</td></tr>
<tr><td colspan="2">③使用权资产的入账价值（按租赁资产账面价值中与租回获得的使用权有关的部分计量，换句话说：按使用权资产的公允价值与租赁资产的公允价值的比例，分配租赁资产的账面价值，确定使用权资产的入账价值）</td><td>使用权资产入账价值
＝租赁资产的账面价值×(使用权资产的租赁付款额现值÷租赁资产的公允价值)
＝1 000 000×(1 259 199÷1 800 000)
＝699 555(元)</td></tr>
<tr><td colspan="2">④与转让相关的利得（按与转让相关的公允价值占被转让资产公允价值的比例，调整转让损益）</td><td>与转让相关的利得
＝资产出售利得×(与转让相关的公允价值÷资产公允价值)
＝资产出售利得×［(资产公允价值－与租赁相关的租赁付款额现值)÷资产公允价值］
＝(1 800 000－1 000 000)×［(1 800 000－1 259 199)÷1 800 000］
＝240 356(元)</td></tr>
</table>

根据表 5－11 的计算结果，分别按与提供给承租人额外融资有关的付款额和与租赁有关的付款额两种情况，编制各年付款额支付情况和利息费用情况计算表，见表 5－12、表 5－13。

表 5－12　与提供额外融资相关的负债计算表　　单位：元

年份	负债期初余额 (1)	本年支付 (2)	本年利息费用 (3)＝(1)×4.5%	偿还负债 (4)＝(2)－(3)	负债期末余额 (5)＝(1)－(4)
1	200 000	16 447	9 000	7 447	192 553
2	192 553	16 447	8 665	7 782	184 771
3	184 771	16 447	8 315	8 132	176 639
4	176 639	16 447	7 949	8 498	168 141
5	168 141	16 447	7 566	8 881	159 260
6	159 260	16 447	7 167	9 280	149 980

续表

年份	负债期初余额 (1)	本年支付 (2)	本年利息费用 (3)=(1)×4.5%	偿还负债 (4)=(2)-(3)	负债期末余额 (5)=(1)-(4)
7	149 980	16 447	6 749	9 698	140 282
8	140 282	16 447	6 313	10 134	130 148
9	130 148	16 447	5 857	10 590	119 558
10	119 558	16 447	5 380	11 067	108 491
11	108 491	16 447	4 882	11 565	96 926
12	96 926	16 447	4 362	12 085	84 841
13	84 841	16 447	3 818	12 629	72 212
14	72 212	16 447	3 250	13 197	59 015
15	59 015	16 447	2 655	13 792	45 223
16	45 223	16 447	2 035	14 412	30 811
17	30 811	16 447	1 386	15 061	15 750
18	15 750	16 447	697	15 750	0
合计	—	296 046	96 046	200 000	—

表 5-13 租赁负债及利息费用计算表 单位：元

年份	租赁负债期初余额 (1)	本年利息费用 (2)=(1)×4.5%	本年支付 (3)	租赁负债期末余额 (4)=(1)+(2)-(3)
1	1 259 199	56 664	103 553	1 212 310
2	1 212 310	54 554	103 553	1 163 311
3	1 163 311	52 349	103 553	1 112 107
4	1 112 107	50 045	103 553	1 058 599
5	1 058 599	47 637	103 553	1 002 683
6	1 002 683	45 120	103 553	944 250
7	944 250	42 491	103 553	883 188
8	883 188	39 743	103 553	819 378
9	819 378	36 872	103 553	752 697
10	752 697	33 871	103 553	683 015
11	683 015	30 735	103 553	610 197
12	610 197	27 459	103 553	534 103
13	534 103	24 034	103 553	454 584
14	454 584	20 456	103 553	371 487
15	371 487	16 717	103 553	284 651
16	284 651	12 809	103 553	193 907
17	193 907	8 726	103 553	99 080
18	99 080	4 473	103 553	0
合计	—	604 755	1 863 954	—

然后，根据上述计算进行有关账务处理。

1）租赁期开始日。

提供额外融资的负债的初始确认：

借：银行存款等	200 000	
贷：长期应付款		200 000

租赁负债与使用权资产的初始确认：

借：银行存款等	1 800 000	
使用权资产	699 555	
租赁负债——未确认融资费用	604 755	
贷：租赁负债——租赁付款额		1 863 954
开发商品等		1 000 000
资产处置损益		240 356

2）租赁期开始日后第 1 年。

关于提供额外融资的负债：

借：财务费用	9 000	
长期应付款（偿还的本金＝16 447－9 000）	7 447	
贷：银行存款		16 447

关于租赁负债：

借：财务费用	56 664	
租赁负债——租赁付款额	103 553	
贷：租赁负债——未确认融资费用		56 664
银行存款		103 553

关于使用权资产：

借：制造费用等	38 864	
贷：使用权资产累计折旧（699 555/18）		38 864

3）租赁期开始日后第 2 年。

关于提供额外融资的负债：

借：财务费用	8 665	
长期应付款（偿还的本金＝16 447－8 665）	7 782	
贷：银行存款		16 447

关于租赁负债：

借：财务费用	54 554	
租赁负债——租赁付款额	103 553	
贷：租赁负债——未确认融资费用		54 554
银行存款		103 553

关于使用权资产：

借：制造费用等	38 864	
贷：使用权资产累计折旧（699 555/18）		38 864

以后各年以此类推。

（2）乙公司的有关会计处理。

1）租赁期开始日确认资产的购买、租出：

借：固定资产	1 800 000	

长期应收款（18期的16 447元按4.5%折现率计算的现值） 200 000
贷：银行存款等 2 000 000

2）租赁期开始日后第1年收租金并确认租赁收入和额外融资的利息收益：

借：银行存款 120 000
贷：租金收入（120 000－16 447） 103 553
利息收入 9 000
长期应收款（16 447－9 000） 7 447

相关固定资产的日常核算此处略。

3）租赁期开始日后第2年收租金并确认租赁收入和额外融资利息收益：

借：银行存款 120 000
贷：租金收入（120 000－16 447） 103 553
利息收入 8 665
长期应收款（16 447－8 665） 7 782

以后各年以此类推。

5.4 即测即评

3. 资产转让不属于销售的售后租回交易的确认与计量

资产转让不属于销售的售后租回交易发生后，承租人一方面要继续确认被转让资产，另一方面要确认一项与转让收入等额的金融负债，并按《企业会计准则第22号——金融工具确认和计量》进行会计处理。出租人则不确认被转让资产，而是应确认一项与转让收入等额的金融资产，并按《企业会计准则第22号——金融工具确认和计量》进行会计处理。

【例5-18】

沿用例5-17的资料，假定根据交易条款，甲公司转让建筑物不符合收入准则关于确定是否满足履约义务的规定。则双方租赁期开始日的会计处理如下：

甲公司：

借：银行存款等 2 000 000
贷：长期应付款 2 000 000

乙公司：

借：长期应收款 2 000 000
贷：银行存款等 2 000 000

5.5 报表列报与附注披露

5.5.1 承租人的列报与披露

1. 报表列报

在资产负债表中，承租人应当单独列示使用权资产和租赁负债。承租人在资产负债表中设置“使用权资产”项目，反映资产负债表日承租人企业持有的使用权资产的期末账面价值。该项目根据“使用权资产”科目的期末余额减去“使用权资产累计折旧”和“使用权资产减值准备”科目的期末余额后的金额填列。承租人还需在资产负债表中设置“租赁负债”项目，反映资产负债表日承租人企业尚未支付的租赁付款额的期末账面价值。本项目应根据“租赁负债”科目的期末余额填列。自资产负债表日起一年内到期应予以清偿的租赁负债的期末账面价值，在“一年内到期的非流动负债”项目反映。

在利润表中，承租人应当分别列示租赁负债的利息费用与使用权资产的折旧费用。租赁负债的利息费用在“财务费用”项目列示。对于金融企业，财务报表格式中没有“财务费用”项目，因此使用权资产的折旧费用和租赁负债的利息费用可以在“业务及管理费用”项目中列示，并在附注中进一步披露。

在现金流量表中，偿还租赁负债本金和利息所支付的现金应当计入筹资活动现金流出，支付的采用不确认使用权资产和租赁负债的简化处理方法的短期租赁付款额和低价值资产租赁付款额以及未纳入租赁负债计量的可变租赁付款额，应当计入经营活动现金流出。

2. 附注披露

（1）承租人应当在附注中披露与租赁有关的下列信息：

1）各类使用权资产的期初余额、本期增加额、期末余额以及累计折旧额和减值金额；

2）租赁负债的利息费用；

3）计入当期损益的按租赁准则规定简化处理的短期租赁费用和低价值资产租赁费用；

4）未纳入租赁负债计量的可变租赁付款额；

5）转租使用权资产取得的收入；

6）与租赁相关的总现金流出；

7）售后租回交易产生的相关损益；

8）其他按照《企业会计准则第 37 号——金融工具列报》应当披露的有关租赁负债的信息。

（2）选择采用不确认使用权资产和租赁负债从而对短期租赁和低价值资产租赁进行简化处理的，应当披露这一事实。

（3）承租人应当根据理解财务报表的需要，披露有关租赁活动的其他定性和定量信息。此类信息包括：

1）租赁活动的性质，如对租赁活动基本情况的描述；

2）未纳入租赁负债计量的未来潜在现金流出；

3）租赁导致的限制或承诺；

4）售后租回交易除售后租回交易相关损益之外的其他信息；

5）其他相关信息。

5.5.2　出租人的列报与披露

1. 报表列报

出租人应当根据资产的性质，在资产负债表中列示经营租赁资产。

2. 附注披露

（1）出租人应当在附注中披露与融资租赁有关的下列信息：

1）销售损益、租赁投资净额的融资收益以及与未纳入租赁投资净额的可变租赁付款额相关的收入；

2）资产负债表日后连续五个会计年度每年将收到的未折现租赁收款额，以及剩余年度将收到的未折现租赁收款额总额；

3）未折现租赁收款额与租赁投资净额的调节表。

（2）出租人应当在附注中披露与经营租赁有关的下列信息：

1）租赁收入，并单独披露与未计入租赁收款额的可变租赁付款额相关的收入；

2）将经营租赁固定资产与出租人持有自用的固定资产分开，并按经营租赁固定资产的类别提供《企业会计准则第4号——固定资产》要求披露的信息；

3）资产负债表日后连续五个会计年度每年将收到的未折现租赁收款额，以及剩余年度将收到的未折现租赁收款额总额。

（3）出租人应当根据理解财务报表的需要，披露有关租赁活动的下列其他定性和定量信息。此类信息包括：

1）租赁活动的性质，如对租赁活动基本情况的描述；

2）对其在租赁资产中保留的权利进行风险管理的情况；

3）其他相关信息。

思考题

1. 何谓租赁？

2. 经营租赁与融资租赁的本质区别何在？如何判断一项租赁是经营租赁还是融资租赁？这种判断对出租人的会计处理有何意义？

3. 承租人如何对租赁进行分类？这样做的合理性何在？

4. 为什么要对租赁进行识别？如何进行识别？

5. 何谓使用权资产？

6. 何谓租赁付款额？如何计量租赁负债？

7. 何谓租赁收款额？如何计量租赁应收款？

8. 何谓租赁投资总额、租赁投资净额、租赁内含利率？

9. 何谓初始直接费用？租赁双方对各自的初始直接费用如何进行会计处理？

10. 何谓资产余值、担保余值、未担保余值？

11. 哪些情况下需要重新计量租赁负债？

12. 何谓短期租赁、低价值资产租赁？

13. 承租人如何对短期租赁和低价值资产租赁进行会计处理？

14. 何谓租赁变更、租赁分拆、租赁合并、转租赁？

15. 租赁双方应如何对租赁变更进行会计处理？

16. 何谓售后租回？售后租回是否一定要确认销售损益？售后租回交易的双方应分别如何进行相关会计处理？

练习题

［目的］ 把握租赁业务的基本会计处理。

［资料］ 2×22年1月1日，甲公司与乙公司签署一份设备租赁合同。

合同主要条款如下：

(1) 租赁标的物：某专用设备。

(2) 租赁开始日及租赁期开始日：2×22年1月1日，租期6年。

(3) 租金支付：每年年末支付租金100 000元。

(4) 该设备租赁期内的保险费、维修费等费用，均由承租人甲公司承担。

(5) 租赁内含利率为4%。

(6) 该设备全新时预计使用年限为8年，乙公司已使用1年，租赁开始日该设备在乙公司的账面价值为500 000元、公允价值为522 000元，预计尚可使用7年。

(7) 租赁期届满时，甲公司退回该租赁资产。

其他资料为：

(1) 甲、乙公司发生的初始直接费用分别为2 790元、2 210元，以银行存款支付。

(2) 甲公司对使用权资产采用年限平均法计提折旧。

(3) 甲公司2×22年、2×23年每年为该租入设备用银行存款支付的保险费、维修费等分别为3 000元、3 600元。

(4) 截至2×23年年末，甲公司用该设备生产的产品当年全部出售。

［要求］ 根据上述资料，回答如下问题：

(1) 乙公司应将该项租赁界定为融资租赁还是经营租赁？为什么？

(2) 编制甲公司的租赁负债计算表。

(3) 分别编制甲、乙公司双方2×22年、2×23年的有关会计分录。

(4) 该项租赁对甲、乙公司2×22年、2×23年税前利润的影响分别是多少？

第 6 章

所得税会计

思维导图

学习目标：

通过本章的学习，了解所得税会计处理方法的变迁；理解资产负债表债务法的基本程序；掌握资产负债表债务法的应用。

年报撷萃　　中信证券 2020 年年度报告中披露的递延所得税信息

中信证券股份有限公司是中国证监会核准的第一批综合类证券公司之一，前身是中信证券有限责任公司，于 1995 年 10 月 25 日在北京成立，注册资本 6 630 467 600 元。2002 年 12 月 13 日，经中国证监会核准，中信证券向社会公开发行 4 亿股普通 A 股股票，2003 年 1 月 6 日在上海证券交易所挂牌上市交易，股票简称中信证券，股票代码 600030。

下面是中信证券 2020 年合并资产负债表中有关递延所得税的列报数据及附注信息（金额单位：元）。

1. 递延所得税资产、递延所得税负债余额情况

项目	2020 年 12 月 31 日	2019 年 12 月 31 日
递延所得税资产	9 661 920 246.87	5 241 489 039.56
递延所得税负债	3 176 191 664.55	2 843 995 357.85

2. 递延所得税资产的注释

项目	2020 年 12 月 31 日	
	可抵扣暂时性差异	递延所得税资产
应付职工薪酬	16 313 415 844.56	4 067 554 722.85
衍生金融工具	7 570 243 874.58	1 892 560 968.63
交易性金融资产	867 599 016.15	216 657 635.73

续表

项目	2020 年 12 月 31 日	
	可抵扣暂时性差异	递延所得税资产
固定资产	30 245 772.51	5 238 277.04
资产减值准备	11 732 029 716.86	2 933 007 429.19
其他	2 206 253 174.47	546 901 213.43
合计	38 719 787 399.13	9 661 920 246.87
项目	2019 年 12 月 31 日	
	可抵扣暂时性差异	递延所得税资产
应付职工薪酬	13 692 438 683.58	3 412 129 430.62
衍生金融工具	434 790 595.15	106 697 648.79
交易性金融资产	18 308 571.81	4 509 277.74
其他债权投资	1 697 600.00	424 400.00
固定资产	129 970 828.53	23 908 755.98
资产减值准备	5 003 945 937.69	1 249 094 985.68
其他	1 864 148 490.31	442 724 540.75
合计	21 145 300 707.07	5 241 489 039.56

3. 递延所得税负债的注释

项目	2020 年 12 月 31 日	
	应纳税暂时性差异	递延所得税负债
交易性金融资产	8 012 636 204.43	185 000 227.76
其他债权投资	298 199 985.07	74 549 996.27
其他权益工具投资	765 363 235.14	191 340 808.79
无形资产	532 698 109.95	197 098 300.68
固定资产	197 460 307.20	42 743 066.26
其他	3 297 612 368.58	819 459 264.79
合计	13 103 970 210.37	3 176 191 664.55
项目	2019 年 12 月 31 日	
	应纳税暂时性差异	递延所得税负债
交易性金融资产	6 667 149 507.55	1 626 593 693.07
其他债权投资	264 291 380.57	66 072 845.15
其他权益工具投资	399 196 086.56	99 799 021.64
无形资产	714 435 768.05	264 325 708.04
固定资产	205 025 621.56	40 274 633.60
其他	2 988 359 556.43	746 929 456.35
合计	11 258 457 920.72	2 843 995 357.85

资料来源：中信证券 2020 年年度报告. 上海证券交易所网站，http://www.sse.com.cn.

上述摘自中信证券2020年年度报告的资料至少向我们提出了以下问题：什么是递延所得税资产和递延所得税负债？什么是可抵扣暂时性差异和应纳税暂时性差异？为什么资产减值准备等项目与可抵扣暂时性差异和递延所得税资产有关？为什么应纳税暂时性差异与递延所得税负债相关？递延所得税与暂时性差异之间又是什么关系？报告期末未确认递延所得税资产的可抵扣暂时性差异意味着什么？

这些问题，既是中信证券2020年年度报告的上述报表附注信息向我们提出的问题，也是所得税会计要回答的主要问题。

6.1 所得税会计概述

企业的会计核算以向财务报告使用者提供高质量的会计信息为目标，国家的税收管理则以鼓励纳税人公平竞争、合理纳税为目标。为了实现目标，企业的会计核算要以会计准则为规范；税务处理则必须以税收法规为依据。会计准则与税收法规两者对收入、费用（及利得、损失，下同）等影响“所得”的规范不同，从而导致会计利润与应税利润之间存在差异，这就为所得税会计提出了一系列需要解决的问题。

6.1.1 会计利润与应税利润的差异

会计利润是根据会计准则确定的一定期间内扣除所得税费用前的利润，即利润表中的利润总额；应税利润则是根据税收法规确定的一定期间内据以缴纳所得税的利润，亦称为“应税所得”“应纳税所得额”。会计利润与应税利润之间的差异可以从不同的角度进行观察。

1. 基于利润表的观察

基于利润表进行观察，就是要通过分析一定期间内收入、费用等的发生额，来发现由于会计准则与税收法规关于收入、费用的确认与否不同或确认的先后不同导致当期会计利润与应税利润之间的差异。这时，会计利润与应税利润的差异包括永久性差异和时间性差异。

永久性差异，是会计利润与应税利润之间因会计准则和税收法规对某些收入、费用的确认口径不同而导致的某一期间发生、以后期间不能转回的差异。这里的“确认口径不同”有两层含义：一是确认与否的口径不同；二是确认金额的口径不同。比如，企业某报告期内取得的持有国债的利息收入100万元，按会计准则规定确认为当期投资收益从而计入会计利润，而按税法规定作为免税收入则不计入应税利润，这100万元的差异就是确认与否的口径不同导致的差异；再比如，企业某报告期内计入管理费用的业务招待费900万元中有80万元属于超过税法规定税前列支标准的，这80万元的差异就是确认金额的口径不同导致的差异。可见，永久性差异的产生，是因为在会计利润与应税利润的确定上，会计上确认收入或费用而税法上不予确认，税法上确认收入或费用而会计上不予确认。永久性差异在本期发生，以后期间不得转回，由此导致的会计利润与应税利润的差异永久存在。

时间性差异，是会计利润与应税利润之间因会计准则和税收法规对某些收入、费用的确认时间不同而导致的某一期间发生、以后期间能够转回的差异。比如，某企业

2×16年年末投入使用的一台环保设备 A，其应计折旧额为 100 万元，会计上对该设备与同类设备一起采用直线法按 5 年计提折旧，税法允许企业对该设备按 2 年计提折旧费。该设备计提折旧的前 2 年里，每年会导致会计利润比应税利润多 30 万元；但在该设备计提折旧的后 3 年，每年会计利润都会比应税利润少 20 万元。5 年里按会计准则和税法规定计提的折旧费，在各年存在差异，5 年的总额却是相等的。换句话说，前 2 年存在时间性差异是暂时的，后 3 年得以转回。可见，时间性差异的产生，是因为在会计利润与应税利润的确定上，会计上先确认收入或费用而税法上后确认，或者税法上先确认收入或费用而会计上后确认，两者确认的收入或费用金额在各单一的期间里存在差异，但总额是相等的。

2. 基于资产负债表的观察

基于资产负债表进行观察，就是要通过观察一定日期的资产、负债余额，来预计资产、负债的账面价值与计税基础的不同导致的对以后期间应税利润的影响。资产、负债的账面价值是指资产负债表中有关资产、负债的报告价值，资产、负债的计税基础则是指计税时归属于有关资产、负债的金额。这时，资产、负债的账面价值与计税基础之间的差异，称为暂时性差异。之所以称为暂时性差异，是因为这种差异会随着有关资产的收回和有关负债的清偿（即终止确认）而转回或消失。

以固定资产为例。某一报告期末，资产负债表中所列固定资产的账面价值将成为确定未来给企业带来经济利益过程中的资产转移价值即会计上计提折旧费的依据，固定资产的计税基础则是指税法允许在未来收回资产账面价值过程中自应税经济利益中抵扣的折旧价值。如果期末账面价值高于计税基础，意味着未来会计上计提的折旧费将高于税法允许税前抵扣的折旧费，从而未来需要在会计利润的基础上调增应税利润。

基于利润表和基于资产负债表两个不同角度所做的观察，侧重点自然不同，前者关注当期发生的时间性差异对应税利润的确定有何影响，后者预计期末结余的暂时性差异对未来应税利润的确定有何影响。

【例 6-1】

以某企业的两项固定资产为例。一项固定资产就是上面提到的 A 设备（2×18 年年末投入使用，应计折旧额为 100 万元，会计上对该设备采用直线法按 5 年计提折旧，税法允许企业对该设备按 2 年计提折旧费）。另外，企业 2×18 年年末通过吸收合并取得 B 设备，按其在合并日的公允价值入账并确定其应计折旧额为 200 万元，会计上采用直线法按 5 年计提折旧；假定税法只允许企业对该设备按原账面价值计提折旧费 150 万元。

首先，分别从利润表和资产负债表的角度，分析 A、B 两项固定资产在 2×18 年至2×23 年对会计利润与应税利润差异的影响。具体分析见表 6-1、表 6-2。

表 6-1　与 A 设备有关的会计利润与应税利润差异比较　　单位：万元

基于利润表的分析：各期折旧费差异导致的会计利润与应税利润差异			基于资产负债表的分析：各期期末账面价值与计税基础差异		
年度	折旧费差异	本期应调整应税利润	年末	暂时性差异	未来需调整应税利润
2×18	0	0	2×18	100－100＝0	0
2×19	20－50＝－30	－30	2×19	80－50＝30	＋30

续表

基于利润表的分析：各期折旧费差异导致的会计利润与应税利润差异			基于资产负债表的分析：各期期末账面价值与计税基础差异		
年度	折旧费差异	本期应调整应税利润	年末	暂时性差异	未来需调整应税利润
2×20	20−50=−30	−30	2×20	60−0=60	+60
2×21	20−0=20	+20	2×21	40−0=40	+40
2×22	20−0=20	+20	2×22	20−0=20	+20
2×23	20−0=20	+20	2×23	0−0=0	0
合计	0	0	合计	—	—

表6-2 与B设备有关的会计利润与应税利润差异比较 单位：万元

基于利润表的分析：各期折旧费差异导致的会计利润与应税利润差异			基于资产负债表的分析：各期期末账面价值与计税基础差异		
年度	折旧费差异	本期应调整应税利润	年末	暂时性差异	未来需调整应税利润
2×18	0	0	2×18	200−150=50	+50
2×19	40−30=10	+10	2×19	160−120=40	+40
2×20	40−30=10	+10	2×20	120−90=30	+30
2×21	40−30=10	+10	2×21	80−60=20	+20
2×22	40−30=10	+10	2×22	40−30=10	+10
2×23	40−30=10	+10	2×23	0−0=0	0
合计	50	+50	合计	—	—

其次，以表6-1、表6-2中的2×19年资料进行分析。基于利润表来看，A设备30万元的折旧费差异在以后3年将得到转回，遂认定其为时间性差异；基于资产负债表来看，A设备期末存在暂时性差异30万元，意味着将增加2×21年及以后的应税利润。而对于B设备，基于资产负债表来进行分析，2×19年年末还存在40万元暂时性差异，该差异将导致未来3年里应税利润高于会计利润；基于利润表的分析说明，2×19年10万元的折旧费差异使得当年应税利润应在会计利润基础上调增10万元；值得注意的是，这个差异无法用时间性差异来解释，因其最终没有转回。可见，一方面，虽然时间性差异与暂时性差异都是暂时存在、未来会转回或消失，但两者有不同的着眼点，前者从利润表出发，后者从资产负债表入手；另一方面，存在时间性差异的项目一定可以从暂时性差异的角度得到解释，而存在暂时性差异的项目不一定存在时间性差异的合理解释。

敲黑板

如果说从利润表出发关注的是时间性差异（时间性差异是一个发生额概念），从资产负债表出发关注的是暂时性差异（暂时性差异首先是从余额角度观察的），那么，在任何情况下都要关注永久性差异，因为它关系到而且只关系到产生该差异的当期应税利润的确定。

值得一提的是，企业在进行所得税会计确认、计量与报告时，是从利润表项目出发还是从资产负债表项目入手，取决于所采用的所得税会计处理方法。

6.1.2　所得税会计处理方法简介

所得税会计的处理方法按是否确认递延所得税，分为应付税款法、纳税影响会计法两类。纳税影响会计法按是否根据变化了的税率调整递延所得税余额，分为递延法和债务法两种；而债务法又按着眼于利润表还是着眼于资产负债表分为利润表债务法和资产负债表债务法两种。这些方法之间的关系如图 6－1 所示。

- 所得税会计方法
  - 应付税款法
  - 纳税影响会计法
    - 递延法以利润表为基础
    - 债务法
      - 利润表债务法
      - 资产负债表债务法

图 6－1　所得税会计的基本方法

应付税款法是按本期应交所得税作为本期所得税费用的方法。这种方法不考虑时间性差异（更不考虑暂时性差异）对未来的纳税影响，即不涉及递延所得税。其确认所得税的基本账务处理为：

借：所得税费用

　　贷：应交税费——应交所得税［应税利润×现行税率］

与应付税款法不同的是，纳税影响会计法中的递延法和利润表债务法确认时间性差异对未来的纳税影响。其确认所得税的基本账务处理为：

借：所得税费用　　　　［(会计利润±永久性差异)×现行税率］C

借或贷：递延所得税　　［时间性差异的纳税影响的发生或转回］B＝A－C，或 B＝C－A

　　贷：应交税费——应交所得税［应税利润×现行税率］A

递延法和利润表债务法相比较，两者的共同点是，都立足于利润表，都关注时间性差异的纳税影响，而且账务处理中的递延所得税金额取决于确认的本期应交所得税和所得税费用；两者的主要区别是，前者不必根据变化了的税率对递延所得税余额进行调整，而后者进行了调整，这种调整正体现了债务法的本质要求。

上述几种方法都没有考虑暂时性差异对未来的纳税影响。

敲黑板

（1）我国相关会计规范中对企业所得税的会计处理，经历了由应付税款法到递延法、利润表债务法以及资产负债表债务法的变迁。

（2）企业在所得税会计处理中，无论采用哪一种方法，也无论会计准则对会计利润的确认与计量规范有何变化，企业每期都要在会计利润基础上根据税法规定调整并确定应税利润，以便根据应税利润与现行税率计算确定本期应交所得税。

（3）应税利润的计算方法为：

应税利润＝会计利润±永久性差异±时间性差异

对上式可以扩展为：

$$\text{应税利润}=\text{会计利润}+\text{会计上计入利润表而税法不允许税前扣除的费用或损失}-\text{会计上计入利润表而税法不计入应税收入的收入或利得}$$
$$+\text{会计上不计入利润表而税法计入应税收入的收入或利得}-\text{会计上不计入利润表而税法允许税前扣除的费用或损失}$$
$$+\text{会计上本期计入利润表而税法允许以后期间税前扣除的费用或损失}-\text{会计上本期计入利润表而税法允许以后期间计入应税收入的收入或利得}$$
$$+\text{税法允许本期计入应税收入而会计上将于以后期间计入利润表的收入或利得}-\text{税法允许本期税前扣除而会计上将于以后期间计入利润表的费用或损失}$$

下面举例对资产负债表债务法以外的上述几种所得税会计处理方法进行简要比较。

【例6-2】

2×19年甲公司实现利润总额1 200万元，确认持有国债的利息收入160万元；支付罚款20万元；另有A、B两项固定资产资料见例6-1。甲公司2×19年适用的所得税税率为33%，2×19年年末已知2×20年起所得税税率将改为25%。

根据上述资料，进行2×19年所得税的会计处理。

(1) 计算2×19年的应税利润及本年应交所得税。

分析：根据税法规定，国债利息收入免交所得税，罚款支出不准予税前扣除，两者属于永久性差异。与A设备有关的当年折旧费差异未来能够转回，属于时间性差异。与B设备有关的当年折旧费差异未来不能转回，显然不属于时间性差异，而属于确认金额的口径不同的永久性差异。

相关计算如下：

减少本年应税利润的永久性差异＝160－20＝140(万元)

增加本年应税利润的永久性差异＝200/5－150/5＝10(万元)

减少本年应税利润的时间性差异＝100/2－100/5＝30(万元)

应税利润＝1 200－140＋10－30＝1 040(万元)

应交所得税＝1 040×33%＝343.2(万元)

(2) 分别采用应付税款法、递延法、利润表债务法编制2×19年有关所得税处理的会计分录，见表6-3。

表6-3 所得税会计处理方法比较简示 单位：万元

应付税款法	借：所得税费用 　贷：应交税费——应交所得税	343.20	 343.20	B=A A
递延法	借：所得税费用（(1 200－140＋10)×33%） 　贷：递延所得税（353.1－343.2） 　　　应交税费——应交所得税 注："递延所得税"科目贷方余额9.9万元为本期发生的时间性差异30万元按现行税率33%确定的对未来的纳税影响。	353.10	 9.90 343.20	B C=A－B A

续表

利润表债务法	借：所得税费用（(1 200−140+10)×33%）	353.10		B
	贷：递延所得税（353.1−343.2）		9.90	C=A−B
	应交税费——应交所得税		343.20	A
	借：递延所得税（30×(33%−25%)）	2.40		A
	贷：所得税费用		2.40	B=A
	注："递延所得税"科目贷方余额 7.5 万元为本期发生的时间性差异 30 万元按预期税率 25%确定的对未来的纳税影响。			

与利润表债务法相比，资产负债表债务法立足于资产负债表，确认期末资产、负债的账面价值与计税基础之间的差异（即暂时性差异）对未来的纳税影响。就上例而言，如果采用资产负债表债务法，还需要根据表 6-2 中对与 B 设备有关的暂时性差异的分析，进行相关会计处理。

我国现行企业会计准则规定，所得税会计处理采用资产负债表债务法。下面重点介绍资产负债表债务法的程序及其应用。

6.1.3　资产负债表债务法的基本程序

资产负债表债务法，是将资产、负债的账面价值与其计税基础之间的暂时性差异对未来期间的纳税影响，在资产负债表中予以递延，并根据每一会计期间确认的递延所得税和应交所得税确认所得税费用的会计处理方法。

资产负债表债务法着眼于资产负债表，关注资产、负债的暂时性差异对未来的纳税影响。根据暂时性差异以及预期收回资产或清偿负债期间的适用税率，所确认的递延所得税资产反映企业未来应少纳税的权利，所确认的递延所得税负债则代表企业未来应纳税的义务，资产负债表债务法在所得税会计核算方面贯彻了资产、负债的界定，比较完全地体现了资产负债观的要求。资产负债表债务法根据当期所得税和递延所得税确认各期所得税费用，有助于准确确认净利润。资产负债表债务法既关注用时间性差异无法解释的所有暂时性差异，又确认可抵扣亏损之类的暂时性差异的纳税影响，所以，相对于应付税款法、递延法和利润表债务法而言，能更加全面地反映各类业务的纳税影响。

资产负债表债务法的基本程序是：

（1）根据当期应税利润和所得税税率，确定当期应交所得税。

（2）根据会计准则的规定，确定资产负债表中除递延所得税资产和递延所得税负债以外的资产、负债的账面价值、计税基础。

（3）比较有关资产、负债的账面价值与计税基础，确定暂时性差异；确定资产、负债以外的特殊项目产生的暂时性差异。

（4）分别确定应纳税暂时性差异和可抵扣暂时性差异对未来的纳税影响，即递延所得税负债和递延所得税资产的期末应有余额；将其与递延所得税负债和递延所得税资产的期初余额相比，进而确认当期递延所得税负债和递延所得税资产的发生额。

6.1 即测即评

（5）根据当期应交所得税和递延所得税，确认当期所得税费用。

资产负债表债务法下的基本账务处理为：

借：所得税费用　　　　　［C＝A±B］

借或贷：递延所得税资产
　贷或借：递延所得税负债　［本期确认或转回的暂时性差异的纳税影响额］B

　贷：应交税费——应交所得税［应税利润×现行税率］A

综上所述不难看出，计税基础和暂时性差异的确定、递延所得税的确认与计量，是理解和应用资产负债表债务法的关键。下面将分别予以阐述。

6.2 计税基础与暂时性差异

6.2.1 计税基础

1. 资产的计税基础

资产的计税基础，是指企业收回资产账面价值的过程中，计算应税利润时按照税法规定可以自应税经济利益中抵扣的金额。其中，收回资产账面价值的过程可以理解为从现在到终止确认这一未来期间；可以自应税经济利益中抵扣的金额实际上是指某项资产在未来期间计税时可以税前扣除的金额。

资产的多样性决定了资产计税基础确定方法的非单一性，下面从计税基础与账面价值两者关系的角度进行梳理。

（1）计税基础等于账面价值。大多数情况下，资产的计税基础等于其账面价值。

一方面，如果在未来计税期间相关资产带来的经济利益需纳税，则该资产的计税基础就是指在按照税法规定未来计税时可以税前扣除的金额，这也是资产计税基础概念中涉及的基本情形。其中，未来计税时可以税前扣除的金额，在资产初始确认时就是取得成本，即取得时的账面价值；在此后的某一资产负债表日就是账面价值（对固定资产、无形资产等长期资产而言，是折余价值、摊余成本）。

另一方面，如果在未来计税期间相关资产带来的经济利益不需纳税，则该资产的计税基础等于其账面价值。比如，未来收回时不会产生纳税义务的应收贷款、不征税的应收股利以及相关收入已经计税的应收账款，就属于这种情形。

（2）计税基础不等于账面价值。计税基础不等于账面价值的情形主要有两类：

一类情形是，资产的后续计量中涉及计提减值准备、确认公允价值变动损益。这种情况下，按税法规定已确认的未实现损失（资产减值损失、公允价值变动损失）或利得需在未来实际发生时才准予税前扣除（或计税），所以此类资产在某一资产负债表日的计税基础是指确认资产减值损失或公允价值变动损益之前的价值。

另一类情形是，某些特殊业务因税法有特别规定而导致初始确认时就不按取得成本确定计税基础。比如，免税合并时按会计准则确认的合并商誉，按税法规定未来不可在税前扣除任何金额，从而其计税基础为零。

2. 负债的计税基础

负债的计税基础，是指负债的账面价值减去未来期间计算应税利润时按照税法规定可予以抵扣的金额。其中，未来期间是指负债的偿还期间；可予以抵扣的金额是指可予以税前扣除的与负债有关的费用或损失，而对那些与费用或损失无关却与收入有关的负债而言，可予以抵扣的金额就应解释为非应税收入。

［视频］负债计税基础的确定

负债的计税基础用公式可以表示为：

$$\text{负债的计税基础}=\text{账面价值}-\text{未来可予以税前扣除的费用(或损失)}$$

或

$$=\text{账面价值}-\text{未来的非应税收入}$$

负债的计税基础也可以归纳为如下两种情况：

（1）计税基础等于账面价值。如果负债的初始确认和终止确认即入账与偿还都不影响会计利润和应税利润，则该负债的计税基础等于其账面价值，因为这里不涉及“税前扣除”和“应税收入”。比如，通常情况下确认的应付购货款、应付借款（本金）等负债，就属于这种情况。

如果负债的初始确认影响到会计利润，负债的偿还却不会产生纳税义务，即未来可予抵扣的金额为零，则其计税基础也等于账面价值。比如，应付利息，与其相关的费用已于税前扣除（初始确认时既影响会计利润，也影响应税利润）；应付罚款，与其相关的费用或损失不得税前扣除（初始确认时影响会计利润，不影响应税利润）；应付职工薪酬（与其相关的费用一部分已于税前扣除但超过扣除标准的部分不允许税前扣除）；等等。诸如此类的负债都因未来的偿还不会产生纳税义务而导致计税基础等于账面价值。

（2）计税基础不等于账面价值。如果负债的确认影响到会计利润，并影响到不同期间的应税利润，则负债的计税基础就不一定等于账面价值。比如与产品保修费用有关的预计负债。

如果负债的终止确认与收入有关，相关负债的计税基础就应是该负债的账面价值减去未来期间非应税收入的金额（如预收销货款）。

3. 特殊项目的计税基础

某些交易或事项发生以后，虽然因为不符合资产、负债的确认条件从而并未形成资产负债表中的具体资产、负债项目，但按税法规定能够确定其计税基础。比如，企业发生的符合条件的广告费和业务宣传费支出，除另有规定外，不超过销售收入 15% 的部分准予扣除；超过部分准予在以后纳税年度结转扣除。该类费用在发生时按照会计准则规定计入了当期损益，不形成资产负债表中的资产，但按照税法规定可以确定其计税基础，即以后纳税年度准予税前扣除数。类似的情况还有会计上于实际发生时直接计入当期损益、税法允许分期摊销或开始经营之日的当年一次性扣除的筹建费。

下面举例说明计税基础的确定。

【例 6－3】

2×23 年年末甲公司某些资产的资料如下：

（1）应收账款账面余额 800 000 元，未计提坏账准备；交易性金融资产在资产负债表中的报告价值为 400 000 元，利润表中报告的当年确认交易性金融资产公允价值变动损失为30 000元。

（2）存货期末账面余额170 000元，存货跌价准备期末账面余额20 000元（其中当期计提存货跌价准备8 000元）。

（3）A设备成本为200 000元，已提折旧40 000元（已在当年和以前期间抵扣），税法允许将剩余成本在未来期间予以抵扣；B设备系非同一控制下吸收合并取得的，按合并日公允价值90 000元作为取得成本并入账，该设备在被合并方原账面价值为85 000元，税法允许未来期间税前抵扣的折旧费为85 000元。

（4）期末无形资产账面余额700 000元，累计摊销账面余额100 000元，无形资产减值准备期末余额90 000元，资产负债表中的报告价值为510 000元。

（5）使用上述资产产生的收入以及处置利得都是应税项目。

根据上述资料，确定2×23年年末各相关资产的计税基础。其计算过程见表6-4。

表6-4　2×23年年末有关资产计税基础的确定　　单位：元

项目	计税基础
应收账款	800 000
交易性金融资产	400 000＋30 000＝430 000
存货	170 000
固定资产（A设备和B设备）	200 000－40 000＋85 000＝245 000
无形资产	700 000－100 000＝600 000

【例6-4】

甲公司2×23年因销售产品向客户承诺提供3年的保修服务，并将符合预计负债确认条件的100万元保修费用确认为当年的销售费用，当年尚未发生保修支出。根据上述资料，该项预计负债在甲公司2×23年12月31日资产负债表中的账面价值为100万元。

如果税法规定相关的费用在该负债的偿还即实际发生产品保修支出的期间允许税前扣除，则2×23年年末：

该项预计负债的计税基础＝账面价值－未来可予税前扣除的费用
＝100－100
＝0

如果税法规定在产品保修支出实际发生的期间只允许税前扣除80万元的费用，则2×23年年末：

该项预计负债的计税基础＝账面价值－未来可予税前扣除的费用
＝100－80
＝20（万元）

【例6-5】

甲公司于2×23年12月30日收到客户乙公司按合同预付的货款3 000万元，甲公司将其确认为合同负债。下面假定两种情况分别确定该项负债的计税基础。

情况 1：按照适用税法的规定，该款项应计入收款当期的应纳税所得额计算缴纳所得税。则

该笔合同负债的计税基础＝账面价值－未来的非应税收入
＝3 000－3 000
＝0

情况 2：按照适用税法的规定，该款项应计入销售货物当期的应纳税所得额计算缴纳所得税。则

该笔合同负债的计税基础＝账面价值－未来的非应税收入
＝3 000－0
＝3 000(万元)

6.2.2　暂时性差异

1. 资产、负债的暂时性差异

资产、负债的暂时性差异，是指资产、负债的账面价值与其计税基础不同而产生的差额。暂时性差异按其对未来应税利润的影响不同，分为应纳税暂时性差异和可抵扣暂时性差异两类。

（1）应纳税暂时性差异。应纳税暂时性差异，是指在确定未来收回资产或清偿负债期间的应税利润时，将导致产生应税金额的暂时性差异。

应纳税暂时性差异通常产生于以下两种情况：

1）资产的账面价值大于其计税基础。一项资产的账面价值代表的是企业在持续使用或最终出售该项资产时将取得的经济利益的总额，而计税基础代表的是一项资产在未来期间可予税前扣除的金额。资产的账面价值若大于其计税基础，意味着该项资产未来期间产生的经济利益超过可税前扣除的金额，两者之差需要纳税，从而将增加未来期间的应税利润，故为应纳税暂时性差异。

2）负债的账面价值小于其计税基础。一项负债的账面价值为企业预计在未来期间清偿该项负债时的经济利益流出，而其计税基础代表的是账面价值在扣除税法规定未来期间允许税前扣除的金额之后的差额。由负债计税基础的计算公式也可以推断，因负债的账面价值与其计税基础不同产生的暂时性差异，本质上是税法规定就该项负债在未来期间可以税前扣除的金额（或未来期间的非应税收入金额）。负债的账面价值小于其计税基础，意味着就该项负债在未来期间允许税前扣除的金额为负数（或存在应税收入），从而将增加未来期间的应税利润，故为应纳税暂时性差异。

（2）可抵扣暂时性差异。可抵扣暂时性差异，是指在确定未来收回资产或清偿负债期间的应税利润时，将导致产生可抵扣金额的暂时性差异。

可抵扣暂时性差异一般产生于以下两种情况：

1）资产的账面价值小于其计税基础。资产的账面价值若小于其计税基础，意味着该项资产未来期间产生的经济利益低于可税前扣除金额，两者之差可予抵扣，故为可抵扣暂时性差异。

2）负债的账面价值大于其计税基础。由负债的计税基础计算公式可以推断，负债

账面价值大于其计税基础而产生的暂时性差异实质上是税法规定就该项负债可以在未来期间税前扣除的金额，所以，这个差额为可抵扣暂时性差异。

【例6－6】

沿用例6－3、例6－4的资料。2×23年年末甲公司有关资产、负债的暂时性差异的计算过程见表6－5。

表6－5　2×23年年末有关资产、负债的暂时性差异　单位：元

项目	计税基础	账面价值	暂时性差异	
			可抵扣	应纳税
应收账款	800 000	800 000	0	0
交易性金融资产	400 000＋30 000＝430 000	400 000	30 000	
存货	170 000	150 000	20 000	
固定资产	200 000－40 000＋85 000＝245 000	250 000		5 000
无形资产	700 000－100 000＝600 000	510 000	90 000	
预计负债	0	1 000 000	1 000 000	
合计	—	—	1 140 000	5 000

表6－6列示了比较常见的几类与资产、负债项目有关的暂时性差异。

表6－6　常见的资产、负债的暂时性差异

项目	产生暂时性差异的原因	暂时性差异种类
以公允价值进行后续计量的资产	税法规定计税基础为其取得成本	应纳税暂时性差异或可抵扣暂时性差异
固定资产	会计准则与税法规定的折旧年限、折旧方法不同	应纳税暂时性差异或可抵扣暂时性差异
	计提减值准备	可抵扣暂时性差异
无形资产	税法规定内部研发费用按形成无形资产的成本的一定比例摊销	可抵扣暂时性差异
	对于使用寿命不确定的无形资产，会计上不予摊销，计税时按税法规定确定的摊销额允许税前扣除	应纳税暂时性差异
	计提减值准备	可抵扣暂时性差异
其他资产	计提减值准备	可抵扣暂时性差异
长期股权投资	权益法下对初始成本进行调整，而税法要求计税基础维持原取得成本	应纳税暂时性差异
	权益法下因确认投资损益或享有被投资方其他权益的变化而调整长期股权投资账面价值，但其计税基础并不随之发生变化	应纳税暂时性差异或可抵扣暂时性差异
预计负债	会计上确认的与售后服务有关的预计负债，税法规定相关支出应于发生时税前扣除	可抵扣暂时性差异
合同负债	会计上未确认为收入但按税法规定应计入当期应税利润	可抵扣暂时性差异

2. 特殊项目产生的暂时性差异

（1）未作为资产、负债确认的项目产生的暂时性差异。正如前文所述，某些交易或事项发生以后，由于不符合资产、负债的确认条件而未被确认为资产负债表中的资产或负债项目，但按照税法规定能够确定其计税基础的，其账面价值与计税基础之间的差异也构成暂时性差异。比如，企业发生的符合条件的广告费和业务宣传费支出，除另有规定外，不超过销售收入15%的部分准予扣除；超过部分准予在以后纳税年度结转扣除。该类费用在发生时按照会计准则规定计入了当期损益，不形成资产负债表中的资产，但按照税法规定可以确定其计税基础，两者之间的差异也形成暂时性差异。

下面举例说明特殊项目产生的暂时性差异的确定。

【例6-7】

甲公司2×23年发生1 700万元的广告费支出，发生时已作为销售费用计入当期损益。税法规定，该类支出不超过当年销售收入15%的部分允许当期税前扣除，超过部分允许在以后纳税年度结转税前扣除。甲公司2×23年实现销售收入10 000万元。

相关的暂时性差异分析如下：

首先，关于账面价值。该广告费支出因按照会计准则规定在发生时已计入当期损益，不体现为资产负债表中的资产。如果将其视为资产，其账面价值为0。

其次，关于计税基础。按照税法规定，该类支出中可于当年税前列支的部分仅限于1 500万元（10 000×15%），剩余部分可在以后纳税年度结转扣除，其计税基础为200万元。

最后，计算暂时性差异。该项支出的账面价值与其200万元的计税基础之间产生了200万元的在未来期间可减少企业的应税利润的暂时性差异，即产生200万元的可抵扣暂时性差异。

（2）可抵扣亏损及税款抵减产生的暂时性差异。对于按照税法规定可以结转以后年度的未弥补亏损（可抵扣亏损）及税款抵减，虽不是因资产、负债的账面价值与计税基础不同产生的，但本质上可抵扣亏损及税款抵减与可抵扣暂时性差异具有同样的作用，均能减少未来期间的应纳税所得额和应交所得税，视同可抵扣暂时性差异。

【例6-8】

乙公司是一上市公司，2×22年发生亏损。该公司本年度利润总额为－230万元；取得国债利息收入等免税收入50万元。按税法规定，乙公司的亏损可以延续5年用税前利润弥补。

应税利润＝会计利润±永久性差异＝－230－50＝－280(万元)

乙公司2×22年年末确定的可由以后期间税前利润弥补的亏损为280万元，即产生可抵扣暂时性差异280万元。

6.2 即测即评

针对企业在报告期末确定的暂时性差异，应如何确认与计量其对未来期间的纳税影响是资产负债表债务法下所得税会计处理的核心所在。下面将对所得税的会计处理进行详细阐述。

敲黑板

根据现行的所得税会计准则，暂时性差异有两种情形：一是资产或负债的账面价值与其计税基础之间的差额；二是未作为资产和负债确认的项目，按照税法规定可以确定其计税基础的，该计税基础与其账面价值之间的差额也属于暂时性差异。广告费、业务宣传费就属于第二种情形。那么，类似于第二种情形的业务还有哪些？会计实务中可能还有一些具体交易或事项需要我们根据上述原理进行恰当的职业判断。请思考下面各类业务是否会产生暂时性差异：会计上于实际发生时直接计入当期损益、税法允许分期摊销或开始经营之日的当年一次性扣除的筹建费；会计上于计提时计入当期成本费用、税法允许以后实际发生时进行税前扣除的安全生产费；等等。

6.3 所得税的会计处理

所得税的会计处理主要包括对暂时性差异的纳税影响即递延所得税的确认与计量、对当期应交所得税的确认与计量以及对当期所得税费用的确认与计量。

6.3.1 递延所得税的确认

1. 一般情况下的确认

企业在计算确定了应纳税暂时性差异与可抵扣暂时性差异后，应当按照所得税会计准则的规定确认暂时性差异对未来的纳税影响，即未来需要多缴纳所得税的义务和少缴纳所得税的权利。具体来讲，根据应纳税暂时性差异和适用的税率计算确认递延所得税负债，根据可抵扣暂时性差异和适用的税率计算确认递延所得税资产。

除所得税会计准则中明确规定可不确认递延所得税负债和递延所得税资产的情况以外，企业对于所有的应纳税暂时性差异均应确认相关的递延所得税负债，对于所有的可抵扣暂时性差异均应确认相关的递延所得税资产；同时，将确认的递延所得税作为对当期所得税费用的调整。

【例6-9】

沿用例6-6的资料。假定所得税税率为25%，会计准则允许对表6-5中的暂时性差异确认其对未来的纳税影响，则

2×23年年末甲公司递延所得税应为：

递延所得税资产＝1 140 000×25%＝285 000(元)

递延所得税负债＝5 000×25%＝1 250(元)

如果甲公司以前未曾确认过递延所得税负债或递延所得税资产，则 2×23 年年末确认递延所得税的账务处理为：

借：递延所得税资产　　285 000
　贷：所得税费用（285 000－1 250）　　283 750
　　递延所得税负债　　1 250

如果甲公司以前未曾确认过递延所得税负债，但递延所得税资产有 5 000 元的年初余额，年内未有其他变动，则 2×23 年年末确认递延所得税的账务处理为：

借：递延所得税资产（285 000－5 000）　　280 000
　贷：所得税费用（280 000－1 250）　　278 750
　　递延所得税负债　　1 250

报表导向思考

1. 资产负债表中的递延所得税项目反映的是报告期末相关暂时性差异对未来的纳税影响，从而应是递延所得税负债或递延所得税资产的期末余额。企业在进行确认递延所得税的有关账务处理时，首先应确定资产负债表中递延所得税的期末应有报告价值，然后结合目前有关账户的现有余额确定本期应确认（或转销）的金额。

2. 企业确认递延所得税负债或递延所得税资产时的对方科目是什么（从而影响什么报表项目），主要有三种情况：

情况 1：一般情况下，确认的递延所得税负债或递延所得税资产，应计入所得税费用（如例 6－9）。

情况 2：根据与直接计入所有者权益的交易或事项有关的暂时性差异确认的递延所得税资产或递延所得税负债及其变化，应计入所有者权益（比如其他综合收益等）。

情况 3：根据与企业合并中取得的资产、负债有关的暂时性差异确认的递延所得税负债或递延所得税资产，调整合并中产生的商誉价值或计入合并当期损益（比如营业外收入）。

2. 特殊情况下的确认

（1）与直接计入所有者权益的交易或事项相关的所得税。与当期及以前期间直接计入所有者权益的交易或事项相关的当期所得税及递延所得税应当计入所有者权益。直接计入所有者权益的交易或事项如对会计政策变更采用追溯调整法或对前期差错更正采用追溯重述法调整期初留存收益的、其他债权投资和其他权益工具投资公允价值的变动计入所有者权益的、同时包含负债及权益成分的金融工具在初始确认时计入所有者权益的情况等。

（2）与子公司、联营企业、合营企业的投资等相关的递延所得税。

1）对与子公司、联营企业、合营企业的投资等相关的应纳税暂时性差异，一般应确认相关的递延所得税负债，但同时满足以下两个条件的除外：一是投资企业能够控制暂时性差异转回的时间；二是该暂时性差异在可预见的未来很可能不会转回。满足上述条件时，投资企业可以运用自身的影响力决定暂时性差异的转回，如果不希望其转回，则在可预见的未来该项暂时性差异不会转回，从而对未来期间不会产生所得税影响，无须确认相应的递延所得税负债。

企业根据上述条件不确认与联营企业、合营企业等投资相关的递延所得税负债时，应有明确的证据表明其能够控制有关暂时性差异转回的时间，比如通过与其他投资者签订协议等，从而能够控制被投资单位利润分配政策。

对于采用权益法核算的长期股权投资，其账面价值与计税基础产生的暂时性差异是否应确认相关的所得税影响，应考虑该项投资的持有意图。

一方面，如果企业拟长期持有该项投资，因初始投资成本的调整产生的暂时性差异预计未来期间不会转回，则不存在对未来期间的所得税影响；因确认投资损益产生的暂时性差异，如果在未来期间逐期分回现金股利或利润时免税，也不存在对未来期间的所得税影响；因确认应享有被投资单位其他权益的变动而产生的暂时性差异，在长期持有的情况下，对于采用权益法核算的长期股权投资账面价值与计税基础之间的差异一般不确认相关的所得税影响。

另一方面，对于采用权益法核算的长期股权投资，如果投资企业改变持有意图拟对外出售，按照税法规定，企业在转让或者处置投资资产时，投资资产的成本准予扣除。在持有意图由长期持有转变为拟近期出售的情况下，因长期股权投资账面价值与计税基础不同产生的有关暂时性差异，均应确认相关的所得税影响。

2）对与子公司、联营企业、合营企业的投资等相关的可抵扣暂时性差异，同时满足下列条件的，应当确认相关的递延所得税资产：一是暂时性差异在可预见的未来很可能转回；二是未来很可能获得用来抵扣可抵扣暂时性差异的应税利润。

对联营企业和合营企业等的投资产生的可抵扣暂时性差异，主要产生于权益法下被投资单位发生亏损时，投资企业按照持股比例确认应予承担的部分相应减少长期股权投资的账面价值，但税法规定长期股权投资的成本在持有期间不发生变化，从而产生长期股权投资账面价值小于其计税基础的可抵扣暂时性差异。可抵扣暂时性差异还产生于对长期股权投资计提减值准备的情况下。

（3）与企业合并有关的递延所得税。与企业合并有关的递延所得税的确认主要包括三个方面：

1）非同一控制下企业合并的合并日，按照会计准则规定将取得的被购买方可辨认净资产按公允价值进行初始计量，但若其计税基础等于原账面价值，由此导致的暂时性差异的纳税影响要予以确认，并调整合并商誉。

2）取得的被购买方可抵扣暂时性差异的处理。在企业合并中，购买方取得被购买方的可抵扣暂时性差异，在购买日不符合递延所得税资产确认条件的，不应予以确认。购买日后12个月内，如取得新的或进一步的信息表明购买日的相关情况已经存在，预期被购买方在购买日可抵扣暂时性差异带来的经济利益能够实现的，应当确认相关的递延所得税资产，同时减少商誉，商誉不足以冲减的，差额部分确认为当期损益。除上述情况以外，确认与企业合并相关的递延所得税资产，应当计入当期损益（所得税费用），不得调整合并商誉。

3）对合并前合并方已经存在的可抵扣暂时性差异的处理。企业合并发生后，合并方对于合并前本企业已经存在的可抵扣暂时性差异及未弥补亏损等，可能因为企业合并后估计很可能产生足够的应税利润利用可抵扣暂时性差异，从而确认相关的递延所得税资产。该递延所得税资产的确认不应作为企业合并的组成部分，所以不影响企业合并中应予确认的商誉或者因企业合并成本小于合并中取得的被合并方可辨认净资产公允价值的份额应计入合并当期损益的金额。

（4）与股份支付相关的当期及递延所得税。与股份支付相关的支出在按照会计准则确认为成本费用时，其相关的所得税影响应区别于税法的规定进行处理：如果税法规定与股份支付相关的支出不允许税前扣除，则不形成暂时性差异；如果税法规定与股份支付相关的支出允许税前扣除，在按照会计准则确认成本费用的期间内，企业应当根据会计期末取得的信息估计可税前扣除的金额计算确定其计税基础及由此产生的暂时性差异，符合确认条件的情况下应当确认相关的递延所得税。其中，预计未来期间可税前扣除的金额超过会计准则规定确认的与股份支付相关的成本费用，则超过部分的所得税影响应直接计入所有者权益。

（5）与可抵扣亏损和税款抵减相关的递延所得税。对于按照税法规定可以结转以后年度的未弥补亏损（可抵扣亏损）和税款抵减，应视同可抵扣暂时性差异处理。在预计可利用可弥补亏损或税款抵减的未来期间内很可能取得足够的应税利润时，应当以很可能取得的应税利润为限，确认相应的递延所得税资产，同时减少确认当期的所得税费用。

下面举例说明特殊情况下递延所得税的确认。

【例 6－10】

甲公司于 2×22 年 2 月自公开市场以每股 9 元的价格取得 A 公司普通股 10 万股，指定为以公允价值计量且其变动计入其他综合收益的金融资产核算（假定不考虑交易费用），2×22 年 12 月 31 日，甲公司该股票投资尚未出售，当日市价每股 14 元。按照税法规定，资产在持有期间公允价值的变动不计入应税利润，待处置时一并计算应计入应税利润的金额。2×23 年 6 月甲公司将该批股票以每股 12 元的价格出售。甲公司适用的所得税税率为 25%。

甲公司有关的账务处理如下：

（1）2×22 年 2 月投资：

借：其他权益工具投资	900 000	
贷：银行存款		900 000

（2）2×22 年 12 月末调整公允价值变动：

借：其他权益工具投资	500 000	
贷：其他综合收益		500 000

（3）2×22 年 12 月末确认递延所得税：

借：其他综合收益	125 000	
贷：递延所得税负债		125 000

（4）2×23 年 6 月出售：

借：银行存款	1 200 000	
利润分配——未分配利润	200 000	
贷：其他权益工具投资		1 400 000
借：其他综合收益	375 000	

递延所得税负债　　125 000
贷：利润分配——未分配利润　　500 000

【例 6－11】

沿用例 6－8 的资料。假定乙公司预计未来 5 年里平均每年将实现利润总额 60 万元，所得税税率为 25%。

2×22 年年末乙公司因可抵扣亏损应确认的递延所得税资产为：

280×25%＝70(万元)

确认递延所得税的账务处理如下：

借：递延所得税资产　　700 000
贷：所得税费用　　700 000

与企业合并有关的递延所得税的确认举例，参见第 7 章。

3. 不予确认的情形

有些情况下，虽然资产、负债的账面价值与其计税基础不同，产生了应纳税暂时性差异或可抵扣暂时性差异，但出于各方面考虑，所得税会计准则中规定不确认相应的递延所得税负债或递延所得税资产。这样的情形主要包括：

(1) 商誉的初始确认。非同一控制下的企业合并中，企业合并成本大于合并中取得的被购买方可辨认净资产公允价值份额的差额，按照会计准则规定应确认为商誉。

如因会计与税收的划分标准不同，按照税法规定作为免税合并的情况下，计税时不认可商誉的价值，即从税法角度，商誉的计税基础为零，两者之间的差额形成应纳税暂时性差异。对于商誉的账面价值与其计税基础不同产生的该项应纳税暂时性差异，准则中规定不确认与其相关的递延所得税负债，原因在于：一是确认该部分暂时性差异产生的递延所得税负债，则意味着购买方在企业合并中获得的可辨认净资产的价值下降，企业应增加商誉的价值，商誉的账面价值增加以后，可能很快就要计提减值准备，同时其账面价值的增加还会进一步产生应纳税暂时性差异，使得递延所得税负债和商誉价值的变化不断循环。二是商誉本身即是企业合并成本在取得的被购买方可辨认资产、负债之间进行分配后的剩余价值，确认递延所得税负债进一步增加其账面价值会影响到会计信息的可靠性。

与合并商誉的初始确认有关的举例，参见第 7 章。

值得一提的是，免税合并条件下的商誉初始确认涉及的递延所得税负债不予确认，并不意味着任何情况下都不确认与商誉有关的递延所得税。如果按照会计准则规定在非同一控制下企业合并中确认了商誉，并且按照所得税法的规定该商誉在初始确认时其计税基础等于账面价值的，该商誉在后续计量过程中因会计准则规定与税法规定不同产生暂时性差异的，应当确认相关的所得税影响。

(2) 除企业合并以外的其他交易或事项中，如果该项交易或事项发生时既不影响会计利润，也不影响应税利润，则所产生的资产、负债的初始确认金额如与其计税基础不同，形成应纳税暂时性差异或可抵扣暂时性差异的，交易或事项发生时不确认相应的递延所得税负债或递延所得税资产。这主要是考虑到由于交易发生时既不影响会计利润，也不影响应税利润，如果确认递延所得税负债或递延所得税资产，会导致有关资产、负债在初始确认时调整账面价值，有违历史成本计量原则，影响会计信息的可靠性。

下面举例说明递延所得税不予确认的情况。

【例6-12】

2×22年年末，丙公司用银行存款6 500万元支付给A公司股东，将A公司吸收合并。合并前A公司可辨认净资产账面价值为6 000万元（存货等各项资产9 000万元，应付账款等负债3 000万元），公允价值为6 100万元（100万元为固定资产评估增值）。假定税法允许将合并商誉按不超过10年的期限进行税前扣除。所得税税率为25%。

根据上述资料，丙公司2×22年年末、2×23年年末的会计处理如下：

（1）2×22年年末。一方面，合并商誉的初始确认不产生暂时性差异，因为其账面价值等于计税基础；另一方面，作为非免税合并，取得的净资产按公允价值进行初始计量之后，其计税基础也等于新的账面价值，从而也不产生暂时性差异。所以，2×22年年末（合并日）确认吸收合并的账务处理为：

借：原材料、固定资产等	91 000 000	
商誉［差额］	4 000 000	
贷：应付账款等		30 000 000
银行存款		65 000 000

（2）2×23年年末。会计上不对商誉进行摊销，只要没有减值，商誉账面价值仍为初始确认时的金额400万元，但若按税法规定可税前扣除，则计税基础为360万元（400－400÷10），产生应纳税暂时性差异40万元。所以，2×23年年末确认递延所得税的账务处理为：

借：所得税费用	100 000	
贷：递延所得税负债（400 000×25%）		100 000

【例6-13】

2×22年丁公司进行内部研究开发形成的无形资产，在当年末达到预定用途（尚未开始摊销），其成本为1 000万元；预定摊销年限为10年。按税法规定，研究开发支出形成无形资产的，按照无形资产成本的150%摊销。

根据上述资料，丁公司2×22年年末、2×23年年末的会计处理如下：

（1）2×22年年末。按税法规定可予未来期间税前扣除的金额为1 500万元（1 000×150%），即其计税基础为1 500万元。其账面价值为1 000万元，于是产生了500万元的可抵扣暂时性差异。但是，由于该项无形资产并非产生于企业合并，同时在初始确认时既不影响会计利润也不影响应税利润，因此，期末将1 000万元的开发支出确认为无形资产的同时，不应确认相关的递延所得税资产。

（2）2×23年年末。该无形资产期末账面价值为900万元（1 000－1 000÷10），其计税基础则为1 350万元（1 500－1 500÷10），对450万元可抵扣暂时性差异的纳税影响应予以确认，其账务处理为：

借：递延所得税资产（4 500 000×25%） 1 125 000

贷：所得税费用 1 125 000

值得一提的是，关于所得税初始确认豁免的范围近年来有了修订。2021年5月，国际会计准则理事会针对单项交易产生的资产和负债相关的递延所得税初始确认豁免的会计处理，发布了《单项交易产生的资产和负债相关的递延所得税》（对《国际会计准则第12号——所得税》的修订），自2023年1月1日起实施，该修订缩小了递延所得税初始确认豁免的适用范围，明确初始确认豁免不得适用于会产生金额相同且方向相反的暂时性差异的交易。为了与国际财务报告准则保持持续趋同，财政部于2022年12月13日发布了《企业会计准则解释第16号》，其中对《企业会计准则第18号——所得税》中递延所得税初始确认豁免的范围进行了如下修订：对于不是企业合并、交易发生时既不影响会计利润也不影响应纳税所得额（或可抵扣亏损）且初始确认的资产和负债导致产生等额应纳税暂时性差异和可抵扣暂时性差异的单项交易（包括承租人在租赁期开始日初始确认租赁负债并计入使用权资产的租赁交易，以及因固定资产等存在弃置义务而确认预计负债并计入相关资产成本的交易等），不适用上述豁免确认递延所得税的规定，企业对该交易因资产和负债的初始确认所产生的应纳税暂时性差异和可抵扣暂时性差异，应当在交易发生时分别确认相应的递延所得税负债和递延所得税资产。

6.3.2 递延所得税的计量

1. 适用税率的确定

资产负债表债务法下，确认递延所得税负债或递延所得税资产时，应以预期清偿递延所得税负债或收回递延所得税资产期间的适用税率为计量基础。在我国，除享受优惠政策的情况以外，企业适用的所得税税率在不同年度之间一般不会发生变化，企业在确认递延所得税负债时，应以现行适用税率为基础计算确定。对于享受优惠政策的企业，如经国家批准的经济技术开发区内的企业，享受一定期间的税率优惠，则所产生的暂时性差异应以预计其转回期间的适用所得税税率为基础计量。

2. 税率变化时的重新计量

因适用税收法规的变化而导致企业在某一会计期间适用的所得税税率发生变化的，企业应对已确认的递延所得税负债和递延所得税资产按照新的税率进行重新计量，使递延所得税负债的余额真正代表未来应多缴税的义务，递延所得税资产的余额真正代表未来可少缴税的权利。

除直接计入所有者权益的交易或事项产生的递延所得税资产及递延所得税负债，相关的调整金额应计入所有者权益以外，其他情况下产生的递延所得税资产及递延所得税负债的调整金额应确认为变化当期的所得税费用（或收益）。

3. 递延所得税资产的金额上限

递延所得税资产的确认应以未来期间很可能取得的用来抵扣可抵扣暂时性差异的

应税利润为限。在可抵扣暂时性差异转回的未来期间内，企业无法产生足够的应税利润以利用可抵扣暂时性差异的影响，使得与可抵扣暂时性差异相关的经济利益无法实现的，则不应确认递延所得税资产；企业有明确的证据表明其于可抵扣暂时性差异转回的未来期间能够产生足够的应税利润，进而能利用可抵扣暂时性差异的，则应以很可能取得的应税利润为限，确认相关的递延所得税资产。

在判断企业于可抵扣暂时性差异转回的未来期间是否能够产生足够的应税利润时，应考虑以下两个方面的影响：第一，通过正常的生产经营活动能够实现的应税利润，比如企业通过销售商品、提供劳务等所实现的收入，扣除有关的成本费用等支出后的金额。该种情况的预测应当以经企业管理层批准的最近财务预算或预测数据以及该预算或者预测期之后年份稳定的或者递减的增长率为基础。第二，以前期间产生的应纳税暂时性差异在未来期间转回时将增加的应税利润。

考虑到可抵扣暂时性差异转回的期间内可能取得应税利润的限制，因无法取得足够的应税利润而未确认相关的递延所得税资产的，应在财务报表附注中进行披露。

4. 递延所得税资产的减值

资产负债表日，企业应当对递延所得税资产的账面价值进行复核。如果未来期间很可能无法取得足够的应税利润以利用可抵扣暂时性差异带来的经济利益，应当减记递延所得税资产的账面价值。

同其他资产的确认和计量原则相一致，递延所得税资产的账面价值应当代表其为企业带来未来经济利益的能力。企业在确认了递延所得税资产以后，因各方面情况发生变化，导致按照新的情况估计，在有关可抵扣暂时性差异转回的期间内，无法产生足够的应税利润以利用可抵扣暂时性差异，使得与递延所得税资产相关的经济利益无法全部实现的，对于预期无法实现的部分，应当减记递延所得税资产的账面价值。

与其他资产计提减值准备时确认减值损失的处理不同的是，除原确认时计入所有者权益的递延所得税资产其减记金额亦应计入所有者权益外，其他的情况应增加减记当期的所得税费用（而不是资产减值损失）。因无法取得足够的应税利润以利用可抵扣暂时性差异而减记递延所得税资产账面价值的，如果随后期间根据新的环境和情况判断能够产生足够的应税利润以利用可抵扣暂时性差异，从而使得递延所得税资产包含的经济利益能够实现的，应相应恢复递延所得税资产的账面价值。

［财报精选 1］花旗拒绝为递延税金资产提前拨备

［财报精选 2］税改落地　美国商业巨头为何纷纷忙着减记递延所得税资产

素养提升

为什么对递延所得税资产规定上限？

上市公司实务中确有不对可抵扣亏损确认递延所得税资产的情形，而这种情形往往是基于会计师对企业未来相关期间不能产生足够的应纳税所得的判断。这种判断的恰当与否取决于会计师的职业素养和专业水准。

资产负债表债务法的核心是企业应在资产负债表里确认未来可以少纳税的权利——递延所得税资产和未来应多纳税的义务——递延所得税负债，同时在利润表里确认本期确认的递延所得税对本期所得税费用的影响。如果企业过高地估计未来特定时期内可转回的可抵扣暂时性差异，就会在当下过高地报告递延所得税资产，这不仅不符合谨慎性原则的要求，也易使会计信息失真，其后果是给投资者带来错误信息。

确保会计信息质量，是对财务会计从业人员的基本职业要求。从这个意义上来说，能否正确理解和遵循所得税会计准则关于递延所得税资产上限的规范，事关会计职业素养和会计专业水准。

5. 递延所得税资产、递延所得税负债不予折现

如果以折现为基础可靠地确定递延所得税，则需要详细地推定每一项暂时性差异转回的时间。在多数情况下，这种时间推定相当复杂，实务中也不切实可行。所以，递延所得税资产和递延所得税负债不予折现。

【例6-14】

沿用例6-8、例6-11的资料。假定2×22年年末乙公司预计未来5年里平均每年将实现利润总额60万元，2×23年实现税前利润50万元，并预计未来4年里平均每年实现利润总额将下降至40万元。其他条件不变。

2×22年年末、2×23年年末乙公司确认可抵扣亏损未来纳税影响的会计处理如下：

（1）2×22年年末：

借：递延所得税资产　　700 000

　贷：所得税费用　　700 000

（2）2×23年年末：

1）分析应确认的可抵扣暂时性差异对未来的纳税影响（递延所得税资产期末应有余额）：虽然可抵扣暂时性差异还有230万元（280－50），但是未来4年可税前弥补亏损的期限里，预计的税前利润将只有160万元（40×4），所以，递延所得税资产应有余额只能是40万元（160×25%）。

2）确定本期应确认（或转回）递延所得税资产的金额为：转回30万元（期初余额70万元－期末余额40万元）。确认转回递延所得税资产的账务处理如下：

借：所得税费用　　300 000

　贷：递延所得税资产　　300 000

6.3.3 当期所得税与所得税费用的确认与计量

资产负债表债务法下，一定期间的所得税费用取决于当期应交所得税和当期应确认的递延所得税两个因素的影响。

1. 当期应交所得税

当期应交所得税，是指企业按照税法规定计算确定的因当期发生的交易和事项应缴纳给税务部门的所得税金额，即当期所得税。

企业在确定当期所得税时，需首要解决的问题是确定应税利润。对于当期发生的交易或事项，会计处理与税收处理不同的，企业应在会计利润的基础上，按照税法的规定进行调整，计算出当期应税利润，并据此依适用的所得税税率计算确定当期应交所得税。

应税利润和当期应交所得税的计算方法如前所述。

2. 当期应确认的递延所得税

从资产负债表来看，递延所得税作为暂时性差异对未来期间的纳税影响，是某一特定时点的余额，是根据报告期末应纳税暂时性差异、可抵扣暂时性差异及适用税率确定的递延所得税负债、递延所得税资产的期末报告价值。

从确认各期所得税费用的角度来看，当期应确认的递延所得税负债和当期应确认的递延所得税资产是指按照所得税会计准则的规定应予确认的递延所得税负债和递延所得税资产在期末的应有余额与现有余额之间的差额。一般情况下这个现有余额就是期初余额，所以，当期应确认的递延所得税可用公式表示为：

当期应确认的递延所得税负债＝期末递延所得税负债－期初递延所得税负债

当期应确认的递延所得税资产＝期末递延所得税资产－期初递延所得税资产

若用净额表示，则

当期应确认的递延所得税＝当期应确认的递延所得税负债－当期应确认的递延所得税资产

3. 所得税费用

计算确定了当期所得税及递延所得税以后，利润表中应予确认的所得税费用为两者之和，即

所得税费用＝当期应交所得税＋当期应确认的递延所得税

下面举例说明所得税费用的确认与计量。

【例 6－15】

甲公司 2×19 年的有关资料见例 6－2。假定年初“递延所得税负债”和“递延所得税资产”科目均无余额。

2×19 年年末有关确认所得税的会计处理如下：

（1）确定当期应税利润，从而计算确定当期应交所得税：

应税利润＝1 200－140＋10－30＝1 040(万元)

当期应交所得税＝1 040×33％＝343.2(万元)

（2）确定 A、B 两项固定资产的暂时性差异：

期末账面价值＝80＋160＝240(万元)

期末计税基础＝50＋120＝170(万元)

应纳税暂时性差异＝240－170＝70(万元)

（3）确定期末暂时性差异对未来的纳税影响以及本期应确认的递延所得税：

递延所得税负债期末余额＝70×25％＝17.5(万元)

递延所得税负债期初余额＝0

本期应确认递延所得税负债=17.5−0=17.5(万元)

(4) 本期确认所得税费用的账务处理（金额单位为万元）。

1）确认本期应交所得税：

借：所得税费用　　343.20

　贷：应交税费——应交所得税　　343.20

2）确认递延所得税：

借：所得税费用　　17.50

　贷：递延所得税负债　　17.50

或者将上述两个会计分录合并，则有

借：所得税费用（343.2+17.5）　　360.70

　贷：递延所得税负债　　17.50

　　应交税费——应交所得税　　343.20

至此，甲公司2×19年年末“递延所得税负债”科目余额为17.5万元。

敲黑板

将例6-15的账务处理结果与例6-2的账务处理结果进行比较，可见，资产负债表债务法确认的递延所得税负债17.5万元比利润表债务法确认的递延所得税多出的10万元（17.5−7.5），正是按预期税率25%对B设备2×19年年末暂时性差异40万元对未来的纳税影响的预计。

【例6-16】

沿用例6-4的资料。补充资料如下：甲公司2×23年、2×24年、2×25年会计利润分别为500万元、800万元、1 000万元；2×25年实际发生保修费用100万元。所得税税率为25%。假定税法允许在发生保修支出的当期按实际发生数将相关费用于税前扣除。

根据上述资料，甲公司各年有关计算见表6-7。

表6-7　各年有关计算　　单位：万元

年份	预计负债期末账面价值(1)	预计负债期末计税基础(2)	期末可抵扣暂时性差异(3)=(1)−(2)	递延所得税资产		应税利润(6)	应交所得税(7)=(6)×25%	所得税费用(8)=(7)−(5)
				期末应有余额(4)=(3)×25%	本期应确认金额(5)=(4)−期初余额			
2×23	100	0	100	25	25	600	150	125
2×24	100	0	100	25	0	800	200	200
2×25	0	0	0	0	−25	900	225	250
合计	—	—	—	—	0	2 300	575	575

根据表6-7，各年确认所得税的有关账务处理为（金额单位为万元）：

(1) 2×23年：

借：所得税费用　　125

递延所得税资产 25
贷：应交税费——应交所得税 150

（2）2×24 年：

借：所得税费用 200
贷：应交税费——应交所得税 200

（3）2×25 年：

借：所得税费用 250
贷：递延所得税资产 25
应交税费——应交所得税 225

【例 6-17】

A 公司 2×22 年开始采用资产负债表债务法。2×23 年度利润表中的利润总额为 4 000 万元。所得税税率为 25%。

当年发生的有关交易和事项中，会计处理与税收处理存在差别的有：

（1）向关联企业捐赠现金 500 万元。假定按照税法规定，企业向关联方的捐赠不允许税前扣除。

（2）确认因违反环保规定应支付的罚款 600 万元。

（3）期末持有的交易性金融资产成本为 200 万元，公允价值为 900 万元。税法规定，以公允价值计量的金融资产持有期间市价变动不计入应税利润。

（4）期末资产负债表中“存货”项目的报告价值为 1 500 万元，当年对存货计提了 80 万元的存货跌价准备（“存货跌价准备”科目的年初余额为 40 万元）。

（5）2×22 年 1 月开始计提折旧的一项固定资产，成本为 1 000 万元，使用年限为 10 年，净残值为 0，会计处理按双倍余额递减法计提折旧，税收处理按直线法计提折旧。假定税法规定的使用年限及净残值与会计规定相同。

无其他影响纳税的情况。

根据上述资料，2×23 年确认所得税的会计处理如下：

（1）计算当年应交所得税：

应税利润＝4 000＋500＋600－700＋80＋60＝4 540（万元）
应交所得税＝4 540×25%＝1 135（万元）

（2）计算确定 2×23 年年末暂时性差异。上述交易或事项涉及的暂时性差异情况如表 6-8 所示。

表 6-8 2×23 年年末暂时性差异计算表 单位：万元

项目	账面价值	计税基础	暂时性差异	
			应纳税	可抵扣
交易性金融资产	900	200	700	
存货	1 500	1 620		120
固定资产：				
固定资产原值	1 000	1 000		

续表

项目	账面价值	计税基础	暂时性差异	
			应纳税	可抵扣
减：累计折旧	360	200		
减值准备	0	0		
固定资产账面价值	640	800		160
其他应付款	600	600		
总计	—	—	700	280

（3）计算确定2×23年递延所得税的年初已有余额、年末应有余额。

1）年初余额：

递延所得税资产＝40×25%＋100×25%＝35(万元)

递延所得税负债＝0×25%＝0

2）年末余额：

递延所得税资产＝280×25%＝70(万元)

递延所得税负债＝700×25%＝175(万元)

（4）计算确定本年应确认的递延所得税：

应确认的递延所得税资产＝70－35＝35(万元)

应确认的递延所得税负债＝175－0＝175(万元)

所以，

应确认的递延所得税＝175－35＝140(万元)

（5）计算确定利润表中应确认的所得税费用：

所得税费用＝1 135＋140＝1 275(万元)

（6）编制当年确认所得税费用的会计分录（金额单位为万元）：

借：所得税费用	1 275	
递延所得税资产	35	
贷：递延所得税负债		175
应交税费——应交所得税		1 135

6.3.4 报表列报与附注披露

1. 报表列报

（1）所得税费用应当在利润表中单独列示。

（2）递延所得税资产和递延所得税负债，一般应分别作为非流动资产和非流动负债在资产负债表中列示。

2. 附注披露

企业应当在附注中披露与所得税有关的下列信息：

（1）所得税费用（收益）的主要组成部分。

（2）所得税费用（收益）与会计利润关系的说明。

（3）未确认递延所得税资产的可抵扣暂时性差异，可抵扣亏损的金额（如果存在到期日，还应披露到期日）。

（4）根据每一类暂时性差异及可抵扣亏损，在列报期间确认的递延所得税资产或递延所得税负债的金额，确认递延所得税资产的依据。

（5）未确认递延所得税负债的，与对子公司、联营企业及合营企业投资相关的暂时性差异。

6.3 即测即评

思考题

1. 什么是资产负债表债务法？
2. 如何理解资产的计税基础？
3. 如何理解负债的计税基础？
4. 如何理解应纳税暂时性差异？
5. 如何理解可抵扣暂时性差异？
6. 一般情况下，如何对递延所得税进行确认？
7. 如何对特殊交易或业务的递延所得税进行确认？
8. 如何对递延所得税进行计量？
9. 哪些情况下不确认暂时性差异的纳税影响？为什么？

练习题

习题一

[目的]　练习与无形资产研发费用有关的递延所得税的会计处理。

[资料]　A 公司是一家上市公司。A 公司 2×17 年为开发新技术发生研究开发支出 5 000 万元，其中，研究阶段支出 200 万元，开发阶段支出 4 800 万元（其中符合资本化条件之前的开发支出 1 800 万元）。年末开发形成的无形资产达到预定可使用状态。税法规定，研发费用，未形成无形资产的计入当期损益，按照研发费用的 50%加计扣除；形成无形资产的，按照无形资产成本的 150%摊销。A 公司该无形资产拟按 10 年进行摊销。A 公司 2×17 年的税前会计利润为 9 000 万元。A 公司适用的企业所得税税率从 2×18 年起由 33%改为 25%。

[要求]　根据上述资料，回答以下问题（金额单位用万元表示）：

（1）A 公司 2×17 年应交所得税的金额是多少？

（2）A 公司 2×17 年年末应确认的递延所得税负债或递延所得税资产的金额是多少？

（3）A 公司 2×17 年应负担的所得税费用的金额是多少？

（4）A 公司 2×17 年利润表中“净利润”项目的金额是多少？

(5) A公司2×18年年末如何进行确认递延所得税的账务处理？

习题二

[目的] 练习与长期股权投资有关的递延所得税的会计处理。

[资料] B公司是一家上市公司。B公司于2×22年1月8日以7 600万元取得C公司40%的有表决权股份，拟长期持有并能够对C公司施加重大影响，该项长期股权投资采用权益法核算。投资时C公司可辨认净资产公允价值总额为20 000万元（与账面价值相同)。C公司2×22年实现净利润5 000万元，确认其他权益工具投资公允价值变动利得300万元。B公司及C公司均为居民企业，适用的所得税税率均为25%，双方采用的会计政策及会计期间相同。税法规定，居民企业之间的股息红利免税。

[要求] 根据上述资料，进行如下会计处理（金额单位用万元表示)：

(1) 编制B公司2×22年的相关会计分录。

(2) 确定B公司2×22年年末与该项投资相关的暂时性差异。

(3) 分析是否确认相关的递延所得税，应如何确认。

财报精选读后感

主题一

[主题] 花旗银行递延所得税资产是否应减记？

[资料] 基本资料见本章“财报精选1”专栏，其他资料见花旗集团2007—2010年年报。

[要求] 根据上述资料，分析如下问题：

(1) 花旗集团积累递延所得税资产的主要原因可能是什么？

(2) 如何解读花旗集团高额递延所得税资产背后的信息？

(3) 花旗集团是否应减记其递延所得税资产这个问题，你赞同分析师的观点还是花旗集团的观点？为什么？

(4) 如何用具体案例解读我国上市公司递延所得税资产信息？

主题二

[主题] 递延所得税的影响。

[资料] 基本资料见本章“财报精选2”专栏。

[要求] 根据上述资料，思考企业确认和终止确认递延所得税的原因及其影响。

第7章

企业合并会计

思维导图

学习目标：

通过本章的学习，了解企业合并的含义与分类；了解处理企业合并的权益结合法、购买法的基本原理；掌握同一控制下企业合并的会计处理规范；掌握非同一控制下企业合并的会计处理规范。

年报撷萃 **中国外运采用换股方式吸收合并外运发展**

中国外运股份有限公司（简称“中国外运”）是招商局集团物流业务统一运营平台和统一品牌，以打造世界一流智慧物流平台企业为愿景，聚焦客户需求和深层次的商业压力与挑战，以最佳的解决方案和服务持续创造商业价值和社会价值，形成以专业物流、代理及相关业务、电子商务为主的三大业务板块。

中国外运于2003年2月13日在香港上市，2019年1月在上交所上市，成功实现“A＋H”股（601598. SH，00598. HK）两地上市。

值得关注的是，中国外运在上交所上市所发行的股份全部用于换股吸收合并中外运空运发展股份有限公司（简称“外运发展”）。

1. 中国外运换股吸收合并外运发展并在上交所上市的相关公告

> 第二节　　股票上市情况
>
> 一、本上市公告书系根据《公司法》、《证券法》和《上海证券交易所股票上市规则》等有关法律法规规定，按照《上海证券交易所股票上市公告书内容与格式指引》编制而成，旨在向投资者提供本公司发行股份吸收合并中外运空运发展股份有限公司并A股股票上市的基本情况。
>
> 二、本公司本次发行股份经中国证券监督管理委员会证监许可〔2018〕1772号文核准。本次发行股份全部用于吸收合并中外运空运发展股份有限公司。
>
> 三、本公司A股上市经上海证券交易所〔2019〕11号文批准。证券简称“中国外运”，证券代码“601598”；其中本次发行的1 351 637 231股股票将于2019年1月18日起上市交易。
>
> 四、股票上市概况
>
> （一）上市地点：上海证券交易所
>
> （二）上市时间：2019年1月18日

（三）股票简称：中国外运
（四）股票代码：601598
（五）本次发行完成后总股本：7 400 803 875股
（六）本次A股发行的股份数：1 351 637 231股
（七）本次发行前股东所持股份的流通限制及期限：
请参见“第一节重要声明与提示”之“一、本公司特别提醒投资者注意下列事项”之“2. 关于所持中国外运股份锁定期的声明和承诺”。
（八）本次上市的无流通限制及锁定安排的股份：本次发行中1 351 637 231股股份无流通限制及锁定安排
（九）股票登记机构：中国证券登记结算有限责任公司上海分公司
（十）上市保荐机构：中信证券股份有限公司、招商证券股份有限公司

中国外运2019年1月15日在上交所发布的《中国外运发行A股股份换股吸收合并中外运空运发展股份有限公司上市公告书暨2018年第三季度财务报表》中，公告了股票上市情况，相关内容如下。

2. 2018年年度报告中有关换股合并外运发展的信息

中国外运2019年3月26日发布了2018年年度报告，在年报的第七节“普通股股份变动及股东情况”中，披露了采用换股方式吸收合并外运发展的如下相关信息：

…………

2018年1月1日至2018年12月31日期间，本公司普通股股份未发生变化。2019年1月10日，本公司换股吸收合并外运发展发行的1 351 637 231股A股股份在中国证券登记结算有限责任公司上海分公司完成换股登记程序；同时本公司原有内资股转换成为A股股份。上述A股股份均已于2019年1月18日在上海证券交易所上市。截至2019年1月18日，本次吸收合并前后的股份变化情况如下：

股东名称	本次交易前		本次交易后	
	持股数量（股）	持股比例	持股数量（股）	持股比例
一、A股/内资股				
中国外运长航集团	2 461 596 200	40.69%	2 461 596 200	33.26%
招商局集团	1 442 263 444	23.85%	1 442 683 444	19.49%
原外运发展中小股东	—	—	1 351 637 231	18.26%
合计	3 904 279 644	64.54%	5 255 916 875	71.02%
二、H股				
中国外运（香港）	106 683 000	1.76%	106 683 000	1.44%
Sinotrans Shipping Inc.	500 000	0.01%	500 000	0.01%
H股公众股股东	2 037 704 000	33.69%	20 137 704 000	27.53%
合计	2 144 887 000	35.46%	2 144 887 000	28.98%
总合计	6 049 166 644	100%	7 400 803 875	100%

资料来源：上海证券交易所网站，http://www.sse.com.cn.

上述资料涉及两大方面的主题：一是公司股票上市；二是企业合并。仅就企业合并而言，中国外运通过换股方式吸收合并外运发展的实例，至少有两个问题应引起我

们的重视：企业合并的对价方式（比如这里是换股合并）、企业合并的类型（比如这里是吸收合并）。那么，什么是企业合并？企业合并有哪些种类？企业合并的合并对价有哪些方式？更进一步的问题还有：取得股权日与购买日、合并日有什么关系？什么情况下的企业合并需要考虑被合并方的公允价值？公允价值如何确定？被合并方可辨认净资产的公允价值与被合并方企业整体的公允价值有什么区别？什么情况下的企业合并需要确认合并商誉？合并商誉如何确认、如何计量？被合并方的合并当期净利润与合并方的合并净利润将存在什么关系？企业合并会计将回答诸如此类的问题。

7.1　企业合并会计概述

7.1.1　企业合并的含义

1. 企业合并的概念

企业合并在现代经济社会中越来越普遍，已经成为企业寻求发展的有效途径之一。

《中华人民共和国公司法》中对企业合并的相关规定是：公司合并可以采取吸收合并或者新设合并。一个公司吸收其他公司为吸收合并，被吸收的公司解散。两个以上公司合并设立一个新的公司为新设合并，合并各方解散。

我国《企业会计准则第 20 号——企业合并》对企业合并的定义是：企业合并，是指将两个或者两个以上单独的企业合并形成一个报告主体的交易或事项。

可见，公司法和会计准则对企业合并的界定各有侧重。法律规范强调的是旧的“法人主体”的“合并”：企业合并使得参与合并各主体在法律形式上合为一个新的主体；会计规范强调的是新的“报告主体”的“形成”：企业合并使得参与合并各主体在经济实质上成为一个整体。可以说，对企业合并的会计确认、计量与报告，体现了实质重于形式的会计信息质量要求。

2. 对企业合并概念的进一步解释

在理解会计意义上的企业合并概念时，应该注意到以下几个问题：

（1）单独的主体既是独立的法人主体也是独立的报告主体，即作为独立的法人单位，单独主体应定期提供本主体的财务会计报告。

（2）合并形成一个报告主体，是指多个单独主体合并形成的合并后主体，作为一个报告主体，是强调经济意义上的一体，而非法律意义上的一体。合并后主体从法律意义上看可能是一个法人主体，也可能仍然包括多个法人主体。

（3）企业合并是一宗交易还是一个事项，这个关乎企业合并实质的问题，直接涉及会计计量属性的选择。根据我国现行会计规范，对合并中取得的净资产或股权，“交易性”的企业合并要采用公允价值计量，而“事项性”的企业合并采用账面价值计量。

【例 7－1】

现有 A、B 两个企业。表 7－1 是对企业合并基本含义的解释。

表7-1 企业合并含义理解举例

情形	合并前（单独的主体）	合并后		
		法人主体	报告主体	
			个别报表	合并报表
1. A、B合并后只留下A企业	A、B	A	A	
2. A、B合并创设一个新企业C	A、B	C	C	
3. A合并B，A和B仍为独立的法人主体	A、B	A、B	A、B	A

7.1.2 企业合并的类型

不同类型的企业合并在会计处理上有所区别。

企业合并可以从不同的角度进行分类。

1. 按合并双方合并前后法律主体形式是否变化进行分类

按合并双方合并前后法律主体形式是否变化进行分类，企业合并分为吸收合并、新设合并和控股合并三类。

（1）吸收合并（merger）或称兼并，是指实施合并的企业取得被合并企业的全部净资产，被合并企业不复存在的合并类型。吸收合并的方法是由实施合并的企业以出让现金等资产、发行债券或股票或签发出资证明等方式换取被合并企业的净资产。吸收合并的结果是实施合并的企业作为保留下来的单一经济主体和法律主体处理其会计事务，接受丧失法人地位的被合并企业的资产并承担其债务。

（2）新设合并（consolidation）或称创立合并，是指两个或两个以上的企业合并组成一个新的企业，参与合并的原各企业均不复存在的合并类型。新设合并的方法是由参与合并的企业以其净资产换取新设企业的股份。新设合并的结果是新设企业作为保留下来的单一经济主体和法律主体处理其会计事务，拥有丧失法人地位的各参与合并企业的资产并承担其债务。

（3）控股合并（acquisition），是指实施合并的企业取得对被合并企业的控制性股权，被合并企业在合并后仍保持其独立的法人资格并继续经营的合并类型。控股合并的方法是由实施合并的企业以出让现金等资产、发行债券或股票等合并对价换取被合并企业的控制性股权。控股合并的结果是实施合并的企业确认对被合并企业的股权投资，被合并企业依然保留其独立的法人资格。控股合并不是法律形式上的合并，但合并企业对被合并企业财务和经营决策的控制权决定了二者在经济实质上合成一体。

下面举例说明企业合并的分类。

【例7-2】

假定A、B两个企业进行合并。表7-2是对合并双方合并前后法律主体形式是否变化进行分类的企业合并的解释。

表7-2 吸收合并、新设合并、控股合并的区别

情形	合并前	合并后			合并类型
		法人主体	报告主体		
			个别报表	合并报表	
1. A+B=A	A、B	A	A		吸收合并
2. A+B=C	A、B	C	C		新设合并
3. A+B=A+B，但A控制B	A、B	A、B	A、B	A	控股合并

综上所述，可以得出如下结论：

第一，吸收合并、新设合并导致参与合并各方在法律形式上的合并，并理所当然地实现经济意义上的合并；控股合并则仅仅导致参与合并各方在经济意义上的合并。

第二，吸收合并、新设合并不会形成母子公司关系，控股合并却会导致母子公司的出现。

第三，吸收合并、新设合并导致被合并企业净资产的转移，所以，被合并企业要注销其净资产，实施合并企业则要确认取得的净资产；控股合并导致被合并企业控股权的转移，所以，被合并企业无须终止确认其相关资产、负债，而实施合并企业却要确认对被合并企业的股权投资。

2. 按合并双方合并前后最终控制方是否变化进行分类

按合并双方合并前后是否同属于同一方或相同的多方最终控制，企业合并分为同一控制下的企业合并和非同一控制下的企业合并两类。

(1) 两类合并的概念比较。

1) 同一控制下的企业合并，是指参与合并的企业在合并前后均受同一方或相同的多方最终控制且该控制并非暂时性的。

2) 非同一控制下的企业合并，是指参与合并的各方在合并前后不属于同一方或相同的多方最终控制。

简而言之，同一控制下的企业合并，参与合并的各方在合并前与合并后均属于相同的最终控制方；非同一控制下的企业合并，参与合并的各方在合并前与合并后分属于不同的最终控制方。

为了正确理解这两类企业合并的定义，至少应当明确以下几个问题：

第一，关于"同一方"和"相同的多方"。同一方，是指对参与合并的企业在合并前后均实施最终控制的投资者。相同的多方，是指根据投资者之间的协议约定，在对被投资单位的生产经营决策行使表决权时发表一致意见的两个或两个以上的投资者。

这就明确了一个非常重要的问题，即投资是企业会计准则所称"控制"的前提。

第二，关于"控制"和"最终控制"。控制，是指一个企业能够决定另一个企业的财务和经营决策，并能据以从另一个企业的经营活动中获取利益的权利。控制权的标志是决策权和获取利益权；控制的实施途径是一个企业直接或间接拥有另一个企业半数以上表决权，或者一个企业拥有另一个企业表决权不足半数以上但是通过拥有半数以下表决权和准则规定的其他方式达到控制的目的。这里的其他方式包括：通过与被

投资单位其他投资者的协议，拥有被投资单位半数以上表决权；根据公司章程或协议，有权决定被投资单位的财务和经营决策；有权任免被投资单位的董事会或类似机构的多数成员；在被投资单位的董事会或类似机构占多数表决权。可见，对于控制的判断，应当遵循实质重于形式的原则。

在直接控制的情况下，控制方对被控制方的控制就应该是最终控制；在存在间接控制的情况下，间接控制方拥有对被控制方的最终控制权。能够对参与合并各方在合并前后均实施最终控制的一方，通常是指企业集团中的母公司。

第三，关于“控制并非暂时性”。控制非暂时性，是指参与合并各方在合并前后较长的时间内受同一方或相同的多方控制的时间通常在一年以上（含一年）。

【例 7-3】

A企业与B企业是两个归属于不同企业集团的企业，甲、乙、丙、丁、丑、寅均为股份有限公司。A企业直接拥有甲企业80%的表决权，直接拥有乙企业70%的表决权；甲企业直接拥有丙企业60%的表决权；B企业直接拥有丁企业80%的表决权，直接拥有丑企业70%的表决权；丁企业直接拥有寅企业60%的表决权。以上各项表决权的拥有期限都超过一年。

要求：根据上述资料，说明合并前存在的最终控制关系；分别指出出现下列各种合并关系时的合并类别：A、B合并；甲、乙合并；乙、丙合并；甲、B合并；丁、寅合并；丙、丁合并。

第一，合并前存在的最终控制关系。将资料中各企业之间控股关系整理如图7-1、图7-2所示。

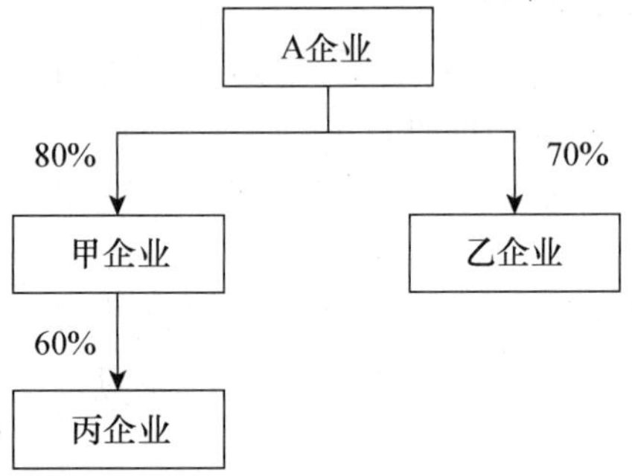

图 7-1　A企业相关企业控制关系图

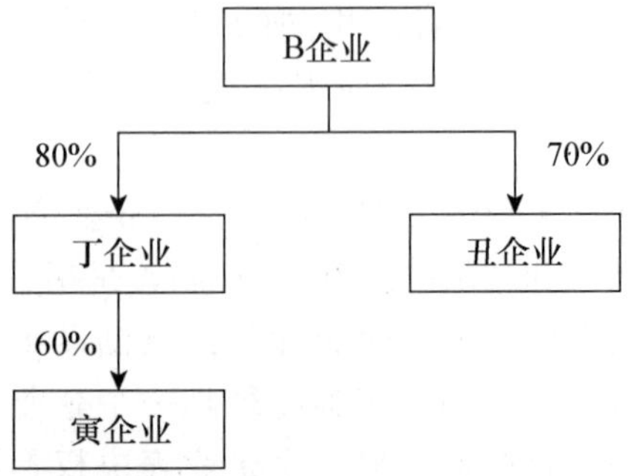

图 7-2　B企业相关企业控制关系图

由图7-1和图7-2可见：

A企业是甲、乙和丙三个企业的最终控制方。

B企业是丁、丑和寅三个企业的最终控制方。

第二，如果分别发生资料中所述各种合并关系，有关合并的类别划分见表7-3。

表7-3 企业合并分类表

同一控制下的企业合并		非同一控制下的企业合并
合并前后均受A企业最终控制	合并前后均受B企业最终控制	
甲、乙合并 乙、丙合并	丁、寅合并	A、B合并 甲、B合并 丙、丁合并

(2) 两类合并的实质比较。

1) 同一控制下的企业合并。一方面，由于合并各方在合并前后的最终控制方没有发生变化，合并双方的合并行为不完全是自愿进行和完成的，这种合并不能算作交易，只是一个对合并各方资产、负债进行重新组合的经济事项；另一方面，即使作为交易来看，合并交易的定价往往因受最终控制方的影响而难以达到公允。因此，同一控制下的企业合并其实质是一个事项。

2) 非同一控制下的企业合并。一方面，由于参与合并各方在合并前后不属于同一方或相同的多方最终控制，这种合并是非关联企业之间的合并；另一方面，这种合并以市价为基础，确定的合并价格相对公允。因此，其实质是一种交易，即合并各方自愿进行的购买交易，其结果是合并方购买了被合并方的控制权（表现形式为取得净资产或取得股权）。

(3) 两类合并的参与方称谓比较。正因为两类合并的实质不同，属于经济事项的同一控制下的企业合并和属于购买交易的非同一控制下的企业合并，参与合并各方的称谓也不尽相同。同一控制下的企业合并，在合并日取得对其他参与合并企业控制权的一方只能称为合并方，参与合并的其他企业只能称为被合并方。而非同一控制下的企业合并，在购买日取得对其他参与合并企业控制权的一方为合并方，也可称为购买方；参与合并的其他企业为被合并方，也可称为被购买方。

(4) 合并日或购买日的确定。合并日或购买日，是指被合并方或被购买方净资产或生产经营决策的控制权转移给合并方或购买方的日期。由合并实质所决定，同一控制下的企业合并，合并方实际取得对被合并方净资产或控制权的日期，称为合并日；非同一控制下的企业合并，购买方实际取得被购买方的净资产或控制权的日期，则既可称为合并日也可称为购买日。可见，界定合并日或购买日的关键是控制权的转移与否。

同时满足以下条件的，可认定为实现了控制权的转移：

1) 企业合并协议已获股东大会等内部权力机构通过；

2) 企业合并事项需要经过国家有关部门实质性审批的，已取得有关部门的批准；

3) 参与合并各方已办理必要的财产交接手续；

4) 合并方或购买方已支付合并价款的大部分（一般应超过50%），并且有能力支付剩余款项；

5）合并方或购买方实际上已经控制被合并方或被购买方的财务和经营决策，并享有相应的利益及承担相应的风险。

值得一提的是，就非同一控制下的企业合并而言，有时候购买日与交易日可能不一致。如果企业合并是一次交换交易实现的，交换交易日就是购买日；如果企业合并是通过多次交换交易分步实现的，交易日是各单项投资在购买方财务报表中确认之日，购买日则是获得控制权之日。

【例7－4】

甲公司于2×22年7月1日用银行存款2 500万元取得乙公司20%的股份；2×22年11月1日，甲公司又以6 800万元的价格进一步购入乙公司40%的股份，至此，甲公司获得了对乙公司的控制权。

根据上述资料可知，2×22年7月1日、11月1日都属于股权交易日，但购买日即企业合并日只能是2×22年11月1日。

（5）两类合并的合并对价形式比较。两类合并下支付的合并对价形式没有太大区别。同一控制下企业合并的合并方和非同一控制下企业合并的购买方，都可能以支付现金或非现金资产、承担负债或发行权益性证券等作为合并对价。所不同的是，在对支付的合并对价进行终止确认时，前者应按账面价值计量，后者则需以公允价值计量。此乃不同类别的企业合并实质所决定的。

上述两种分类方法之间的关系见图7－3。

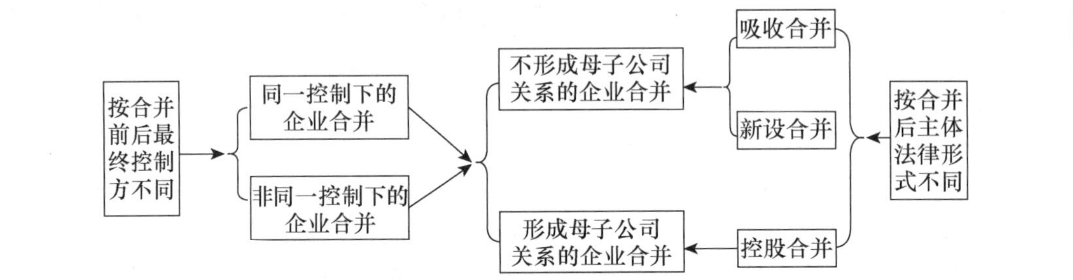

图7－3　企业合并两种分类关系图

3. 按涉及行业的不同进行分类

企业合并按涉及行业的不同进行分类，可分为横向合并、纵向合并和混合合并三种。

横向合并（horizontal integration）或称水平式合并，是指同行业或相近行业有关企业的合并，参与合并的企业在生产工艺、产品或劳务等方面相同或相近。横向合并的目的是发展规模经济实现规模效益，进行优势互补提高竞争能力。例如，若干零售商业企业合并组成大型零售商业企业集团等。

纵向合并（vertical integration）或称垂直式合并，是指不同行业的有关企业的合并，参与合并的企业在生产工艺、产品或劳务等方面虽然不相同或不相近，却有一定的联系。纵向合并的目的往往是保证生产经营活动的配套、产供销各环节的畅通。例如，速冻食品生产企业与粮油业、水产业、畜牧业甚至快餐业的企业合并。

混合合并（conglomeration），是指生产工艺、产品或劳务并没有内在联系的诸企业的合并。混合合并的目的一般是为了分散经营风险。例如，房地产开发企业购买造船企业的股权、电子生产企业并购酿酒企业等。

7.1.3　企业合并会计的主要内容

企业合并会计解决的问题主要是如何对企业合并进行确认、计量与报告。

根据图 7-3，无论是同一控制下的企业合并还是非同一控制下的企业合并，从合并后主体的法律形式看都有吸收合并、新设合并或控股合并的可能。一方面，在吸收合并、新设合并的情况下，被合并方要终止确认相关资产、负债，合并方则要确认取得的资产、承担的负债；在控股合并的情况下，被合并方无须终止确认相关资产、负债，合并方则要确认取得的股权。另一方面，合并方要支付合并对价，发生合并费用。合并日合并方对企业合并进行确认与计量的基本账务处理框架见表 7-4。

表 7-4　合并方对企业合并的账务处理框架

吸收合并、新设合并		控股合并	
借：有关资产账户 　贷：有关负债账户	[取得的净资产]	借：长期股权投资	[取得的股权]
银行存款等	[支付的合并对价]	贷：银行存款等	[支付的合并对价]
银行存款等	[支付的合并费用]	银行存款等	[支付的合并费用]

综上所述，企业合并会计的主要内容包括：

第一，合并方对合并日取得的净资产（或股权）应如何确认与计量？

第二，合并方对支付的合并对价应如何终止确认与计量？

第三，上述两者如果有差异应如何确认？

第四，合并方支付的合并费用应如何确认？

第五，合并日合并方是否需要编制合并财务报表？应如何编制合并财务报表？

很显然，上述问题的核心是如何计量企业合并中取得的净资产（或股权）以及支付的合并对价，而计量属性的选择取决于对企业合并实质的判断。如果将企业合并视为合并方对被合并方净资产（或股权）的购买，应该采用公允价值计量；如果将企业合并视为参与合并各方的股东对合并各方净资产（或股权）的联合，则应该按账面价值计量。

7.1 即测即评

对上述问题的不同解决思路构成企业合并会计处理的不同方法。

7.2　企业合并会计处理的基本方法

从企业合并会计的发展过程来看，企业合并会计处理的方法主要有两种：权益结合法和购买法。[①]

① 还有一种针对合资企业的处理方法：新起点法。新起点法下，参与合并主体的资产和负债，由新主体以公允价值确认。《国际财务报告准则第 3 号——企业合并》中指出，国际会计准则理事会将致力于在企业合并项目的未来阶段研究新起点法是否可能适用于某些企业合并。

7.2.1 权益结合法与购买法的主要特点

1. 权益结合法与购买法的概念

权益结合法（pooling of interests）也称权益入股法、股权联合法、权益联营法。《国际会计准则第22号——企业合并》（IAS 22）对权益结合法的定义有如下阐述：权益结合法是指参与合并的企业的股东联合控制他们全部或实际上全部的资产和经营，以便继续对联合实体分享利益和分担风险的合并。取代IAS 22的《国际财务报告准则第3号——企业合并》（IFRS 3）认为，权益结合法适用于“真实兼并”或“权益结合”形式的企业合并。① 因此，权益结合法下，为了达到共同分担合并主体的风险和利益，应满足以下条件：第一，参与合并企业的有表决权的普通股应全部或至少是绝大部分参与交换与合并；第二，一个企业的公允价值不能与另一个企业的公允价值相差很大；第三，合并后各企业的股东在合并主体中应大体保持与合并前同样的表决权和股权。

购买法（purchase method）也称购受法、收买法。IAS 22中对购买的定义有如下阐述：购买是指通过转让资产、承担负债或发行股票等方式，由一个企业（收购企业）获得对另一个企业（被收购企业）净资产和经营的控制权的企业合并。

2. 权益结合法与购买法的特点比较

权益结合法与购买法，作为企业合并会计处理的两种基本方法，从实质上看，其主要区别在于对企业合并性质的界定；在会计处理上，其主要区别则在于对合并进来的净资产或者股权采用原账面价值还是采用公允价值计量。两种方法的主要特点比较见表7-5。

表7-5 权益结合法、购买法的主要特点比较

项目	权益结合法	购买法
1. 合并的实质	参与合并的各企业现有的股东权益在合并主体中的联合和继续	将一个企业（购买方）获取对另一个企业（被购买方）净资产和经营的控制权的行为，视为一项购买交易，即与企业购买其他资产相类似的交易
2. 合并中取得的净资产或股权的入账价值的计量	按被合并方净资产账面价值的份额作为合并方取得的净资产或股权投资的入账价值	按被购买方净资产公允价值作为购买方取得的净资产的入账价值，按支付的合并成本作为购买方取得的股权的入账价值
3. 合并成本	不涉及合并成本	按购买成本作为合并成本。购买成本的确定主要取决于合并日购买方支付的合并对价的公允价值②
4. 合并商誉	不涉及合并商誉	（1）购买方支付的购买成本超过其在被购买方可辨认净资产公允价值中所占份额的部分，即为合并商誉 （2）在吸收合并和新设合并的情况下，合并商誉反映在购买方的个别资产负债表中；在控股合并的情况下，合并商誉将单项列示于购买方的合并资产负债表中

① 《国际财务报告准则第3号——企业合并》只对非同一控制下的企业合并规定了可采用的方法——购买法，没有对同一控制下的企业合并进行规范。

② 2008年修订之前的第3号国际财务报告准则中，购买法下的合并成本中还包括与合并直接相关的费用。

续表

项目	权益结合法	购买法
5. 股东权益的调整	(1) 支付合并对价的面值或账面价值与取得的被合并方净资产或股权的账面价值之间的差额，调整股东权益 (2) 将被合并方合并前留存收益按持股比例并入合并后留存收益中	由于将支付合并对价的公允价值与取得的被购买方净资产或股权的公允价值份额之间的差额确认为合并商誉，因此，不需要调整股东权益
6. 合并方当年净收益	如果合并发生在非年初的某个时点，合并方当年净收益包括参与合并各方整个年度净收益之和，如同自所反映的最早期间起参与合并各方就已经联合在一起	如果合并发生在非年初的某个时点，购买方合并当年净收益包括购买方当年实现的净收益以及被购买方自合并日后当年实现净收益中相当于购买方在被购买方股权份额的部分

IFRS 3 中强调，权益结合法的采用仅限于权益是主要对价形式的企业合并。而以权益作为主要对价的吸收合并，最能揭示权益结合法“现有股东权益在合并主体中的联合和继续”的实质。

下面就以权益作为合并对价的吸收合并为例，对权益结合法、购买法作进一步的说明。

【例7-5】

A、B两家公司合并前的有关资料见表7-6。

表7-6　合并前资料　　单位：万元

会计要素	合并前		
	A	B	A+B
资产	488	300	788
负债	260	200	460
股东权益	228	100	328

假设：

(1) A公司通过发行每股面值为10元、每股价格为15元的普通股10万股给B公司的股东，将B公司吸收合并。

(2) B公司合并日的存货项目公允价值比账面价值高5万元，导致账面价值为300万元的资产其公允价值为305万元；负债的公允价值等于账面价值。

要求：分别采用权益结合法、购买法，确定合并后主体的资产、负债、股东权益的价值（金额单位为万元）。

一方面，B公司应注销其原有的资产、负债和所有者权益。其相关账务处理为：

借：有关负债　　200
　　股东权益　　100
　贷：有关资产　　300

另一方面，A公司对合并B公司的业务要进行确认与计量。其相关账务处理见表7-7。

表7-7　A公司对企业合并的确认与计量　　单位：万元

权益结合法	购买法
借：有关资产　300 　贷：有关负债　200 　　　股本　100	借：有关资产　305 　　商誉（(100+50)-(305-200)）　45 　贷：有关负债　200 　　　股本　100 　　　资本公积——股本溢价　50

所以，合并前后的数据比较见表7-8。

表7-8　合并前后的数据比较　　单位：万元

会计要素	合并前（A+B）	合并后（A包含B）	
		权益结合法	购买法
资产	788	788	838
负债	460	460	460
股东权益	328	328	378

7.2.2　权益结合法与购买法的财务影响比较

权益结合法和购买法对财务信息具有不同的影响，具体可以从两个方面进行比较：从时间上来看，体现在对合并当年和合并以后年度均有不同影响；从内容上来看，体现在对净资产的计价和收益的计量均有不同影响。

1. 对合并当年财务会计信息的主要影响

由于购买法按合并中取得净资产的公允价值入账，而权益结合法按合并中取得净资产的账面价值记账，因此，在物价上涨条件下，购买法对净资产的计价比权益结合法对净资产的计价要高。

由于购买法仅将被合并企业合并当年净收益中属于合并日后实现的、应归属于合并企业的部分并入合并企业的合并当年净收益，而权益结合法是将被合并企业合并当年净收益全部并入合并企业的合并当年净收益，因此，在非年初合并的情况下，合并当年权益结合法确认的收益比购买法下确认的收益要高。

由于购买法将合并费用中的直接费用计入合并成本，在合并成本大于取得的净资产公允价值时增加了合并商誉的报告价值，在合并成本小于取得的净资产公允价值时减少了合并净收益的报告价值，与权益结合法将合并费用中的直接费用计入当期损益的做法相比，当合并成本大于取得的净资产公允价值时购买法比权益结合法对净资产的计价要高。

2. 对合并以后各年度财务会计信息的主要影响

一方面，购买法合并时按并入净资产的公允价值入账，同时还确认合并商誉（吸收合并情况下合并商誉单独入账，控股合并情况下则将并入净资产公允价值与合并商誉之和即购买成本全部作为股权投资入账），而权益结合法只按并入净资产的账面价值入账。在公允价值高于账面价值的条件下，在合并以后各年按公允价值确定的资产转移价值显然比按账面价值确定的资产转移价值要高，所以，在合并以后各年权益结合法确认的收益比购买法确认的收益要高。

另一方面，合并后各年，权益结合法下可以按公允价值将并入资产出售，（在物价上涨条件下）该售价与原账面价值之差又会给合并方带来一部分收益。

还有，购买法下被购买方的留存收益不能并入购买方的留存收益当中，而权益结合法则相反。这就导致了这样一种结果：在吸收合并或创立合并情况下，权益结合法使得被合并方的留存收益并入合并方的留存收益，可以在以后年度参与向股东支付股利。

综上所述，与购买法相比，采用权益结合法，合并当年对资产的较低计价、合并商誉的不予确认以及被合并方净收益的全部计入，不仅导致合并当年的较高收益，而且带来了以后各年较低的资产折旧基础和较高的净资产收益率；另外，权益结合法有可能为股东带来更多的可供分配留存收益。

7.2.3　企业合并会计规范变迁

权益结合法和购买法的上述不同特征，决定了两者生成的会计信息不同；正因为两种方法对净资产的计价和收益的计量都有不同的影响，所以，在企业合并会计准则的发展过程中对这两种方法的取舍也经历了不断的变迁。美国财务会计准则委员会（FASB）2001 年 7 月颁布的《财务会计准则公告第 141 号——企业合并》（SFAS 141）中取消了权益结合法；国际会计准则委员会（IASB）发布的 2004 年 3 月 31 日生效的 IFRS 3 中，则要求所有企业合并采用购买法进行会计处理。我国的《企业会计准则第 20 号——企业合并》则规定，同一控制下企业合并的会计处理方法以账面价值为计量核心，非同一控制下企业合并的会计处理方法以公允价值为计量核心，前者在一定程度上是对权益结合法基本原理的扩展运用，后者则显然是对购买法的应用。

随着企业合并会计准则的不断修订，我国目前的企业合并会计准则对同一控制下企业合并的会计处理与传统的权益结合法相比，更加简化；而随着 IFRS 3 在 2008 年及以后对购买法的不断修订及会计准则国际趋同的进程，我国的企业合并会计准则对非同一控制下企业合并的会计处理也在不断完善。

7.2 即测即评

7.3　同一控制下企业合并的会计处理

7.3.1　确认与计量的基本原则

根据我国的企业合并会计准则，对同一控制下企业合并的确认与计量的基本原则包括：

1. 取得净资产或股权的入账价值的确定

合并方取得的净资产或股权投资按被合并方相关账面价值入账。同一控制下企业合并的合并方，对吸收合并和新设合并中取得的资产和负债，按照合并日被合并方有关资产、负债的账面价值计量；对控股合并中取得的长期股权投资，按照合并日取得的被合并方所有者权益账面价值的份额进行初始计量。

2. 合并对价的计量

合并方支付的合并对价按账面价值转出。合并方对作为合并对价所付出的资产，合并方按其账面价值结转；作为合并对价所发生或承担的负债，按账面价值或面值确认；作为合并对价所发行的股份，按面值总额记录。也就是说，如果合并对价是非现金资产，不需要确认支付的合并对价的转让损益；如果合并对价是发行的债券或股票，不涉及对相关证券的溢价或折价的确认。

3. 以上两项内容的差额的处理

合并方取得的净资产或股权投资的入账价值与支付的合并对价的账面价值之差调整所有者权益，即调整资本公积（股本溢价）；需要调整减少资本公积时，资本公积（股本溢价）不足冲减的，调整减少盈余公积和未分配利润。

4. 合并费用的处理

合并费用是指合并方为进行企业合并所发生的费用，包括直接合并费用和间接合并费用。直接合并费用包括为某项企业合并而发生的审计费用、评估费用、法律服务费用等各项费用，以及以发行证券作为合并对价时所发生的佣金、手续费等发行费用。间接合并费用则指不能归属于直接合并费用的其他与企业合并有关的费用。

合并费用的处理方法是：

（1）合并方为企业合并而发生的审计费用、评估费用、法律服务费用，应当于发生时计入当期损益。

（2）合并方为企业合并而发行债券或承担其他债务所支付的手续费、佣金等费用，应当计入所发行债券或其他债务的初始计量金额，即构成有关债务的入账价值的组成部分。

（3）合并方为企业合并而发行权益性证券所发生的手续费、佣金等费用，应当冲减资本公积（股本溢价）；资本公积不足冲减的，冲减盈余公积和未分配利润。

（4）企业发生的不属于直接合并费用的其他与企业合并有关的费用，如企业专设的并购部门的日常管理费用等，应当于发生时计入当期损益。

7.3.2 确认与计量的举例

下面举例说明同一控制下企业合并的确认与计量。

（1）以出让资产作为合并对价的吸收合并与控股合并比较。

【例7-6】

A企业与B企业为同一母公司下属的两个企业。2×18年6月末，A企业向母公司支付账面价值400万元、公允价值480万元的库存商品和550万元的银行存款，实施与B企业的合并。合并前A、B两个企业的净资产价值的有关资料见表7-9、表7-10。

表7-9 A企业净资产价值资料 单位：万元

资产		权益	
项目	账面价值	项目	账面价值
货币资金	700	应付账款等	2 000
库存商品等	1 800	股本	2 500

续表

资产		权益	
项目	账面价值	项目	账面价值
固定资产	3 000	资本公积（股本溢价）	500
		盈余公积	300
		未分配利润	200

表 7-10　B 企业净资产价值资料　单位：万元

资产		权益	
项目	账面价值	项目	账面价值
原材料等	500	应付账款等	1 000
固定资产	1 500	股本	500
		资本公积	100
		盈余公积	100
		未分配利润	300

要求：根据上述资料，按吸收合并、控股 100%和控股 80%三种情况分别进行合并日合并双方的账务处理。

有关账务处理见表 7-11、表 7-12。

表 7-11　被合并方 B 企业合并日进行的账务处理　单位：万元

吸收合并	控股合并（100%控股）	控股合并（80%控股）
注销净资产： 借：应付账款等　1 000 　　股本　500 　　资本公积　100 　　盈余公积　100 　　利润分配——未分配利润　300 　贷：原材料等　500 　　　固定资产　1 500	不作账务处理	不作账务处理

表 7-12　合并方 A 企业合并日进行的账务处理　单位：万元

吸收合并	控股合并（100%控股）	控股合并（80%控股）
①确认合并事项： 借：原材料等　500 　　固定资产　1 500 　贷：应付账款等　1 000 　　　库存商品　400 　　　银行存款　550 　　　资本公积——股本溢价　50 ②调整留存收益： 借：资本公积——股本溢价　400 　贷：盈余公积　100 　　　利润分配——未分配利润　300	确认合并事项： 借：长期股权投资　1 000 　贷：库存商品　400 　　　银行存款　550 　　　资本公积——股本溢价　50	确认合并事项： 借：长期股权投资　800 　　资本公积——股本溢价 　　　150 　贷：库存商品　400 　　　银行存款　550

（2）以发行股票作为合并对价的吸收合并与控股合并比较。

【例 7－7】

A、B两企业合并前资料见表7－9、表7－10。2×22年6月末，假设A企业发行每股面值为10元的普通股800 000股给母公司，实施对B企业的合并。

要求：根据上述资料，按吸收合并、控股100%和控股70%三种情况分别进行合并日合并方的账务处理。

A企业的有关账务处理见表7－13。

表7－13　A企业合并日进行的账务处理　　单位：万元

吸收合并	控股合并（100%控股）	控股合并（70%控股）
①确认合并事项： 借：原材料等　500 　固定资产　1 500 　贷：应付账款等　1 000 　　股本　800 　　资本公积——股本溢价　200 ②调整留存收益： 借：资本公积——股本溢价　400 　贷：盈余公积　100 　　利润分配——未分配利润　300	确认合并事项： 借：长期股权投资　1 000 　贷：股本　800 　　资本公积——股本溢价　200	确认合并事项： 借：长期股权投资　700 　资本公积——股本溢价　100 　贷：股本　800

（3）合并费用的处理。

7.3 即测即评

【例 7－8】

沿用例7－7的资料。假定A企业为企业合并另支付审计费用、评估费用、法律服务费用等各项直接相关费用3万元，发行股票手续费1万元。

合并日A企业吸收合并B企业和控股70%合并B企业的有关账务处理见表7－14。

表7－14　合并费用账务处理　　单位：万元

吸收合并	控股合并（70%控股）
①确认合并事项： 借：原材料等　500 　固定资产　1 500 　管理费用　3 　贷：应付账款等　1 000 　　股本　800 　　银行存款　4 　　资本公积——股本溢价　199 ②调整留存收益： 借：资本公积——股本溢价　400 　贷：盈余公积　100 　　利润分配——未分配利润　300	确认合并事项： 借：长期股权投资　700 　管理费用　3 　资本公积——股本溢价　101 　贷：股本　800 　　银行存款　4

7.4　非同一控制下企业合并的会计处理

7.4.1　确认与计量的基本原则

非同一控制下企业合并的确认与计量原则如下：

1. 取得净资产或股权的入账价值的确定

非同一控制下的企业合并，其实质是一项“交易”。作为购买交易中取得的资产、承担的负债或取得的股权，需要采用公允价值计量，而不应该采用账面价值计量。取得可辨认净资产或股权的具体计量方法分别为：

（1）吸收合并和新设合并的情况下，购买方需要将取得的被购买方可辨认净资产按其在购买日的公允价值入账。

（2）控股合并的情况下，购买方应当在购买日按所确定的合并成本作为长期股权投资的初始投资成本入账，以确认取得的被购买方的股权份额。

2. 合并成本的确定

（1）关于合并成本的基本组成。购买方的合并成本等于购买日为取得对被购买方的控制权而付出的资产、发生的负债以及发行的权益性证券的公允价值。这就意味着：一方面，购买方在合并中付出的资产（或发生的负债），其公允价值构成合并成本的组成部分之一；另一方面，购买方在合并中付出的资产在按其账面价值予以注销（表示相关的资产退出企业）的同时，需将相关资产公允价值与账面价值的差额，作为资产转让损益计入当期损益。

（2）关于计入合并成本的预计负债。在合并合同或者协议中对可能影响合并成本的未来事项作出约定的，购买日估计未来事项很可能发生并且对合并成本的影响金额能够可靠计量的，购买方应将其计入合并成本。

（3）关于合并成本的调整。在企业合并发生在当期期末的情况下，如果合并中取得的可辨认资产、负债及或有负债的公允价值或者购买方的合并成本只能暂时确定，则购买方应当以所确定的暂估价值为基础，对合并交易进行确认和计量；如果购买日后 12 个月内对确认的暂估价值进行了调整，则所调整的部分视为在购买日进行的确认和计量。

3. 对合并商誉（或负商誉）的确认与计量

商誉是指由不能分别辨认并单独确认的资产所形成的未来经济利益（见 IFRS 3）。目前国际会计界尚没有对企业自创商誉的确认和计量进行规范，只有企业合并才有可能确认合并商誉。在企业并购交易中，购买方一方面要按公允价值对取得的被购买方可辨认净资产（吸收合并时）或按合并成本对取得的被购买方股权份额（控股合并时）进行入账；另一方面，要按合并成本反映付出的合并对价的公允价值。两者若有差额，就涉及合并商誉或负商誉的确认与计量的问题。

（1）合并商誉的确认与计量。根据《企业会计准则第 20 号——企业合并》，购买方应当将合并成本超过合并中取得的被购买方可辨认净资产公允价值份额的差额，确认为商誉。这种按合并成本大于购买方在合并中取得的被购买方可辨认净资产公允价值中所占份额的差额对合并商誉进行初始计量的方法，称为部分商誉法，因为这里的合并商誉金额不包括归属于少数股东的商誉。与部分商誉法相对而言的是全部商誉法。全部商誉法下，合并商誉既包括母公司享有的合并商誉也包括少数股东享有的合并商誉，这实际上是以少数股东权益按其公允价值确定（或者按子公司公允价值的一定比例而非子公司可辨认净资产的公允价值的一定比例计算确定）为前提的。我国的《企业会计准则第20号——企业合并》规定采用的是部分商誉法，IFRS 3允许企业在部分商誉法和全部商誉法之间选择采用计量合并商誉的方法。

值得一提的是，存在合并商誉的情况下，合并商誉是在个别报表中确认还是在合并报表中确认，在不同的合并方式下是有区别的。不形成母子公司关系的企业合并交易，即吸收合并和新设合并，购买日购买方的账务处理中就能够单独确认商誉，从而在合并后存续企业的个别资产负债表中单项列示；形成母子公司关系的控股合并交易，因合并日账务处理中作为长期股权投资的初始投资成本入账的合并成本中就包括商誉价值，所以，在合并日购买方的个别资产负债表中商誉并未单独列报，而是包含在"长期股权投资"项目中，在合并日合并资产负债表中才需要单独列报合并商誉。也就是说，如果企业的个别资产负债表中列有商誉，说明该商誉来自企业曾经对其他企业实施的吸收合并或新设合并；如果企业的合并资产负债表中列有商誉，则意味着该商誉来自企业曾经对其他企业实施的控股合并。

企业合并形成的商誉，经初始确认为资产项目以后，不予摊销，而是至少在每年年末进行减值测试，并确认相应的减值损失，然后按其成本扣除累计减值损失的金额予以计量。①

（2）负商誉的确认与计量。根据《企业会计准则第20号——企业合并》，购买方应当将合并成本小于取得的被购买方可辨认净资产的公允价值的差额，计入当期损益（营业外收入）。

［视频］合并商誉的会计处理

非同一控制下的企业合并交易中，当购买方的合并成本小于取得的被购买方可辨认净资产公允价值的份额时，首先，要对产生该差额的有关因素进行复核，即一方面要对取得的被购买方各项可辨认资产、负债及或有负债的公允价值进行复核，另一方面要对购买方确定的合并成本进行复核；经过复核认定合并成本确实小于取得的被购买方可辨认净资产公允价值的份额之后，将其差额计入当期损益。这种方法与IFRS 3的规定相同。

4. 递延所得税的处理

与企业合并有关的递延所得税问题，包括三个方面：

（1）与免税合并与否有关的递延所得税。这里要分别从免税合并和非免税合并两种情况来看。

一种情况是免税合并。非同一控制下的企业合并如按税法规定作为免税合并处理的情况下，购买方要注意以下两个与递延所得税有关的问题。

第一，按照会计准则确认的合并商誉，由于免税合并情况下计税时不认可商誉的

---

① 合并商誉在并购核算中的账务处理方法一般有三种：（1）确认为一项永久性资产，不摊销；（2）将合并商誉确认为一项资产，并分期摊销；（3）将合并商誉直接调整并购当期的股东权益。目前，我国的《企业会计准则第20号——企业合并》与IFRS 3的规定一致，摒弃了原采用的分期摊销的方法。

价值，因此，其计税基础为零，由此产生了合并商誉账面价值大于计税基础的应纳税暂时性差异。根据会计准则的规定，该暂时性差异的未来纳税影响不应予以确认，即不确认与该商誉的暂时性差异有关的递延所得税负债。

第二，符合税法规定的免税合并条件下，如果当事各方选择进行免税处理，则作为购买方其在免税合并中取得的被购买方有关资产、负债应维持其原计税基础不变。按照会计准则规定将取得的被购买方可辨认净资产按公允价值进行初始计量，但其计税基础等于原计税基础，由此导致的暂时性差异的纳税影响要予以确认，并调整合并商誉。

另一种情况是非免税合并。非同一控制下的企业合并如为非免税合并处理的情况下，购买方同样要注意两个与递延所得税有关的问题：

第一，如果按照会计准则规定在非同一控制下的企业合并中确认了商誉，并且按照所得税法的规定该商誉在初始确认时计税基础等于账面价值的，该商誉在合并日不涉及递延所得税的确认，但后续计量过程中因会计准则规定与税法规定不同产生应纳税暂时性差异的，应当确认相关的所得税影响。

第二，合并中取得的被购买方有关资产、负债应按照会计准则规定以合并日公允价值进行计量之后，合并日账面价值与计税基础应无差异，所以不涉及相关递延所得税的确认。

（2）取得的被购买方可抵扣暂时性差异的处理。在企业合并中，购买方取得被购买方的可抵扣暂时性差异，在购买日不符合递延所得税资产确认条件的，不应予以确认。购买日后12个月内，如取得新的或进一步的信息表明购买日的相关情况已经存在，预期被购买方在购买日可抵扣暂时性差异带来的经济利益能够实现的，应当确认相关的递延所得税资产，同时减少商誉，商誉不足冲减的，差额部分确认为当期损益；除上述情况以外，确认与企业合并相关的递延所得税资产，应当计入当期损益（所得税费用），不得调整合并商誉。

（3）对合并前购买方已经存在的可抵扣暂时性差异的处理。企业合并发生后，购买方对于合并前本企业已经存在的可抵扣暂时性差异及未弥补亏损等，可能因为企业合并后估计很可能产生足够的应税利润利用可抵扣暂时性差异，从而确认相关的递延所得税资产。该递延所得税资产的确认不应成为企业合并的组成部分，不影响企业合并中应予确认的商誉或是因企业合并成本小于合并中取得的被购买方可辨认净资产公允价值份额而应计入合并当期损益的金额。

5. 合并费用的处理

非同一控制下企业合并中合并费用的处理，与同一控制下企业合并的相关规范基本相同。

[财报精选] 警惕2018商誉减值"黑天鹅" 证监会发文强调商誉减值监管关注事项

7.4.2 确认与计量的举例

下面举例说明非同一控制下企业合并的确认与计量。

（1）合并成本的计算。

【例7-9】

A企业在与B企业的合并交易中，用账面价值800万元、公允价值900万元的库存商品和4 000万元的货币资金购买B企业100%的控制权。其他资料略。

A企业的合并成本计算如下：

A企业确认的合并成本＝900＋4 000＝4 900(万元)

A企业确认的资产转让收益＝900－800＝100(万元)

A企业确认的长期股权投资初始成本＝4 900(万元)

【例7-10】

沿用例7-9的资料。假定企业并购交易中A企业用银行存款支付5万元的评估费用等直接合并费用。

A企业的有关指标计算如下：

A企业确认的合并成本＝900＋4 000＝4 900(万元)

A企业确认的资产转让收益＝900－800＝100(万元)

A企业确认的长期股权投资初始成本＝4 900(万元)

(2) 计入合并成本的预计负债。

【例7-11】

沿用例7-10的资料。假设在合并协议中约定，如果B企业在合并后两年内每年实现的净利润均超过300万元，A企业就在原购买出价的基础上另支付1%的价款。A企业根据对已有信息的分析，认为B企业今后两年各年实现的净利润很可能超过300万元。

根据上述资料可知，A企业确认的合并成本为：

A企业确认的合并成本＝4 900×101%＝4 949(万元)

(3) 调整合并成本。

【例7-12】

A企业与B企业为非同一控制下的两个企业。2×22年6月末，A企业用账面价值800万元、公允价值900万元、增值税税率13%的库存商品和3 056万元的银行存款实施与B企业的吸收合并。合并日B企业净资产账面价值的资料见表7-15。由于当时无法及时确定B企业各项资产、负债的公允价值，A企业按B企业资产、负债的账面价值作为暂估价值对企业合并交易进行确认。2×22年12月末，确定B企业2×22年12月末固定资产的公允价值应为5 500万元。假设A企业合并B企业后，对合并进来的固定资产采用直线法按10年计提折旧。

表7-15　B企业净资产账面价值资料　　单位：万元

资产		负债	
项目	账面价值	项目	账面价值
原材料等	2 000	应付账款等	3 000

续表

资产		负债	
项目	账面价值	项目	账面价值
固定资产	5 000	股本	2 000
		资本公积	500
		盈余公积	500
		未分配利润	1 000

有关账务处理见表7-16。

表7-16 A企业的账务处理 单位：万元

2×22年6月30日确认合并交易：	2×22年12月31日调整合并成本：
借：原材料等 2 000 固定资产 5 000 商誉 73 贷：应付账款等 3 000 主营业务收入 900 应交税费——应交增值税（销项税额） 117 银行存款 3 056	借：固定资产 500 贷：商誉 73 营业外收入 427 同时，补提有关固定资产的折旧： 借：管理费用等 25 贷：累计折旧 25

（4）合并商誉的初始确认与计量。

【例7-13】

A公司与B公司为非同一控制下的两个企业。2×22年6月末，A公司用账面价值800万元、公允价值900万元、增值税税率13%的库存商品和3 056万元的银行存款实施与B公司的合并。合并日B公司净资产账面价值的资料见表7-15。假定2×22年6月末A公司合并B公司时，B公司可辨认净资产公允价值为4 030万元，超过账面价值的30万元为某项管理用固定资产的评估增值，即固定资产的公允价值为5 030万元。其他资料略。

根据上述资料，按吸收合并和100%控股、80%控股合并三种情况分别进行购买日购买方的账务处理，见表7-17。

表7-17 A公司购买日进行的账务处理 单位：万元

吸收合并	控股合并（100%控股）	控股合并（80%控股）
借：原材料等 2 000 固定资产 5 030 商誉 43* 贷：应付账款等 3 000 主营业务收入 900 应交税费——应交增值税（销项税额） 117 银行存款 3 056	借：长期股权投资 4 073** 贷：主营业务收入 900 应交税费——应交增值税（销项税额） 117 银行存款 3 056 借：主营业务成本 800 贷：库存商品 800	借：长期股权投资 4 073*** 贷：主营业务收入 900 应交税费——应交增值税（销项税额） 117 银行存款 3 056 借：主营业务成本 800 贷：库存商品 800

*43=(3 056+117+900)-(2 000+5 030-3 000)

**4 073万元的长期股权投资成本（合并成本）中包含43万元的合并商誉，将体现在合并日的合并资产负债表中。

***4 073万元的长期股权投资成本（合并成本）中包含849万元的合并商誉（部分商誉法），将体现在合并日的合并资产负债表中。

（5）负商誉的初始确认与计量。

【例7－14】

假定2×22年6月末A公司用发行2000万股普通股的方式合并B公司，发行的股票每股面值1元，市场价格1.5元；另支付6万元的股票发行费用。其他资料同例7－13。

根据上述资料，按吸收合并、100%控股合并和80%控股合并三种情况分别进行购买日购买方的账务处理，见表7－18。

表7－18　A公司购买日进行的账务处理　　单位：万元

吸收合并	控股合并（100%控股）	控股合并（80%控股）
借：原材料等　2 000 　　固定资产　5 030 　贷：应付账款等　3 000 　　　股本　2 000 　　　资本公积　994 　　　银行存款　6 　　　营业外收入　1 030*	借：长期股权投资 3 000 　贷：股本　2 000 　　　资本公积　994 　　　银行存款　6	借：长期股权投资　3 000 　贷：股本　2 000 　　　资本公积　994 　　　银行存款　6

*1 030＝(2 000＋5 030－3 000)－(2 000＋994＋6)

（6）与企业合并有关的递延所得税问题。

【例7－15】

沿用例7－13的资料。假定A公司吸收合并B公司的合并对价是自身股票，即A公司向B公司股东发行本企业普通股3 500万股，每股面值1元，市场价格1.3元。所得税税率为25%。假定此项合并符合税法规定的免税合并条件。

根据上述资料，A公司合并日确认企业合并的账务处理为（金额单位为万元）：

（1）合并日确认吸收合并：

借：原材料等　　2 000
　　固定资产　　5 030
　　商誉（差额）　　520
　贷：应付账款等　　3 000
　　　股本　　3 500
　　　资本公积　　1 050

（2）合并日确认与取得的净资产有关的递延所得税，并调整商誉价值：

借：商誉　　7.50
　贷：递延所得税负债（30×25%）　　7.50

（7）与企业合并有关的递延所得税问题。

【例7－16】

假定B公司吸收合并非同一控制下的C公司，C公司以前期间发生的未弥补亏损为200万元。假定购买日及未来期间企业适用的所得税税率为25%。购买日因预计未来期间无法取得足够的应税利润，未确认与该可抵扣暂时性差异相关的递延所得税资产为50万元。购买日确认的商誉金额为1 800万元。

在购买日之后的9个月，B公司预计未来能够产生足够的应税利润用来抵扣原合并时产生的200万元可抵扣暂时性差异的影响，企业经分析认为该利益变为很可能实现的情况出现在购买日之后。

B公司应进行以下账务处理（金额单位为万元）：

借：递延所得税资产　　50

　　贷：所得税费用　　50

如果这些情况在购买日已经存在，则B公司应进行以下账务处理：

借：递延所得税资产　　50

　　贷：商誉　　50

7.4即测即评

7.5　报表列报与附注披露

7.5.1　报表列报

吸收合并的情况下，合并方将合并进来的被合并方的有关资产、负债在合并后主体的资产负债表中以账面价值列报（同一控制下的吸收合并）或按公允价值列报（非同一控制下的吸收合并）；同一控制下吸收合并的合并方还会因确认享有的被合并方合并前留存收益而影响其资本公积、留存收益等项目的列报金额；非同一控制下吸收合并的合并方则需要在资产负债表中“商誉”项目列报所确认的合并商誉，或在利润表中的“营业外收入”项目中列报所确认的负商誉。

控股合并的情况下，合并方要在其个别资产负债表的“长期股权投资”项目中列报合并取得的对被合并方的长期股权投资价值。

另外，直接合并费用的确认还将影响到合并方合并当期利润表的“管理费用”项目列报金额。

7.5.2　附注披露

1. 同一控制下企业合并的附注披露

同一控制下的企业合并，合并方应当在合并当期的附注中披露下列有关信息：

（1）参与合并企业的基本情况。

（2）属于同一控制下企业合并的判断依据。

（3）合并日的确定依据。

（4）以支付现金、转让非现金资产以及承担债务作为合并对价的，所支付对价在合并日的账面价值；以发行权益性证券作为合并对价的，合并中发行权益性证券的数量及定价原则，以及参与合并各方交换有表决权股份的比例。

（5）被合并方的资产、负债在上一会计期间资产负债表日及合并日的账面价值；

被合并方自合并当期期初至合并日的收入、净利润、现金流量等情况。

（6）合并合同或协议约定将承担被合并方或有负债的情况。

（7）被合并方采用的会计政策与合并方不一致所作调整的情况说明。

（8）合并后已处置的被合并方资产、负债的账面价值及处置价格等。

2. 非同一控制下企业合并的附注披露

非同一控制下的企业合并，购买方应当在合并当期的附注中披露下列有关信息：

（1）参与合并企业的基本情况。

（2）购买日的确定依据。

（3）合并成本的构成及其账面价值、公允价值及公允价值的确定方法。

（4）被购买方各项可辨认资产、负债在上一会计期间资产负债表日及购买日的账面价值和公允价值。

（5）合并合同或协议约定将承担被购买方或有负债的情况。

（6）被购买方自合并日起至报告期末的收入、净利润、现金流量等情况。

（7）商誉的金额及其确定方法。

（8）因合并成本小于合并中取得的被购买方可辨认净资产公允价值的份额计入当期损益的金额。

（9）合并后已处置或拟处置的被购买方资产、负债的账面价值及处置价格等。

思考题

1. 什么是企业合并？
2. 什么是同一控制下的企业合并？什么是非同一控制下的企业合并？
3. 什么是吸收合并、新设合并和控股合并？
4. 如何理解购买法、权益结合法的基本内容？
5. 如何理解我国现行企业会计准则对企业合并的会计处理规范？

练习题

习题一

[目的] 练习非同一控制下吸收合并与控股合并中合并成本的确定，分析相关会计处理及其对合并后主体会计信息的影响。

[资料] 甲、乙公司为非同一控制下的两家企业。2×22年6月末，甲公司为取得乙公司净资产向乙公司的原控股股东支付的合并对价见表7-19。乙公司在合并前可辨认净资产的账面价值为18 000万元（无对外长期股权投资），公允价值为19 000万元，其中1 000万元的增值额由部分存货和固定资产的评估价值高于账面价值所致。合并协议规定，如果乙公司在合并后当年实现的净利润超过500万元，甲公司就在原支

付合并对价的基础上向乙公司原控股股东另支付1%的价款。根据对已有信息的分析，甲公司认为乙公司合并后当年实现的净利润很可能超过500万元。支付合并对价后乙公司注销，其净资产转入甲公司。甲公司用银行存款支付与此项合并有关的评估费、审计费、咨询费等共计2万元。增值税税率为13%。为简化起见，不考虑出让固定资产、无形资产的相关增值税及其他税费。

表7-19　甲公司支付的合并对价情况表　　单位：万元

项目	账面价值	公允价值
货币资金	500	500
库存商品	3 000	4 000
固定资产	7 300	7 000
无形资产	4 900	5 000
长期股权投资	1 800	2 000
合计	17 500	18 500

[要求]　根据上述资料，回答以下问题（金额单位用万元表示）：

(1) 甲公司的合并成本是多少？

(2) 此项企业合并交易对甲公司合并日个别资产负债表中“长期股权投资”“商誉”项目以及股东权益的影响金额分别为多少？

(3) 如果此项企业合并使甲公司取得乙公司100%控股权，乙公司并未注销其法人资格，此项企业合并交易对甲公司合并日个别资产负债表中“长期股权投资”“商誉”项目以及股东权益的影响金额分别为多少？

(4) 如果此项企业合并使甲公司取得乙公司70%控股权，甲公司如何进行确认此项合并交易的账务处理？其与取得100%控股权的账务处理有何不同？

(5) 甲公司取得乙公司100%控股权和70%控股权的两种情况下，合并日合并报表中的“商誉”金额有何不同？

习题二

[目的]　练习同一控制下吸收合并与控股合并的会计处理，分析其对合并后主体会计信息的影响。

[资料]　假定甲、乙公司为同一控制下的两家企业，另外，取消或有对价条款。其他资料同习题一的资料。

[要求]　根据上述资料，回答以下问题（金额单位用万元表示）：

(1) 此项企业合并对甲公司合并日个别资产负债表中“长期股权投资”“商誉”项目以及股东权益的影响金额分别为多少？

(2) 如果此项企业合并使甲公司取得乙公司100%控股权，乙公司并未注销其法人资格，此项企业合并对甲公司合并日个别资产负债表中“长期股权投资”“商誉”项目以及股东权益的影响金额分别为多少？

(3) 如果此项企业合并使甲公司取得乙公司70%控股权，甲公司如何进行确认此项合并的账务处理？其与取得100%控股权的账务处理有何不同？

年报分析

[主题] 企业合并的分类及会计处理。

[资料] 中国外运吸收合并外运发展，具体资料见本章的“年报撷萃”专栏。

[要求] 根据上述资料，分析如下问题：

(1) 为什么说此项合并是吸收合并？

(2) 尝试通过查阅相关资料来判断此项合并是属于同一控制下的企业合并还是非同一控制下的企业合并。

第 8 章

合并财务报表的编制：基础

思维导图

学习目标：

通过本章的学习，理解合并财务报表的含义与种类；了解合并财务报表的合并理念；明确合并范围的确定依据；熟悉合并财务报表的编制程序；理解合并财务报表编制程序中有关调整与抵销处理的基本原理；了解合并日合并资产负债表的编制方法。

年报撷萃　中国动力 2022 年半年度合并财务报表的合并范围

中国船舶重工集团动力股份有限公司，前身为风帆股份有限公司，是经国家经贸委（国经贸企改〔2000〕471 号文件）批准，由中国船舶重工集团有限公司等五家发起人共同发起设立的股份有限公司。公司于 2000 年 6 月 13 日注册成立；2016 年 4 月 1 日，国家工商行政管理总局核准“风帆股份有限公司”名称变更为“中国船舶重工集团动力股份有限公司”；2016 年 4 月 29 日，公司完成了工商变更登记手续，并取得由保定市工商行政管理局换发的营业执照，公司名称正式变更为“中国船舶重工集团动力股份有限公司”，股票简称为中国动力，股票代码为 600482。公司主要经营活动为：内燃机及配件的制造、研发、维修、安装、租赁、技术服务；汽轮机及零件、燃气轮机及零件的制造、研发、维修、安装、租赁、技术服务；蓄电池开发、研制、生产、销售；蓄电池零配件、材料的生产、销售；锂离子电池及其材料的研究、制造、销售，并提供锂离子电池及其材料的技术服务。公司的母公司为中国船舶重工集团有限公司。

中国动力在 2022 年半年度报告中对 2022 年半年度合并财务报表的范围披露了如下相关信息：

1. 合并财务报表范围

本公司本期合并财务报表的合并范围，包括本公司和风帆有限责任公司等子公司，子公司信息如下：

子公司名称
风帆有限责任公司
上海风帆蓄电池事业有限公司
唐山风帆宏文蓄电池有限公司
保定风帆精密铸造制品有限公司
河南风帆物资回收有限公司
北京风帆环保科技有限公司
风帆（扬州）有限责任公司
淄博火炬能源有限责任公司
淄博火炬机电设备有限责任公司
淄博拓驰塑料制品有限公司
中国船舶重工集团柴油机有限公司
宜昌船舶柴油机有限公司
宜昌兴舟重型铸锻有限公司
大连船用柴油机有限公司
河南柴油机重工有限责任公司
武汉船用机械有限责任公司
青岛海西重机有限责任公司
武汉海润工程设备有限公司
武汉铁锚焊接材料股份有限公司
常州旭尔发焊业有限公司
上海齐耀重工有限公司
上海齐耀热能工程有限公司
上海齐耀动力技术有限公司
上海齐耀螺杆机械有限公司
中船重工发动机有限公司
中船重工柴油机动力有限公司
上海中船重工船舶推进设备有限公司
哈尔滨广瀚动力技术发展有限公司
哈尔滨广瀚动力传动有限公司
哈尔滨广瀚燃气轮机有限公司
无锡市三元燃机科技有限公司
武汉长海电力推进和化学电源有限公司
湖北长海新能源科技有限公司
青岛海西电气有限公司
武汉海王核能装备工程有限公司
武汉海王新能源工程技术有限公司
中船重工特种设备有限责任公司
中船重工黄冈贵金属有限公司
中船重工黄冈水中装备动力有限公司
陕西柴油机重工有限公司
重庆齿轮箱有限责任公司
重庆重齿物资有限公司
重庆重齿运维动力设备有限责任公司
中船柴油机有限公司

2. 合并范围的变更。

（1）中船柴油机有限公司于 2022 年 2 月 25 日由本公司出资设立，注册资本为 10 000 万元人民币。本公司持有该公司 100%股权。

（2）陕柴重工（上海）销售服务有限公司于 2022 年 1 月 7 日被注销。

（3）保定市风帆机电设备技术开发有限公司于 2022 年 4 月 2 日被注销。

资料来源：中国动力 2022 年半年度报告．上海证券交易所网站，http：//www. sse. com. cn.

中国动力的上述年报信息，涉及合并范围及其变更等相关内容。那么，什么是合并范围？为什么要关注合并范围？合并范围与合并财务报表有什么关系？如何界定合并范围？

合并范围问题是合并财务报表的基本问题之一。本章将就合并财务报表的基本问题进行梳理与介绍，为学习合并财务报表的具体内容和掌握合并财务报表的编制方法奠定基础。

8.1　合并财务报表概述

8.1.1　合并财务报表的含义

合并财务报表，是指反映母公司和其全部子公司形成的企业集团整体的财务状况、经营成果和现金流量情况的财务报表。企业合并形成企业集团以后，母公司及其所属的子公司各自仍为独立的法人实体，应单独编制各自的财务报表。但是作为企业集团，还应对外公开报告企业集团整体的会计信息，以便于母公司及企业集团的投资者、债权人和其他报表使用者了解企业集团整体的资源总量及其来源，了解企业集团整体对外交易的经营成果。所以，还要编制合并财务报表。

合并财务报表（也称合并报表）与个别财务报表（也称个别报表）相比较有以下特点：第一，反映的对象不同。合并财务报表以企业集团这一非法律主体为会计主体，反映该主体的财务会计信息；个别财务报表只反映既是法律主体同时又是会计主体的单个企业的财务会计信息。第二，编制主体不同。合并财务报表由企业集团的控股公司或母公司编制；个别财务报表由各单个企业自行编制。第三，编制基础不同。合并财务报表以个别财务报表为编制基础；个别财务报表以各单个企业的系统的会计账簿记录资料作为编制基础。第四，编制方法不同。合并财务报表要采用工作底稿这一特殊手段，并在工作底稿中编制调整与抵销分录，对个别财务报表数据进行加总、抵销、调整，整理出合并数，据以填列合并财务报表；个别财务报表根据系统的账簿记录，直接或间接计算填列各报表项目。

合并财务报表与投资有关，但投资并不一定必须编制合并财务报表。在短期投资情况下不需要编制合并财务报表。短期投资的目的决定了投资企业与被投资企业并不成为经济意义上的一体，投资企业不会对被投资企业实施控制，而只是通过投资将暂时闲置的资金用来谋求一定的投资收益。短期投资不可能也没有必要要求投资企业编制合并财务报表。在长期债权投资情况下不需要编制合并财务报表。长期债权投资的投资者是被投资者的债权人而不是股权拥有者，这就决定了投资企业与被投资企业并不构成一个经济整体。两个互为独立的经济主体只需各自编报反映自身财务状况、经营成果和现金流量信息的个别财务报表即可。长期股权投资是指投资方对被投资单位实施控制、重大影响的权益性投资，以及对其合营企业的权益性投资。根据我国企业会计准则，当投资企业对被投资企业能够实施控制（无论是直接控制还是间接控制），投资双方构成一个经济意义上的整体时，才需要编制反映这一经济整体财务状况、经营成果和现金流量信息的合并财务报表。可见，编制合并财务报表的前提是存在长期股权投资，但合并财务报表的编制与否最终取决于投资企业与被投资企业是否存在控制与被控制关系。

合并财务报表与企业合并有必然的联系，但并非每一种合并方式下都需要编制合并财务报表。合并财务报表的编制与否，与企业合并是否属于同一控制下的合并无关，而与企业合并的法律结果有关。在吸收合并的情况下，合并前的两个或多个企业被其中一个企业合并，被合并方均不复存在，在合并后只有一个独立的法律主体和会计主体，这时显然不存在编制合并财务报表问题；在新设合并的情况下，合并前的两个或多个企业共同组成一个新的企业，这时当然也不必编制合并财务报表；只有在控股合并的情况下，合并方与被合并方仍各为独立的法律主体和会计主体，而作为合并后的企业集团这一经济意义上的整体来说，为了反映其总体的财务状况、经营成果和现金流量，需要编制合并财务报表。

8.1.2 合并财务报表的种类

对合并财务报表可以从不同的角度进行分类。

（1）按合并财务报表编制时间及目的的不同，分为合并日合并财务报表和合并日后合并财务报表两类。合并日合并财务报表即控股权取得日当天编制的合并财务报表，编制合并日合并财务报表，是企业合并的重要会计事项之一。合并日后即控股权取得日后的每一个资产负债表日编制合并财务报表。同一控制下的企业合并，合并日的合并报表包括合并资产负债表以及根据报告期初至合并日动态情况编制的合并利润表、合并现金流量表，因为同一控制下的企业合并将参与合并双方视为合并前就已经属于同一经济整体。非同一控制下的企业合并，合并日的合并财务报表只包括合并资产负债表。同合并日相比，合并日后各报告期内发生了投资收益的确认、内部交易、股利分配等许多股权取得日不曾有的经济事项，对与之相关的财务报表数据进行抵销和调整，就构成了合并日后合并财务报表工作底稿中与合并日合并财务报表工作底稿中不同的处理内容。

（2）按合并财务报表反映的具体内容不同，分为合并资产负债表、合并利润表、合并所有者权益变动表以及合并现金流量表。合并资产负债表是由母公司编制的，反映报告期末企业集团整体的资产、负债和股东权益情况的报表。合并利润表是由母公司编制的，反映报告期内企业集团整体的经营成果情况的报表。合并所有者权益变动表是由母公司编制的，反映报告期内企业集团整体所有者权益变动情况的报表。合并现金流量表是由母公司编制的，反映报告期内企业集团整体的现金流入、现金流出数量及增减变动情况的报表。

8.1.3 合并财务报表的合并理念

合并财务报表的目标，是合并财务报表概念的核心，是合并财务报表分类的指南，是合并财务报表独有特征的诠释，是合并范围及质量标准的决定性因素，是合并财务报表特有编制程序以及具体呈报内容的概念依据。长久以来，国际会计界围绕合并财务报表目标的描述，有不同的观念或理念，如果我们将这些描述合并财务报表目标的观念或理念称作合并理念的话，具有创新意义的有当代观、公共理论等。传统的合并理念主要有所有权观、实体观和母公司观。

1. 所有权观

所有权观与母公司观、实体观不同的是，它既不强调企业集团中存在的法定控制关系，也不强调各成员企业构成的企业集团的经济一体性，它强调的是编制合并财务报表的企业“通过拥有的所有权的足够份额能对另一企业的经济和财务决策实行控制或产生重大影响，即向母公司的股东报告其所拥有的资源，不反映少数股东权益和少数股东应享有的损益”①。所有权观的基本内容包括：

（1）对合并资产负债表中的资产、负债的计价，只按母公司取得股权时的公允价值计价；相当于少数股权的部分，不予列示，即合并资产负债表中没有“少数股东权益”项目。

（2）对合并商誉的计量与列示与母公司观相同，合并商誉等于母公司投资成本与子公司净资产公允价值中相当于母公司的份额部分的差额，即在合并财务报表中对合并商誉仅列示属于母公司的部分，不列示属于少数股权的部分。

（3）对少数股东损益，不予反映，即合并利润表中不存在“少数股东损益”项目。

（4）对内部交易未实现损益，按母公司的股权比例抵销。

所有权观解决了同时隶属于两个或两个以上投资方的企业的合并报表的编制问题。对合营企业权益的披露所采用的比例合并法，就是这一理论的具体应用。

2. 实体观

实体观将母公司与子公司的集合作为一个单一的个体，从而对少数股东与母公司股东一视同仁，认为合并财务报表应从母公司股东及企业集团少数股东的观点来编制，以便为其提供集团个体的经营活动信息。实体观的基本内容包括：

（1）合并财务报表的目标和服务对象。实体观强调各成员企业构成的企业集团的经济一体性，认为合并财务报表的目标是满足包括少数股东在内的企业集团所有股东的信息需求。所以，合并财务报表应服务于企业集团各成员企业构成的经济联合体的所有股东。

（2）对被合并子公司的净资产在合并财务报表中的计价。实体观下，对子公司净资产全部采用并购日市价计价，即子公司归属于多数股权的净资产和归属于少数股权的净资产在合并财务报表中的计价基础是相同的，即均按公允价值合并。

（3）对合并商誉的计量与列示。实体观下，合并商誉按母公司所花代价隐含的公允价值（以母公司投资成本折算的子公司价值）与子公司净资产公允价值的差额确定，即在合并财务报表中对合并商誉按子公司全部公允价值计算列示。

（4）合并资产负债表中少数股东权益的性质。实体观将少数股东权益视为企业集团合并股东权益的一部分。对少数股权的这一定性，模糊了无权参与企业集团财务和

① 林钟高，等. 新编高等会计学. 上海：立信会计出版社，2000.

经营决策的少数股权与多数股权的界限。

（5）合并利润表中少数股东损益。实体观把少数股东损益列入合并整体的合并净收益，作为企业集团合并净收益中分配给少数股权的部分，所以，合并净收益既包括母公司的净收益以及母公司在子公司净收益中的份额，也包括少数股权在子公司净收益中的份额。

（6）内部交易未实现损益和推定损益的抵销与确认。实体观下，对内部交易未实现损益百分之百抵销，对债券赎回的推定损益百分之百确认。

3. 母公司观

根据FASB的解释，母公司观侧重于母公司股东的利益，认为合并资产负债表、合并利润表是对母公司资产负债表、利润表的修正或延伸，是以子公司的资产和负债代替母公司对子公司的股权投资，以子公司的收入、费用、利得和损失代替母公司从子公司获得的投资收益。母公司观的基本内容包括：

（1）合并财务报表的目标和服务对象。母公司观下合并财务报表的目标是为现有的和潜在的母公司股东提供母公司以及与其存在法定控制关系的子公司的会计信息。母公司观把母公司的股东作为合并财务报表的服务对象，并不是为了能够给子公司少数股东提供有用的会计信息。

（2）合并范围。母公司观强调的是企业集团中存在的法定控制关系，所以，母公司实质上应将其具有法定控制权的被投资企业（子公司）纳入合并范围。

（3）对子公司净资产的计价。母公司观下，被并购子公司的净资产在合并财务报表中采用双重计价的方法，其中相当于母公司股权的部分，按母公司取得股权时的历史成本（购买成本）计价；相当于少数股权的部分，按其在子公司的账面价值计价。

（4）对合并商誉的计量。母公司观下，合并商誉等于母公司投资成本与子公司可辨认净资产公允价值中相当于母公司的份额部分的差额，即在合并财务报表中对合并商誉仅列示属于母公司的部分。

（5）少数股东权益的性质。母公司观下，不提倡把少数股权的拥有者看作企业集团的股东，因而不把少数股东权益包括在企业集团合并股东权益中。也就是说，母公司观倾向于把少数股东权益视为企业集团以外的主体对企业集团的债权（其理由是少数股东并无参与企业集团财务与经营决策的权利），因此少数股权的性质比较接近于负债。基于少数股权的这种性质，母公司观将少数股权定位于合并资产负债表中的负债部分。

（6）少数股东损益。母公司观将子公司本期净利润中相当于少数股权的部分即少数股东损益，列作合并整体的费用而不包括在合并净收益中，因此，合并利润表中合并净收益仅指母公司净收益（包括母公司自身实现的净收益以及母公司在子公司净收益中的份额）。

（7）内部交易未实现损益和推定损益的抵销与确认。母公司观下，按属于母公司的份额抵销逆销内部交易未实现损益，按全额抵销顺销内部交易未实现损益，按属于母公司的份额确认赎回债券的推定损益。

8.1 即测即评

以上三种传统的合并理念在合并财务报表中的主要特征的比较，见表8-1。

表 8-1 三种合并理念主要特征比较

项目	合并理念		
	所有权观	实体观	母公司观
对子公司净资产在合并财务报表中的计价	母公司股权部分按公允价值计价；少数股权部分不予列示	全部按公允价值计价	母公司股权部分按公允价值计价；少数股权部分按账面价值计价
对合并商誉的计量与列示	按母公司持股比例计算，与少数股权无关	按子公司净资产全部公允价值确定，属于全体股东	按母公司持股比例计算，与少数股权无关
对子公司各会计要素的合并	按持股比例合并	全部合并	全部合并
未实现内部交易损益的抵销	按持股比例抵销	百分之百抵销	逆销按持股比例抵销；顺销百分之百抵销
对少数股东权益的列示	不予列示	列示于股东权益部分	在负债部分单项列示
对少数股东损益的列示	不予列示	列作合并净收益的组成部分	在合并净收益前列作减项

敲黑板

少数股东权益，是指既不直接也不间接归属于母公司的子公司权益，换句话说，是子公司股东权益中不属于母公司所有的那部分股权。少数股东权益是相对于控股权益而言的。少数股东权益显然产生于子公司非母公司全资投资的场合，而少数股东权益的报告却只与合并财务报表有关。与少数股东权益相关的另一个重要概念是少数股东损益。少数股东损益是子公司当年实现净损益中少数股东应享有的份额，在金额上相当于子公司当年净损益与少数股东持股比例的乘积。同净收益将增加公司股东权益一样，少数股东损益无疑将增加（或减少）企业集团少数股东权益。报告期内子公司股东权益的任何变化都会引起少数股东权益的变动。少数股东权益是在编制合并资产负债表中确认的；少数股东损益则是在编制合并利润表中确认的。而合并资产负债表中少数股东权益的报告价值是多少、在合并财务报表中如何列报，少数股东损益在合并利润表中如何列报，都取决于合并财务报表的不同合并理论。

国际会计准则委员会 2008 年修订的《国际会计准则第 27 号——合并财务报表和单独财务报表》(IAS 27) 中，将术语“少数股权”(minority interests) 改为“非控制性权益”(non-controlling interests)；2011 年 5 月颁布的《国际财务报告准则第 10 号——合并财务报表》取代了 IAS 27 的合并财务报表部分的内容。

8.2 合并财务报表的合并范围

8.2.1 合并范围的确定原则

合并范围，是指可纳入合并财务报表的企业范围。正确界定合并范围是编制合并财务报表的重要前提。根据合并财务报表准则，合并财务报表的合并范围应当以控制为基础加以确定；母公司应当将其全部子公司纳入合并财务报表的合并范围。这就意味着解决合并范围的核心内容是以下三个关键词：母公司、子公司、控制。

1. 母公司与子公司

母公司，是指控制一个或一个以上主体（含企业、被投资单位中可分割的部分以及企业所控制的结构化主体等）的主体；子公司，是指被母公司控制的主体。

被母公司控制的主体一般是企业主体。也就是说，投资方通常应当对是否控制被投资方整体进行判断。所以，通常情况下子公司是投资方控制的企业主体。但在极个别情况下，子公司可能是投资方控制的被投资方中可分割的部分。

被母公司控制的主体也有可能是被投资单位中可分割的部分。当有确凿证据表明同时满足下列条件并且符合相关法律法规规定的，投资方应当将被投资方的一部分视为被投资方可分割的部分（单独主体），进而判断是否控制该部分（单独主体）：

（1）该部分的资产是偿付该部分负债或该部分其他权益的唯一来源，不能用于偿还该部分以外的被投资方的其他负债；

（2）除与该部分相关的各方外，其他方不享有与该部分资产相关的权利，也不享有与该部分资产剩余现金流量相关的权利。

在某些情况下，投资者可能通过法律和合同安排拥有对特定一组资产和负债（被投资方的一部分）的权益。在某些司法管辖区，法人主体被划分为若干部分（通常称为“分支”）。在这种情况下，产生了在进行合并评估时是否有可能仅将被投资方的个别分支或部分（而非整个法人主体）视为一个单独主体的问题。确定是否存在分支应基于个别分支实质上是否可以与被投资方整体单独区分开来或“划清界限”。如果被投资方的一部分在经济上可以与被投资方整体单独区分开来，并且投资方控制了被投资方的该部分，则该部分应被视为投资方的子公司。

被母公司控制的主体还可能是结构化主体。结构化主体，是指被设计为表决权或类似权力并非决定该主体控制方的主导因素的主体。很多结构化主体采用“自动导航”的决策机制，主导该主体相关活动的依据通常是合同或者相应安排。这使得主体成立后无须持续作出决策。对这样的主体，“权力”评估可能很有挑战性，因为看起来不需要存在权力的重大决策。常见的结构化主体有：证券化载体、资产抵押融资以及某些投资基金等。

子公司作为被母公司控制的主体，可以是母公司通过控股合并取得的，也可以是母公司直接投资设立的。

2. “控制”的认定

投资方在判断一个被投资单位是否纳入合并范围时的依据是投资方是否控制该被投资单位。

控制，是指投资方拥有对被投资方的权力，通过参与被投资方的相关活动而享有可变回报，并且有能力运用对被投资方的权力影响其回报金额。

（1）控制的三要素。控制的定义包含以下三项要素：

1）拥有主导被投资方的权力。投资方享有现实权力使其目前有能力主导被投资方的相关活动，而不论其是否行使该权力，视为投资方拥有对被投资方的权力。权力的有无，是判断控制的有无的关键因素。大多数情况下，可通过表决权确定是否存在控制。

2）通过参与被投资方的相关活动取得可变回报。相关活动，是指对被投资方的回报产生重大影响的活动，通常包括：购买和出售商品或服务、管理金融资产、购买和处置资产、研发活动以及融资活动等。投资方自被投资方取得的回报可能会随着被投资方业绩变动的，视为可变回报。

3）有能力利用对被投资方的权力影响其可变回报。这项标准考虑前两项控制要素之间的相互关系。为控制被投资方，投资方必须不仅要具有主导被投资方的权力和因参与被投资方的相关活动而面临可变回报的风险或取得可变回报的权力，而且要有能力利用对被投资方的权力影响被投资方的回报。①

当投资方同时具备以上三项要素时，可以判定投资方能够控制被投资方。

［财报精选］8 450 万美元增持 1% 股权　上海汽车控盘上海通用

投资方应在综合考虑所有相关事实和情况的基础上对是否控制被投资方进行判断。一旦相关事实和情况的变化导致对控制定义所涉及的相关要素发生变化的，投资方应当重新进行评估。这里的“相关事实和情况”主要包括：被投资方的设立目的、被投资方的相关活动及如何作出有关此类活动的决策、投资方拥有的权力是否使其在当前有能力主导相关活动、投资方是否拥有通过参与被投资方的相关活动而享有可变回报的权力、投资方是否有能力运用对被投资方的权力影响投资方回报金额以及投资方与其他方的关系。

（2）投资方对被投资方拥有“权力”的一般标志。投资方是否有主导被投资方的权力，是判断控制与否的关键。权力最常见的产生方式是通过权益工具授予的表决权，但也可以通过其他合同安排产生。依据现行会计准则，除非有确凿证据表明其不能主导被投资方的相关活动，下列情况表明投资方对被投资方拥有权力：

1）投资方持有被投资方半数以上的表决权。

2）投资方持有被投资方半数或以下的表决权，但通过与其他表决权持有人之间的协议能够控制半数以上表决权。

3）投资方持有半数或半数以下的表决权但对被投资方拥有“权力”的其他情形：

a. 投资方持权份额大小以及其他投资方持权的分散程度；

b. 投资方和其他投资方持有被投资方潜在表决权；

c. 其他合同安排产生的权力；

d. 被投资方以往的表决权行使情况等。

当投资方持有不超过半数但已是最大批量的表决权而剩余表决权被分散持有时，该投资方相当于实际控制被投资方。

---

① 普华永道的评论是：之前，《国际会计准则第 27 号——合并财务报表和单独财务报表》（IAS 27）阐述了通过表决权的控制，而面临可变回报的风险是《国际会计准则委员会解释公告第 12 号》（SIC 12）架构范围内的一个重要考虑因素。但这两种控制方法之间的关系未必清楚。《国际财务报告准则第 10 号——合并财务报表》（IFRS 10）通过引入投资方能够行使权力从而影响其回报的额外要求，加强了权力与回报之间的关联。见普华永道 2012 年 2 月的《国际财务报告准则实务指南——合并财务报表：控制的重新定义》。

【例 8-1[①]】

《国际财务报告准则第 10 号——合并财务报表》(IFRS 10) 中的下列五个示例（见表 8-2）是在剩余表决权分散时持有不超过半数表决权的投资方是否可能会持有最大批量的表决权的例子。

表 8-2 IFRS 10 中的示例：投资方持有半数以下表决权

示例序号	最大投资方的持有股份	第二大投资方的持有股份	剩余投资方的持有股份	示例中说明的其他事实和情况	是否由最大投资方控制
示例 4	48%	—	数千股东每位持有少于 1% 的股份	股东没有约定互相商议或共同制定决策	是
示例 5	40%	—	12 位投资方每位持有 5% 的股份	股东协议赋予最大投资方指定、解雇及规定指导相关活动的管理人员报酬的权力。更改此协议需要 2/3 的多数股东表决方可通过	是，因为存在此协议。如果仅仅考虑表决权，则否
示例 6	45%	2 位第二大投资方每位持有 26% 的股份	其他 3 位投资方每位持有 1% 的股份	—	否
示例 7	45%	—	11 位投资方每位持有 5% 的股份	股东没有约定互相商议或共同制定决策	如果仅仅考虑表决权，则否
示例 8	35%	3 位第二大股东每位持有 5% 的股份	众多股东每位持有少于 1% 的股份	股东没有约定互相商议或共同制定决策。根据多数表决结果作出决策 最近的股东大会投出了 75% 的选票	否

【例 8-2】

V 公司的六个投资方 A、B、C、D、E、F 分别持有 V 公司 14%、14%、14%、14%、14%和 30%的股份。投资方 A、B、C、D、E 都是风险资本公司或机构投资方，都不参与 V 公司的例行会议，都可以会晤 V 公司的代表并相互会见。现在的问题是：F 是否控制 V？

F 虽然持有 V 公司 30%的股份，但并不比其他股东持有的股份高出很多；况且，其他股份的分散性也不是很高，其他五位股东容易进行集体行动。只要其他 5 位股东当中有 3 位股东合作就可以超过 F 的表决权。所以，F 不控制 V。

(3) 需要根据单方面主导被投资方相关活动的证据来判断是否拥有对被投资方的

① 例 8-1 至例 8-7 的资料，取自《国际财务报告准则第 10 号——合并财务报表》、普华永道《国际财务报告准则第 10 号实务指南》(2013 年 6 月)、《国际财务报告准则第 10 号及第 12 号问题解答》(2013 年 8 月) 以及德勤《IFRS 聚焦：国际会计准则理事会发布有关合并的新准则》(2011 年 5 月)。

权力的情形。在投资方难以判断其享有的权利是否足以使其拥有对被投资方的权力时，投资方应考虑其具有实际能力以单方面主导被投资方相关活动的证据，从而判断其是否拥有对被投资方的权力。投资方应考虑的因素包括但不限于下列事项：

1）投资方能否任命或批准被投资方的关键管理人员。

2）投资方能否出于其自身利益决定或否决被投资方的重大交易。

3）投资方能否掌控被投资方董事会等类似权力机构成员的任命程序，或者从其他表决权持有人手中获得代理权。

4）投资方与被投资方的关键管理人员或董事会等类似权力机构中的多数成员是否存在关联方关系。

（4）在有多个投资方有权主导被投资方不同的相关活动时对拥有主导权力一方的判断。如果两个或以上的投资方有权主导不同的相关活动，则投资方必须决定哪一项相关活动对被投资方的回报构成最大影响。能够主导对被投资方回报产生最重大影响的活动的一方，拥有对被投资方的权力。

【例 8-3】

A、B 两个投资者成立一家公司 C 以开发和推销医疗产品。其中投资者 A 负责开发医疗产品及获得监管部门的批准——该责任包括单方面作出所有关于产品开发及获得监管部门批准的决策的能力。一旦产品获得监管部门批准，投资者 B 将制造并推销该产品——该投资者具有单方面作出所有关于产品制造和推销的决策的能力。现在的问题是：哪一方拥有对被投资方公司 C 的主导权力？

如果所有活动——医疗产品的开发和获得监管部门批准以及制造和推销——均是相关活动，则每一投资者均需要确定其是否有能力主导对被投资者回报构成最大影响的活动。据此，每一投资者需要考虑对被投资者回报构成最大影响的活动是医疗产品的开发及获得监管部门批准还是医疗产品的制造和推销，及其能否主导该活动。

在确定哪一个投资者拥有主导的权力时，投资者将考虑：

（1）被投资者的目的和设计。

（2）确定被投资者利润率、收入和价值的因素以及医疗产品的价值。

（3）每一投资者就（2）所述因素的决策权对于被投资者回报的影响。

（4）投资者面临的可变回报的风险。

在该特定例子中，投资者同时还需要考虑：

（5）获得监管部门批准的不确定性及所需的工作（考虑投资者以往成功开发医疗产品并获得监管部门批准的记录）。

（6）哪一个投资者将在开发阶段取得成功后控制该医疗产品。

（5）投资方拥有多数表决权但却并未拥有对被投资方的权力的情形。拥有多数表决权但却无权支配被投资方的情况主要有：被投资方的相关活动听从于政府、法院、接收方、清算者等的命令。

综上所述，可以发现，确定投资方是否对被投资方拥有主导权力乃至投资方是否控制被投资方，要依据“实质重于形式”的原则根据具体情况进行判断。

3. 需要特别关注的几个问题

（1）潜在表决权。潜在表决权，是指可能赋予一企业对另一企业在财务和经营上的表决权的认股权证、股票买入期权、可转换债券和可转换股票等工具。出于确定合并范围的需要，投资方在评估本企业是否有统驭被投资方的财务和经营政策的权力时，需要考虑本企业和其他企业持有的被投资方的当期可转换公司债券、当期可执行的认股权证。①

【例8-4】

假定投资者A持有被投资者70%的表决权，投资者B持有被投资者30%的表决权以及购入投资者A一半表决权的选择权。该选择权可在未来两年内按固定价格行使并且深度蚀价（且预计在该两年期间内一直会保持深度蚀价）。投资者A一直行使其表决权并积极主导被投资者的相关活动。现在的问题是：投资者A和B哪一方拥有对被投资者的控制？

在这种情况下，投资者A很可能满足权力的标准，因为其似乎在当前有能力主导相关活动。尽管投资者B拥有当前可行使的购买额外表决权的选择权（若行使该选择权，投资者B将取得被投资者占多数的表决权），但是该等选择权相关的条款和条件使得该选择权不被视为具有实质性。

（2）实质性权利与保护性权利。实质性权利，是指权利持有人在对相关活动进行决策时有实际能力行使的可执行权利。判断一项权利是否为实质性权利，应当综合考虑所有相关因素，包括权利持有人行使该项权利是否存在财务、价格、条款、机制、信息、运营、法律法规等方面的障碍；当权利由多方持有或者行权需要多方同意时，是否存在实际可行的机制使得这些权利持有人在其愿意的情况下能够一致行权；权利持有人能否从行权中获利等。

保护性权利，是指仅为了保护权利持有人利益却没有赋予持有人对相关活动决策权的一项权利。保护性权利的例子可能包括批准新的债务融资的权利、持有被投资方非控制性权益的一方批准被投资方发行额外权益工具的权利，或者放款人在违约时取得资产的权利。投资方在判断是否拥有对被投资方的权力时，应当仅考虑与被投资方相关的实质性权利，包括自身所享有的实质性权利以及其他方所享有的实质性权利。仅享有保护性权利的投资方不拥有对被投资方的权力。

【例8-5】

A公司和B公司分别拥有C公司80%和20%的表决权股份；A公司将其拥有的C公司股份中的50%出售给D公司，并以超过发行时市场价格的溢价从D公司购买随时可行使的看涨期权。交易后的结构如图8-1所示。

关于该看涨期权的其他信息如下：

（1）如果行使该期权，A公司将收回其原始80%的股份和表决权；

（2）行使价格具有经济实质，并不会定得很高；

① 编制合并财务报表过程中，在确定少数股东损益份额及少数股东权益份额时，无须考虑潜在表决权因素。

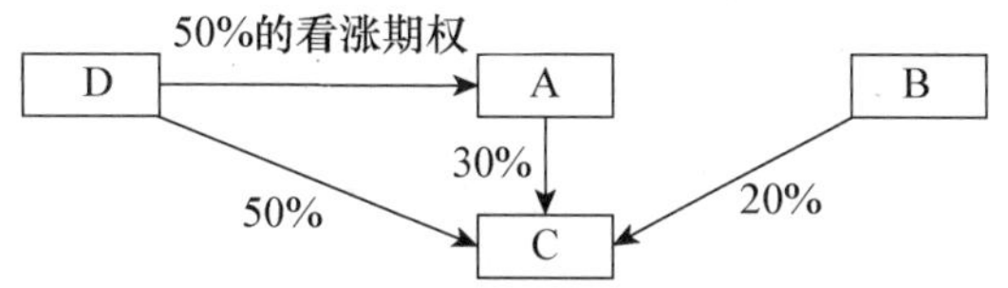

图 8－1　A 公司售出 50%股份后的结构

（3）该选择权在报告日稍微处于价外。

现在的问题是：该看涨期权是否具有实质性权利，从而 A 公司应否合并 C 公司？

IFRS 10 的分析是：A 公司拥有的选择权是以超过发行时市场价格的溢价购买来的，且在报告日还稍微处于价外。然而，需要考虑 A 公司是否由于其他原因从行使该选择权中获利（例如，保护股份、购买资产）。如果是这种情况，该选择权可能是实质性的权利，从而 A 公司应该合并 C 公司。

（3）委托人与代理人。投资方在判断是否控制被投资方时，应当确定其自身是以主要责任人还是代理人的身份行使决策权；在其他方拥有决策权的情况下，还需要确定其他方是否以其代理人的身份代为行使决策权。如果代理人仅代表主要责任人行使决策权，不控制被投资方，投资方将被投资方相关活动的决策权委托给代理人的，应当将该决策权视为自身直接持有。在判断决策者是不是代理人时，应当综合考虑该决策者与被投资方以及其他投资方之间的关系。存在单独一方拥有实质性权利可以无条件罢免决策者的，该决策者为代理人。此外，应综合考虑决策者对被投资方的决策权范围、其他方享有的实质性权利、决策者的薪酬水平、决策者因持有被投资方中的其他权益所承担可变回报的风险等相关因素。

【例 8－6】

Holdco 是一家母公司的全资子公司，拥有一家经营公司 Opco 的股份。Holdco 唯一的商业目的就是持有对 Opco 的投资。Holdco 发行了上市债券，根据当地法律，需要编制合并财务报表。现在的问题是：在下列情况下，Holdco 是不是母公司的代理人（结果是并不控制 Opco）？

（1）母公司和 Holdco 拥有共同的管理董事。

（2）Holdco 的管理董事是母公司的员工。

（3）Holdco 由一家信托公司管理，根据合同，该信托公司完全依据母公司的决策采取行动。

Holdco 并不是母公司的代理人；Holdco 控制 Opco。

在上述三种情况下，Holdco 均直接控制 Opco，因为 Holdco 持有 Opco 的股份并且其管理层能够通过所持股份赋予的投票权决定 Opco 的政策。无论母公司代表的程度或是被 Holdco 治理机构控制的程度如何，对 Opco 的直接投资以及对 Opco 的权力均由公司主体 Holdco 持有。控制 Holdco 的任何一方都是通过成为 Holdco 的代表而得到这种权力；拥有 Holdco 的任何一方都是通过 Holdco 而接触到 Opco 的回报。

也就是说，由于对 Opco 的权力首先属于 Holdco 而不是母公司，母公司未下放任何权力至 Holdco，因此 Holdco 并不是母公司的代理人。由于 Holdco 也面临 Opco 可变回报的风险，Holdco应该将Opco纳入合并范围。

（4）母公司是投资性主体时合并范围的确定。首先，来看什么是投资性主体。一主体同时满足下列条件时，该主体属于投资性主体：1）以向投资者提供投资管理服务为目的；2）该公司的唯一经营目的是通过资本增值、投资收益或两者兼有而让投资者获得回报；3）该公司按照公允价值对几乎所有投资的业绩进行考量及评价。作为投资性主体的母公司，通常应具有如下特征：1）拥有一项以上投资；2）拥有一个以上投资者；3）投资者不是该主体的关联方；4）其所有者权益以股权或类似权益方式存在。

然后，来看与投资性主体有关的合并范围确定原则。

第一，母公司属于投资性主体时，应当纳入其合并范围的仅是为其投资活动提供相关服务的子公司，其他子公司不应纳入合并范围。母公司对非为其投资活动提供相关服务的子公司的投资，应按公允价值计量并将公允价值变动计入当期损益。可见，只存在“非为其投资活动提供相关服务的子公司”时，母公司不编制合并财务报表。

第二，投资性主体的母公司本身不是投资性主体的，该母公司应当将其控制的全部主体（包括那些通过投资性主体所间接控制的主体）纳入合并范围。

第三，母公司由投资性主体转变为非投资性主体时，应将原未纳入合并范围的子公司于转变日纳入合并范围，原未纳入合并范围的子公司在转变日的公允价值视同购买的交易对价；当母公司由非投资性主体转变为投资性主体时，除仅将其投资活动提供相关服务的子公司纳入合并范围之外，企业自转变之日起对其他子公司不再予以合并，按照视同在转变日处置子公司但保留剩余股权的原则进行会计处理。

【例8-7】

A公司是一家保险公司，提供保险业务。由于其基金投资目的不仅仅是获取资本增值和投资收益等，因此，A公司不是投资性主体。A公司设立了一个子公司B，作为投资性主体来管理基金，这些基金是为A公司的部分保险债务提供支持的。B公司的一些被投资方是受其控制的非公开股权投资。现在的问题是：A、B公司各自对被投资方的投资应怎样进行会计处理？

B公司是投资性主体，在其个别财务报表里，B公司对其所控制的那些被投资方的投资，应按公允价值进行计量且将其变动计入当期损益；A公司则要将B公司及其下属的被投资方一并纳入合并范围。

8.2.2 报告期内合并范围的变动

企业在报告期内增加或减少子公司的情况下，会引起合并范围的变化。

1. 报告期内增加子公司

母公司在报告期内因同一控制下的企业合并增加的子公司，编制合并资产负债表时，应当调整合并资产负债表的期初数；编制合并利润表时，应当将该子公司合并当期期初至报告期末的收入、费用、利润纳入合并利润表；编制合并现金流量表时，应当将该子公司合并当期期初至报告期末的现金流量纳入合并现金流量表。同时，应当对比较报表的相关项目进行调整，视同合并后的报告主体自最终控制方开始控制时点起一直存在。

母公司在报告期内因非同一控制下的企业合并增加的子公司，编制合并资产负债表时，不应当调整合并资产负债表的期初数；编制合并利润表时，应当将该子公司购买日至报告期末的收入、费用、利润纳入合并利润表；编制合并现金流量表时，应当将该子公司购买日至报告期末的现金流量纳入合并现金流量表。

为了提高会计信息的可比性，应当在合并财务报表附注中披露下列信息：（1）本期取得的子公司对合并财务报表的财务状况的影响，即本期取得的子公司在合并日的资产和负债金额，具体包括流动资产、长期股权投资、固定资产、无形资产及其他资产和流动负债、非流动负债等的金额；（2）本期取得的子公司对合并财务报表的经营成果的影响以及对前期相关金额的影响，即本期取得的子公司自取得控制权日至本期期末止的经营成果，包括营业收入、营业利润、利润总额、所得税费用和净利润等。

2. 报告期内减少子公司

母公司在报告期内处置子公司的，编制合并资产负债表时，不应当调整合并资产负债表的期初数；编制合并利润表时，应当将该子公司期初至处置日的收入、费用、利润纳入合并利润表；编制合并现金流量表时，应当将该子公司期初至处置日的现金流量纳入合并现金流量表。

为了提高会计信息的可比性，应当在合并财务报表附注中披露下列信息：（1）本期减少的子公司对合并财务报表的财务状况的影响，即本期减少的子公司在丧失控制权日以及在上年年末的资产和负债金额，具体包括流动资产、长期股权投资、固定资产、无形资产及其他资产和流动负债、非流动负债等的金额；（2）本期减少的子公司对合并财务报表的经营成果的影响以及对前期相关金额的影响，即本期减少的子公司自期初至丧失控制权日止的经营成果以及上年度的经营成果，包括营业收入、营业利润、利润总额、所得税费用和净利润等。

8.2 即测即评

素养提升

合并范围的确定与会计职业道德

21 世纪初的美国安然公司财务造假案，轰动全球。其财务造假的手段之一是在合并范围上做文章。彼时美国通用会计准则 GAAP 规定，对于股权不超过 50%的子公司，无须合并其财务报表。该公司利用层层控股的方式，发展了 3 000 多个子公司和合伙公司，却利用彼时相关会计准则的漏洞，使其合并资产负债表漏报数亿美元的负债，为安然公司崩塌埋下了致命的隐患。

虽然安然公司财务造假事件已过去 20 多年，但它的严重后果以及重大警示意义，无疑极大地影响了后来至今的会计理论研究、会计准则发展以及会计实务运行。今天我们学习合并范围的知识点之后，就应认识到：母公司在存在背负巨额负债的子公司、出现严重亏损的子公司或报告期内子公司发生变动等情况时，怎样正确地确定合并范围以确保合并财务报表的信息质量，既是对财务会计人员精准把握企业会计准则与否的检验，更是对财务会计人员自觉遵守会计职业道德与否的检验。

8.3 合并财务报表编制原则与流程

8.3.1 基本原则

1. 以个别财务报表为基础

合并财务报表是母公司以纳入合并范围的成员企业的个别财务报表为基础，根据其他有关资料，进行必要的调整与抵销处理之后编制而成的。以个别财务报表为基础，一方面是可靠性原则的要求，另一方面也解释了为什么在各期连续编报合并财务报表时需要在合并财务报表的工作底稿中对“未分配利润（期初）”项目进行调整。以个别财务报表为基础，并非意味着仅以个别财务报表为依据，在编制合并财务报表时，子公司除了应当向母公司提供财务报表外，还应当向母公司提供下列有关资料：采用的与母公司不一致的会计政策及其影响金额；与母公司不一致的会计期间说明；与母公司、其他子公司之间发生的所有内部交易的相关资料；所有者权益变动的有关资料；编制合并财务报表需要的其他有关资料。

2. 一体性原则

母公司编制合并财务报表，应当将整个企业集团视为一个会计主体，依据相关企业会计准则的确认、计量和列报要求，反映企业集团整体的财务状况、经营成果和现金流量。这一原则决定了企业集团整体内母公司和各子公司应采用统一的会计政策和会计期间，更决定了在编制合并财务报表时对集团内部交易和事项的相关影响要予以抵销。

根据一体性原则，母公司应当统一子公司所采用的会计政策，使子公司采用的会计政策与母公司的会计政策保持一致。如果子公司采用的会计政策与母公司的不一致，应当按照母公司的会计政策对子公司财务报表进行必要的调整；或者要求子公司按照母公司的会计政策另行编制财务报表。[①] 根据一体性原则，母公司应当统一子公司的会计期间，使子公司的会计期间与母公司的会计期间保持一致。如果子公司的会计期间与母公司的不一致，应当按照母公司的会计期间对子公司财务报表进行必要的调整；或者要求子公司按照母公司的会计期间另行编制财务报表。

根据一体性原则，合并财务报表的编制中，应当合并母公司与子公司的资产、负债、所有者权益、收入、费用和现金流等项目；应当抵销母公司对子公司的长期股权投资与母公司在子公司所有者权益中所享有的份额；应当抵销母公司与子公司、子公司相互之间发生的内部交易的相关影响；应当从企业集团的角度对特殊交易事项予以调整。

【例8-8】

2×22年年初，拥有1 000万元股本的A公司，出资300万元成立了B公司。

① 首次执行企业会计准则的情况下，如果子公司执行企业会计准则而母公司尚未执行，母公司可以对子公司财务报表按母公司会计政策进行调整，也可以不进行调整而直接合并；如果母公司执行企业会计准则而子公司尚未执行，则母公司应对子公司财务报表按母公司会计政策进行调整，然后再行合并。

2×22 年，A 公司和 B 公司各自的利润表分别报告净利润 500 万元、100 万元。A 公司的 500 万元净利润中有 20 万元是当年向 B 公司销售商品产生的利润，而该商品至年末仍属于 B 公司的存货。

从“合计数”来看：2×22 年年末，A 公司和 B 公司“股本”项目的合计数为 1 300 万元（1 000＋300），“净利润”项目的合计数为 600 万元（500＋100）。

从“合并数”来看：根据以个别财务报表为基础原则和一体性原则，A 公司 2×22 年年末编制的合并财务报表中，“股本”项目的合并数应为 1 000 万元（1 000＋300－300），“净利润”项目的合并数应为 580 万元（500＋100－20）。

从例 8－8 可以看出，在合并财务报表中，列报的“股本”金额不应该包含纳入合并范围成员企业内部相互之间的投入资本，列报的“净利润”也不应该包含纳入合并范围成员企业相互之间内部交易的未实现利润。所以，在编制合并财务报表时，需要对“内部交易或事项”对财务报表的影响数予以消除，而这个“消除”的实现可以采用例 8－8 中的计算方法，更多的情况下则需要采用在工作底稿中编制抵销分录的方法（尤其在纳入合并范围的成员企业比较多导致情况比较复杂、“消除”工作量比较大的情况下）。

8.3.2 基本流程

由于合并财务报表需要以母公司和纳入合并范围的子公司的个别财务报表为依据，还要进行必要的抵销与调整处理，数据量以及处理数据的工作量都比较庞大，因此，一般要借助计算表格或工作底稿来整理数据。本教材主要介绍工作底稿法。

采用合并财务报表工作底稿方式整理合并财务报表数据时，通常采取五个步骤，见图 8－2。

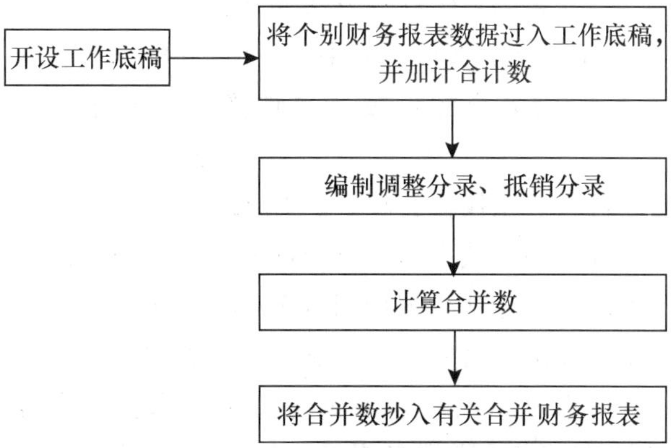

图 8－2 合并财务报表的编制程序

下面对图 8－2 进行解释。

第一步，开设工作底稿，即开设合并财务报表工作底稿。一般地，合并利润表工作底稿、合并所有者权益变动表工作底稿和合并资产负债表工作底稿合在一张工作底稿中，合并现金流量表工作底稿单独设置。

合并财务报表工作底稿的格式为：纵向设置报表项目，横向分别设置“个别报表”“合计数”“调整与抵销分录”“合并数”四大栏。合并财务报表工作底稿具体格式参见表8-3。

表8-3　合并财务报表工作底稿　　单位：元

项目	个别报表		合计数	调整与抵销分录		合并数
	母公司	子公司		借	贷	
资产负债表项目：						
⋮						
利润表项目：						
⋮						
所有者权益变动表中的有关利润分配项目：						
⋮						

第二步，将个别财务报表数据过入工作底稿并加计合计数，即将母公司和纳入合并范围的子公司个别财务报表资料抄入合并财务报表工作底稿中的“个别报表”大栏中的具体栏目，并加计合计数。

第三步，编制调整分录、抵销分录，即根据有关资料，在合并财务报表工作底稿“调整与抵销分录”栏中编制调整与抵销分录。为了清楚起见，也可以分别设置“调整分录”栏和“抵销分录”栏，这时，抵销分录的编制基础就是“个别报表”数据与“调整分录”数据之和。这里的调整分录主要是指编制抵销分录前对个别财务报表有关项目所作的调整，这里的抵销分录则是为了抵销内部交易对个别财务报表有关项目的影响。

第四步，计算合并数，即根据“合计数”栏与“调整与抵销分录”栏资料，计算各项目的合并数。合并数的具体计算方法如下：

（1）资产类项目、成本费用类项目、利润分配项目等，用“合计数”加上“调整与抵销分录”栏的借方金额，减去“调整与抵销分录”栏的贷方金额，得出合并数；

（2）负债类项目、股东权益类项目、收入类项目等，用“合计数”加上“调整与抵销分录”栏的贷方金额，减去“调整与抵销分录”栏的借方金额，得出合并数；

（3）资产备抵项目、弥补亏损项目，分别与资产项目、利润分配项目的计算方法中对“调整与抵销分录”栏借方贷方金额的加减方向相反。

第五步，将合并数抄入有关合并财务报表，即根据合并财务报表工作底稿中的“合并数”栏资料，登记各合并财务报表。

可见，合并财务报表编制过程的关键步骤是有关调整与抵销分录的编制。

8.3.3　调整与抵销处理的基本原理

1. 关于调整处理

进行抵销处理之前需要对个别报表有关项目进行调整。那么，现在就要解决三个问题：有哪些调整处理？为什么要进行调整处理？怎样进行调整处理？由于企业合并分为同一控制下的企业合并和非同一控制下的企业合并，而这两种类型的企业合并形成的子公司在合并资产负债表中净资产的报告价值及其对合并所有者权益的影响结果有所不同，因此，两种类型下合并财务报表工作底稿中的调整内容必有不同。有关的调整处理主要包括三类。

（1）为统一会计政策、统一会计期间所作的调整。

这类调整的目的是，实现抵销处理前相关数据基础的可比性。正如前面所述，遵循合并财务报表的一体性原则，母公司应当统一子公司所采用的会计政策和会计期间，使子公司采用的会计政策和会计期间与母公司的会计政策和会计期间保持一致。如果子公司的会计期间与母公司的不一致，应当按照母公司的会计期间对子公司财务报表进行必要的调整（或者要求子公司按照母公司的会计期间另行编制财务报表）。在母、子公司会计政策一致、会计期间一致的情况下，就不必进行此类调整处理。下面举例说明怎样进行此类调整。

【例 8－9】

B 公司是 A 公司的境外子公司。某报告期末 A 公司和 B 公司（折算后）的报告营业收入分别为 9 000 万元、3 000 万元，假定 B 公司采用的会计期间与其母公司不同。如果按 A 公司的会计期间，B 公司确定的相关报告期营业收入应该为 2 600 万元。A 公司编制合并财务报表过程中，就需要在合并财务报表工作底稿中对 B 公司的营业收入项目进行调整，相关调整分录为：

借：营业收入　　4 000 000

　　贷：应收账款等　　4 000 000

如无其他调整或抵销事项，经上述调整后合并利润表中“营业收入”项目的金额为 11 600 万元（9 000＋3 000－400）。

（2）对非同一控制下企业合并取得的子公司的可辨认净资产以合并日公允价值为报告基础进行调整。

这类调整的目的是，满足所选择的合并理念的要求。根据实体观的合并理念，子公司各项可辨认净资产在合并报表中应以合并日公允价值为基础进行报告。合并日合并报表中子公司各项可辨认净资产按合并日公允价值报告，而合并日后每期期末的合并资产负债表中，子公司可辨认净资产的报告价值并不是期末评估的公允价值，而是以合并日公允价值为基础，再结合相关资产、负债报告期内的价值变动，对子公司个别报表账面价值进行调整。这样做的结果，使子公司净资产在合并报表中的列报既保持了各期合并报表对子公司净资产报告价值的连续性，又维护了与相关会计准则对各项资产、负债后续计量规范的一致性。下面举例说明怎样进行此类调整。

【例 8－10】

A 公司和 B 公司是非同一控制下企业合并形成的母、子公司。合并日 A 公司、B 公司固定资产的账面价值分别为 10 000 万元、8 000 万元，B 公司固定资产的评估公允价值为8 050万元。则A公司在编制合并日的合并资产负债表时，需要在合并财务报表工作底稿中对B公司的固定资产报告价值进行调整，编制如下调整分录：

借：固定资产　　500 000

　贷：资本公积　　500 000

经过上述调整之后，合并资产负债表中“固定资产”项目的报告价值为18 050万元（10 000＋8 000＋50）。

（3）将母公司对子公司长期股权投资的成本法结果按权益法进行调整。

这一调整满足了会计实务工作者长期以来对抵销分录编制基础的惯性思维。值得一提的是，就母公司对子公司的长期股权投资来看，从合并财务报表要“消除公司间关系一切痕迹”的理念出发，抵销分录的结果只能有一个：母公司对子公司的“长期股权投资”和“投资收益”等一切受到对子公司股权投资影响的有关报表项目的影响金额均应抵销为零。既然如此，在成本法基础上进行抵销和在权益法基础上进行抵销，都能达到这个结果，只不过抵销分录涉及的具体项目及金额不完全相同而已。从这个意义上来说，工作底稿中将成本法调整为权益法这一调整工作实际上也可以省略。2014年7月1日生效的修订后的《企业会计准则第33号——合并财务报表》中，已经不再有这一调整处理的明确规定。

2. 关于抵销处理

合并财务报表编制程序中的核心环节是进行有关的抵销处理，也就是说，要在合并财务报表工作底稿中，编制各类有关的抵销分录。现在的问题是：第一，为什么要编制抵销分录？第二，抵销分录的类别主要有哪些？第三，如何编制这些抵销分录？第三个问题我们将在稍后专门阐述。

（1）抵销处理的目的。

合并财务报表编制程序中抵销处理的目的在于：确定合并财务报表数据。从合并财务报表的特点可见，合并财务报表反映的是包括母公司和纳入合并范围的子公司在内的经济意义上作为一个整体的财务状况、经营成果和现金流量信息，所以，构成这个整体的各成员企业之间的交易，从合并财务报表的视角来看，属于内部交易；在依据个别财务报表编制合并财务报表时，内部交易对相关成员企业个别财务报表产生的影响，应予以抵销，以便生成能够真正反映相关成员企业构成的企业集团整体的“合并”会计信息。

【例8-11】

A公司是B公司的母公司，某报告期末A公司、B公司“应收账款”账户的余额分别是3 000万元、2 000万元，如果A公司应收账款余额中有900万元是应向B公司收取的销货款，则A、B公司构成的一个报告主体所提供的合并资产负债中，“应收账款”项目的报告价值应为4 100万元（3 000＋2 000－900），表示该主体应向本主体以外债务人收取的货款。因此，在合并财务报表工作底稿中，要通过以下抵销分录将这项内部交易导致的债权、债务予以抵销：

借：应付账款　　9 000 000

　　贷：应收账款　　9 000 000

敲黑板

由于抵销分录只能在合并财务报表工作底稿里编制，因此，抵销分录中涉及的对象应该是有关的报表项目而不是会计科目。这就可以解释以下两个问题：第一，为什么合并资产负债表、合并利润表以及合并所有者权益变动表的工作底稿需要合并设置，而合并现金流量表工作底稿则与上述合并财务报表工作底稿没有联系；第二，为什么抵销分录对个别报表没有任何影响，从而导致以后报告期末编制合并报表时可能涉及对“未分配利润（期初）”项目的调整。

（2）抵销处理的种类。

1）按与各种合并财务报表的关系进行分类，可以将合并财务报表工作底稿中的抵销处理分为以下四类：

第一类，与合并资产负债表的编制有关的抵销处理；

第二类，与合并利润表的编制有关的抵销处理；

第三类，与合并所有者权益变动表的编制有关的抵销处理；

第四类，与合并现金流量表的编制有关的抵销处理。

但是，在编制合并财务报表时，虽然有的抵销分录仅仅涉及合并资产负债表有关项目（如抵销内部应收账款和应付账款）或仅仅与合并利润表项目有关（如抵销内部资产交易导致的营业收入和营业成本），而有的抵销分录会同时影响合并资产负债表和合并利润表项目（如抵销按内部应收账款计提的坏账准备），甚至同时涉及资产负债表、利润表以及所有者权益变动表项目。

2）按纳入合并范围的成员企业之间内部交易的类别进行分类，可以将合并财务报表工作底稿中的抵销处理分为以下五大类：

第一类，与内部股权投资有关的抵销处理；

第二类，与内部债权债务有关的抵销处理；

第三类，与内部存货交易、固定资产交易、无形资产交易等内部资产交易有关的抵销处理；

第四类，与外币财务报表折算差额有关的抵销处理；

第五类，与内部现金流动有关的抵销处理。

合并日合并资产负债表的编制过程中，一般只涉及第一类抵销处理；合并日后各期合并资产负债表的编制，则涉及第一类至第四类抵销处理。

上述第一类至第四类抵销处理，直接或间接服务于合并资产负债表、合并利润表及合并所有者权益变动表的编制；而第五类抵销处理，仅与合并现金流量表的编制有关。

综上所述，抵销处理种类与合并报表种类之间的关系如表 8 - 4 所示。

表 8-4　合并报表编制过程中的主要抵销处理种类归纳

抵销处理种类		涉及的合并报表项目	
		合并日合并报表	合并日后合并报表
第一类，与内部股权投资有关的抵销处理	（1）将投资方对被投资方的股权投资与被投资方的股东权益进行抵销，并确认少数股东权益	合并资产负债表	合并资产负债表第一类，与内部股权投资有关的抵销
	（2）将投资方的股权投资收益与被投资方的利润分配进行抵销，并确认少数股东享有的损益		合并资产负债表 合并利润表……合并所有者权益变动表
	（3）抵销内部股权投资有关的减值准备		合并资产负债表 合并利润表 合并所有者权益变动表
第二类，与内部债权债务有关的抵销处理	（1）抵销内部债权债务		合并资产负债表
	（2）调整与抵销内部应收款项已计提的坏账准备或减值准备		合并资产负债表 合并利润表 合并所有者权益变动表
	（3）调整相关递延所得税		合并资产负债表 合并利润表 合并所有者权益变动表
第三类，与内部资产交易有关的抵销处理	（1）抵销相关资产价值中包含的未实现损益		合并资产负债表 合并利润表 合并所有者权益变动表
	（2）抵销按未实现内部交易损益计提的折旧或摊销		合并资产负债表 合并利润表 合并所有者权益变动表
	（3）调整与抵销内部交易资产已计提的跌价准备或减值准备		合并资产负债表 合并利润表 合并所有者权益变动表
	（4）调整相关递延所得税		合并资产负债表 合并利润表 合并所有者权益变动表
第四类，与外币财务报表折算差额有关的抵销处理	将外币财务报表折算差额在归属于母公司股东的权益和少数股东权益之间进行分配		合并资产负债表 合并所有者权益变动表
第五类，与内部现金流动有关的抵销处理			合并现金流量表

8.3 即测即评

本书第 9 章将按内部交易类别分别解释各类抵销处理，揭示各类抵销处理对合并资产负债表、合并利润表、合并所有者权益变动表以及合并现金流量表信息生成过程的影响。

思考题

1. 什么是合并财务报表？
2. 如何确定合并范围？
3. 合并财务报表的种类有哪些？
4. 合并财务报表的编制过程应遵循哪些原则？
5. 如何理解合并财务报表编制程序？
6. 如何设置和应用合并财务报表工作底稿？
7. 如何理解合并财务报表编制程序中的调整与抵销处理？

练习题

[目的]　熟悉合并财务报表的编制程序。

[资料]　甲公司与乙公司合并之前是非同一控制下的两个企业。有关企业合并资料为：

(1) 2×22 年 1 月 10 日，甲公司向乙公司的原股东支付 7 600 万元的货币资金作为对价，取得乙公司 100%的股权，成为乙公司的全资控股股东。合并日乙公司可辨认净资产的账面价值为 7 000 万元、公允价值为 7 600 万元，差额为某项固定资产的评估增值。

(2) 合并前甲、乙双方有关净资产账面价值资料见表 8-5、表 8-6。

表 8-5　甲公司合并前净资产账面价值资料　单位：万元

资产		负债与股东权益	
项目	账面价值	项目	账面价值
货币资金	15 000	应付账款等负债	10 000
库存商品等	8 000	股本	20 000
固定资产	15 000	资本公积	3 800
		盈余公积	2 000
		未分配利润	2 200

表 8-6　乙公司合并前净资产账面价值资料　单位：万元

资产		负债与权益	
项目	账面价值	项目	账面价值
货币资金	3 000	应付账款等负债	6 000
原材料等	2 000	股本	7 000
固定资产	8 000	资本公积	0
		盈余公积	0
		未分配利润	0

[要求]　根据上述资料，进行如下会计处理（金额单位用万元表示）：

（1）编制甲公司控股合并乙公司的有关会计分录。

（2）开设合并日合并财务报表工作底稿，将确认了企业合并交易之后两家公司的个别财务报表资料抄入工作底稿。

（3）在工作底稿中编制相应的调整分录与抵销分录。

（4）在工作底稿中计算各项目的合并数。

（5）根据工作底稿中“合并数”栏的资料，编制合并日的合并资产负债表。

年报分析

［主题］ 合并范围的确定及其影响。

［资料］ 中国动力2022年半年度报告披露的合并范围情况，具体资料见本章的“年报撷萃”专栏。

［要求］ 根据上述资料，思考如下问题：

（1）阅读和分析中国动力披露的合并范围信息给你带来了什么启示?

（2）如何解释合并范围及其变动与合并财务报表的关系?

第9章

合并财务报表的编制：一般流程

思维导图

学习目标：

通过本章的学习，掌握合并资产负债表、合并利润表、合并所有者权益变动表以及合并现金流量表的编制思路；掌握与内部股权投资有关的调整与抵销处理方法；掌握与内部债权债务有关的调整与抵销处理方法；掌握与内部资产交易有关的调整与抵销处理方法；掌握外币财务报表折算差额的合并处理方法；掌握与内部现金流动有关的抵销处理方法。

年报撷萃　中信证券2022年半年度报告合并报表部分信息

中信证券（A股股票代码600030）主要的经营范围包括：证券经纪、证券投资咨询；与证券交易、证券投资活动有关的财务顾问；证券承销与保荐、证券自营、证券资产管理、融资融券、证券投资基金代销、代销金融产品等。

下面是中信证券（A股）2022年半年度报告中的部分信息（金额单位：元）。

1. 合并资产负债表中的“长期股权投资”项目报告价值及其附注

项目	2022年6月30日	2021年12月31日
长期股权投资	8 751 508 896.84	9 127 983 944.45

有关报表附注：长期股权投资按类别列示

项目	2022年6月30日	2021年12月31日
联营企业	8 792 504 624.18	9 145 744 700.31
合营企业	15 658 803.41	38 893 774.89
减：减值准备	56 654 530.75	56 654 530.75
合计	8 751 508 896.84	9 127 983 944.45

2. 合并资产负债表中有关所有者权益的信息

股东权益项目	2022年6月30日	2021年12月31日
股本	14 820 546 829.00	12 926 776 029.00
资本公积	90 937 877 193.48	65 625 856 638.38
其他综合收益	(259 836 224.34)	(753 204 611.85)
盈余公积	9 985 076 915.57	9 985 076 915.57
一般风险准备	33 165 636 270.56	32 958 534 561.73
未分配利润	80 402 909 031.45	77 660 564 435.80
归属于母公司股东权益合计	242 813 914 072.36	209 171 333 355.47
少数股东权益	4 673 919 782.43	4 636 452 826.11
所有者权益（或股东权益）合计	247 487 833 854.79	213 807 786 181.58

3. 合并利润表部分信息

项目	本期发生额	上期发生额
一、营业收入	34 885 387 537.72	37 720 623 459.15
⋮		
二、营业支出	19 644 581 819.91	21 378 047 051.48
⋮		
三、营业利润	15 240 805 717.81	16 342 576 407.67
⋮		
四、利润总额	15 400 588 394.24	16 291 222 960.65
减：所得税费用	3 789 769 613.98	3 696 873 257.00
五、净利润	11 610 818 780.26	12 594 349 703.65
（一）按经营持续性分类		
持续经营净利润	11 610 818 780.26	12 594 349 703.65
终止经营净利润	—	—
（二）按所有权归属分类		
归属于母公司股东的净利润	1 119 632 678 790.84	12 197 983 849.06
少数股东损益	414 492 000.42	396 365 854.59
六、其他综合收益的税后净额	428 541 744.07	(1 354 715 200.20)
归属于母公司股东的其他综合收益的税后净额	493 368 387.51	(1 343 045 461.99)
⋮		
归属于少数股东的其他综合收益的税后净额	(64 826 643.44)	(11 669 738.21)
⋮		

续表

项目	本期发生额	上期发生额
七、综合收益总额	12 039 360 524.33	11 239 634 503.45
归属于母公司所有者的综合收益总额	11 689 695 167.35	10 854 938 387.07
归属于少数股东的综合收益总额	349 665 356.98	384 696 116.38
八、每股收益		
（一）基本每股收益	0.76	0.94
（二）稀释每股收益	0.76	0.94

资料来源：中信证券 2022 年半年度报告．上海证券交易所网站，http：//www.sse.com.cn.

观察中信证券 2022 年半年度报告的上述信息，我们不禁要问：合并资产负债表中的“长期股权投资”项目为什么只报告对联营企业、合营企业的投资？合并资产负债表、合并利润表以及其他合并财务报表是怎样编制出来的？合并资产负债表的股东权益部分，少数股东权益项目与归属于母公司股东权益两个项目的金额是如何确定的？合并资产负债表中的少数股东权益项目与合并利润表中的少数股东损益项目有什么内在联系？归属于母公司股东的净利润与少数股东损益分别如何确定？归属于母公司股东的其他综合收益与归属于少数股东的其他综合收益分别如何确定？合并利润表中的每股收益如何计算？这些问题都是编制合并财务报表过程中需要特别关注的。

本章将详细介绍一般情况下合并财务报表的编制方法，上述问题基本都会涉及。与合并财务报表相关的一些特殊问题将在第 10 章介绍。

9.1　与内部股权投资有关的调整与抵销

9.1.1　基于内部股权投资业务的基本分析

1. 从与内部股权投资有关的业务看相关抵销处理的必要

与企业集团内部成员企业之间股权投资有关的业务主要包括：第一，投资方对被投资方进行股权投资；第二，投资后被投资方向投资方宣派股利。其中，母公司为取得对子公司的控股权进行股权投资时，一方面增加母公司的长期股权投资，另一方面形成子公司的股本；股权投资之后的各报告期内，子公司宣告分派的现金股利，会导致母公司确认投资收益。从企业集团的角度来看，这种股权投资引致的长期股权投资、股本、投资收益及利润分配等会计要素的变动，源于内部股权投资业务；而从编制合并报表的角度来看，这些内部股权投资业务的确认与计量对投资双方个别报表数据产生的影响，应予以抵销。

【例 9－1】

某年初甲公司出资 5 000 万元成立了乙公司，当时，甲公司的股本为 8 000 万元，其他股东权益项目为0，没有其他对外股权投资。投资当年，乙公司实现净利润100万元，向股东（甲公司）分配现金股利30万元。甲公司编制合并报表时，应该如何处理？

分析：

首先看合并当时。从甲、乙公司作为一个整体的角度来看，该整体的对外股权投资价值应该为0，股本应为8 000万元。即"长期股权投资"合并数应为5 000－5 000＝0；"股本"合并数应为8 000＋5 000－5 000＝8 000万元。所以，编制合并报表时，应将甲公司对乙公司的股权投资5 000万元与乙公司来自甲公司的股本5 000万元相抵销。

其次看合并当期期末。从个别报表的角度来看，甲、乙两个公司的净利润分别为100万元、30万元（确认股利收益形成的利润），分配股利分别为0、30万元。而从合并报表的角度来看，该整体没有来自外部的投资收益，也没有对外部的利润分配。所以，编制合并报表时，除了应将甲公司对乙公司的长期股权投资5 000万元与乙公司来自甲公司的股本5 000万元相抵销之外，还应将甲公司因收到乙公司宣派股利而确认的投资收益30万元与乙公司对甲公司的股利分配30万元相抵销。这样处理之后的合并净利润为100万元（乙公司实现净利润100万元＋甲公司确认的对内股权投资的投资收益30万元－应抵销的对内投资收益30万元），股利分配为0。

【例9-2】

沿用例9-1的资料。假定当初设立乙公司时甲公司投入资金4 000万元，拥有乙公司80%的股权；另外20%的股权由丙公司投资1 000万元而持有。其他资料不变。甲公司编制合并报表时，应该如何处理？

分析：

(1) 合并日编制合并报表时，应将甲公司对乙公司的股权投资4 000万元与乙公司来自甲公司的股本4 000万元相抵销。值得注意的是，还应将乙公司的另外1 000万元股本转而确认为少数股东权益。

(2) 合并当期期末，从个别报表的角度来看，甲公司的股本为8 000万元，本期来自乙公司股利分配的投资收益为24万元，期末股东权益总额为8 024万元；乙公司的股本为5 000万元，期末未分配利润为70万元，股东权益总额为5 070万元；两者股东权益合计为13 094万元。从合并报表的角度来看，扣除来自内部的投资收益24万元之后，归属于甲公司股东的权益应为12 056万元（8 024－24＋5 070×80%），归属于少数股东的权益应为1 014万元（5 070×20%，即1 014＝5 000×20%＋100×20%－30×20%）。所以，合并后当期期末编制合并报表时：

第一，应将甲公司对乙公司的股权投资4 000万元与乙公司来自甲公司的股本4 000万元相抵销，将另外1 000万元乙公司的股本确认为少数股东权益。

第二，应将乙公司实现的净利润100万元的20%确认为少数股东享有的收益，进而增加少数股东权益20万元。

第三，应将甲公司因收到乙公司宣派股利而确认的投资收益24万元与乙公司的利润分配30万元中的80%相抵销，按乙公司利润分配的20%减少少数股东权益6万元。

2. 抵销处理的内容概览

（1）基本抵销处理。综上所述，与内部股权投资有关的抵销处理（以母公司对子公司投资为例）的基本内容包括：

1）将母公司对子公司的长期股权投资与子公司的股东权益中归属于母公司的股东权益予以抵销。

2）将报告期内母公司来自子公司的股权投资收益与子公司的股利分配中归属于母公司享有的部分进行抵销。

3）将子公司股东权益中归属于少数股东享有的份额，确认为少数股东权益：子公司股本中相当于少数股东投资的部分、子公司报告期内实现的净利润中少数股东应享有的部分，都将增加少数股东权益；子公司报告期内向少数股东分配的股利，则减少少数股东权益。

经过上述合并处理的结果是：合并资产负债表中“长期股权投资”项目能够反映企业集团报告期末的对外长期股权投资价值；合并资产负债表中的股东权益合并数能够反映母公司的股东和子公司来自除母公司以外的股东对母、子公司净资产所拥有的权益之和；合并利润表中的“投资收益”项目剔除了来自内部股权投资的收益；合并所有者权益变动表中的相关利润分配项目只反映对母公司的利润分配情况。

敲黑板

企业集团内部子公司互相之间的股权投资，企业集团成员企业之间的股权投资确认为以公允价值计量且其变动计入当期损益的金融资产、以公允价值计量且其变动计入其他综合收益的金融资产的，相关的影响同样应予以抵销。基本原理比照母公司对子公司股权投资的抵销。与子公司持有的对母公司股权投资相关的抵销处理，稍后将专门予以阐述。

（2）其他调整与抵销处理。除了上述三个层面的抵销处理之外，与内部股权投资有关的处理还涉及以下几个方面的调整与抵销：

1）在连续编制合并报表的情况下，要对以前期间的上述抵销处理对本期期初未分配利润的影响进行调整，以便实现本期合并报表中未分配利润期初余额与上期合并报表中未分配利润期末余额相符。

2）在对内部长期股权投资进行抵销处理时，内部长期股权投资已计提的减值准备对个别资产负债表和利润表以及期初未分配利润的影响，也应予以消除。

3）在进行上述相关抵销处理之前，母公司对子公司的长期股权投资是否需要在合并报表工作底稿中由成本法调整到权益法，调整与不调整两种情况下的抵销处理有什么区别，这也是需要解决的问题。

4）在同一控制下的企业合并和非同一控制下的企业合并两种情况下对内部股权投资有关的调整与抵销处理，在是否确认合并商誉、对子公司可辨认净资产是否按合并日公允价值为基础进行调整等方面，两者也可能有所不同。

下面，先不考虑内部股权投资计提减值准备的抵销问题，也不考虑子公司互相之间持股或子公司对母公司的股权投资，仅以母公司对子公司的长期股权投资为例，对合并日及合并日后每期期末编制合并报表时与内部股权投资有关的调整与抵销分录进行归纳。

9.1.2 基本的调整与抵销处理——同一控制下企业合并的情形

1. 与合并日合并报表的编制有关的调整与抵销处理

对于同一控制下的企业合并，在编制合并日合并资产负债表时，被合并方的各项资产、负债，应按其账面价值计量；如果被合并方采用的会计政策与合并方不一致，应按照合并方采用的会计政策进行调整，以调整后的账面价值计量。也就是说，应对合并方与被合并方的资产、负债按照一致的会计政策下的账面价值予以合并。

合并日合并方与合并资产负债表项目有关的抵销分录为：

借：股本
　　资本公积
　　盈余公积　　　　［子公司股东权益报告价值］
　　其他综合收益
　　未分配利润
　贷：长期股权投资　　［母公司对子公司长期股权投资报告价值］
　　　少数股东权益　　［子公司股东权益报告价值×少数股东持股比例］　［1］

值得一提的是，随着上一个抵销分录的编制，子公司的股东权益各项目已被全额抵销。根据权益结合法的基本原理，合并资产负债表中的留存收益中应包括母公司在子公司合并前留存收益中应享有的部分，所以，母公司在合并财务报表工作底稿中还应编制如下调整分录：

借：资本公积*
　贷：盈余公积　　［子公司合并前账面价值中母公司应享有的部分］
　　　未分配利润　［子公司合并前账面价值中母公司应享有的部分］　［2］

* 调整金额不能高于母公司资本溢价余额。

敲黑板

就同一控制下的企业合并中留存收益的调整问题而言：在吸收合并的情况下，合并方是在确认企业合并的账务处理中调整应享有的被合并方合并前留存收益，从而在其个别资产负债表中反映留存收益等所有者权益项目的金额变动；在控股合并的情况下，合并方则是在合并财务报表工作底稿中通过相关调整分录的编制，在合并资产负债表中反映留存收益等所有者权益项目的金额变动。

与此相类似，吸收合并后，被合并方的各项资产、负债并入合并方的个别资产负债表；而控股合并后，被合并方的各项资产、负债将并入合并方编制的合并资产负债表；同理，非同一控制下的企业合并中，吸收合并中应确认的合并商誉在合并方个别资产负债表中“商誉”项目列示，控股合并中应确认的合并商誉只能在合并资产负债表的“商誉”项目中列报（稍后将做梳理）。

可见，控股合并后合并方编制的合并报表能反映合并后主体的财务信息，正如吸收合并后合并方编制的个别报表能反映合并后主体的财务信息一样。这条线索有助于认识合并报表的本质，自然也有助于理解合并报表的编制流程。

2. 与合并日后合并报表的编制有关的调整与抵销处理

（1）在合并财务报表工作底稿中先将母公司对子公司的长期股权投资由成本法调

整为权益法①。

（2）编制相关的抵销分录。

1）将母公司对子公司的长期股权投资与子公司的股东权益中归属于母公司的部分相抵销，并将归属于少数股东的部分确认为少数股东权益：

借：股本
　　资本公积
　　盈余公积
　　其他综合收益
　　未分配利润　〔子公司股东权益期末报告价值〕（以上五项合计）
　贷：长期股权投资　〔母公司对子公司长期股权投资期末报告价值〕
　　　少数股东权益　〔子公司股东权益期末报告价值×少数股东持股比例〕　〔3〕

对上面这个抵销分录需要说明的是：该抵销分录涉及的项目都属于合并资产负债表的项目，所以都按期末报告价值抵销。该抵销分录抵销的是内部股权的投资，其实质是将子公司股东权益中属于母公司拥有的股权部分与母公司的股权投资相抵销，属于少数股东拥有的权益部分则确认为少数股东权益。

同时，对子公司被合并前留存收益中母公司应享有部分进行调整处理，见合并日的调整分录。

2）将母公司当年来自子公司的股权投资收益、子公司利润分配情况进行抵销，并确认少数股东享有的损益：

借：投资收益　〔子公司当年净利润×母公司持股比例〕
　　少数股东损益　〔子公司当年净利润×少数股东持股比例〕（以上两项合计：〔子公司当年实现的净利润〕A）
　　未分配利润（期初）　〔子公司期初未分配利润〕D
　贷：对所有者（或股东）的分配
　　　提取盈余公积（以上两项合计：〔子公司当年利润分配〕B）
　　　未分配利润（期末）　〔子公司期末报告价值〕C　〔4〕

需要说明的是：这个抵销分录涉及的都是合并利润表、合并所有者权益变动表的项目，在此分别用 A、B、C、D 代表“〔　〕”内相应项目金额，其中：

第一，关于 A。按子公司当年实现净利润的金额进行抵销，并不意味着抵销子公司实现的净利润。母公司按权益法确定的内部股权投资收益应该抵销，少数股东享有的收益记作借项将减少归属于母公司股东的权益。

第二，关于 B。子公司的利润分配，尤其是股利分配，不构成企业集团整体对外的利润分配，应该抵销。

第三，关于 C。如果不考虑期初未分配利润的话，本期该抵销分录中的 A、B 之差即为子公司的期末未分配利润。C 保证了这个抵销分录的平衡。

第四，关于 D。上期该抵销分录对“未分配利润（期末）”项目合并数的影响 C，在本期需要在抵销分录中重现，以体现合并报表中“未分配利润”项目本期期初余额与上期期末余额的承接关系。

将以上〔3〕、〔4〕两个抵销分录合并，则与内部股权投资有关的抵销分录为：

---

① 直接按成本法的结果进行抵销的原理，将在 9.1.4 节中予以阐述。

借：股本、资本公积、盈余公积、其他综合收益
　　　　　　　　　　　　[子公司相关项目期末报告价值]
　　投资收益　　　　　　[子公司当年净利润×母公司持股比例]
　　少数股东损益　　　　[子公司当年净利润×少数股东持股比例]
　　未分配利润（期初）　[子公司期初未分配利润*]
　贷：长期股权投资　　　[母公司对子公司长期股权投资调整后价值]
　　　少数股东权益　　　[子公司股东权益期末报告价值×少数股东持股比例]
　　　对所有者（或股东）的分配 [子公司当年分配数]
　　　提取盈余公积　　　[子公司当年提取数]　　　　　[5]

*实质上是指上期此类抵销分录对上期“未分配利润（期末）”项目的影响额。

敲黑板

上述抵销分录[4]、[5]中对于“未分配利润（期初）”项目的抵销金额，等于上期各该抵销分录中涉及因抵销利润表“净利润”的相关项目、利润分配项目而对“未分配利润（期末）”项目的影响金额。由于在以前年度合并财务报表工作底稿中编制的任何抵销分录，都只是用来确定当年合并报表的合并数，并未据以记账，因而并未调整个别报表有关项目期末数，自然也就未曾对本年个别所有者权益变动表的“未分配利润（期初）”项目产生过影响。因此，在连续编制合并报表的情况下，为了满足本年度合并所有者权益变动表“未分配利润（期初）”项目的合并数与上年度合并所有者权益变动表中“未分配利润（期末）”项目的合并数相互勾稽的需要，需要对“未分配利润（期初）”项目进行抵销与调整，从而实现这两个项目内在关系的承接。这正是理解合并报表抵销分录的关键之一。

下面举例予以说明。

【例9-3】

2×22年年初甲公司出资7 200万元取得A公司80%的控股权。投资后当年，A公司利润表里报告净利润1 000万元，宣告分派现金股利600万元；投资后第二年即2×23年，A公司报告净利润800万元，宣告分派现金股利500万元。母公司股本20 000万元；2×22年年初未分配利润1 500万元；2×22年、2×23年利润表里报告的利润分别为4 480万元和2 400万元；宣告分配现金股利分别为1 100万元和4 500万元。其他资料略。

甲公司在合并财务报表工作底稿中的相关会计处理如表9-1所示。

表9-1　有关调整与抵销的会计处理　　　　单位：万元

2×22年年初（合并日）	将母公司对子公司的股权投资与子公司的股本相抵销，并确认少数股东权益：		
	借：股本	9 000	
	贷：长期股权投资		7 200
	少数股东权益		1 800
2×22年年末	①按权益法对母公司长期股权投资进行调整：		
	借：长期股权投资	320	
	贷：投资收益（(1 000－600)×80%）		320

续表

2×22年年末	②将母公司对子公司的股权投资与子公司的股东权益相抵销并确认少数股东权益： 借：股本　9 000 　　未分配利润（期末）　400 　贷：长期股权投资（7 200＋320）　7 520 　　　少数股东权益（9 400×20%）　1 880
	③抵销内部股权投资收益与利润分配，并确认少数股东享有的损益： 借：投资收益　800 　　少数股东损益　200 　贷：对所有者（或股东）的分配　600 　　　未分配利润（期末）　400
	④如果将②、③合并编制，则与内部股权投资有关的抵销分录如下： 借：股本　9 000 　　投资收益　800 　　少数股东损益　200 　贷：长期股权投资　7 520 　　　少数股东权益　1 880 　　　对所有者（或股东）的分配　600
2×23年年末	①按权益法对母公司长期股权投资进行调整： 借：长期股权投资　560 　贷：投资收益（(800－500)×80%）　240 　　　未分配利润（期初）　320
	②将母公司对子公司的股权投资与子公司的股东权益相抵销，并确认少数股东权益： 借：股本　9 000 　　未分配利润（期末）　700 　贷：长期股权投资（7 200＋560）　7 760 　　　少数股东权益（9 700×20%）　1 940
	③抵销内部股权投资收益与利润分配，并确认少数股东享有的损益： 借：投资收益　640 　　少数股东损益　160 　　未分配利润（期初）　400 　贷：对所有者（或股东）的分配　500 　　　未分配利润（期末）　700
	④如果将②、③合并编制，则与内部股权投资有关的抵销分录如下： 借：股本　9 000 　　投资收益　640 　　少数股东损益　160 　　未分配利润（期初）　400 　贷：长期股权投资　7 760 　　　少数股东权益　1 940 　　　对所有者（或股东）的分配　500

将表9-1列示的调整与抵销分录填入合并财务报表工作底稿，合并日合并资产负债表有关合并数据的生成过程见表9-2，合并日后合并资产负债表、合并利润表、合并所有者权益变动表有关合并数据的生成过程分别见表9-3、表9-4。

表9-2 合并日合并财务报表工作底稿

2×22年1月1日 单位：万元

项目	个别报表		调整与抵销分录		合并数
	母公司	子公司	借	贷	
资产负债表有关项目：					
长期股权投资	7 200	0		7 200	0
股本	20 000	9 000	9 000		20 000
未分配利润	1 500	0			1 500
少数股东权益	—	—		1 800	1 800

表9-3 合并日后合并财务报表工作底稿

2×22年12月31日 单位：万元

项目	个别报表		调整与抵销分录		合并数
	母公司	子公司	借	贷	
资产负债表有关项目：					
长期股权投资	7 200	0	①320	④7 520	0
股本	20 000	9 000	④9 000		20 000
未分配利润	4 880	400	1 000*	920	5 200
归属于母公司股东权益合计	—	—			25 200
少数股东权益	—	—		④1 880	1 880
股东权益合计					27 080
利润表及所有者权益变动表有关项目：					
营业收入等	4 000	1 000			5 000
投资收益	480	0	④800	①320	0
净利润	4 480	1 000	800	320	5 000
其中：归属于母公司股东的净利润	—	—			4 800
少数股东损益	—	—	④200		200
未分配利润（期初）	1 500	0			1 500
对所有者（或股东）的分配	1 100	600		④600	1 100
未分配利润（期末）	4 880	400	1 000*	920	5 200

*1 000＝800＋200。

敲黑板

对于某一特定时点的合并资产负债表而言，其中的“期初数”取自上期合并资产负债表有关项目“期末数”栏相关数据，本期的“期末数”则取自本期编制的工作底稿中的“合并数”栏相关数据。下同。

[视频] 借记“少数股东损益”的影响

对利润表与“净利润”相关的任何项目的抵销与调整、对利润分配的任何抵销与调整，都必然会对所有者权益变动表的“未分配利润（期末）”项目产生影响；对以前年度利润表与“净利润”相关的任何项目的抵销与调整、对以前年度利润分配的任何抵销与调整，也都应该对所有者权益变动表的“未分配利润（期初）”项目产生影响。工作底稿中资产负债表部分的“未分配利润（期末）”项目数据来自所有者权益变动表部分的相应项目数据。

表 9-4　合并日后合并财务报表工作底稿

2×23 年 12 月 31 日　　　　单位：万元

项目	个别报表		调整与抵销分录		合并数
	母公司	子公司	借	贷	
资产负债表有关项目：					
长期股权投资	7 200	0	①560	④7 760	0
股本	20 000	9 000	④9 000		20 000
未分配利润	2 780	700	1 200	1 060	3 340
少数股东权益	—	—		④1 940	1 940
利润表及所有者权益变动表有关项目：					
营业收入等	2 000	800			2 800
投资收益	400	0	④640	①240	0
净利润	2 400	800	640	240	2 800
其中：归属于母公司股东的净利润	—	—			2 640
少数股东损益	—	—	④160		160
未分配利润（期初）	4 880	400	④400	①320	5 200
对所有者（或股东）的分配	4 500	500		④500	4 500
未分配利润（期末）	2 780	700	1 200	1 060	3 340

敲黑板

从合并资产负债表来看，合并所有者权益包括归属于母公司股东的权益和少数股东享有的权益两部分；归属于母公司股东的权益则包括合并资产负债表中的“股本”“资本公积”“其他综合收益”“盈余公积”“未分配利润”等项目金额之和。其中，“未分配利润”项目金额与合并所有者权益变动表中“未分配利润”项目金额相等。

从合并利润表及合并所有者权益变动表来看，“未分配利润（期末）”项目金额为当年净利润中归属于母公司股东的利润与“未分配利润（期初）”项目金额之和，减去母公司当年宣派的应付股利之后的差额。

从表 9-3 列示的 2×22 年合并财务报表工作底稿的有关数据来看，合并所有者权益金额为 27 080 万元（20 000＋5 200＋1 880）。其中，归属于母公司股东权益为 25 200 万元（20 000＋5 200，其中 5 200＝4 800＋1 500－1 100），少数股东权益为 1 880 万元。

[视频] 抵销“期初未分配利润”的原因

从表 9-4 列示的 2×23 年合并财务报表工作底稿的有关数据来看，合并所有者权益金额为 25 280 万元（20 000＋3 340＋1 940）。其中，归属于母公司股东权益为 23 340 万元（20 000＋3 340，其中 3 340＝2 640＋

5 200—4 500)，少数股东权益为1 940万元。

值得重申的是，合并报表中“未分配利润”项目的金额含义是理解合并所有者权益、合并资产负债表与合并利润表乃至合并所有者权益变动表关系等问题的关键。

9.1.3 基本的调整与抵销处理——非同一控制下企业合并的情形

非同一控制下企业合并的合并日后每个资产负债表日编制合并报表时，与上述同一控制下企业合并相关的抵销处理不同的是：首先，子公司各项可辨认净资产需按其在合并日的公允价值为基础进行计量；其次，少数股东权益也要根据子公司股东权益以合并日公允价值为基础延续计算的公允价值的一定份额进行计量；最后，可能需要确认合并商誉。

1. 与合并日合并报表的编制有关的调整与抵销处理

对于非同一控制下企业合并的，合并日合并资产负债表的编制要点如下：

第一，在合并日合并资产负债表中，因企业合并取得的被购买方各项可辨认资产、负债及或有负债，应当以公允价值列示。按照合并报表的实体理论，无论母公司取得的子公司股权份额是否为100%，合并资产负债表中子公司各项可辨认资产、负债及或有负债均按公允价值报告。这就意味着，在母公司非100%控股的情况下，合并报表中少数股东权益中包含的子公司可辨认净资产，也按其公允价值报告。

第二，根据我国现行企业会计准则，合并商誉的计量采用部分商誉法，即母公司的合并成本大于取得的子公司可辨认净资产公允价值份额的差额，即母公司对子公司长期股权投资（按合并成本计量的）大于母公司在子公司所有者权益（按公允价值计量的）中所享有的份额的差额，列作商誉；在存在少数股权的情况下，这就意味着合并商誉中并未包含子公司归属于少数股东的商誉。

第三，母公司的合并成本小于取得的子公司可辨认净资产公允价值份额的差额，即母公司对子公司的长期股权投资（按合并成本计量的）小于母公司在子公司所有者权益（按公允价值计量）中所享有的份额的差额，在合并日合并资产负债表中调整未分配利润。①

综上所述，合并日合并方与合并资产负债表有关的调整与抵销分录为：

（1）将子公司可辨认净资产调整至公允价值：

借：有关资产　　　　　　[子公司有关资产公允价值大于账面价值的差额]

　贷：资本公积*　　　　　　　　　　　　　　　　　　　　　　[6]

*资产的减值调整作相反处理，负债的调整与资产的调整处理相反。

（2）对子公司可辨认净资产报告价值的上述调整导致合并报表中相关资产或负债出现暂时性差异（如果计税基础没有变化），所以还需调整相关的递延所得税：

借：资本公积

　贷：递延所得税负债

（3）将母公司对子公司的长期股权投资与子公司的股东权益相抵销，并确认少数

① 如果编制合并利润表，此差额需要调整“营业外收入”项目，从而对资产负债表的留存收益产生影响；由于不编制合并日的合并利润表，因此直接调整“未分配利润”项目。

股东权益：

借：股本
　　资本公积
　　其他综合收益　［子公司股东权益经上述调整后的报告价值］A
　　盈余公积
　　未分配利润
　　商誉　［B 大于（A×母公司持股比例）的差额］D1
　贷：长期股权投资　［母公司对子公司长期股权投资报告价值］B
　　　少数股东权益　［A×少数股东持股比例］C
　　　未分配利润　［B 小于（A×母公司持股比例）的差额］D2　［7］

2. 与合并日后合并报表的编制有关的调整与抵销处理

合并日后每期期末在合并财务报表工作底稿中的有关调整与抵销处理的思路如下：首先，将母公司对子公司股权投资由成本法调整为权益法；其次，对子公司可辨认净资产按合并日公允价值为基础进行调整；最后，编制有关抵销分录。有关抵销分录为：

（1）将母公司对子公司的长期股权投资与子公司的股东权益中归属于母公司的部分相抵销，并将归属于少数股东的部分确认为少数股东权益（涉及与合并资产负债表有关的项目）：

借：股本
　　资本公积
　　其他综合收益　［调整后的子公司股东权益期末报告价值*］
　　盈余公积
　　未分配利润
　　商誉　［合并日确认的商誉**］
　贷：长期股权投资　［调整后母公司对子公司股权投资期末报告价值***］
　　　少数股东权益　［调整后子公司股东权益期末报告价值×少数股东持股比例］　［8］

* 按合并日可辨认净资产公允价值为基础调整后的价值。
** 假定商誉未发生减值。合并日确认的负商誉则贷记“未分配利润（期初）”项目。下同。
*** 按权益法调整后的价值。

（2）将母公司当年来自子公司的股权投资收益、子公司利润分配情况进行抵销，并确认少数股东享有的损益（涉及合并利润表和合并所有者权益变动表的相关项目）：

借：投资收益　［调整后子公司当年净利润*×母公司持股比例］｝［子公司当年实现的利润］
　　少数股东损益　［调整后子公司当年净利润*×少数股东持股比例］｝
　　未分配利润（期初）　［上期此类抵销分录对上期“未分配利润（期末）”项目的影响额］
　贷：对所有者（或股东）的分配　［子公司当年利润分配］
　　　提取盈余公积
　　　未分配利润（期末）　［子公司期末报告价值］　［9］

* 按合并日可辨认公允价值为基础调整后的价值。

如果将抵销分录［8］、［9］进行合并，则与内部股权投资有关的抵销分录为：

借：股本、资本公积、其他综合收益、盈余公积
　　　　［调整后子公司有关项目期末报告价值］
　　投资收益　　［调整后子公司当年净利润×母公司持股比例］
　　少数股东损益　　［调整后子公司当年净利润×少数股东持股比例］
　　未分配利润　　［上期此类抵销分录对上期“未分配利润（期末）”项目的影响额］
　　商誉　　［合并日确认的商誉］
　贷：长期股权投资　　［调整后母公司对子公司股权投资期末报告价值］
　　少数股东权益　　［调整后子公司股东权益期末报告价值×少数股东持股比例］
　　对所有者（或股东）的分配　［子公司当年分配数］
　　提取盈余公积　　［子公司当年提取数］　　［10］

下面举例予以说明。

【例9-4】

沿用第7章例7-13的资料，即A公司与B公司为非同一控制下的两个公司。2×22年6月末A公司用账面价值800万元、公允价值900万元、增值税税率13%的库存商品和3 056万元的银行存款实施与B公司的合并。合并日B公司净资产账面价值的资料稍作修改，见表9-5。假定2×22年6月末A公司合并B公司时，B公司可辨认净资产公允价值为4 030万元，超过账面价值的30万元为某项管理用固定资产的评估增值，即固定资产的公允价值为5 030万元。

表9-5　B公司净资产账面价值资料　　单位：万元

资产		负债	
项目	账面价值	项目	账面价值
原材料等	2 000	应付账款等	500
固定资产	2 500	股本	4 000
		资本公积	0
		盈余公积	0
		未分配利润	0

补充资料：假定A公司取得被投资方B公司80%控股权时B公司评估增值30万元的某项固定资产系管理用固定资产，预计折旧年限为5年，采用直线法计提折旧（不考虑净残值）；B公司2×22年下半年利润表报告净利润103万元，未宣派股利；2×23年报告净利润811万元，宣派现金股利500万元。其他业务及资料略。为简化起见，暂不考虑与调整子公司固定资产报告价值相关的递延所得税问题。

（1）A 公司编制合并财务报表工作底稿时，有关调整与抵销分录见表 9-6。

表 9-6 调整与抵销分录汇总

单位：万元

时间	合并财务报表工作底稿中的有关会计处理		
2×22 年 6 月末（合并日）	①调整子公司有关资产的报告价值： 借：固定资产 　贷：资本公积	 30 	 30
	②与内部股权投资有关的抵销： 借：股本 　　资本公积 　　商誉（4 073－4 030×80%） 　贷：长期股权投资 　　　少数股东权益（4 030×20%）	 4 000 30 849 	 4 073 806
2×22 年年末	①调整子公司有关资产的报告价值： 借：固定资产 　　管理费用 　贷：资本公积	 27 3 	 30
	②调整到权益法： 借：长期股权投资 　贷：投资收益	 80 	 80
	③与内部股权投资有关的抵销分录： 借：股本 　　资本公积 　　投资收益（(103－3)×80%） 　　少数股东损益 　　商誉 　贷：长期股权投资 　　　少数股东权益	 4 000 30 80 20 849 	 4 153 826
2×23 年年末	①调整子公司有关资产的报告价值： 借：固定资产 　　管理费用 　　未分配利润（期初） 　贷：资本公积	 21 6 3 	 30
	②调整到权益法： 借：长期股权投资 　贷：投资收益（(811－6)×80%－500×80%） 　　　未分配利润（期初）	 324 	 244 80
	③与内部股权投资有关的抵销分录： 借：股本 　　资本公积 　　投资收益 　　少数股东损益 　　商誉 　　未分配利润（期初） 　贷：长期股权投资 　　　少数股东权益 　　　对所有者（或股东）的分配	 4 000 30 644 161 849 100 	 4 397 887 500

（2）将上述调整至权益法之后再进行抵销的有关处理填入合并财务报表工作底稿中，合并日合并资产负债表有关项目的数据产生过程见表 9-7，合并日后合并报表有关项目的数据生成过程见表 9-8、表 9-9。

表9-7 合并日合并财务报表工作底稿

2×22年6月30日 单位：万元

项目	个别报表*		调整与抵销分录		合并数
	母公司	子公司	借	贷	
资产负债表有关项目：					
流动资产、固定资产等	8 000	4 500	①30		12 530
长期股权投资	4 073	0		②4 073	0
商誉	0	0	②849		849
负债	2 973	500			3 473
股本、资本公积、其他综合收益、盈余公积	9 100	4 000	②4 030	①30	9 100
未分配利润	0	0			0
少数股东权益	—	—		②806	806

* 为集中观察与内部股权投资有关的调整与抵销处理，假定工作底稿中“个别报表”栏目各项目的数据为已知数据，下同。

敲黑板

合并日对取得的子公司可辨认净资产100%按公允价值报告，即8 000+(4 500+30)=12 530万元符合合并报表的实体理论。

部分商誉法下，商誉等于合并成本大于合并中取得的被购买方可辨认净资产公允价值份额的差额，即4 073−4 030×80%=849万元，可见，这里不包括归属于少数股东的商誉。所以，少数股东权益仅按子公司可辨认净资产公允价值中少数股东拥有的份额计算，即806万元。

表9-8 合并日后合并财务报表工作底稿

2×22年12月31日 单位：万元

项目	个别报表		调整与抵销分录		合并数
	母公司	子公司	借	贷	
资产负债表有关项目：					
流动资产、固定资产等	8 000	4 500	①27		12 527
长期股权投资	4 073	0	②80	③4 153	0
商誉	0	0	③849		849
负债	2 973	397			3 370
股本、资本公积、其他综合收益、盈余公积	9 100	4 000	③4 030	①30	9 100
未分配利润	0	103	103	80	80
少数股东权益	—	—		③826	826
利润表及所有者权益变动表有关项目：					
营业收入等	0	143			143
减：管理费用		40	①3		43
加：投资收益	0	0	③80	②80	0

续表

项目	个别报表		调整与抵销分录		合并数
	母公司	子公司	借	贷	
净利润	0	103	83	80	100
其中：归属于母公司股东的净利润	—	—			80
少数股东损益	—	—	③20		20
未分配利润（期初）	0	0			0
对所有者（或股东）的分配	0	0			0
未分配利润（期末）	0	103	103	80	80

表 9-9　合并日后合并财务报表工作底稿

2×23 年 12 月 31 日　　单位：万元

项目	个别报表		调整与抵销分录		合并数
	母公司	子公司	借	贷	
资产负债表有关项目：					
流动资产、固定资产等	8 000	4 500	①21		12 521
长期股权投资	4 073	0	②324	③4 397	0
商誉	0	0	③849		849
负债	2 573	86			2 659
股本、资本公积、其他综合收益、盈余公积	9 100	4 000	③4 030	①30	9 100
未分配利润	400	414	914	824	724
少数股东权益	—	—		③887	887
利润表及所有者权益变动表有关项目：					
营业收入等	0	891			891
管理费用		80	①6		86
投资收益	400	0	③644	②244	0
净利润	400	811	650	244	805
其中：归属于母公司股东的净利润	—	—			644
少数股东损益	—	—	③161		161
未分配利润（期初）	0	103	①3 ③100	②80	80
对所有者（或股东）的分配	0	500		③500	0
未分配利润（期末）	400	414	914	824	724

9.1.4　其他问题

［视频］直接按成本法抵销内部股权投资

1. 直接按成本法进行抵销的处理思路

在对内部股权投资进行相关抵销处理之前，如果不将母公司对子公司的股权投资成本法结果调整到权益法，而是在合并财务报表工作底稿中直接按成本法结果进行抵销，则与内部股权投资有关的抵销处理思路归纳如下：

(1) 同一控制下的企业合并。

1) 将母公司对子公司的长期股权投资与合并日子公司的股本等项目相抵销，并确认相应的少数股东权益：

借：股本等　　　　　　　　［子公司股东权益报告价值］A
　贷：长期股权投资　　　　［母公司对子公司股权报告价值］
　　　少数股东权益　　　　［A×少数股东持股比例］　　　　［11］

2) 将子公司报告期内对母公司的分配股利与母公司的股权投资收益相抵销：

借：投资收益　　　　　　　［子公司当年分配股利×母公司持股比例］
　贷：对所有者（或股东）的分配　　　　　　　　　　　　［12］

3) 确认子公司报告期内实现利润和分配利润对少数股东权益的影响：

借：少数股东损益　　　　　［子公司当年净利润×少数股东持股比例］A
　贷：对所有者（或股东）的分配［子公司当年分配股利×少数股东持股比例］B
　　　少数股东权益　　　　［A、B之差］　　　　　　　　　［13］

4) 抵销子公司报告期内提取的盈余公积：

借：盈余公积
　贷：提取盈余公积　　　［子公司当年提取数］　　　　　　［14］

5) 按子公司合并日后资本公积、其他综合收益等的变动额中相当于少数股东享有的部分确认为少数股东权益的增加（减少则借贷方相反）：

借：资本公积、其他综合收益
　贷：少数股东权益　　　　　　　　　　　　　　　　　　［15］

如果将以上五个抵销分录合并并考虑到连续编制合并报表的需要，则与内部股权投资有关的抵销分录为：

借：股本、资本公积、其他综合收益、盈余公积
　　　　　　　　　　　　［子公司相关项目报告价值*］
　　投资收益　　　　　　［子公司当年分配股利×母公司持股比例］
　　少数股东损益　　　　［子公司当年净利润×少数股东持股比例］
　　未分配利润（期初）［上期此类抵销分录对上期未分配利润（期末）的影响数］
　贷：长期股权投资　　　　［母公司对子公司股权报告价值］
　　　少数股东权益　　　　［子公司股东权益报告价值×少数股东持股比例］
　　　对所有者（或股东）的分配［子公司当年分配数］
　　　提取盈余公积　　　　［子公司当年提取数］　　　　　　［16］

* 子公司自合并日后的其他资本公积、其他综合收益等变动中相当于母公司股东享有的部分不包括在此项抵销中，因其属于合并股东权益中归属于母公司股东的权益部分。

(2) 非同一控制下的企业合并。

基于抵销分录［16］的分析，考虑到非同一控制下企业合并可能涉及对子公司净资产在合并报表中按合并日公允价值进行调整以及合并商誉的确认问题，非同一控制下企业合并后母公司直接按成本法结果对内部长期股权投资进行抵销的参考思路为：

借：股本
　　资本公积
　　其他综合收益　　　［子公司相关项目按合并日公允价值为基础调整后报告价值*］
　　盈余公积

投资收益　　　　　　　[子公司当年分配股利×母公司持股比例]
少数股东损益　　　　　[调整后子公司当年净利润×少数股东持股比例]
未分配利润（期初）　[上期该类抵销分录对上期“未分配利润（期末）”项目的影响数]
商誉　　　　　　　　　[合并日确认的商誉]
贷：长期股权投资　　　　　[母公司对子公司股权报告价值]
　　少数股东权益　　　　　[子公司股东权益调整后报告价值×少数股东持股比例]
　　对所有者（或股东）的分配[子公司当年分配数]
　　提取盈余公积　　　　　[子公司当年提取数]　　　　[17]

* 子公司自合并日后的其他资本公积、其他综合收益等变动中相当于母公司股东享有的部分不包括在此项抵销中，因其属于合并股东权益中归属于母公司股东的权益部分。

下面分别各种情况举例说明。

【例9-5】 同一控制下的企业合并

沿用例9-3的有关资料。

甲公司编制的有关抵销分录见表9-10。

表9-10　有关抵销处理　　单位：万元

2×22年年初（合并日）	将母公司对子公司的股权投资与子公司的股本相抵销，并确认少数股东权益：		
	借：股本	9 000	
	贷：长期股权投资		7 200
	少数股东权益		1 800
2×22年年末	①将母公司对子公司的股权投资与子公司的股本相抵销：		
	借：股本	9 000	
	贷：长期股权投资		7 200
	少数股东权益		1 800
	②将子公司对母公司的分配股利与母公司的股权投资收益相抵销：		
	借：投资收益	480	
	贷：对所有者（或股东）的分配		480
	③确认子公司实现利润和分配利润对少数股东权益的影响：		
	借：少数股东损益	200	
	贷：对所有者（或股东）的分配		120
	少数股东权益（(1 000－600)×20%）		80
2×22年年末	④如果将以上三个调整与抵销分录合并，则与内部股权投资有关的抵销分录如下：		
	借：股本	9 000	
	投资收益（600×80%）	480	
	少数股东损益（1 000×20%）	200	
	贷：长期股权投资		7 200
	对所有者（或股东）的分配		600
	少数股东权益（(9 000＋1 000－600)×20%）		1 880

续表

2×23年年末	①将母公司对子公司的股权投资与子公司的股本相抵销：		
	借：股本	9 000	
	贷：长期股权投资		7 200
	少数股东权益		1 800
	②将子公司对母公司的分配股利与母公司的股权投资收益相抵销：		
	借：投资收益	400	
	贷：对所有者（或股东）的分配		400
	③确认子公司实现利润和分配利润对少数股东权益的影响：		
	借：少数股东损益	160	
	未分配利润（期初）	80*	
	贷：对所有者（或股东）的分配		100
	少数股东权益（80+60**）		140
	④如果将以上三个调整与抵销分录合并，则与内部股权投资有关的抵销分录如下：		
	借：股本	9 000	
	投资收益（500×80%）	400	
	少数股东损益（800×20%）	160	
	未分配利润（期初）（400×20%）	80*	
	贷：长期股权投资		7 200
	对所有者（或股东）的分配		500
	少数股东权益（(9 000+1 000−600+800−500)×20%）		1 940

* 80=480+200−600，系上年该类抵销分录中对上年“未分配利润（期末）”项目的影响数，本年应对“未分配利润（期初）”项目抵销80万元；或者80=400×20%，系子公司期初未分配利润数×少数股东持股比例。

** 60=(800−500)×20%，系本年子公司实现净利润与分配利润对少数股东权益的影响。

将表9-10列示的调整与抵销分录填入合并财务报表工作底稿，合并日后合并资产负债表、合并利润表、合并所有者权益变动表有关合并数据的生成过程分别见表9-11、表9-12。

表9-11　合并日后合并财务报表工作底稿

2×22年12月31日　　　　单位：万元

项目	个别报表		调整与抵销分录		合并数
	母公司	子公司	借	贷	
资产负债表有关项目：					
长期股权投资	7 200	0		④7 200	0
股本	20 000	9 000	④9 000		20 000
未分配利润	4 880	400	680	600	5 200
少数股东权益	—	—		④1 880	1 880
利润表及所有者权益变动表有关项目：					
营业收入等	4 000	1 000			5 000
投资收益	480	0	④480		0
净利润	4 480	1 000	480		5 000
其中：归属于母公司股东的净利润	—	—			4 800
少数股东损益	—	—	④200		200
未分配利润（期初）	1 500	0			1 500
对所有者（或股东）的分配	1 100	600		④600	1 100
未分配利润（期末）	4 880	400	680	600	5 200

表 9-12　合并日后合并财务报表工作底稿

2×23 年 12 月 31 日　　单位：万元

项目	个别报表		调整与抵销分录		合并数
	母公司	子公司	借	贷	
资产负债表有关项目：					
长期股权投资	7 200	0		④7 200	0
股本	20 000	9 000	④9 000		20 000
未分配利润	2 780	700	640	500	3 340
少数股东权益	—	—		④1 940	1 940
利润表及所有者权益变动表有关项目：					
营业收入等	2 000	800			2 800
投资收益	400	0	④400		0
净利润	2 400	800	400		2 800
其中：归属于母公司股东的净利润	—	—			2 640
少数股东损益	—	—	④160		160
未分配利润（期初）	4 880	400	④80		5 200
对所有者（或股东）的分配	4 500	500		④500	4 500
未分配利润（期末）	2780	700	640	500	3 340

通过将表 9-3 与表 9-11 进行对比，将表 9-4 与表 9-12 进行对比，可以发现，在对内部股权投资的相关影响进行抵销之前，是否将母公司对子公司长期股权投资的成本法结果调整到权益法，对抵销分录的编制会产生影响，但并不会影响最终提供的合并信息。这一点同样适用于非同一控制下企业合并的合并报表编制程序。

【例 9-6】　非同一控制下的企业合并（合并日后子公司留存收益发生变动的情形）

沿用例 9-4 的有关资料。

为简化起见，暂不考虑与调整子公司固定资产报告价值相关的递延所得税问题。这种情况下 **A** 公司合并财务报表工作底稿中的有关调整与抵销分录归纳见表 9-13。

表 9-13　调整与抵销分录汇总　　单位：万元

时间	合并财务报表工作底稿中的有关会计处理
2×22 年 6 月末（合并日）	①调整子公司有关资产的报告价值： 借：固定资产　30 　贷：资本公积　30
	②与内部股权投资有关的抵销分录： 借：股本　4 000 　　资本公积　30 　　商誉（4 073－4 030×80%）　849 　贷：长期股权投资　4 073 　　　少数股东权益（4030×20%）　806

续表

时间	合并财务报表工作底稿中的有关会计处理
2×22年年末	①调整子公司有关资产的报告价值： 借：固定资产　27 　　管理费用　3 　贷：资本公积　30
	②与内部股权投资有关的抵销分录： 借：股本　4 000 　　资本公积　30 　　少数股东损益（(103－3)×20%）　20 　　商誉　849 　贷：长期股权投资　4 073 　　　少数股东权益（(4 030＋103－3)×20%）　826
2×23年年末	①调整子公司有关资产的报告价值： 借：固定资产　21 　　管理费用　6 　　未分配利润（期初）　3 　贷：资本公积　30
	②与内部股权投资有关的抵销分录： 借：股本　4 000 　　资本公积　30 　　投资收益　400 　　少数股东损益（(811－6)×20%）　161 　　商誉　849 　　未分配利润（期初）（(103－3)×20%）　20 　贷：长期股权投资　4 073 　　　少数股东权益（(4 030＋103－3＋811－6－500)×20%）　887 　　　对所有者（或股东）的分配　500

以2×22年度、2×23年度合并报表的编制为例，将上表中有关合并处理填入2×22年度、2×23年度的合并财务报表工作底稿，见表9-14、表9-15。

表9-14　合并日后合并财务报表工作底稿

2×22年12月31日　　　　单位：万元

项目	个别报表		调整与抵销分录		合并数
	母公司	子公司	借	贷	
资产负债表有关项目：					
流动资产、固定资产等	8 000	4 500	①27		12 527
长期股权投资	4 073	0		②4 073	0
商誉	0	0	②849		849
负债	2 973	397			3 370
股本、资本公积、其他综合收益、盈余公积	9 100	4 000	②4 030	①30	9 100
未分配利润	0	103	23		80
少数股东权益	—	—		②826	826
利润表及所有者权益变动表有关项目：					

续表

项目	个别报表		调整与抵销分录		合并数
	母公司	子公司	借	贷	
营业收入等	0	143			143
减：管理费用		40	①3		43
加：投资收益	0	0			0
净利润	0	103	406		100
其中：归属于母公司股东的净利润	—	—			80
少数股东损益	—	—	②20		20
未分配利润（期初）	0	0			0
对所有者（或股东）的分配	0	0			0
未分配利润（期末）	0	103	23		80

表 9-15　合并日后合并财务报表工作底稿

2×23 年 12 月 31 日　　单位：万元

项目	个别报表		调整与抵销分录		合并数
	母公司	子公司	借	贷	
资产负债表有关项目：					
流动资产、固定资产等	8 000	4 500	①21		12 521
长期股权投资	4 073	0		②4 073	0
商誉	0	0	②849		849
负债	2 573	86			2 659
股本、资本公积、其他综合收益、盈余公积	9 100	4 000	②4 030	①30	9 100
未分配利润	400	414	590	500	724
少数股东权益	—	—		②887	887
利润表及所有者权益变动表有关项目：					
营业收入等	0	891			891
减：管理费用		80	①6		86
加：投资收益	400	0	②400		0
净利润	400	811	406		805
其中：归属于母公司股东的净利润	—	—			644
少数股东损益	—	—	②161		161
未分配利润（期初）	0	103	①3 ②20		80
对所有者（或股东）的分配	0	500		②500	0
未分配利润（期末）	400	414	590	500	724

通过将表 9-8 与表 9-14 进行比较，将表 9-9 与表 9-15 进行比较，可以看出，调整到权益法与否，随后的抵销处理不同，而合并的结果是相同的。

【例9-7】 非同一控制下的企业合并（合并日后子公司其他综合收益发生变动的情形）

甲公司2×23年年初以6 200万元的货币资金作为对价取得乙公司70%的股权，成为乙公司的控股股东。合并日乙公司的股本5 000万元，资本公积2 000万元，盈余公积800万元，未分配利润1 000万元；可辨认净资产的公允价值等于账面价值。合并当年，乙公司实现净利润400万元，以公允价值计量且其变动计入其他综合收益的金融资产公允价值变动收益300万元，没有其他涉及股东权益变动的业务。

分别按进行权益法调整和不进行权益法调整两种思路，比较与内部股权投资有关的调整与抵销处理的异同点（金额单位用万元表示）。

（1）先将母公司的长期股权投资调整到权益法再进行抵销处理。

1）调整到权益法：

借：长期股权投资	490	
贷：投资收益		280
其他综合收益		210

2）抵销处理：

借：股本	5 000	
资本公积	2 000	
盈余公积	800	
其他综合收益	300	
未分配利润（期初）	1 000	
投资收益	280	
少数股东损益	120	
商誉	40	
贷：长期股权投资		6 690
少数股东权益		2 850

（2）不对母公司的长期股权投资调整到权益法，而是直接按成本法的结果进行抵销处理。

借：股本	5 000	
资本公积	2 000	
盈余公积	800	
其他综合收益	90	
未分配利润（期初）	1 000	
少数股东损益	120	
商誉	40	
贷：长期股权投资		6 200
少数股东权益		2 850

比较以上两种处理方法，可以看出，两者对合并财务报表工作底稿中有关项目合并数的影响结果是相同的。

2. 将子公司净资产调整至公允价值所涉及的递延所得税的处理

如果考虑将子公司净资产调整至公允价值所涉及的递延所得税问题，则合并报表编制过程中相关抵销处理将会因确认递延所得税而影响资本公积的调整金额、合并商誉的初始计量；在合并日后各期编制合并报表时，相关资产暂时性差异变化导致的递延所得税在合并报表中列报价值的变化，将会影响合并利润表中的所得税费用等项目，并进而影响少数股东损益、归属于母公司股东的净利润、少数股东权益以及未分配利润等项目的计量。

【例 9－8】

沿用例 9－6 的有关资料。假定所得税税率为 25%。

A 公司编制的合并财务报表工作底稿中有关调整与抵销分录汇总如表 9－16 所示。

表 9－16　调整与抵销分录汇总　　单位：万元

时间	合并财务报表工作底稿中应编制的调整与抵销分录		
2×22 年 6 月末（合并日）	①调整子公司有关资产的报告价值：		
	借：固定资产	30.00	
	贷：资本公积（30－7.5）		22.50
	递延所得税负债（30×25%）		7.50
	②与内部股权投资有关的抵销分录：		
	借：股本	4 000.00	
	资本公积	22.50	
	商誉（4 073－4 022.5×80%）	855.00	
	贷：长期股权投资		4 073.00
	少数股东权益（4 022.5×20%）		804.50
2×22 年年末	①调整子公司有关资产的报告价值：		
	借：固定资产	27.00	
	管理费用	3.00	
	贷：资本公积		22.50
	递延所得税负债（27×25%）		6.75
	所得税费用（7.5－6.75）		0.75
	②与内部股权投资有关的抵销分录：		
	借：股本	4 000.00	
	资本公积	22.50	
	少数股东损益（(103－3＋0.75)×20%）	20.15	
	商誉	855.00	
	贷：长期股权投资		4 073.00
	少数股东权益（(4 022.5＋103－3＋0.75)×20%）		824.65
2×23 年年末	①调整子公司有关资产的报告价值：		
	借：固定资产	21.00	
	管理费用	6.00	
	未分配利润（期初）（3－0.75）	2.25	
	贷：资本公积		22.50
	递延所得税负债（21×25%）		5.25
	所得税费用（6.75－5.25）		1.50

续表

时间	合并财务报表工作底稿中应编制的调整与抵销分录
2×23 年年末	②与内部股权投资有关的抵销分录： 借：股本　4 000.00 　　资本公积　22.50 　　投资收益　400.00 　　少数股东损益（(811－6＋1.5)×20%）　161.30 　　商誉　855.00 　　未分配利润（期初）　20.15 　贷：长期股权投资　4 073.00 　　　少数股东权益　885.95* 　　　对所有者（或股东）的分配　500.00 *885.95＝824.65＋161.3－500×20%

将上述调整与抵销分录抄入相关日期的合并财务报表工作底稿，见表 9－17。

表 9－17　合并财务报表工作底稿　　单位：万元

项目	个别报表		调整与抵销分录		合并数
	母公司	子公司	借	贷	
2×22 年 12 月 31 日：					
资产负债表有关项目：					
流动资产、固定资产等	8 000	4 500	①27		12 527
长期股权投资	4 073	0		②4 073	0
商誉	0	0	②855		855
应付账款等负债	2 973	397			3 370
递延所得税负债	0	0		①6.75	6.75
股本、资本公积、其他综合收益、盈余公积	9 100	4 000	②4 022.5	①22.5	9 100
未分配利润	0	103	23.15	0.75	80.6
少数股东权益	—	—		②824.65	824.65
利润表及所有者权益变动表有关项目：					
营业收入等	0	143			143
减：管理费用		40	①3		43
加：投资收益	0	0			0
减：所得税费用	0	略		①0.75	0.75
净利润	0	103	3	0.75	100.75
其中：归属于母公司股东的净利润	—	—			80.6
少数股东损益	—	—	②20.15		20.15
未分配利润（期初）	0	0			0
对所有者（或股东）的分配	0	0			0
未分配利润（期末）	0	103	23.15	0.75	80.6
2×23 年 12 月 31 日：					
资产负债表有关项目：					
流动资产、固定资产等	8 000	4 500	①21		12 521

续表

项目	个别报表		调整与抵销分录		合并数
	母公司	子公司	借	贷	
长期股权投资	4 073	0		②4 073	0
商誉	0	0	②855		855
应付账款等负债	2 573	86			2 659
递延所得税负债				①5.25	5.25
股本、资本公积、其他综合收益、盈余公积	9 100	4 000	②4 022.5	①22.5	9 100
未分配利润	400	414	589.7	501.5	725.8
少数股东权益	—	—		②885.95	885.95
利润表及所有者权益变动表有关项目：					
营业收入等	0	891			891
减：管理费用		80	①6		86
加：投资收益	400	0	②400		0
减：所得税费用	略	略		①1.5	1.5
净利润	400	811	406	1.5	806.5
其中：归属于母公司股东的净利润	—	—			645.2
少数股东损益	—	—	②161.3		161.3
未分配利润（期初）	0	103	①2.25 ②20.15		80.6
对所有者（或股东）的分配	0	500		②500	0
未分配利润（期末）	400	414	589.7	501.5	725.8

观察表 9－17，并将表 9－17 与表 9－14、表 9－15 进行比较，可以清楚看出合并资产负债表中“递延所得税负债”项目的列报价值在前后期间的演变过程、其与有关资产项目报告价值的关系以及对合并利润表有关项目报告价值的影响。

3. 内部长期股权投资减值准备的抵销

长期股权投资减值准备的计提，一方面，减少了资产负债表中长期股权投资项目的报告价值；另一方面，增加了利润表中的资产减值损失，并对以后期间的期初未分配利润项目带来影响。如果母公司对子公司的长期股权投资上年计提减值准备 100 万元，本年又计提减值准备 20 万元，则与个别报表和合并报表有关的会计处理原理如表 9－18 所示。

表 9－18　内部长期股权投资会计处理的基本思路　　单位：万元

年份	与个别报表有关的账务处理	与合并报表有关的抵销处理
第一年	借：资产减值损失　100 　贷：长期股权投资减值准备　100	借：长期股权投资*　100 　贷：资产减值损失　100
第二年	借：资产减值损失　20 　贷：长期股权投资减值准备　20	借：长期股权投资　120 　贷：资产减值损失　20 　　未分配利润（期初）　100

* 报表项目，不是会计科目。

根据上面的分析，如果按成本法结果直接抵销，基于前述抵销分录［17］，考虑到内部长期股权投资计提的减值准备的抵销需要，相关抵销分录的思路扩展为：

借：股本、资本公积、盈余公积、其他综合收益　　［子公司经调整后的期末报告价值］A
　　投资收益　　［子公司当年分配股利×母公司持股比例］
　　少数股东损益　　［调整后子公司当年净利润×少数股东持股比例］
　　未分配利润（期初）　　［上期该类抵销分录对上期“未分配利润（期末）”项目的影响数］
　　商誉　　［合并日确认的商誉］
　贷：长期股权投资　　［母公司对子公司长期股权投资报告价值］
　　少数股东权益　　［子公司股东权益调整后报告价值×少数股东持股比例］
　　对所有者（或股东）的分配［子公司当年分配数］
　　提取盈余公积　　［子公司当年提取数］
　　资产减值损失　　［对子公司长期股权投资当年计提的减值损失］

［18］

如果将母公司对子公司的长期股权投资调整到权益法之后再进行抵销，则基于抵销分录［10］，考虑到内部长期股权投资计提的减值准备的抵销需要，相关抵销分录的思路扩展为：

借：股本、资本公积、其他综合收益、盈余公积　　［子公司经调整后的期末报告价值］
　　投资收益　　［子公司当年净利润×母公司持股比例］
　　少数股东损益　　［子公司当年净利润×少数股东持股比例］
　　未分配利润（期初）　　［上期该类抵销分录对上期“未分配利润（期末）”项目的影响数］
　　商誉　　［合并日确认的商誉］
　贷：长期股权投资　　［母公司对子公司长期股权投资期末调整后报告价值］
　　少数股东权益　　［子公司股东权益调整后报告价值×少数股东持股比例］
　　对所有者（或股东）的分配［子公司当年分配数］
　　提取盈余公积　　［子公司当年提取数］
　　资产减值损失　　［对子公司长期股权投资当年计提的减值损失］

［19］

【例9－9】

沿用例9－4的资料。假设A公司2×23年对该项长期股权投资计提减值准备12万元，2×23年编制合并财务报表工作底稿时，有关调整资产增值、调整到权益法的调整分录同例9－4。

与内部股权投资有关的抵销分录应为：

借：股本　4 000
　　资本公积　30
　　投资收益　644
　　少数股东损益　161
　　商誉　849
　　未分配利润（期初）　100
　贷：长期股权投资　4 385
　　　少数股东权益　887
　　　对所有者（或股东）的分配　500
　　　资产减值损失　12

沿用例9-6的资料，即直接按成本法结果进行抵销处理。假设A公司2×23年对该项长期股权投资计提减值准备12万元，则2×23年编制合并财务报表工作底稿时，与内部股权投资有关的抵销分录应为：

借：股本　4 000
　　资本公积　30
　　投资收益　400
　　少数股东损益　161
　　商誉　849
　　未分配利润（期初）　20
　贷：长期股权投资　4 061
　　　少数股东权益　887
　　　对所有者（或股东）的分配　500
　　　资产减值损失　12

这里需要注意的是，与内部股权投资有关的抵销处理中，随着对内部股权投资计提的减值准备的抵销，与之相关的递延所得税也应予以抵销。相关处理的原理可参见9.3.1节。

4. 子公司持有母公司长期股权投资的抵销处理

企业集团内部子公司相互之间的长期股权投资，企业集团成员企业之间股权投资确认为以公允价值计量的金融资产的，在编制合并报表时，与这些权益性投资相关的影响同样应予以抵销，基本原理可以比照以上所介绍的母公司对子公司股权投资的抵销处理。但是，如果子公司持有母公司的股权，在编制合并报表时应如何进行处理呢?

根据《企业会计准则第33号——合并财务报表》，子公司持有母公司的长期股权投资，应当视为企业集团的库存股，在合并资产负债表中作为所有者权益的减项。这一处理思路体现了母公司、子公司在经济意义上是一个整体的观点。

【例9-10】

甲公司是乙公司的母公司，持有乙公司90%的表决权股份。2×23年年末甲公司对乙公司的长期股权投资账面价值为9 000万元，乙公司的股本等股东权益为10 000

万元；乙公司持有的对甲公司的权益性投资作为以公允价值计量且其变动计入其他综合收益的金融资产核算，账面价值为2 000万元（等于投资成本）。假定不考虑其他因素。

甲公司2×23年年末编制合并报表时，在合并财务报表工作底稿中应编制的抵销分录如下（金额单位为万元）：

（1）将母公司对子公司的股权投资与子公司的股东权益相抵销，并确认少数股东权益：

借：股本等子公司的股东权益项目　10 000
　贷：长期股权投资　9 000
　　少数股东权益　1 000

9.1 即测即评

（2）将子公司对母公司的股权投资进行抵销，并确认为企业集团的库存股：

借：库存股　2 000
　贷：其他权益工具投资　2 000

9.2 与内部债权债务有关的调整与抵销

母公司与子公司之间、子公司相互之间可能由于各种内部交易产生债权债务，在编制合并财务报表时，对于企业集团成员企业之间的内部债权债务应予以抵销，以便使合并财务报表呈报的债权债务反映企业集团整体的对外债权债务。另外，与内部债权债务有关的利息收益、利息费用，以及与内部债权有关的坏账准备或资产减值准备，也应予以抵销。

9.2.1 内部债权债务余额的抵销

内部债权债务余额的抵销，主要关系到合并资产负债表有关项目的报告价值。抵销内部债权债务的抵销分录主要包括：

（1）内部应收账款与应付账款的抵销，应收票据与应付票据的抵销：

借：应付票据、应付账款
　贷：应收票据、应收账款、合同资产　[20]

（2）内部预收款项、预付款项的抵销：

借：合同负债、预收款项
　贷：预付款项　[21]

（3）内部债券投资、债券筹资余额（含已计未付利息）的抵销：

借：应付债券　[发行方相关债券的账面价值]
借或贷：财务费用或投资收益*　[差额]
借或贷：其他综合收益　[持有方曾确认的相关投资公允价值变动累计数]
　贷：债权投资、其他债权投资等　[持有方的相关投资账面价值]　[22]

*一个简化的思路是：借差记入“财务费用”项目，贷差记入“投资收益”项目。

如果债券为分期付息债券，则已计未付利息的抵销分录为：

借：其他应付款

　贷：其他应收款　[23]

（4）内部应收股利、应付股利的抵销：

借：其他应付款

　贷：其他应收款　[24]

（5）内部其他应收款、其他应付款的抵销：

借：其他应付款

　贷：其他应收款　[25]

【例 9－11】

2×23 年某企业集团母公司（A 公司）年末应收票据 90 000 元中有 30 000 元是其子公司（甲公司）的应付票据，A 公司应收股利 40 000 元为应收甲公司当年宣派尚未发放的现金股利。

A 公司在合并财务报表工作底稿中的有关抵销分录为：

（1）抵销内部应收票据、应付票据：

借：应付票据　30 000

　贷：应收票据　30 000

（2）抵销内部应收股利、应付股利：

借：其他应付款　40 000

　贷：其他应收款　40 000

9.2.2 相关利息收益、利息费用的抵销

与内部债权债务相关的利息收益与利息费用的抵销，主要关系到合并利润表有关项目的报告价值。下面以企业集团成员企业的一方持有另一方发行的债券为例予以说明。

如果债券投资方的当年利息收益与债券发行方的当年利息费用金额相等，则本期利息收益与利息费用的抵销分录为：

借：投资收益

　贷：财务费用　[26]

如果债券投资方的当年利息收益与债券发行方的当年利息费用金额不相等，两者之差实质上属于债券的推定赎回损益（抵销内部债券投资、融资导致的债权债务即抵销分录［22］中出现的差额，也属于赎回损益）。就企业集团而言，债券被推定赎回的当时，相关推定损益既未在赎回方作为损益记录，也未在发行方作为损益入账，然而它却是企业集团已经实现了的损益。因此，必须在合并利润表中确认赎回债券的推定损益对企业集团损益的影响。该损益在合并利润表中是作为赎回损益单项列示，还是调整“投资收益”项目或“财务费用”项目，不同的理念下有不同的解释。现行会计准则没有采取单列“赎回损益”项目的做法，那么这个差额是应调整“投资收益”项目还是应调整“财务费用”项目？实际上，这类业务同时涉及集团内部的债券投资、

融资，相关损益计入投资收益还是财务费用，可以简化处理。一个简单的做法是，当债券投资方的本期实际利息收益与债券发行方的本期实际利息费用两者金额不相等时，借差记入“财务费用”项目，贷差记入“投资收益”项目，也就是相当于按两者孰低额进行抵销。

【例9-12】

ABC公司是EF公司的母公司。EF公司2×22年年初发行一笔面值为1 000 000元、票面利率为5%、发行价格为1 000 000元、期限为5年、每年年末付息一次、到期还本的债券。ABC公司按面值全部购入EF公司发行的债券，分类为以摊余成本计量的金融资产。2×23年年末收到当年利息。双方均按实际利率法确定利息收益、利息费用（实际利率为5%）。其他资料略。

2×23年年末，ABC公司编制的有关抵销分录为：

①抵销内部债权债务：

借：应付债券　　1 000 000

　贷：债权投资　　1 000 000

②抵销与内部债权债务相关的利息收益与利息费用：

借：投资收益　　50 000

　贷：财务费用　　50 000

将上述抵销分录填入合并财务报表工作底稿，见表9-19。

表9-19　合并财务报表工作底稿

2×23年12月31日　　　　单位：元

项目	个别报表		调整与抵销分录		合并数
	ABC公司	EF公司	借	贷	
资产负债表有关项目：					
债权投资	1 000 000	0		①1 000 000	0
应付债券	0	1 000 000	①1 000 000		0
利润表有关项目：					
投资收益	50 000	0	②50 000		0
财务费用	0	50 000		②50 000	0

【例9-13】

ABC公司是EF公司的母公司。EF公司2×22年年初发行一笔面值为1 000 000元、票面利率为5%、发行价格为1 044 490元、期限为5年、每年年末付息一次、到期还本的债券。2×23年年初ABC公司按1 027 755元的价格购入EF公司发行在外的债券，分类为以摊余成本计量的金融资产。2×23年年末收到当年利息。双方均按实际利率法确定利息收益、利息费用（实际利率为4%）。其他资料略。

(1) 2×23年年末，ABC公司与EF公司个别报表有关项目计算如下：

ABC公司：

本期利息收益＝期初账面价值×实际利率＝1 027 755×4%＝41 110(元)
本期溢价摊销额＝应收利息－利息收益＝50 000－41 110＝8 890(元)
债权投资余额＝初始投资成本－溢价摊销额
＝1 027 755－8 890＝1 018 865(元)

EF 公司：

本期利息费用＝期初账面价值×实际利率＝1 036 270×4%＝41 451(元)
本期溢价摊销额＝应付利息－利息费用＝50 000－41 451＝8 549(元)
应付债券余额＝期初账面价值－本期溢价摊销额
＝1 036 270－8 549＝1 027 721(元)

(2) 2×23 年年末，ABC 公司编制合并财务报表时有关债权债务的抵销分录为：

①抵销内部债权债务：

借：应付债券　1 027 721
　贷：债权投资　1 018 865
　　投资收益　8 856

②抵销与内部债权债务相关的利息收益与利息费用：

借：投资收益　41 110
　贷：财务费用　41 110

将上述抵销分录填入合并财务报表工作底稿，见表 9－20。

表 9－20　合并财务报表工作底稿

2×23 年 12 月 31 日　单位：元

项目	个别报表		调整与抵销分录		合并数
	ABC 公司	EF 公司	借	贷	
资产负债表有关项目：					
债权投资	1 018 865	0		①1 018 865	0
应付债券	0	1 027 721	①1 027 721		0
利润表有关项目：					
投资收益	41 110	0	②41 110	①8 856	8 856
财务费用	0	41 451		②41 110	341

9.2.3　内部债权资产计提的坏账准备或减值准备的抵销

在合并财务报表工作底稿中，纳入合并范围的成员企业之间的债权债务已经抵销，那么，与该应收款项有关的坏账准备也应予以抵销，这样做的结果是：合并资产负债表中各应收款项净额等于该应收款项与其已计提坏账准备之差额。这一抵销处理同时涉及资产负债表项目、利润表项目以及所有者权益变动表项目。

以应收账款为例，有关的抵销分录为：

借：坏账准备[①]　　　　　　[内部应收账款计提的坏账准备期末余额]
借或贷：信用减值损失　　　[内部应收账款本年冲销或计提的坏账准备]
　贷：未分配利润（期初）[内部应收账款计提的坏账准备期初余额]　　　　[27]

下面举例予以说明。

【例9-14】

企业集团母公司坏账损失采用备抵法，按年末应收账款余额的0.5%计提坏账准备。2×21年年末母公司应收账款余额30 000元为应向子公司收取的销货款，2×22年年末母公司应收账款余额50 000元全部为子公司的应付账款，2×23年年末母公司应收账款20 000元全部为子公司的应付账款。三年中子公司各年年末应付账款余额分别为35 000元、60 000元、20 000元。上述资料对个别报表的影响及抵销分录的编制见表9-21。

表9-21　合并财务报表工作底稿　　　　单位：元

项目	个别报表		合计数	调整与抵销分录		合并数
	母公司	子公司		借	贷	
2×21年：						
利润表有关项目：						
信用减值损失	150		150		②150	0
所有者权益变动表有关项目：						
未分配利润（期末）	-150		-150		150	0
资产负债表有关项目：						
应收账款	30 000		30 000		①30 000	0
减：坏账准备	150		150	②150		0
应付账款		35 000	35 000	①30 000		5 000
未分配利润	-150		-150		150	0
2×22年：						
利润表有关项目：						
减：信用减值损失	100		100		②100	0
所有者权益变动表有关项目：						
未分配利润（期初）	-150		-150		③150	0
未分配利润（期末）	-250		-250		250	0
资产负债表有关项目：						
应收账款	50 000		50 000		①50 000	0
减：坏账准备	250		250	③150 ②100		0
应付账款		60 000	60 000	①50 000		10 000
未分配利润	-250		-250		250	0
2×23年：						

① 为了便于理解，先假定资产负债表中设有“坏账准备”项目。

续表

项目	个别报表		合计数	调整与抵销分录		合并数
	母公司	子公司		借	贷	
利润表有关项目：						
减：信用减值损失	150		150	②150		0
所有者权益变动表有关项目：						
未分配利润（期初）	−250		−250		③250	0
未分配利润（期末）	−100		−100	150	250	0
资产负债表有关项目：						
应收账款	20 000		20 000		①20 000	0
减：坏账准备	100		100	③250	②150	0
应付账款		20 000	20 000	①20 000		0
未分配利润	−100		−100	150	250	0

这里需要注意的问题是，我国现行的资产负债表格式中，“应收账款”项目是按扣除应收账款等计提的坏账准备后的差额直接填列的。在这种情况下，上述抵销分录中只要涉及对“坏账准备”项目抵销的，均应以“应收账款”项目取代“坏账准备”项目。

其他内部应收款项的坏账准备和内部债权投资的减值准备的抵销，可以比照上述处理方法进行具体操作。

另外，与内部债权债务有关的抵销处理中，随着对内部债权已计提坏账准备或减值准备的抵销，与之相关的递延所得税也应予以抵销，相关处理的原理可参见 9.3.1 节。如果涉及对子公司净利润的抵销与调整的，还应相应地调整少数股东损益和少数股东权益，相关处理的原理见 9.4.1 节。

9.2 即测即评

9.3　与内部资产交易有关的调整与抵销

为了满足编制合并报表的需要，母公司在合并财务报表工作底稿中还需要将母公司与子公司之间、子公司相互之间销售商品、提供劳务或其他形式形成的存货、固定资产、工程物资、在建工程、无形资产等所包含的未实现内部销售损益予以抵销[①]，并抵销与未实现内部销售损益相关的资产跌价准备或减值准备。

9.3.1　内部存货交易

1. 期末存货价值中包含的未实现交易损益的抵销

首先，交易当期有关的抵销处理。企业集团内部存货购销交易按交易的实现与否分

① 内部交易表明相关资产发生减值损失的，应当全额确认该部分损失，即不能抵销。

为两种情况：第一种情况，企业集团内部存货交易的买方至报告期末已将该存货销售出企业集团，即企业集团的内部销售已经实现；第二种情况，企业集团内部存货交易的买方至报告期末未将该存货销售出企业集团，从企业集团的角度来看这项销售并未实现。

上述第一种情况即企业集团的内部销售已经实现，不存在对“未实现的销售”进行抵销的问题。但这里存在集团内销售收入、销售成本重复报告问题，所以应按集团内部存货交易的卖方的销售收入编制如下抵销分录：

借：营业收入

　贷：营业成本 [28]

上述第二种情况即企业集团内部存货交易的买方期末存货成本中包含卖方已入账的销售利润①（或亏损，下同），而从企业集团整体立场来看，这部分利润尚未实现。因此，在内部交易当年，合并财务报表工作底稿中应将这一未实现利润以及产生这一利润的未实现销售均予以抵销，抵销分录（抵销未实现损失的分录则与此抵销分录借贷方相反，下同）为：

借：营业收入 [内部交易卖方的收入]

　贷：营业成本 [内部交易卖方的成本]

　　存货 [内部交易卖方的利润] [29]

其次，以后各期合并财务报表工作底稿中的有关抵销处理。在以后各期期末编制合并报表时，对前期已实现的内部存货交易不必再作抵销处理，因为期初未分配利润中含有的内部交易利润是已实现的利润。对前期未实现的内部交易利润，还应作抵销处理：一方面，应将内部交易卖方期初未分配利润中的买方前期存货中包含的卖方未实现利润予以抵销，以便使期初未分配利润合并数与前期期末未分配利润合并数一致。另一方面，如果该存货本年未销出企业集团，需抵销期末存货价值中相当于卖方利润的金额；如果该存货本年销出企业集团，则对集团内部交易的买方依据卖方销售收入确定的销售成本中相当于卖方利润的金额予以抵销，即按当初未实现利润金额编制如下抵销分录：

借：未分配利润（期初） [以前年度内部交易未实现利润]

　贷：存货 [本年仍未实现的利润]

　　营业成本 [本年转为实现的利润] [30]

最后，如果将上述三个抵销分录的思路整合，则在连续编制合并财务报表的情况下，抵销内部交易存货未实现损益及其影响的分录可以这样编制：

（1）抵销以前年度内部存货交易未实现利润对期初未分配利润的影响：

借：未分配利润（期初） [以前年度内部交易未实现利润]

　贷：营业成本 [31]

（2）抵销当年发生的内部存货交易：

借：营业收入 [内部交易卖方的收入] [32]

　贷：营业成本

（3）抵销期末存货价值中包含的未实现内部交易利润：

借：营业成本

　贷：存货 [期末存货价值中包含的未实现利润] [33]

① 为阐述方便，内部资产交易损益相关抵销分录的归纳均以内部资产交易利润为主。

关于以上三个抵销分录需要说明的是：[31]、[32] 两个抵销分录中，都是假定内部交易的存货至年末已售出企业集团，所以抵销“营业成本”项目；如果内部交易的存货至年末仍未售出企业集团，则需要根据存货价值中包含的未实现内部交易利润金额编制抵销分录 [33]。

2. 递延所得税的调整

内部交易存货未实现利润的抵销，调低了该存货在合并资产负债表中的报告价值，从合并报表的角度来看，该存货的账面价值低于其计税基础，由此产生的可抵扣暂时性差异①对未来的纳税影响应在合并报表中予以确认。相关的调整分录为：

借：递延所得税资产	[抵销的内部存货交易未实现利润×所得税税率]	
借或贷：所得税费用	[本期应调整递延所得税]	
贷：未分配利润（期初）	[前期已调整递延所得税]	[34]

下面举例予以说明。

【例 9-15】

2×22 年 9 月，某母公司将成本为 2 000 万元的存货按 2 400 万元的价格出售给子公司，子公司将该购入存货也作为存货核算。2×22 年年末，子公司未将该存货售出企业集团。子公司于 2×23 年将该存货中的 30%另加 10%的毛利售出企业集团。所得税税率为 25%。其他资料略。

母公司报告期末编制合并财务报表工作底稿时应编制的抵销与调整分录为（金额单位为万元）：

（1）2×22 年相关抵销处理。

①抵销期末存货价值中包含的未实现内部交易利润：

借：营业收入	2 400	
贷：营业成本		2 000
存货		400

②调整与内部存货交易相关的递延所得税：

借：递延所得税资产	100	
贷：所得税费用		100

（2）2×23 年相关抵销处理。

①抵销上年内部存货交易未实现利润对期初未分配利润的影响：

借：未分配利润（期初）	400	
贷：营业成本		400

②抵销期末存货价值中包含的未实现内部交易利润：

借：营业成本	280	
贷：存货		280

③调整与内部存货交易相关的递延所得税：

借：递延所得税资产	70	
所得税费用	30	

① 如果内部交易资产存在未实现损失，则会出现应纳税暂时性差异。

贷：未分配利润（期初） 100

将上述抵销与调整分录填入2×22年、2×23年的工作底稿，见表9-22。

表9-22 合并财务报表工作底稿 单位：万元

项目	个别报表		调整与抵销分录		合并数
	母公司	子公司	借	贷	
2×22年：					
资产负债表有关项目：					
存货	略	2 400		①400	2 000
递延所得税资产	0	0	②100		100
应交税费	100	0			100
利润表有关项目：					
营业收入	2 400	0	①2 400		0
营业成本	2 000	0		①2 000	0
营业利润	400	0	2 400	2 000	0
减：所得税费用	100	0		②100	0
净利润	300	0	2 400	2 100	0
所有者权益变动表有关项目：					
未分配利润（期初）	0	0			0
未分配利润（期末）	300	0	2 400	2 100	0**
2×23年：					
资产负债表有关项目：					
存货	略	1 680		②280*	1 400
递延所得税资产	0	0	③70		70
利润表有关项目：					
营业收入	0	792			792
营业成本	0	720	②280	①400	600
营业利润	0	72	280	400	192
减：所得税费用	0	18	③30		48
净利润	0	54			144
所有者权益变动表有关项目：					
未分配利润（期初）	300	0	①400	③100	0**
未分配利润（期末）	300	54	710	500	144

* 期末存货中包含的未实现利润280=400×70%。

** 本年的期初未分配利润等于上年的期末未分配利润。

3. 内部存货交易计提的跌价准备的抵销

纳入合并财务报表编制范围的子公司之间或者其与母公司之间的内部存货交易的

未实现利润经过上述抵销处理之后，还有一个问题需要解决，即按未实现利润计提的资产减值损失及存货跌价准备应如何抵销。

企业集团有关成员企业发生内部存货交易后，内部交易的买方期末按存货的可变现净值低于该存货成本（内部交易卖方的价格）的差额计提存货跌价准备、确认存货跌价损失。而在合并报表中，该存货的期末跌价准备和本期应确认的跌价损失应该是以该存货仍保留在内部交易的卖方为假设条件，按照该存货的可变现净值低于其内部交易卖方的账面价值的差额计提跌价准备、确认跌价损失。为了达到这一目标，就有必要对内部交易存货已计提的跌价准备进行抵销。相关的抵销分录为：

借：存货　　　　　　　　　　［多计提的存货跌价准备金额］
　贷：资产减值损失　　　　　［本期多确认的存货跌价损失］
　　　未分配利润（期初）　　［前期多确认的存货跌价损失］　　［35］

随着对内部交易存货多计提的跌价准备的抵销，与计提跌价准备相关的递延所得税对个别报表的影响也应予抵销。相关抵销分录为：

借：所得税费用　　　　　　［本期应调整递延所得税］
　　未分配利润（期初）　　［前期已调整递延所得税］
　贷：递延所得税资产　　　［抵销的内部存货多计提的跌价准备金额×所得税税率］　　［36］

为简化起见，接下来的举例中对递延所得税的抵销处理暂时略。

（1）可变现净值小于内部交易卖方卖出存货成本。

【例9-16】

假定某母公司将2 000万元的存货按2 400万元的价格销售给子公司，子公司当年并未将该批存货售出企业集团。报告期末，子公司的该批存货可变现净值为1 900万元，子公司计提500万元的存货跌价准备。

从合并报表来看，该批存货的报告价值应为1 900万元，因计提存货跌价准备而确认的资产减值损失金额应为100万元。

所以，期末母公司在编制合并财务报表时，编制的与该项内部交易有关的抵销分录为（金额单位为万元）：

①借：营业收入　　　　2 400
　　贷：营业成本　　　　　　2 400
②借：营业成本　　　　400
　　贷：存货　　　　　　　　400

上述抵销的结果是：合并资产负债表中“存货”项目数额为1 500万元（2 400－500－400），“存货”项目的合并数实际上应为1 900万元（1 900万元的可变现净值低于2 000万元的成本），同时，合并利润表中“资产减值损失”项目的数额应为100万元。则应抵销子公司多计提的存货跌价准备，其相关会计分录为：

③借：存货　　　　　　400
　　贷：资产减值损失　　　　400

合并财务报表工作底稿见表9-23。

表 9-23　合并财务报表工作底稿　　单位：万元

项目	个别报表		调整与抵销分录		合并数
	母公司	子公司	借	贷	
利润表有关项目：					
营业收入	2 400	—	①2 400		0
营业成本	2 000	—	②400	①2 400	0
营业利润	400	—			0
减：资产减值损失	—	500		③400	100
净利润	400	－500	2 800	2 800	－100
资产负债表有关项目：					
存货	0	1 900	③400	②400	1 900
未分配利润	400	－500	2 800	2 800	－100

（2）可变现净值等于内部交易卖方卖出存货成本。

【例 9-17】

如果例 9-16 中子公司期末该批存货的可变现净值为 2 000 万元。子公司计提 400 万元的存货跌价准备。

从合并报表来看，该批存货的报告价值应为 2 000 万元，不必确认资产减值损失。

所以，期末母公司在编制合并财务报表时，编制的与该项内部交易有关的抵销分录与上例相同。合并财务报表工作底稿见表 9-24。

表 9-24　合并财务报表工作底稿　　单位：万元

项目	个别报表		调整与抵销分录		合并数
	母公司	子公司	借	贷	
利润表有关项目：					
营业收入	2 400	—	①2 400		0
营业成本	2 000	—	②400	①2 400	0
营业利润	400	—			0
减：资产减值损失	—	400		③400	0
净利润	400	－400	2 800	2 800	0
资产负债表有关项目：					
存货	0	2 000	③400	②400	2 000
未分配利润	400	－400	2 800	2 800	0

（3）可变现净值高于内部交易卖方卖出存货成本，低于卖方卖出存货价格。

【例 9-18】

沿用例 9-16 的资料。假定报告期末，子公司该批存货的可变现净值为 2 100 万元，子公司计提 300 万元的存货跌价准备。

从合并报表来看，该批存货的报告价值应为 2 000 万元，不应计提存货跌价准备，从而也不需确认资产减值损失。

所以，期末母公司在编制合并财务报表时，编制的第③个抵销分录应为：

借：存货　　300

　贷：资产减值损失　　300

期末母公司在编制合并财务报表时，编制的与该项内部交易有关的抵销分录见表 9-25。

表 9-25　合并财务报表工作底稿　　单位：万元

项目	个别报表		调整与抵销分录		合并数
	母公司	子公司	借	贷	
利润表有关项目：					
营业收入	2 400	—	①2 400		0
营业成本	2 000	—	②400	①2 400	0
营业利润	400	—			0
减：资产减值损失	—	300		③300	0
净利润	400	−300	2 800	2 700	0
资产负债表有关项目：					
存货	0	2 100	③300	②400	2 000
未分配利润	400	−300	2 800	2 700	0

（4）可变现净值高于内部交易卖方卖出存货成本，也等于或高于卖方卖出存货价格。

【例 9-19】

假设例 9-16 中子公司期末该批存货的可变现净值为 2 500 万元，子公司没有计提跌价准备。

从合并报表来看，该批存货的报告价值应为 2 000 万元，不应计提存货跌价准备，从而也不需确认资产减值损失。而从个别报表来看，子公司也没有确认此项内部交易存货的资产减值损失。所以，不用编制抵销分录③。

这种情况下，期末母公司在编制合并财务报表时，编制的与该项内部交易有关的抵销分录见表 9-26。

表 9-26　合并财务报表工作底稿　　单位：万元

项目	个别报表		调整与抵销分录		合并数
	母公司	子公司	借	贷	
利润表有关项目：					
营业收入	2 400	0	①2 400		0
营业成本	2 000	0	②400	①2 400	0
营业利润	400	0			0
减：资产减值损失	—	0			0

续表

项目	个别报表		调整与抵销分录		合并数
	母公司	子公司	借	贷	
净利润	400	0	2 800	2 400	0
资产负债表有关项目：					
存货	0	2 400		②400	2 000
未分配利润	400	0	2 800	2 400	0

【例 9-20】

某母公司2×22年将成本为2 000万元的商品按2 400万元的价格出售给子公司，期末该存货的可变现净值为1 900万元；假定2×23年子公司仍未将该存货售出企业集团，年末其可变现净值为1 700万元。则此项内部存货交易对2×23年个别报表的影响以及合并财务报表工作底稿中应编制的调整与抵销分录见表9-27。其他业务略。

表9-27　2×23年合并财务报表工作底稿　　单位：万元

项目	个别报表		调整与抵销分录		合并数
	母公司	子公司	借	贷	
利润表及所有者权益变动表有关项目：					
营业收入	0	0			0
营业成本	0	0			0
营业利润	0	0			0
减：资产减值损失	0	200			200
净利润		−200			−200
未分配利润（期初）	400	−500	400*	400**	−100
未分配利润（期末）	400	−700			−300***
资产负债表有关项目：					
存货	0	1 700	400**	400*	1 700
未分配利润	400	−700	400	400	−300

* 抵销期末存货价值中包含的未实现内部交易利润及其对期初未分配利润的影响。

** 抵销上年子公司多计提存货跌价准备400万元对期初未分配利润的影响，实际上，相当于重编上年有关抵销分录（见例9-16中的抵销分录③）。

*** 仅就此项未实现销售的内部存货交易而言，母、子公司两年来损失总额为300万元，即可变现净值1 700万元低于成本2 000万元之差，其中，200万元相当于内部交易的卖方本年应确认的跌价损失，100万元（2 000−1 900）相当于上年确认的损失。

9.3.2 内部固定资产交易

企业集团内部固定资产交易主要有两种情况：第一种情况，销售方将产品售给购买方，后者将其作为固定资产使用；第二种情况，销售方将固定资产售给购买方，后者将其作为固定资产使用。由于购买方购入固定资产的目的是在本企业使用而不是出售，因此，无论是哪一种情况，都有必要抵销期末固定资产原价中包含的企业集团未实现的利润（或损失，下同）。

1. 固定资产价值中包含的未实现交易损益及其对折旧的影响的抵销

（1）交易当年的有关抵销分录。交易当年，期末合并财务报表工作底稿中的有关抵销分录主要有：

1）抵销固定资产原价中包含的未实现内部销售利润：

如果是上述第一种情况，其抵销分录为：

借：营业收入　　　　　　　　[内部交易卖方的收入]
　贷：营业成本　　　　　　　[内部交易卖方的成本]
　　　固定资产——原价　　　[未实现利润]　　　　　　[37]

如果是上述第二种情况，其抵销分录为：

借：资产处置收益
　贷：固定资产——原价　　　[未实现利润]　　　　　　[38]

2）抵销购买方当年对该固定资产计提的折旧额中按未实现利润计提的部分（即本年多计提的折旧）：

借：固定资产——累计折旧　　[本年多计提的部分]
　贷：管理费用等　　　　　　　　　　　　　　　　　[39]

（2）以后各年，即到期前使用期间各年的有关抵销分录。个别报表中，“未分配利润（期初）”项目中包含以前年度成员企业的销售方销售产品或固定资产的利润（企业集团未实现利润），而在上期期末合并资产负债表中的“未分配利润”项目中已经抵销了这部分未实现利润。只要内部交易的买方未将该固定资产报废、出售，即未使其退出企业集团，就需要抵销这部分未实现利润对期初未分配利润的影响数，以使本期“未分配利润（期初）”项目的合并数与上期期末“未分配利润”项目的合并数相符。同时，还应抵销本期及以前各期按未实现利润计提的折旧。

1）抵销固定资产原价中包含的未实现利润及其对年初未分配利润的影响数：

借：未分配利润（期初）
　贷：固定资产——原价　　　　　　　　　　　　　　[40]

2）抵销按未实现利润计提的折旧：

借：固定资产——累计折旧
　贷：管理费用等　　　　　　[当年多计提的折旧额]
　　　未分配利润（期初）　　[以前年度累计多计提的折旧额]　　[41]

（3）以后各年，即到期后至清理前使用期间各期期末的有关抵销分录。由于固定资产使用期满提足折旧后不再计提折旧，在使用期满尚未报废清理期间各年的抵销分录中，不存在抵销按包含在固定资产原价中的年初未实现利润当年多提折旧问题。因此，只需编制如下抵销分录：

1）抵销固定资产原价中包含的未实现利润及其对期初未分配利润的影响数：

借：未分配利润（期初）
　贷：固定资产——原价

2）抵销按未实现利润计提的折旧：

借：固定资产——累计折旧

　　贷：未分配利润（期初）　　[以前年度累计多计提的折旧额]

实际上，上述两笔抵销分录的金额是相同的。所以，也可以合编一笔抵销分录如下：

借：固定资产——累计折旧　　[以前年度累计多计提的折旧额]
　　贷：固定资产——原价　　[固定资产原价中包含的未实现利润]　　[42]

（4）清理期的有关抵销分录。内部交易的固定资产因报废或出售而转入清理时，其原始价值中包含的未实现损益随着该固定资产退出企业集团而转为实现。但是，固定资产清理导致的固定资产价值的注销，被清理的固定资产已经不再包含在资产负债表的“固定资产”项目里，这就导致清理期末合并财务报表工作底稿中的抵销分录同使用期间各期的抵销分录有所不同；而且，在不同时期清理的固定资产，其未实现损益的抵销分录也不相同。

1）提前清理。在固定资产未满使用年限提前报废进行清理核算时，年末合并财务报表工作底稿中的有关抵销分录为：

抵销年初未分配利润中的未实现部分：

借：未分配利润（期初）
　　贷：营业外收入（或营业外支出，下同）

抵销按未实现利润多计提的折旧：

借：营业外收入
　　贷：管理费用等　　[当年多计提的折旧额]
　　　　未分配利润（期初）　　[以前年度累计多计提的折旧额]

上述两个抵销分录也可以合并。随着固定资产退出企业集团，年初未分配利润中的未实现利润中有一部分转为实现——相当于以前年度按内部交易实现利润多计提的折旧金额，对此可以不编制抵销分录；包含在年初未分配利润中的固定资产内部交易未实现利润的另一部分需要编制抵销分录，一方面将相当于当年按年初未实现利润多计提的折旧进行抵销，另一方面将因提前清理而未计提折旧的年初未实现利润转为实现，有关的抵销分录为：

借：未分配利润（期初）
　　贷：管理费用等　　[当年按未实现利润多计提的折旧额]
　　　　营业外收入　　[尚未按未实现利润多计提的折旧额]　　[43]

2）期满清理。内部交易的固定资产在使用期满转入清理的情况下，一方面，由于固定资产实体已经退出企业集团，年初未分配利润中的固定资产内部交易的未实现利润随之转为实现，而且该固定资产原值已经注销，因此，不存在抵销固定资产原价中包含的未实现利润的问题；另一方面，由于不存在未实现利润，随着固定资产的清理，其累计折旧额已经注销，也就不存在对按未实现利润多计提折旧的抵销问题。但是，需要将当年按年初未实现利润多计提的折旧导致的本年管理费用与年初未分配利润进行调整，调整分录为：

借：未分配利润（期初）
　　贷：管理费用等　　[本年多计提的折旧额]　　[44]

3）超期清理。内部交易的固定资产在超过预计使用年限后才清理的情况下，由于固定资产已经退出企业集团，其价值已经注销，年初未分配利润中的固定资产内部交易未实现利润已经转为实现，不存在抵销未实现利润问题；由于已经超期使用，本年已不再计提折旧，也不必调整管理费用。因此，清理年度的年末合并财务报表工作底稿中不必编制任何抵销分录。

【例 9-21】

企业集团内部 A 公司将一台成本为 60 000 元的产品以 80 000 元的价格出售给 B 公司，后者将其作为固定资产使用，预计使用年限为 8 年，采用直线法计提折旧（假定不考虑预计净残值）。分别假定按以下三种情况编制报废清理期末合并财务报表工作底稿，见表 9-28。第一种情况——第 6 年年末清理，清理收益 500 元；第二种情况——第 8 年年末清理，清理收益 200 元；第三种情况——第 10 年年末清理，清理收益 100 元。

表 9-28　报废清理期末合并财务报表工作底稿　　单位：元

项目	个别报表		调整与抵销分录		合并数
	A 公司	B 公司	借	贷	
情况 1：第 6 年年末清理					
管理费用		10 000		2 500	7 500*
营业外收入		500		5 000	5 500
未分配利润（期初）	20 000	−50 000	7 500		−37 500**
固定资产原价		0			0
累计折旧		0			0
情况 2：第 8 年年末清理					
管理费用		10 000		2 500	7 500*
营业外收入		200			200
未分配利润（期初）	20 000	−70 000	2 500		−52 500***
固定资产原价		0			
累计折旧		0			
情况 3：第 10 年年末清理					
管理费用		0			0
营业外收入		100			100
未分配利润（期初）	20 000	−80 000			−60 000****
固定资产原价		0			0
累计折旧		0			0

* 当年折旧费用 7 500＝60 000÷8。
** 前 5 年折旧费用之和 37 500＝60 000/8×5。
*** 前 7 年折旧费用之和 52 500＝60 000/8×7。
**** 前 8 年折旧费用之和 60 000＝60 000/8×8。

2. 递延所得税的调整

与前面所述的内部存货交易一样，内部固定资产交易未实现利润（或亏损）的抵销，调低（或调高）了该固定资产在合并资产负债表中的报告价值，从合并报表的角度来看，该固定资产的账面价值与其计税基础不相等，由此产生的可抵扣（或应纳税）暂时性差异对未来的纳税影响应在合并报表中予以确认。

与前面所述的内部存货交易相关递延所得税的调整处理不同的是，内部交易的固定资产不仅在交易当年而且在以后各使用期间，都可能会涉及递延所得税的相关调整；而且，固定资产的折旧因素也会对递延所得税的调整产生影响。从连续编制合并报表的角度来看，以内部交易存在未实现利润的情况为例，相关的调整分录为：

借：递延所得税资产　　　［抵销的内部固定资产交易未实现利润×所得税税率］
借或贷：所得税费用　　　［本期应调整递延所得税］
　贷：未分配利润（期初）［前期已调整递延所得税］　　　　　［45］

下面举例予以说明。

【例 9－22】

2×21 年 6 月末，某企业集团的母公司将一台成本为 60 000 元的产品以 80 000 元的价格出售给子公司，后者将其作为管理用固定资产使用，预计使用年限为 10 年，采用直线法计提折旧（假定不考虑预计净残值）。假定所得税税率为 25%；为了便于对比分析，假定母公司的应交所得税在 2×22 年尚未缴纳。其他资料略。

母公司 2×21 年、2×22 年在合并财务报表工作底稿中的有关调整与抵销分录为：

（1）2×21 年。

①抵销期末固定资产价值中包含的未实现内部交易利润：

借：营业收入　　80 000
　贷：营业成本　　60 000
　　固定资产——原价　　20 000

②抵销当年多计提的折旧：

借：固定资产——累计折旧　　1 000
　贷：管理费用　　1 000

③调整内部固定资产交易相关的递延所得税：

借：递延所得税资产（［（80 000－4 000）－（60 000－3 000）］×25%）
　　4 750
　贷：所得税费用　　4 750

（2）2×22 年。

①抵销上年内部固定资产交易未实现利润对期初未分配利润的影响：

借：未分配利润（期初）　　20 000
　贷：固定资产——原价　　20 000

②抵销累计多计提的折旧：

借：固定资产——累计折旧　　3 000
　贷：管理费用　　2 000
　　未分配利润（期初）　　1 000

③调整内部固定资产交易相关的递延所得税：

借：递延所得税资产（［（80 000－12 000）－（60 000－9 000）］×25%）
　　4 250
　　所得税费用（4 750－4 250）　　500
　贷：未分配利润（期初）　　4 750

将上述调整与抵销分录填入工作底稿，则该内部交易对相关报告期个别报表及合并信息的影响见表 9-29。

表 9-29　合并财务报表工作底稿　　单位：元

项目	个别报表		调整与抵销分录		合并数
	母公司	子公司	借	贷	
2×21 年：					
资产负债表有关项目：					
固定资产	0	76 000	②1 000	①20 000	57 000
递延所得税资产	0	0	③4 750		4 750
应交税费	5 000	0			5 000
利润表有关项目：					
营业收入	80 000	0	①80 000		0
营业成本	60 000	0		①60 000	0
管理费用	0	4 000		②1 000	3 000
利润总额	20 000	−4 000	80 000	61 000	−3 000
减：所得税费用	5 000	0		③4 750	250
净利润	15 000	−4 000	80 000	65 750	−3 250
所有者权益变动表有关项目：					
未分配利润（期初）	0	0			0
未分配利润（期末）	15 000	−4 000	80 000	65 750	−3 250
2×22 年：					
资产负债表有关项目：					
固定资产	0	68 000	②3 000	①20 000	51 000
递延所得税资产	0	0	③4 250		4 250
应交税费	5 000	0			5 000
利润表有关项目：					
减：管理费用	0	8 000		②2 000	6 000
营业利润	0	−8 000		2 000	−6 000
减：所得税费用	0	0	③500		500
净利润	0	−8 000	500	2 000	−6 500
所有者权益变动表有关项目：					
未分配利润（期初）	15 000	−4 000	①20 000	②1 000 ③4 750	−3 250*
未分配利润（期末）	15 000	−12 000	20 500	7 750	−9 750

* 本期期初未分配利润与上期期末未分配利润相等。

9.3 即测即评

敲黑板

（1）与内部固定资产交易相关的资产减值准备的抵销处理，可比照上述内部存货交易的相关处理。内部无形资产交易等其他资产交易，相关的调整与抵销处理比照上述原理进行处理。

（2）与内部资产交易有关的抵销处理中，如果涉及对子公司净利润的抵销与调整的，还应相应地调整少数股东损益和少数股东权益。相关处理的原理见9.4.1节。

9.4 合并资产负债表、合并利润表、合并所有者权益变动表的其他问题

9.4.1 内部债权债务、内部资产交易的相互抵销处理对少数股东权益的影响

母公司在编制合并财务报表的过程中，对内部债权债务涉及的利息收益、利息费用以及内部资产交易的未实现损益进行前述调整处理之后，还要将相关抵销处理对净利润的影响在归属于母公司股东的净利润和少数股东损益之间进行分配，从而可能涉及对少数股东权益金额的调整。

1. 内部债权债务相关抵销处理的影响

对内部债权债务进行抵销处理的过程中，涉及利息收益与利息费用等的抵销从而调整了子公司净利润的，需将该影响额在“归属于母公司股东的净利润”和“少数股东损益”之间进行分配，并根据少数股东损益受到的影响额调增或调减少数股东权益。

2. 内部资产交易相关抵销处理的影响

（1）母公司向子公司出售资产所发生的未实现内部交易损益，应当全额抵销“归属于母公司股东的净利润”。

（2）子公司向母公司出售资产所发生的未实现内部交易损益，应当按照母公司对该子公司的分配比例在“归属于母公司股东的净利润”和“少数股东损益”之间进行分配。

（3）子公司相互之间出售资产所发生的未实现内部交易损益，应当按照母公司对出售方子公司的分配比例在“归属于母公司股东的净利润”和“少数股东损益”之间进行分配。

综上所述，内部债权债务的相关抵销处理和内部资产交易未实现损益的相关抵销处理中，要对抵销的子公司净利润数额中归属于少数股权的部分编制如下抵销分录：

借：少数股东权益

　　贷：少数股东损益

如为抵销的子公司费用或损失，则该抵销分录的借、贷方相反。下面举例予以说明。

【例9-23】

资料见例9-12。假定该例中ABC公司对EF公司的表决权比例为80%，由于对子公司利息费用的抵销处理调增了子公司的利润50 000元，从而子公司少数股东享有的收益应该调增10 000元，并导致少数股东权益增加10 000元。因此，应编制如下调

整分录：

借：少数股东损益[1] 10 000

贷：少数股东权益 10 000

【例9-24】

A公司是B公司的母公司，持有B公司60%的股份及表决权。投资时B公司股本为50 000万元，A公司投资成本为30 000万元。2×22年两个公司的报告利润总额分别为10 000万元、8 000万元，所得税费用分别为2 500万元、2 000万元，净利润分别为7 500万元、6 000万元。当年B公司向A公司销售了一批商品，成本为900万元、销售价格为1 000万元；A公司的该购进商品至年末仍包括在存货余额里。所得税税率为25%，其他业务和资料略。

根据上述资料，2×22年A、B公司的合并财务报表工作底稿（简表）见表9-30。

表9-30 A公司2×22年合并财务报表工作底稿 单位：万元

项目	个别报表		调整与抵销分录		合并数
	A公司	B公司	借	贷	
资产负债表有关项目：					
长期股权投资	30 000	0		①30 000	0
存货	…	…		②100	略
递延所得税资产	…	…	③25		略
股本	60 000	50 000	①50 000		60 000
未分配利润	7 500	6 000	3 400	955	11 055
归属于母公司股东权益合计	—	—			71 055
少数股东权益	—	—	④30	①22 400	22 370
利润表有关项目：					
利润总额	10 000	8 000	②1 000	②900	17 900
减：所得税费用	2 500	2 000		③25	4 475
净利润	7 500	6 000	1 000	925	13 425
其中：归属于母公司股东的净利润	—	—			11 055*
少数股东损益	—	—	①2 400	④30	2 370*

备注：
抵销分录①：没考虑内部资产交易相关抵销处理之前，与内部股权投资有关的抵销处理。
抵销分录②、③：抵销内部资产交易的未实现损益，确认相关递延所得税。
抵销分录④：确认抵销分录②对少数股东损益和少数股东权益的影响，30=(1 000－925)×40%。
也可将抵销分录①和抵销分录④合并编制。
*验算：11 055=7 500+(6 000+925－1 000)×60%，2 370=(6 000+925－1 000)×40%。

① 为什么增加少数股东享有的收益却借记“少数股东损益”项目？诚如前述，归属于少数股东的收益增加，意味着归属于母公司股东的收益减少，从而减少合并报表中的“未分配利润”项目金额；而从合并财务报表工作底稿“调整与抵销分录”栏也可以清楚地看出：“少数股东损益”项目的借记，其结果是增加了“未分配利润”项目的借方金额，从而减少了归属于母公司股东的未分配利润。

根据表9-29中“合并数”栏的相关数据填列的合并利润表（简表）见表9-31。

表9-31 A公司2×22年合并利润表（简表） 单位：万元

项目	上年数（略）	本年数
一、营业收入		…
⋮		⋮
四、利润总额		17 900
减：所得税费用		4 475
五、净利润		13 425
其中：归属于母公司股东的净利润		11 055
少数股东损益		2 370
六、其他综合收益的税后净额		0
七、综合收益总额		13 425

【例9-25】

甲公司拥有乙公司80%的控股权，拥有丙公司60%的控股权。甲公司编制合并财务报表时将乙、丙两个子公司纳入合并范围。2×18年三个公司各自利润表报告净利润分别为500 000元、30 000元、20 000元。三个公司之间的内部存货交易情况为：甲公司将成本为10 000元、价格为12 000元的商品出售给乙公司；乙公司将成本为80 000元、价格为83 000元的商品出售给丙公司，丙公司将成本为6 000元、价格为7 000元的商品出售给甲公司。内部存货交易的买方本报告期末均尚未将有关资产售出企业集团。

在不考虑所得税影响以及其他因素的情况下，本期合并财务报表工作底稿中的有关抵销分录和合并净利润的有关计算如下：

（1）抵销存货价值中包含的未实现利润：

借：营业收入（1 2000+83 000+7 000） 102 000

　贷：营业成本（10 000+80 000+6 000） 96 000

　　存货（2 000+3 000+1 000） 6 000

（2）确认上述抵销处理对少数股东权益和少数股东损益的影响：

借：少数股东权益（3 000×20%+1 000×40%） 1 000

　贷：少数股东损益 1 000

（3）计算合并净利润中归属于母公司股东的净利润和少数股东损益：

合并净利润=(500 000+30 000+20 000)-[(12 000-10 000)+(83 000-80 000)+(7 000-6 000)]=544 000(元)

或 =(500 000+30 000+20 000)-6 000=544 000(元)

归属于母公司股东的净利润=(500 000-2 000)+(30 000-3 000)×80%+(20 000-1 000)×60%=531 000(元)

少数股东损益=(30 000-3 000)×20%+(20 000-1 000)×40%=13 000(元)

敲黑板

上述关于少数股东损益和少数股东权益的调整处理的原理可以应用于合并财务报表编制实务中可能出现的其他类似业务。比如，根据中国证监会2020年11月13日发布的《监管规则适用指引——会计类第1号》，母公司向子公司高管授予股份支付的，在计算少数股东损益时，虽然子公司的股权激励都是由母公司结算，但子公司少数股东损益中应包含按照少数股东持股比例分享的子公司股权激励费用。例如：假定某报告期母公司因向其持股比例为80%的子公司的高管授予股份支付而确认了600万元的管理费用，当期母公司和该子公司的报告净利润分别为5 000万元和1 500万元。则在编制合并报表过程中，母公司应编制如下调整分录（金额单位为万元）：

借：少数股东权益 120

　贷：少数股东损益（600×20%） 120

据此计算确定的合并净利润6 500万元中，归属于母公司股东的净利润为6 320万元（5 000+120+1 500×80%），少数股东损益为180万元（1 500×20%−120）。

素养提升

从合并报表中“少数股东权益”的列报规范看企业会计准则中体现的完善资本市场理念

根据现行合并财务报表准则，“少数股东权益”项目作为合并资产负债表中所有者权益的项目之一，与“归属于母公司股东权益”一起构成合并所有者权益的组成内容；“少数股东损益”项目（代表了少数股东享有的利润）与“归属于母公司股东的净利润”项目则分别列示于“净利润”项下，成为合并净利润的两个组成项目。合并财务报表中“少数股东权益”和“少数股东损益”项目的这种列报方式，与将“少数股东权益”作为负债项目列示和将“少数股东损益”作为合并净利润前的减项列报所体现的理念大不相同。现行的列报方式是“实体观”这一合并理念的基本要求，是保护非控制性权益持有者（即中小股东）利益的观念在企业会计准则中的体现；而着力保护中小股东的利益，就是重视资本市场各参与主体，就是在着力完善资本市场。

9.4.2 子公司综合收益在合并财务报表中的列报

子公司当期综合收益中属于少数股东权益的份额，应当在合并利润表中综合收益总额项目下以“归属于少数股东的综合收益总额”项目列报。

【例9-26】

甲公司是乙公司的母公司，拥有乙公司80%的股权。甲公司2×22年度实现净利润1 000 000元；乙公司2×22年度实现净利润800 000元，以公允价值计量且其变动计入其他综合收益的金融资产公允价值变动利得扣除所得税影响后的金额为30 000元。其他业务均略。

根据上述资料，乙公司2×22年度个别利润表有关信息如表9-32所示。

表9－32　乙公司2×22年度利润表（简表）　单位：元

项目	本年数	上年数
⋮	⋮	略
净利润	800 000	
其他综合收益的税后净额	30 000	
综合收益总额	830 000	

上述资料在甲公司2×22年度合并利润表中的列示方法如表9－33所示。

表9－33　合并利润表（简表）　单位：元

项目	本年数	上年数
⋮	⋮	略
净利润	1 800 000	
其中：归属于母公司股东的净利润	1 640 000	
少数股东损益	160 000	
其他综合收益的税后净额	30 000	
综合收益总额	1 830 000	
其中：归属于母公司所有者的综合收益总额	1 664 000	
归属于少数股东的综合收益总额	166 000	

9.4.3　子公司超额亏损在合并财务报表中的列报

子公司超额亏损是全部冲减合并资产负债表中的“未分配利润”项目还是按母公司和少数股东各自应承担份额分别冲减归属于母公司股东的权益和少数股东权益，相关会计规范几经变动。按照现行会计准则，子公司当期亏损超过子公司期初所有者权益金额的情况下，子公司少数股东分担的亏损超过了少数股东在该子公司期初所有者权益中所享有的份额的，其余额仍应冲减少数股东权益。在合并财务报表中，少数股东应承担的子公司超额亏损冲减少数股东权益，这一现行规定符合“未分配利润”项目是归属于母公司股东的权益的组成部分之一这一结构要求。

【例9－27】

2×22年年初，母公司股本1 000万元，子公司股本100万元，母公司拥有子公司80%的股权，对子公司长期股权投资余额80万元；本期子公司发生亏损150万元。2×23年母、子公司分别实现净利润300万元、260万元。其他因素略。

（1）2×22年合并财务报表工作底稿的编制。

2×22年合并财务报表工作底稿中应编制的调整与抵销分录（金额单位为万元）为：

①将成本法结果按权益法调整：

借：投资收益（－150×80%）　　120

　贷：长期股权投资　　120

②抵销分录（涉及资产负债表项目）：

借：股本　100

　　未分配利润　−150

　贷：长期股权投资（80−120）　−40

　　　少数股东权益((100−150)×20%)　−10

③抵销分录（涉及利润表和所有者权益变动表项目）：

借：投资收益　−120

　　少数股东损益（−150×20%）　−30

　贷：未分配利润　−150

将以上①、②、③合起来，则有：

借：股本　100

　　少数股东权益　10

　贷：长期股权投资　80

　　　少数股东损益　30

将该抵销分录过入合并财务报表工作底稿，有关合并数的产生过程见表9-34。

表9-34　2×22年合并财务报表工作底稿　单位：万元

报表项目	个别报表		合计	调整与抵销分录		合并数
	母公司	子公司		借	贷	
资产负债表有关项目：						
长期股权投资	80	0	80		①80	0
股本	1 000	100	1 100	①100		1 000
未分配利润	0	−150	−150		30	−120
归属于母公司股东权益合计	—	—	—			880
少数股东权益	—	—	—	①10		−10
股东权益合计	1 000	−50	950	110	30	870
利润表有关项目：						
净利润	0	−150	−150			−150
其中：归属于母公司股东的净利润	—	—	—			−120
少数股东损益	—	—	—		①30	−30
其他综合收益的税后净额	0	0				0
综合收益总额	0	−150	−150			−150
其中：归属于母公司所有者的综合收益总额	—	—	—			−120
归属于少数股东的综合收益总额	—	—	—		①30	−30

根据表9-33编制的合并利润表略。

根据表9-33编制的合并所有者权益变动表见表9-35。

表 9-35　合并所有者权益变动表

2×22 年度　　　　单位：万元

项目	本年金额									上年金额
	归属于母公司所有者权益							少数股东权益	合计	
	股本	资本公积	减：库存股	其他综合收益	盈余公积	未分配利润	小计			
一、上年年末余额	1 000	0	0	0	0	0	1 000	20	1 020	略
加：会计政策变更										
前期差错更正										
二、本年年初余额	1 000	0	0	0	0	0	1 000	20	1 020	
三、本年增减变动金额										
（一）综合收益总额						−120	−120	−30	−150	
（二）所有者投入和减少资本										
（三）利润分配										
（四）所有者权益内部结转								—		
四、本年年末余额	1 000	0	0	0	0	−120	880	−10	870	

（2）2×23 年合并财务报表工作底稿的编制。

2×23 年合并财务报表工作底稿中应编制的抵销分录为：

①借：股本　　100
　　　少数股东损益（利润 260×20%）　　52
　贷：长期股权投资　　80
　　　少数股东权益（子公司股东权益（−50+260）×20%）　　42
　　　未分配利润（期初）（上年该抵销环节的抵销金额）　　30

将该抵销分录过入合并财务报表工作底稿，有关合并数的产生过程见表 9-36。

表 9-36　2×23 年合并财务报表工作底稿　　单位：万元

报表项目	个别报表		合计	调整与抵销分录		合并数
	母公司	子公司		借	贷	
资产负债表有关项目：						
长期股权投资	80	0	80		①80	0
股本	1 000	100	1 100	①100		1 000
未分配利润	300	110	410	52	30	388
归属于母公司股东权益合计	—	—	—			1 388
少数股东权益	—	—	—		①42	42
股东权益合计	1 300	210	1 090	110	30	1 430
利润表有关项目：						
净利润	300	260	560			560
其中：归属于母公司股东的净利润	—	—	—			508
少数股东损益	—	—	—	①52		52
其他综合收益的税后净额	0	0	0			0

续表

报表项目	个别报表		合计	调整与抵销分录		合并数
	母公司	子公司		借	贷	
综合收益总额	300	260	560			560
其中：归属于母公司所有者的综合收益总额	—	—				508
归属于少数股东的综合收益总额	—	—				52
所有者权益变动表有关项目：						
未分配利润（期初）	0	−150	−150		①30	−120
综合收益总额	300	260	560			560
未分配利润（期末）	300	110	510	52	30	388

根据表 9-35 编制的合并利润表、合并所有者权益变动表略。

9.4.4　外币财务报表折算差额在合并财务报表中的列报

企业存在境外经营的情况下，报告期末需将纳入合并范围的境外经营的外币财务报表按照有关会计准则规定的折算方法进行折算，然后将折算后财务报表与母公司财务报表合并，编制合并财务报表。对某一境外经营外币财务报表进行折算时，不同的报表可能采用不同的折算汇率，同一报表的不同项目也可能采用不同的折算汇率，这就导致了外币财务报表折算差额。

根据现行会计准则对其他综合收益组成内容的规范，外币财务报表折算差额首先应在折算后的资产负债表中所有者权益部分的"其他综合收益"项目中列报，并在利润表"其他综合收益的税后净额"项目中单项列示。

编制合并财务报表时，将境外经营折算后资产负债表与母公司及纳入合并范围的其他成员企业的资产负债表进行合并时，将外币财务报表折算差额包括在"其他综合收益"中反映在合并资产负债表的所有者权益部分；如有少数股权，须将外币财务报表折算差额中归属于少数股东权益的部分，通过编制调整分录，确认为少数股东权益。将外币财务报表折算差额中归属于少数股东权益的部分进行分配的调整分录为：

借：其他综合收益——外币财务报表折算差额

　贷：少数股东权益［外币财务报表折算差额×少数股东持股比例］　　［46］

外币财务报表折算差额为负数时，上述抵销分录的借贷方向相反。

【例 9-28】

某母公司拥有某子公司 80%的股权，2×23 年编制合并财务报表时确定该子公司的外币财务报表折算差额为 100 000 元。年度内其他变动资料略。

分摊外币财务报表折算差额的调整分录为：

借：其他综合收益——外币财务报表折算差额　　20 000

　贷：少数股东权益　　20 000

有关抵销分录及其影响见表 9-37（不考虑其他业务数据）。

表9-37　2×23年合并财务报表工作底稿　　单位：万元

报表项目	个别报表		合计	调整与抵销分录		合并数
	母公司	子公司		借	贷	
资产负债表有关项目：						
长期股权投资	160	0	160		①160	0
其他有关资产项目	840	510	1 350			1 350
负债	400	300	700			700
股本	500	200	700	①200		500
未分配利润	100	0	100			100
其他综合收益	—	10	10	②2		8
归属于母公司股东权益合计	—	—	—			608
少数股东权益	—	—	—		①40 ②2	42
股东权益合计	600	210	810	202	42	650

根据表9-36填列的合并利润表、合并所有者权益变动表有关项目见表9-38、表9-39。

表9-38　合并利润表（有关项目）

2×23年度　　单位：万元

项目	上年数	本年数
⋮	略	⋮
其他综合收益的税后净额		10
归属于母公司所有者的其他综合收益的税后净额		8
其中：⋮		0
外币财务报表折算差额		8
归属于少数股东的其他综合收益的税后净额		2
其中：⋮		0
外币财务报表折算差额		2
综合收益总额		⋮

表9-39　合并所有者权益变动表（简表）

2×23年度　　单位：万元

项目	本年金额								上年金额
	归属于母公司所有者权益						少数股东权益	合计	
	股本	资本公积	盈余公积	未分配利润	其他综合收益	小计			
一、上年年末余额	500	0	0	100	0	600	40	640	略
加：会计政策变更									
前期差错更正									
二、本年年初余额	500	0	0	100	0	600	40	640	
三、本年增减变动金额									
（一）综合收益总额				0	8	8	2	10	

续表

项目	本年金额								上年金额
	归属于母公司所有者权益						少数股东权益	合计	
	股本	资本公积	盈余公积	未分配利润	其他综合收益	小计			
（二）所有者投入和减少资本	0	0			0	0	0	0	
（三）利润分配			0	0		0	0	0	
（四）所有者权益内部结转									
四、本年年末余额	500	0	0	100	8	608	42	650	

9.4.5　持有待售的子公司、本期增减的子公司在合并财务报表中的列报

1. 企业专为转售而取得的持有待售子公司的列报

根据《企业会计准则第 42 号——持有待售的非流动资产、处置组和终止经营》，企业专为转售而取得的子公司，如果符合持有待售类别的划分条件，应当按照持有待售的处置组和终止经营的有关规定进行列报，但可适当简化附注披露。

在合并财务报表中，对于专为转售而取得的子公司，采用如下方法进行处理：在合并资产负债表中，将企业专为转售而取得的持有待售子公司的全部资产、负债分别作为持有待售资产、持有待售负债项目列示。在合并利润表中，企业专为转售而取得的持有待售子公司的列示，要与其他终止经营一致，将该子公司净利润与其他终止经营净利润合并列示在“终止经营净利润”项目中。

合并利润表部分项目见表 9-40。

表 9-40　合并利润表中“净利润”“综合收益总额”等项目的具体列报形式

项目	上年数	本年数
⋮		
五、净利润		
（一）按经营持续性分类		
1. 持续经营净利润		
2. 终止经营净利润		
（二）按所有权归属分类		
1. 归属于母公司股东的净利润		
2. 少数股东损益		
六、其他综合收益的税后净额		
（一）归属于母公司所有者的其他综合收益的税后净额		
（二）归属于少数股东的其他综合收益的税后净额		
七、综合收益总额		
（一）归属于母公司所有者的综合收益总额		
（二）归属于少数股东的综合收益总额		

2. 本期增加、减少的子公司的列报

（1）对于本期投资或追加投资取得的子公司。报告期内因同一控制下的企业合并增加的子公司，编制合并财务报表的原则是：第一，编制合并资产负债表时，一方面，应当调整合并资产负债表的期初数；另一方面，合并资产负债表的留存收益项目应当反映母子公司视同一直作为一个整体运行之合并日应实现的盈余公积和未分配利润情况。第二，编制合并利润表时，应当将该子公司自合并当期期初至报告期末的收入、费用、利润纳入合并利润表，并单列“其中：被合并方在合并前实现的净利润”项目进行反映。第三，编制合并现金流量表时，应当将该子公司自合并当期期初至报告期末的现金流量纳入合并现金流量表。第四，应当对比较报表的相关项目进行调整，视同合并后的报告主体自最终控制方开始控制时点起一直存在。

报告期内因非同一控制下的企业合并增加的子公司，应当自购买日开始编制合并报表。第一，在编制合并资产负债表时，不需要调整合并资产负债表的期初数。但是为了提高会计信息的可比性，应在财务报表附注中披露本期取得的子公司对合并财务报表的财务状况的影响。第二，编制合并利润表时，应当将本期取得的子公司自购买日至报告期末的收入、费用和利润纳入合并利润表中，并在相关附注中披露本期增加子公司对合并财务报表中的经营成果产生的影响。第三，编制合并现金流量表时，应将本期取得的子公司自购买日至报告期末的现金流量信息纳入合并现金流量表中，并将取得子公司所支付的现金扣除子公司于购买日持有的现金及现金等价物后的净额，在有关投资活动类“取得子公司及其他营业单位支付的现金净额”项目中进行反映。

（2）对于本期减少的子公司的列报。本期由于出售转让子公司部分股权或全部股权导致丧失对该子公司控制权使其成为非子公司的情况下，应将其排除在合并财务报表的范围之外。

编制合并资产负债表时，不需要对该原子公司进行合并。但是为了提高会计信息的可比性，应在财务报表附注中披露本期该子公司成为非子公司对合并财务报表的财务状况的影响。

9.4 即测即评

编制合并利润表时，应当将该子公司自本期期初至丧失控制权日的收入、费用和利润纳入合并利润表中，并在相关附注中披露本期减少的该子公司对合并财务报表中的经营成果产生的影响。

编制合并现金流量表时，应将该子公司自本期期初至丧失控制权日的现金流量信息纳入合并现金流量表中，并将出售该子公司所收到的现金扣除子公司持有的现金及现金等价物以及相关处置费用后的净额，在有关投资活动类“处置子公司及其他营业单位收到的现金净额”项目中进行反映。

9.5 合并现金流量表的编制

将纳入合并范围的成员企业之间的现金流动进行抵销，是编制合并现金流量表的必要环节。下面系统介绍合并现金流量表的编制原理。

9.5.1　合并现金流量表主表部分的编制原理

合并现金流量表是由母公司编制的反映企业集团整体报告期内现金流入、现金流出数量及其增减变动情况的合并报表。从理论上讲，合并现金流量表有两种编制方法：一种是根据合并资产负债表、合并利润表和合并所有者权益变动表及其他有关资料，按个别现金流量表的编制方法编制；另一种是根据集团内部成员企业（母公司及纳入合并范围的子公司，下同）的个别现金流量表，通过抵销成员企业之间的现金流入和现金流出，采用合并财务报表的一般编制程序编制。

毫无疑问，上述任何一种方法都不能直接根据现有资料进行简单合并，都需要有关母、子公司提供比较详细的合并资产负债表、合并利润表及合并利润分配表或个别现金流量表以外的有关记录。但是两种方法的编表思路不同，所需资料有异。我们认为，就合并现金流量表主表而言，第二种方法比第一种方法更合理、简便，操作性更强。在采用第二种方法的情况下，有关成员企业在提供个别现金流量表的基础上，主要提供与其他成员企业的现金流动记录资料；母公司将个别现金流量表的数据加总以后，合并现金流量表编制程序中的关键就是抵销内部现金流动。

下面主要阐述第二种方法下合并现金流量表主表部分的编制原理。

1. 抵销分录的特点

按母、子公司个别现金流量表编制合并现金流量表时，同合并资产负债表、合并利润表及合并利润分配表的编制程序一样，也要在工作底稿中编制抵销分录。合并现金流量表抵销分录的特点是：

（1）抵销分录的借、贷方项目均是现金流量表项目，不涉及其他报表项目，因为这里的抵销分录解决的是成员企业之间现金流入与现金流出的抵销。因此，合并现金流量表的工作底稿可以单独开设。

（2）编制抵销分录的规律是：

第一，贷方抵销有关收现项目，借方抵销有关付现项目。

第二，在经营活动现金流量的抵销分录中，一方经营活动现金流入往往与另一方经营活动现金流出相抵销；但个别情况下可能要求一方经营活动现金流入（或流出）与另一方投资活动（或筹资活动）现金流出（或流入）相抵销。如抵销固定资产内部交易的现金流动时，可能需要将卖方的“销售商品、提供劳务收到的现金”与买方的“购建固定资产、无形资产和其他长期资产支付的现金”或将卖方的“处置固定资产、无形资产和其他长期资产收回的现金净额”与买方的“购买商品、接受劳务支付的现金”相抵销。

第三，在投资活动和筹资活动现金流量的抵销分录中，一般情况下集团内一方的投资业务往往涉及另一方的筹资业务，所以抵销分录的借、贷方分别是投资活动现金流出（或流入）、筹资活动现金流入（或流出）；但个别情况下可能要求一方的投资活动现金流入与另一方的投资活动现金流出相抵销，如对固定资产内部交易的双方均涉及固定资产的业务，抵销分录中将一方“购建固定资产、无形资产和其他长期资产支付的现金”与另一方“处置固定资产、无形资产和其他长期资产收回的现金净额”抵销，对集团内部转让有价证券投资业务，抵销分录中将一方“收回投资收到的现金”与另一方“投资支付的现金”抵销。

2. 编制合并现金流量表主表部分时需抵销的项目及其抵销分录

（1）成员企业间现销业务、赊销业务本期的货款（不含增值税）收付的抵销。

借：经营活动现金流量——购买商品、接受劳务支付的现金

　　贷：经营活动现金流量——销售商品、提供劳务收到的现金

如果上述业务在交易双方中一方涉及经营活动而另一方涉及非经营活动，则抵销分录为：

借：经营活动现金流量——购买商品、接受劳务支付的现金

　　贷：投资活动现金流量——处置固定资产、无形资产和其他长期资产收回的现金净额

或者，

借：投资活动现金流量——购建固定资产、无形资产和其他长期资产支付的现金

　　贷：经营活动现金流量——销售商品、提供劳务收到的现金

（2）成员企业间其他与经营活动有关的现金收付（如罚款、捐赠）的抵销分录。

借：经营活动现金流量——支付其他与经营活动有关的现金

　　贷：经营活动现金流量——收到其他与经营活动有关的现金

（3）成员企业间筹资本金与投资成本的现金收付的抵销。

借：投资活动现金流量——投资支付的现金

　　贷：筹资活动现金流量——吸收投资收到的现金

（4）成员企业间投资收益与筹资费用的现金收付的抵销。

借：筹资活动现金流量——分配股利、利润或偿付利息支付的现金

　　贷：投资活动现金流量——取得投资收益收到的现金

（5）收回投资收现与增加投资付现、收回投资收现与减少筹资付现的抵销分录。现金流量表中的企业收回投资主要指出售、转让或到期收回现金等价物以外的投资。

如果是出售或转让投资给集团内其他成员企业，则后者为之付出的现金属于投资活动付现，前者因此收到的现金属于投资活动收现。这时的抵销分录为：

借：投资活动现金流量——投资支付的现金

　　贷：投资活动现金流量——收回投资收到的现金

如果企业到期收回投资，对方单位一般是筹资方。双方均是集团内部成员企业时，抵销分录为：

借：筹资活动现金流量——偿还债务支付的现金

或　借：筹资活动现金流量——支付其他与筹资活动有关的现金

　　贷：投资活动现金流量——收回投资收到的现金

（6）固定资产、无形资产、其他资产交易双方现金收付的抵销。固定资产、无形资产、其他资产交易的双方均为集团内部成员企业时，相关的现金流入与现金流出属于投资活动的现金流动，其抵销分录为：

借：投资活动现金流量——购建固定资产、无形资产和其他长期资产支付的现金

　　贷：投资活动现金流量——处置固定资产、无形资产和其他长期资产收回的现金净额

【例 9－29】

表 9－40 是某企业集团母公司及其子公司 2×19 年个别现金流量表资料。

表 9－41　现金流量表（简表）

2×19 年度

单位：元

项目	母公司	子公司
一、经营活动产生的现金流量		
销售商品、提供劳务收到的现金	1 221 200	280 000
收到的税费返还	0	0
收到其他与经营活动有关的现金	0	0
经营活动现金流入小计	1 221 200	280 000
购买商品、接受劳务支付的现金	624 000	170 000
支付给职工以及为职工支付的现金	430 000	30 000
支付的各项税费	205 000	20 000
支付其他与经营活动有关的现金	90 000	10 000
经营活动现金流出小计	1 349 000	230 000
经营活动产生的现金流量净额	－127 800	50 000
二、投资活动产生的现金流量		
收回投资收到的现金	0	5 000
取得投资收益收到的现金	20 000	1 000
处置固定资产、无形资产和其他长期资产收回的现金净额	14 200	500
处置子公司及其他营业单位收到的现金净额	0	0
收到其他与投资活动有关的现金	0	0
投资活动现金流入小计	34 200	6 500
购建固定资产、无形资产和其他长期资产支付的现金	197 000	20 000
投资支付的现金	250 000	0
取得子公司及其他营业单位支付的现金净额	0	0
支付其他与投资活动有关的现金	0	0
投资活动现金流出小计	447 000	20 000
投资活动产生的现金流量净额	－41 2800	－13 500
三、筹资活动产生的现金流量		
吸收投资收到的现金	875 000	30 000
取得借款收到的现金	880 000	80 000
收到其他与筹资活动有关的现金	0	0
筹资活动现金流入小计	1 755 000	110 000
偿还债务支付的现金	700 000	80 000
分配股利、利润或偿付利息支付的现金	70 000	10 000
支付其他与筹资活动有关的现金	0	0
筹资活动现金流出小计	770 000	90 000

续表

项目	母公司	子公司
筹资活动产生的现金流量净额	985 000	20 000
四、汇率变动对现金及现金等价物的影响	0	0
五、现金及现金等价物净增加额	444 400	−16 500
加：期初现金及现金等价物余额	1500 000	126 500
六、期末现金及现金等价物余额	1 944 400	110 000

假定各公司提供的有关资料表明：母公司本年度“销售商品、提供劳务收到的现金”中有120 000元是销售商品给子公司（子公司将购自母公司的资产中的100 000元作为原材料使用，另20 000元作为固定资产使用）而收到的现金；母公司取得投资收益收到的现金中有10 000元来自子公司的利润分配。其他资料略。

编制合并现金流量表时的有关抵销分录为：

借：经营活动现金流量——购买商品、接受劳务支付的现金　100 000
　　投资活动现金流量——购建固定资产、无形资产和其他
　　　长期资产支付的现金　20 000
　贷：经营活动现金流量——销售商品、提供劳务收到的现金　120 000
借：筹资活动现金流量——分配股利、利润或偿付利息
　　　支付的现金　10 000
　贷：投资活动现金流量——取得投资收益收到的现金　10 000

9.5.2 合并现金流量表补充资料的编制原理

如果说合并现金流量表的主表部分采用的上述第二种方法即以成员企业的个别现金流量表为依据对内部现金流动予以抵销编制而成比较简便的话，那么，补充资料部分将对不同的项目分别根据个别现金流量表和合并资产负债表、合并利润表及有关资料编制，这是由补充资料本身的特殊性决定的。

1. 补充资料1的编制

补充资料1是间接法下经营活动现金流量的揭示。合并现金流量表的这一部分各项目的编制方法如下：

（1）“净利润”合并数：根据合并利润表中“净利润”项目数字填列。

（2）“计提的资产减值准备”合并数：根据成员企业个别现金流量表中本项目数之和扣除内部应收款项及内部交易的资产按未实现利润计提的减值准备数的差额填列。

（3）“计提的固定资产折旧”合并数：根据成员企业个别现金流量表中本项目数之和扣除内部交易固定资产当年按未实现利润多计提的折旧数的差额填列。

（4）“无形资产摊销”合并数：根据成员企业个别现金流量表中本项目数之和扣除内部交易无形资产当年按未实现利润多计提的摊销数的差额填列。

（5）“固定资产报废损失”“固定资产处置净损失”“固定资产盘亏损失”各项目，分别根据成员企业个别现金流量表中相应项目数之和填列。

（6）“投资收益”“财务费用”合并数：根据合并利润表中相应项目数字填列即可，

因为合并利润表中这两个项目各自的合并数中已经抵销了成员企业之间的投资收益和财务费用。

（7）“递延所得税资产（减负债）”合并数：根据合并资产负债表“递延所得税资产”“递延所得税负债”项目的“年末数”与“年初数”之差分析填列。

（8）“与经营活动有关的非现金流动资产的增减变动”各项目的合并数：根据合并资产负债表中各该项目合并数的“年初数”与“年末数”及其差额扣除其中与经营活动无关的变动数后填列。

（9）“与经营活动有关的流动负债的增减变动”各项目的合并数：根据合并资产负债表中各该项目合并数的“年初数”与“年末数”及其差额扣除其中与经营活动无关的变动数后填列。

2. 补充资料 2 的编制

补充资料 2 是有关不涉及现金的投资、筹资活动的，所以，不存在对现金流动的抵销问题。合并现金流量表这一部分的编制方法是：根据成员企业个别现金流量表的相应部分加总后抵销其中发生在成员企业之间的投资、筹资活动。

3. 补充资料 3 的编制

补充资料 3 是反映现金净增加情况的。合并现金流量表中这一部分项目可以根据合并资产负债表“货币资金”项目及有关成员企业“交易性金融资产”等项目在报告期的变动情况分析填列。

9.5 即测即评

实训专栏

合并财务报表编制

一、资料

甲公司是乙公司的母公司。有关资料如下：

1. 内部股权投资资料。2×21 年 12 月末，甲公司用银行存款 750 000 元购入非同一控制下的乙公司 60%的表决权资本。乙公司当时的可辨认净资产账面价值为 1 181 850 元，评估的公允价值为 1 231 850 元，公允价值大于账面价值的 50 000 元为某项管理用固定资产评估增值（假定该固定资产未来折旧年限为 5 年，按直线法计提折旧，预计净残值因素略）。当时乙公司留存收益为 0。

2. 内部债权债务资料。甲公司 2×22 年、2×23 年年末应收账款余额中分别有 50 000 元、30 000 元为乙公司的应付账款（甲公司对内部应收账款按其余额的 5‰确认预期信用损失）。

3. 内部债券投资资料。乙公司 2×23 年 1 月按面值发行 5 年期、一次还本付息、年利率为 5%的债券 300 000 元，甲公司购入其中的 20%，划分为以摊余成本计量的金融资产。

4. 内部存货交易资料。甲公司商品销售中有一部分是向乙公司提供配套商品。2×22 年、2×23 年甲公司销售收入中分别有 20%、30%来自向乙公司销货，该商品的销售毛利率为 10%。乙公司来自甲公司的外购配套商品中，2×22 年有 30%包括在期末资产负债表“存货”项目中；2×23 年期末存货成本中有 200 000 元是购自甲公司的配套商品。

5. 内部固定资产交易资料。2×21年12月，甲公司将一台账面原价为80 000元、累计折旧为10 000元的设备以75 000元的价格出售给乙公司，后者将其作为固定资产使用，并按5年计提折旧。

6. 乙公司2×22年利润分配方案中宣告分配现金股利40 000元（于2×23年5月支付），2×23年利润分配方案中宣告分配现金股利50 000元，尚未支付。

7. 甲公司与乙公司的有关资产负债表、利润表以及现金流量表资料见表9-42至表9-46。

8. 为简化起见，盈余公积、每股收益、其他综合收益具体内容略。

表9-42　甲公司资产负债表

2×23年12月31日　　　　单位：元

资产	年初数	期末数	负债和所有者权益	年初数	期末数
流动资产：			流动负债：		
货币资金	3 008 000	5 000 000	短期借款	200 000	210 000
应收账款	796 000	199 000	应付账款	950 000	1 780 000
其他应收款	246 000	301 000	应付职工薪酬	820 000	800 000
存货	350 000	400 000	其他应付款	440 818	200 218
流动资产合计	4 400 000	5 900 000	应交税费	8 000	10 000
非流动资产：			流动负债合计	2 418 818	3 000 218
长期股权投资	800 000	1 000 000	非流动负债：		
其他权益工具投资	0	186 500	长期借款	2 983 500	3 600 000
债权投资	0	100 000	应付债券	0	647 000
固定资产	5 500 000	5 413 500	非流动负债合计	2 983 500	4 247 000
无形资产	200 000	200 000	所有者权益：		
递延所得税资产	100 000	200 000	股本	4 000 000	4 000 000
非流动资产合计	6 600 000	7 100 000	资本公积	171 500	171 500
			未分配利润	1 426 182	1 581 282
			所有者权益合计	5 597 682	5 752 782
资产总计	11 000 000	13 000 000	负债和所有者权益总计	11 000 000	13 000 000

表9-43　乙公司资产负债表

2×23年12月31日　　　　单位：元

资产	年初数	期末数	负债和所有者权益	年初数	期末数
流动资产：			流动负债：		
货币资金	122 350	700 000	短期借款	220 000	340 000
应收账款	99 500	298 500	应付账款	0	110 000
存货	900 000	603 000	应付职工薪酬	9 000	14 000
流动资产合计	1 121 850	1 601 500	其他应付款	42 040	88 140
非流动资产：			流动负债合计	271 040	552 140
长期股权投资	200 000	200 000	非流动负债：		
其他权益工具投资	0	0	长期借款	1 060 000	1 190 000

续表

资产	年初数	期末数	负债和所有者权益	年初数	期末数
固定资产	1 260 000	1 500 000	应付债券	0	315 000
无形资产	0	0	非流动负债合计	1 060 000	1 505 000
递延所得税资产	0	0	所有者权益：		
非流动资产合计	1 460 000	1 700 000	股本	1 000 000	1 000 000
			资本公积	181 850	181 850
			未分配利润	68 960	62 510
			所有者权益合计	1 250 810	1 244 360
资产总计	2 581 850	3 301 500	负债和所有者权益总计	2 581 850	3 301 500

表 9-44　甲公司利润及利润分配情况

2×23 年度　　单位：元

项目	上年数	本年数
一、营业收入	3 000 000	4 000 000
减：营业成本	1 800 000	2 500 000
税金及附加	400 000	600 000
销售费用	180 000	121 178
管理费用	100 000	200 000
财务费用	50 000	110 000
资产减值损失	15 000	8 000
信用减值损失	5 000	822
加：投资收益	34 178	37 202.5
营业外收入	165 822	40 000
减：营业外支出	15 000	7 202.5
二、利润总额	635 000	530 000
减：所得税费用	209 550	174 900
三、净利润	425 450	355 100
加：期初未分配利润	1 150 732	1 426 182
减：对所有者（或股东）的分配	150 000	200 000
四、期末未分配利润	1 426 182	1 581 282

表 9-45　乙公司利润及利润分配情况

2×23 年度　　单位：元

项目	上年数	本年数
一、营业收入	820 000	905 000
减：营业成本	500 000	580 000
税金及附加	60 000	85 000
销售费用	20 000	40 000
管理费用	50 000	70 000
财务费用	35 000	60 000

续表

项目	上年数	本年数
资产减值损失	9 100	9 000
信用减值损失	900	1 000
加：投资收益	0	
营业外收入	5 000	8 000
减：营业外支出	2 000	3 000
二、利润总额	148 000	65 000
减：所得税费用	39 040	21 450
三、净利润	108 960	43 550
加：期初未分配利润	0	68 960
减：对所有者（或股东）的分配	40 000	50 000
四、期末未分配利润	68 960	62 510

表 9-46 现金流量表

2×23 年度 单位：元

项目	甲公司	乙公司
一、经营活动产生的现金流量		
销售商品、提供劳务收到的现金	4 600 000	705 000
收到其他与经营活动有关的现金	112 000	30 650
购买商品、接受劳务支付的现金	2 910 000	173 000
支付给职工以及为职工支付的现金	200 000	54 000
支付的其他税费	267 900	100 000
支付其他与经营活动有关的现金	122 100	3 000
经营活动产生的现金流量净额	1 212 000	405 650
二、投资活动产生的现金流量		
收回投资收到的现金	0	0
取得投资收益收到的现金	24 000	0
处置固定资产、无形资产和其他长期资产收回的现金净额	0	0
投资支付的现金	174 000	0
购建固定资产、无形资产和其他长期资产支付的现金	10 000	270 000
投资活动产生的现金流量净额	−160 000	−270 000
三、筹资活动产生的现金流量		
吸收投资收到的现金	0	
发行债券收到的现金	600 000	300 000
取得借款收到的现金	1 500 000	295 000
偿还债务支付的现金	1 000 000	100 000
分配股利、利润或偿付利息支付的现金	160 000	53 000
筹资活动产生的现金流量净额	940 000	442 000
四、现金及现金等价物净增加额	1 992 000	577 650

二、要求

请根据上述资料进行如下会计处理：

1. 编制甲公司与乙公司2×22年合并财务报表工作底稿中的有关调整与抵销分录。

2. 编制甲公司与乙公司2×23年的合并资产负债表、合并利润表、合并所有者权益变动表和合并现金流量表。

三、参考答案

1. 2×22年合并财务报表工作底稿中的有关调整与抵销分录。

(1) 将子公司有关资产价值以合并日公允价值为基础进行调整：

①借：固定资产　　40 000
　　管理费用　　10 000
　贷：资本公积　　50 000

②将子公司有关资产调整后价值高于其计税基础形成的应纳税暂时性差异对未来的纳税影响进行确认，从而编制调整递延所得税的分录如下：

借：资本公积　　10 000
　贷：递延所得税负债（40 000×25%）　　10 000

(2) 与内部股权投资有关的抵销：

将母公司对子公司的股权投资直接按成本法的结果进行抵销：

借：股本　　1 000 000
　　资本公积（181 850+40 000）　　221 850
　　商誉（750 000−1 221 850×60%）　　16 890
　　投资收益（40 000×60%）　　24 000
　　少数股东损益((108 960−10 000)×40%)　　39 584
　贷：长期股权投资　　750 000
　　　少数股东权益((1 000 000+221 850+68 960−10 000)×40%)　　512 324
　　　对所有者（或股东）的分配　　40 000

(3) 抵销内部债权债务：

①抵销内部应收账款和应付账款余额：

借：应付账款　　50 000
　贷：应收账款　　50 000

②抵销内部应收账款已计提坏账准备：

借：应收账款（50 000×5‰）　　250
　贷：信用减值损失（50 000×5‰）　　250

③抵销原计提坏账准备时确认的递延所得税资产：

借：所得税费用　　62.50
　贷：递延所得税资产（250×25%）　　62.50

④抵销其他内部债权债务余额：

借：其他应付款　　24 000
　贷：其他应收款　　24 000

(4) 抵销内部存货交易的相关影响：

①抵销当年内部存货交易对营业收入和营业成本的影响：

借：营业收入（3 000 000×20%）　　600 000

　　贷：营业成本　　600 000

②抵销期末存货价值中包含的未实现利润：

　借：营业成本（600 000×10%×30%）　　18 000

　　贷：存货　　18 000

③调整递延所得税：

　借：递延所得税资产（18 000×25%）　　4 500

　　贷：所得税费用　　4 500

（5）抵销内部固定资产交易的相关影响：

①抵销固定资产价值中包含的内部交易未实现利润及其对期初未分配利润的影响：

　借：未分配利润（期初）（75 000－(80 000－10 000)）　　5 000

　　贷：固定资产　　5 000

②抵销按内部交易未实现利润多计提的折旧：

　借：固定资产　　1 000

　　贷：管理费用（5 000÷5）　　1 000

③调整递延所得税：

　借：递延所得税资产（(5 000－1 000)×25%）　　1 000

　　贷：所得税费用　　1 000

④根据上述对子公司多计提折旧费用从而对子公司净利润的影响的抵销处理，对子公司少数股东损益和少数股东权益进行调整：

　借：少数股东损益（1 000×40%）　　400

　　贷：少数股东权益　　400

（6）抵销内部现金收付：

　借：经营活动现金流量——购买商品、接受劳务支付的现金　550 000*

　　贷：经营活动现金流量——销售商品、提供劳务收到的现金　550 000**

* 550 000＝本年内部购货成本 600 000（3 000 000×20%）－内部应付账款净增加额 50 000。

** 550 000＝内部销售收入 600 000（3 000 000×20%）－内部应收账款净增加额 50 000。

这两个项目若涉及增值税的现金收付，比照同理进行抵销处理。

2×22 年合并财务报表工作底稿略。

2. 2×23 年合并财务报表的编制流程。

第一步，开设合并财务报表工作底稿，将个别报表数据过入工作底稿。见表 9-44、表 9-45 中的“个别报表”栏。

第二步，在合并财务报表工作底稿中编制以下调整与抵销分录：

（1）将子公司有关资产价值以合并日公允价值为基础进行调整，并调整递延所得税负债：

　借：固定资产　　30 000

　　　管理费用　　10 000

　　　未分配利润（期初）　　10 000

　　贷：资本公积　　40 000

　　　　递延所得税负债　　10 000

（2）内部股权投资的有关抵销：

将母公司对子公司的股权投资直接按成本法的结果进行抵销：

借：股本　1 000 000
　　资本公积　221 850
　　商誉　16 890
　　投资收益（50 000×60%）　30 000
　　少数股东损益((43 550－10 000)×40%)　13 420
　　未分配利润（期初）　23 584*
　贷：长期股权投资　750 000
　　　少数股东权益（(1 221 850＋62 510－200 000)×40%）　505 744
　　　对所有者（或股东）的分配　50 000

* 本金额为上期该类抵销分录中对“未分配利润（期末）”项目的影响数，即 23 584＝24 000＋38 584－40 000；或者为调整后的子公司未分配利润（期初）中少数股东享有的部分，即23 584＝(68 960－10 000)×40%。

敲黑板

如果在合并财务报表工作底稿中先将母公司对子公司股权投资信息由成本法调整到权益法之后再编制抵销分录，则有关处理如下：

（1）将母公司对子公司的长期股权投资余额由成本法调整到权益法：

借：长期股权投资　25 506
　　投资收益　9 870
　贷：未分配利润（期初）　35 376

其中：

应调增上年投资收益＝(108 960－10 000－40 000)×60%＝35 376(元)
应调减本年投资收益＝[50 000－(43 550－10 000)]×60%＝9 870(元)
应调增长期股权投资＝358 376－9 870＝25 506(元)

（2）编制抵销分录：

借：股本　1 000 000
　　资本公积（181 850＋40 000）　221 850
　　商誉（750 000－1 221 850×60%）　16 890
　　投资收益((43 550－10 000)×60%)　20 130
　　少数股东损益((43 550－10 000)×40%)　13 420
　　未分配利润（期初）（68 960－10 000）　58 960
　贷：长期股权投资（750 000＋25 506）　775 506
　　　少数股东权益((1 000 000＋221 850＋42 510*)×40%)　505 744
　　　对所有者（或股东）的分配　50 000

* 按合并日可辨认净资产公允价值持续计算的子公司 2×23 年年末未分配利润＝62 510－20 000＝42 510 元。

（3）抵销内部债权债务：

①抵销内部应收账款和应付账款余额：

借：应付账款　30 000
　贷：应收账款　30 000

②抵销内部应收账款已计提坏账准备：

借：应收账款（30 000×5‰） 150

　　信用减值损失（(50 000－30 000)×5‰） 100

　贷：未分配利润（期初）（50 000×5‰） 250

③抵销原计提坏账准备时确认的递延所得税资产：

借：未分配利润（期初）（250×25%） 62.50

　贷：递延所得税资产（150×25%） 37.50

　　　所得税费用（100×25%） 25.00

④抵销其他内部债权债务：

借：其他应付款 30 000

　贷：其他应收款 30 000

⑤借：应付债券 63 000

　贷：债权投资 63 000

（4）抵销内部存货交易的相关影响：

①抵销以前年度内部存货交易的未实现利润及其对期初未分配利润的影响：

借：未分配利润（期初）（3 000 000×20%×10%×30%） 18 000

　贷：营业成本 18 000

②抵销当年内部存货交易对营业收入和营业成本的影响：

借：营业收入（4 000 000×30%） 1 200 000

　贷：营业成本 1 200 000

③抵销期末存货价值中包含的未实现利润：

借：营业成本（200 000×10%） 20 000

　贷：存货 20 000

④调整递延所得税：

借：递延所得税资产（20 000×25%） 5 000

　贷：所得税费用（(20 000－18 000)×25%） 500

　　　未分配利润（期初）（18 000×25%） 4 500

（5）抵销内部固定资产交易的相关影响：

①抵销固定资产价值中包含的内部交易未实现利润及其对期初未分配利润的影响：

借：未分配利润（期初）（75 000－(80 000－10 000)） 5 000

　贷：固定资产 5 000

②抵销按内部交易未实现利润多计提的折旧：

借：固定资产 2 000

　贷：管理费用（5 000÷5） 1 000

　　　未分配利润（期初）（5 000÷5） 1 000

③调整递延所得税：

借：所得税费用（1 000×25%） 250

　　递延所得税资产（(5 000－2 000)×25%） 750

　贷：未分配利润（期初）（(5 000－1 000)×25%） 1 000

④根据子公司管理费用、所得税费用的调整而调增少数股东享有的收益和少数股东权益：

借：未分配利润（期初）　400
　少数股东损益　300
　贷：少数股东权益　700

(6) 抵销内部债券业务对利润表的影响：

①利息费用与利息收益：

借：投资收益　3 000
　贷：财务费用　3 000

②根据子公司财务费用的调减而调增少数股东享有的收益：

借：少数股东损益　1 200
　贷：少数股东权益　1 200

(7) 抵销内部现金收付：

①借：经营活动现金流量——购买商品、接受劳务支付的现金1 220 000*
　贷：经营活动现金流量——销售商品、提供劳务收到的现金　1 220 000**

*1 220 000＝内部应付账款年初余额50 000＋本年内部购货成本（4 000 000×30%）－内部应付账款年末余额30 000。

**1 220 000＝内部销售收入（4 000 000×30%）＋内部应收账款净减少额（50 000－30 000）。

②借：筹资活动现金流量——分配股利、利润或偿付利息支付的现金
　24 000*
　贷：投资活动现金流量——取得投资收益收到的现金　24 000

*当年支付的上年现金股利40 000×60%。

③借：投资活动现金流量——投资支付的现金　60 000*
　贷：筹资活动现金流量——取得借款收到的现金　60 000

*按面值购买子公司债券的成本。

将上述调整与抵销分录抄入工作底稿，见表9-46、表9-47中的“调整与抵销分录”栏。

第三步，在工作底稿中根据个别报表数据、调整与抵销分录数据，整理“合并数”，见表9-46、表9-47中的“合并数”栏。

表9-47　合并财务报表工作底稿

2×23年度　　单位：元

项目	个别报表		调整与抵销分录		合并数
	甲公司	乙公司	借	贷	
资产负债表有关项目：					
货币资金	5 000 000	700 000			5 700 000
应收账款	199 000	298 500	(3)－②150	(3)－①30 000	467 650
其他应收款	301 000	0		(3)－④30 000	271 000
存货	400 000	603 000		(4)－③20 000	983 000
长期股权投资	1 000 000	200 000		(2) 750 000	450 000
其他权益工具投资	186 500				186 500
债权投资	100 000	0		(3)－⑤63 000	37 000

续表

项目	个别报表		调整与抵销分录		合并数
	甲公司	乙公司	借	贷	
固定资产	5 413 500	1 500 000	（1） 30 000 （5）—②2 000	（5）—①5 000	6 940 500
无形资产	200 000	0			200 000
商誉	—	—	（2） 16 890		16 890
递延所得税资产	200 000	0	（4）—④5 000 （5）—③750	（3）—③37.5	205 712.5
短期借款	210 000	340 000			550 000
应付账款	1 780 000	110 000	（3）—①30 000		1 860 000
应付职工薪酬	800 000	14 000			814 000
其他应付款	200 218	88 140	（3）—④30 000		258 358
应交税费	10 000	0			10 000
长期借款	3 600 000	1 190 000			4 790 000
应付债券	647 000	315 000	（3）—⑤63 000		899 000
递延所得税负债	0	0		（1） 10 000	10 000
股本	4 000 000	1 000 000	（2） 1 000 000		4 000 000
资本公积	171 500	181 850	（2） 221 850	（1） 40 000	171 500
未分配利润	1 581 282	62 510	1 335 316.5	1 279 275	1 587 750.5
少数股东权益	—	—		（2） 505 744 （5）—④700 （6）—②1 200	507 644
利润表及所有者权益变动表有关项目：					
营业收入	4 000 000	905 000	（4）—②1 200 000		3 705 000
减：营业成本	2 500 000	580 000	（4）—③20 000	（4）—①18 000 （4）—②1 200 000	1 882 000
税金及附加	600 000	85 000			685 000
管理费用	200 000	70 000	（1） 10 000	（5）—②1 000	279 000
销售费用	121 178	40 000			161 178
财务费用	110 000	60 000		（6） 3 000	167 000
资产减值损失	8 000	9 000			17 000
信用减值损失	822	1 000	（3）—②100		1 922
加：投资收益	37 202.5	0	（2） 30 000 （6） 3 000		4 202.5
营业外收入	40 000	8 000			48 000
减：营业外支出	7 202.5	3 000			10 202.5
所得税费用	174 900	21 450	（5）—③250	（3）—③25 （4）—④500	196 075
净利润	355 100	43 550	1 263 350	1 222 525	357 825

续表

项目	个别报表		调整与抵销分录		合并数
	甲公司	乙公司	借	贷	
其中：归属于母公司股东的净利润	—	—			342 905
少数股东损益	—	—	(2) 13 420 (5)—④300 (6)—②1 200		14 920
加：未分配利润（期初）	1 426 182	68 960	(1) 10 000 (2) 23 584 (3)—③62.5 (4)—①18 000 (5)—①5 000 (5)—④400	(3)—②250 (4)—④4 500 (5)—②1 000 (5)—③1 000	1 444 845.5
减：对所有者（或股东）的分配	200 000	50 000		(2) 50 000	200 000
未分配利润（期末）	1 581 282	62 510	1 335 316.5	1 279 275	1 587 750.5

表 9 - 48　合并财务报表工作底稿

2×23 年度　　单位：元

项目	个别报表		调整与抵销分录		合并数
	甲公司	乙公司	借	贷	
现金流量表					
一、经营活动产生的现金流量					
销售商品、提供劳务收到的现金	4 600 000	705 000		(7)—①1 220 000	4 085 000
收到其他与经营活动有关的现金	112 000	30 650			142 650
购买商品、接受劳务支付的现金	2 910 000	173 000	(7)—①1 220 000		1 863 000
支付给职工以及为职工支付的现金	200 000	54 000			254 000
支付的其他税费	267 900	100 000			367 900
支付其他与经营活动有关的现金	122 100	3 000			125 100
经营活动产生的现金流量净额	1 212 000	405 650	1 220 000	1 220 000	1 617 650
二、投资活动产生的现金流量					
收回投资收到的现金	0	0			0
取得投资收益收到的现金	24 000	0		(7)—②24 000	0

续表

项目	个别报表		调整与抵销分录		合并数
	甲公司	乙公司	借	贷	
投资支付的现金	174 000	0	(7)—③60 000		114 000
购建固定资产、无形资产和其他长期资产支付的现金	10 000	270 000			280 000
投资活动产生的现金流量净额	−160 000	−270 000	60 000	24 000	−394 000
三、筹资活动产生的现金流量					
吸收投资收到的现金	0	0			0
取得借款收到的现金	2 100 000	595 000		(7)—③60 000	2 635 000
偿还债务支付的现金	1 000 000	100 000			1 100 000
分配股利、利润或偿付利息支付的现金	160 000	53 000	(7)—②24 000		189 000
其中：子公司支付给少数股东的现金股利					16 000
筹资活动产生的现金流量净额	940 000	442 000	40 000	76 000	1 346 000
四、现金及现金等价物净增加额	1 992 000	5 77 650	1320 000	1 320 000	2 569 650

第四步，根据表9-46、表9-47中“合并数”栏资料，分别填列合并资产负债表、合并利润表、合并所有者权益变动表和合并现金流量表，分别见表9-48至表9-51。

表9-49　合并资产负债表

2×23年12月31日　　　　单位：元

资产	期末余额	年初余额（略）	负债和所有者权益	期末余额	年初余额（略）
流动资产：			流动负债：		
货币资金	5 700 000		短期借款	550 000	
应收账款	467 650		应付账款	1 860 000	
其他应收款	271 000		应付职工薪酬	814 000	
存货	983 000		其他应付款	258 358	
流动资产合计	7 421 650		应交税费	10 000	
非流动资产：			流动负债合计	3 492 358	
长期股权投资	450 000		非流动负债：		
其他权益工具投资	186 500		长期借款	4 790 000	
债权投资	37 000		应付债券	899 000	
固定资产	6 940 500		递延所得税负债	10 000	
无形资产	200 000		非流动负债合计	5 699 000	
商誉	16 890		所有者权益：		

续表

资产	期末余额	年初余额（略）	负债和所有者权益	期末余额	年初余额（略）
递延所得税资产	205 712.5		股本	4 000 000	
非流动资产合计	8 030 602.5		资本公积	171 500	
			未分配利润	1 587 750.5	
			归属于母公司所有者权益合计	5 759 250.5	
			少数股东权益	507 644	
			所有者权益合计	6 266 894.5	
资产总计	15 458 252.5		负债和所有者权益总计	15 458 252.5	

表9-50　合并利润表

2×23年度　　　　单位：元

项目	上年数（略）	本年数
一、营业收入		3 705 000
减：营业成本		1 882 000
税金及附加		685 000
管理费用		279 000
销售费用		161 178
财务费用		167 000
资产减值损失		17 000
信用资产损失		1 922
加：投资收益		4 202.5
二、营业利润		516 102.5
加：营业外收入		48 000
减：营业外支出		10 202.5
三、利润总额		553 900
减：所得税费用		196 075
四、净利润		357 825
其中：归属于母公司股东的净利润		342 905
少数股东损益		14 920
五、其他综合收益的税后净额		0
六、综合收益总额		357 825
其中：归属于母公司所有者的综合收益总额		342 905
归属于少数股东的综合收益总额		14 930

表 9-51　合并所有者权益变动表

2×23年度　　单位：元

项目	本年金额						
	归属于母公司所有者权益					少数股东权益	所有者权益合计
	股本	资本公积	盈余公积	未分配利润	小计		
一、上年年末余额	4 000 000	171 500	（略）	1 444 845.5	5 616 345.5	512 724	6 129 069.5
加：会计政策变更							
前期差错更正							
二、本年年初余额	4 000 000	171 500		1 444 845.5	5 616 345.5	512 724	6 129 069.5
三、本年增减变动							
（一）综合收益总额				342 905	342 905	14 920	357 825
（二）所有者投入和减少资本							
（三）利润分配				−200 000	−200 000	−20 000	−220 000
（四）所有者权益内部结转							
四、本年年末余额	4 000 000	171 500		1 587 750.5	5 759 250.5	507 644	6 266 894.5

表 9-52　合并现金流量表

2×23年度　　单位：元

项目	上年数	本年数
一、经营活动产生的现金流量		
销售商品、提供劳务收到的现金		4 085 000
收到其他与经营活动有关的现金		142 650
购买商品、接受劳务支付的现金		1 863 000
支付给职工以及为职工支付的现金		254 000
支付的其他税费		367 900
支付其他与经营活动有关的现金		125 100
经营活动产生的现金流量净额		1 617 650
二、投资活动产生的现金流量		
投资支付的现金		114 000
购建固定资产、无形资产和其他长期资产支付的现金		280 000
投资活动产生的现金流量净额		−394 000
三、筹资活动产生的现金流量		
吸收投资收到的现金		840 000
取得借款收到的现金		1 795 000
偿还债务支付的现金		1 100 000
分配股利、利润或偿付利息支付的现金		189 000
其中：支付给少数股东的现金股利		16 000
筹资活动产生的现金流量净额		1 346 000
四、现金及现金等价物净增加额		2 569 650

敲黑板

表9-50的数据验证了前述合并报表中“未分配利润”项目的金额含义，即在归属于母公司所有者的权益中，“未分配利润（期末）”项目的金额1 587 750.5＝未分配利润（期初）余额1 444 845.5＋本期净利润中归属于母公司所有者的部分342 905－本期母公司对外的股利分配200 000。

由表9-49、表9-50可知，本期子公司实现的净利润中归属于少数股东的14 920元少数股东收益是合并净利润的组成部分之一，也增加了少数股东权益的期末报告价值；同时，少数股东享有的收益的确认必然减少归属于母公司所有者的权益，而这个结果是通过减少合并报表中“未分配利润”项目的期末报告价值来实现的。

通过本示例，我们可以练习合并报表的一般编制流程，知悉合并报表各项数据的生成过程。更为重要的是，对这个数据生成过程以及项目勾稽关系的精准把握必将有助于我们对合并报表信息的解读、分析与利用。

思考题

1. 与合并资产负债表的编制有关的抵销分录有哪些？
2. 与合并利润表的编制有关的抵销分录有哪些？
3. 如何进行与内部股权投资有关的调整与抵销处理？
4. 如何对内部债权债务予以抵销？
5. 如何对内部存货交易编制相应的抵销分录？
6. 如何对内部固定资产交易编制相应的抵销分录？
7. 合并财务报表工作底稿中的递延所得税调整包括哪些内容？如何调整？
8. 外币财务报表折算差额在合并财务报表中如何列报？
9. 如何进行内部现金流动的抵销处理？

练习题

习题一

[目的]　练习合并日合并财务报表的编制。

[资料]　见第8章练习题资料。

[要求]　根据上述资料，回答以下问题（金额单位用万元表示）：

（1）如果此项企业合并使甲公司取得乙公司100%的控股权，乙公司并未注销其法人资格，甲公司为编制合并日合并资产负债表，在合并财务报表工作底稿中应如何编制相关的调整与抵销分录？

（2）如果此项企业合并使甲公司取得乙公司70%的控股权，甲公司为编制合并日合并资产负债表，在合并财务报表工作底稿中应如何编制相关的调整与抵销分录？

习题二

[目的] 练习合并日后合并财务报表的编制（与内部股权投资、内部资产交易相关的合并处理）。

[资料] 甲公司2×23年年初分别向非同一控制下的A、B、C三个公司进行了股权投资。

（1）投资时甲公司与被投资公司之间的股权投资关系见表9－53。

表9－53 股权投资时各方有关资料 单位：万元

项目	甲公司	A公司	B公司	C公司
甲公司持股比例（与表决权比例相等）	—	10%（重大影响以下）	50%（共同控制）	70%（控制）
甲公司长期股权投资成本	13 000	1 000	5 000	7 000
所有者权益账面价值	15 000	10 000	10 000	10 000
其中：股本	10 000	9 000	8 000	7 000
未分配利润	5 000	1 000	2 000	3 000
可辨认净资产公允价值	15 000	10 000	10 100	10 000

（2）2×23年各方实现净利润的情况见表9－54。

表9－54 2×23年各方净利润资料 单位：万元

项目	甲公司	A公司	B公司	C公司
个别利润表中报告的净利润	2 000	500	800	1 500

（3）2×23年内部资产交易情况为：甲公司将成本为8 000万元的自产商品以8 800万元的价格按1∶2∶5的比例分别出售给了A、B、C三个公司，后者将其作为配套商品使用与核算；A公司当年已将购自甲公司的商品出售，B公司当年尚未将购自甲公司的商品出售，C公司当年将购自甲公司的商品的60%出售。

（4）所得税税率为25%。

其他资料以及其他交易与事项略。

[要求] 根据上述资料，进行下列会计处理（金额单位用万元表示）：

（1）编制甲公司2×23年与个别报表有关的会计分录。

（2）编制甲公司2×23年合并财务报表工作底稿中的有关调整与抵销分录。

（3）分别计算甲公司2×23年度合并利润表中“净利润”项目的报告价值以及合并净利润中“少数股东损益”和“归属于母公司股东的净利润”项目的报告价值。

（4）分别计算甲公司2×23年12月31日合并资产负债表中“长期股权投资”“未分配利润”“归属于母公司所有者权益合计”“少数股东权益”“所有者权益合计”项目的期末报告价值。

（5）如果甲公司投资前与C公司属于同一控制下的公司，2×23年甲公司合并财务报表有关的会计处理与上述处理结果是否有所区别？为什么？

习题三

[目的] 分析内部存货交易对合并利润表信息的影响。

［资料］

（1）乙企业是甲企业拥有其 100%股权的子公司，也是甲企业的唯一子公司。

（2）2×23 年度，甲企业和乙企业个别利润表和所有者权益变动表中有关项目的金额见表 9－55。

表 9－55　2×23 年度主要财务指标　　单位：万元

项目	甲企业	乙企业
利润总额	1 000	600
减：所得税费用	250	150
净利润	750	450
未分配利润（期初）	0	0
减：对所有者（或股东）的分配	50	30
未分配利润（期末）	700	420

（3）2×23 年 9 月甲企业将账面价值为 18 万元的库存商品以 20 万元的价格出售给乙企业，后者将其作为库存材料核算管理，并于年度内将其中的 70%售出企业集团；至年末该批存货中尚有 30%报告为乙企业的存货。

（4）增值税税率为 13%，企业所得税税率为 25%。其他资料略。

［要求］　根据上述资料，进行下列会计处理（金额单位用万元表示）：

（1）编制 2×23 年度甲企业合并财务报表工作底稿中的有关抵销分录。

（2）计算并确定甲企业编制的 2×23 年度合并财务报表中下列各项目的本年金额：

1）利润总额；

2）所得税费用；

3）净利润；

4）未分配利润（期末）。

习题四

［目的］　分析合并股东权益的构成。

［资料］

（1）2×23 年 1 月 1 日，B 公司可辨认净资产账面价值为 1 200 万元、公允价值为 1 200 万元。

（2）合并前双方的股东权益资料见表 9－56。

表 9－56　合并前双方股东权益资料　　单位：万元

项目	A 公司	B 公司
股本	1 000	600
资本公积	250	150
盈余公积	750	450
未分配利润	0	0

（3）A 公司支付货币资金 980 万元购入 B 公司 80%的股份。

（4）2×23 年度，A、B 两公司分别实现净利润 900 万元、500 万元，不存在内部交易未实现损益；A、B 两公司分别确认 300 万元、100 万元的以公允价值计量且其变动计入其他综合收益的金融资产公允价值变动利得。无其他影响股东权益的交易或事项。

［要求］ 根据上述资料计算并确定2×23年度合并利润表、合并资产负债表中以下各项目的报告价值：

（1）合并利润表有关项目：净利润、归属于母公司股东的净利润、少数股东损益。

（2）合并资产负债表有关项目：所有者权益合计、归属于母公司所有者权益合计、少数股东权益。

（3）指出归属于母公司所有者权益的具体项目及其金额。

（4）用编制合并财务报表工作底稿（简表）的方法对上述计算结果进行检验。

年报分析

［主题］ 合并股东权益各项目之间的关系。

［资料］ 中信证券2022年半年度合并资产负债表有关资料，具体信息见本章的“年报撷萃”专栏。

［要求］ 结合中信证券的年报数据，思考如下问题：

（1）少数股东权益与归属于母公司所有者权益两个项目的金额应该如何确定？

（2）合并资产负债表中的少数股东权益与合并利润表中的少数股东损益有什么内在联系？影响“少数股东权益”项目金额的因素有哪些？

（3）合并净利润中是否包括少数股东损益？影响合并利润表中“少数股东损益”项目金额的因素有哪些？

第 10 章

合并财务报表的编制：特殊交易

思维导图

学习目标：

通过本章的学习，了解某些特殊交易涉及的合并财务报表的编制问题，比如：多次股权交易分步实现企业合并的会计处理；母公司处置部分控股权对合并会计信息产生的影响；母公司收购少数股权对合并会计信息产生的影响；反向购买情况下合并财务报表的编制原理。

公告摘编　　中国动力：收购少数股权

一、从 2019 年年度报告和 2020 年半年度报告看收购少数股权的交易概况

中国动力的 2020 年半年度报告中，在分析投资状况时称："报告期内，除原有股权投资外，公司通过发行价值 100.63 亿元的普通股份和可转换公司债券作为对价，购买交易对方持有的子公司少数股权。此次整体方案不仅降低公司资产负债率，同时更加有效解决公司军转民过程中的资本约束问题，积极推动先进的化学动力、燃气动力、综合电力和海洋核动力及相关配套技术向民用领域转化。"

2019 年 6 月 27 日，中国动力在上交所网站发布了《中国船舶重工集团动力股份有限公司发行普通股和可转换公司债券购买资产并募集配套资金暨关联交易报告书（草案）》。

2020 年 1 月 10 日，公司关于发行普通股和可转换公司债券购买资产并募集配套资金事项获得中国证监会核准批复。具体内容详见公司 2020 年 1 月 11 日披露于上交所（www.sse.com.cn）的《中国动力关于发行普通股和可转换公司债券购买资产并募集配套资金事项获得中国证监会核准批复的公告》（2020-002 号）。

2020 年 5 月 16 日，公司分别向中国华融、大连防务投资、国家军民融合产业投资基金、中银投资、中国信达、太平国发、中船重工集团、中国重工发行普通股 465 685 657 股和可转换公司债券 642 500 000 元购买其持有的广瀚动力 7.79%股权、长海电推 8.42%股权、中国船柴 47.82%股权、武汉船机 44.94%股权、河柴重工 26.47%股权、陕柴重工 35.29%股权、重齿公司 48.44%股权。

二、上述交易对母公司控股比例及合并财务报表的相关影响

1. 发行普通股购买资产

发行对象	发行数量（股）	限售期
中船重工集团	29 458 735	36个月
中国重工	103 790 984	36个月
中国信达	118 081 403	12个月
太平国发	10 375 798	12个月
中国华融	40 169 721	12个月
大连防务投资	99 776 245	12个月
国家军民融合产业投资基金	39 404 782	12个月
中银投资	24 627 989	12个月
合计	465 685 657	—

2. 发行可转换公司债券购买资产

发行对象	发行数量（张）	限售期
中国信达	6 000 000	12个月
太平国发	425 000	12个月
合计	6 425 000	—

3. 交易中资本溢价

交易中产生资本溢价7 288 942 642.66元，其中发行股权增加资本公积8 852 516 072.83元，购买子公司股权减少资本公积1 563 573 430.17元。

	债转股一揽子交易（元）
购买成本/处置对价	10 063 320 841.11
现金	
非现金资产的公允价值	10 063 320 841.11
减：按取得/处置的股权比例计算的子公司净资产份额	8 499 747 410.94
差额	1 563 573 430.17
其中：调整资本公积	1 563 573 430.17
调整盈余公积	
调整未分配利润	

4. 交易前、后公司对相关子公司的持股比例情况

子公司名称	中国动力的持股比例		少数股东持股比例	
	2019年12月31日	2020年6月30日	2019年12月31日	2020年6月30日
广瀚动力	92.21%	100%	7.79%	0
长海电推	91.58%	100%	8.42%	0
中国船柴	52.18%	100%	47.82%	0
武汉船机	55.06%	100%	44.94%	0
河柴重工	71.79%	98.26%	28.21%	1.74%
陕柴重公	64.71%	100%	35.29%	0
重齿公司	51.56%	100%	48.44%	0

资料来源：中国动力2019年年度报告；2020年半年度报告；相关公告。见上海证券交易所网站，http://www.sse.com.cn.

从上述资料可以看出，中国动力此番重大资产交易的核心是收购少数股权。那么，收购少数股权属于什么性质的交易？在合并财务报表中应如何反映此类交易及其影？上述交易中产生的资本溢价 7 288 942 642.66 元是怎样在母公司个别资产负债表和合并资产负债表中进行反映的？

除了收购少数股权的相关问题之外，还有一些与合并财务报表有关的问题，比如：分步投资实现对被投资公司的控制以及母公司处置子公司部分股权，对合并财务报表有什么影响？企业发生反向收购时，如何编制反向收购日的合并财务报表？报告期内增加或减少子公司，对报告期末编制的合并财务报表有什么影响？本章将重点关注与合并财务报表的编制有关的诸如此类的问题。

10.1　分步投资实现控股合并①

通过多次股权投资交易分步实现的企业控股合并，无论形成的企业合并是属于同一控制下的企业合并还是非同一控制下的企业合并，都涉及两个问题：一是在个别报表中如何确认与计量；二是编制合并日合并报表时要注意哪些问题。下面分别予以说明。

10.1.1　分步投资实现的同一控制下企业合并

1. 与个别报表有关的确认与计量

（1）长期股权投资初始投资成本的确定。通过多次交易分步实现的企业控股合并，应当判断多次交易是否属于“一揽子交易”。

如何判断分步交易是否属于“一揽子交易”？根据合并财务报表准则，各项交易的条款、条件以及经济影响符合以下一种或多种情况的，通常应将多次交易事项作为“一揽子交易”进行会计处理：（1）这些交易是同事或者在考虑了彼此影响的情况下订立的；（2）这些交易整体才能达成一项完整的商业结果；（3）一项交易的发生取决于至少一项其他交易的发生；（4）一项交易单独看是不经济的，但和其他交易一并考虑时是经济的。

属于“一揽子交易”的，取得控制权日合并方应当将各项交易作为一项取得控制权的交易进行会计处理。这就意味着：合并日需以按持股比例计算的合并日应享有被合并方账面所有者权益份额作为该项股权投资的初始投资成本；初始投资成本与其原长期股权投资账面价值加上合并日进一步取得股份而新支付对价的账面价值之和的差额，调整资本公积（股本溢价或资本溢价），资本公积不足冲减的，冲减留存收益。

不属于“一揽子交易”的，取得控制权日，应当按照如下步骤进行会计处理：首先，根据合并后应享有被合并方净资产在最终控制方合并财务报表中的账面价值的份额确定长期股权投资的初始投资成本；然后，将合并日长期股权投资的初始投资成本与达到合并前的长期股权投资账面价值与合并日进一步投资新支付对价的账面价值之和的差额，调整资本公积（股本溢价或资本溢价），资本公积不足冲减的，冲减留存

① 多次交易分步实现的吸收合并，按吸收合并相同的原则进行处理，但并不涉及合并财务报表问题，所以，本节的内容只是与多次交易分步实现的控股合并有关。

收益。

（2）合并日之前确认的与原股权投资有关损益、其他综合收益和其他权益变动的处理。合并日之前持有的股权投资，如因采用权益法核算或按金融工具确认和计量准则核算而确认的其他综合收益，暂不进行会计处理，直至处置该项投资时采用与被投资方直接处置相关资产或负债相同的基础进行会计处理；因采用权益法核算而确认的被投资方净资产中除净损益、其他综合收益和利润分配以外的所有者权益其他变动，暂不进行会计处理，直至处置该项投资时转入当期损益。

敲黑板

上面提到的"直至处置该项投资时采用与被投资方直接处置相关资产或负债相同的基础进行会计处理"，实际上就是根据被投资方处置相关资产或负债时是否将有关其他综合收益重分类进损益来确定投资方应否将有关其他综合收益重分类进处置当期损益。

2. 合并日合并资产负债表的编制

通过多次交易分步实现的同一控制下控股合并，在编制合并日合并报表时，应视同参与合并的各方在最终控制方开始控制时就以目前的状态存在而进行调整。对于达到合并之前持有的长期股权投资，在取得日与合并方和被合并方同处于同一方最终控制之日两者孰晚之日起至合并日止已确认的有关损益、其他综合收益和其他所有者权益变动，应分别冲减比较报表的期初留存收益或当期损益。

【例10-1】

甲公司于2×22年7月初用银行存款2 500万元取得同一控制下的乙公司20%的股权，当日乙公司净资产账面价值为9 800万元、公允价值为10 000万元。取得投资后甲公司派人参与乙公司的生产经营决策，对该投资采用权益法核算。2×22年下半年乙公司实现净利润1 500万元，甲公司确认投资收益300万元（假定本例中投资时被投资方可辨认净资产公允价值与账面价值之差对权益法下投资收益的确定没有产生影响）；在此期间，乙公司未宣告发放现金股利或利润。2×23年1月，甲公司支付6 800万元进一步取得乙公司40%的股权，从而拥有乙公司60%的股权，成为乙公司的母公司。合并日乙公司净资产账面价值为11 300万元、公允价值为15 000万元。假定乙公司净资产公允价值高于账面价值部分属于固定资产的评估增值。不考虑相关税费及其他会计事项。假定本例中的两次股权交易属于"一揽子交易"。

根据上述资料，甲公司的有关会计处理如下：

（1）与个别报表有关的确认与计量。

1）2×22年7月初进行股权投资时：

借：长期股权投资　　25 000 000

　贷：银行存款　　25 000 000

2）2×22年确认投资收益时：

借：长期股权投资　　3 000 000

　贷：投资收益　　3 000 000

3）2×23 年 1 月追加投资时：

借：长期股权投资 68 000 000

贷：银行存款 68 000 000

4）调整资本公积。初始投资成本与其原长期股权投资账面价值加上合并日进一步取得股权而新支付对价账面价值之和的差额，调整资本公积。

合并日的初始投资成本＝11 300×60%＝6 780(万元)

合并日长期股权投资的账面价值＝2 500＋300＋6 800＝9 600(万元)

应调整金额＝9 600－6 780＝2 820(万元)

编制调整分录：

借：资本公积 28 200 000

贷：长期股权投资 28 200 000

至此，合并日甲公司对作为子公司的乙公司的长期股权投资账面余额为 6 780 万元。

（2）与合并日合并财务报表工作底稿有关的会计处理。

1）将母公司对子公司的股权投资与子公司股东权益相抵销：

借：股本等股东权益项目 113 000 000

贷：长期股权投资 67 800 000

少数股东权益 45 200 000

2）冲回上年确认的损益：

借：未分配利润（期初） 3 000 000

贷：资本公积 3 000 000

冲回个别报表中确认资本公积调整数 2 820 万元的分录，因借贷方只涉及“资本公积”项目，故可略。

10.1.2 分步投资实现的非同一控制下的企业合并

1. 与个别报表有关的确认与计量

（1）合并日（购买日）的确定。如果企业合并是通过多次交易分步实现的，交易日是各单项投资在购买方财务报表中确认之日，合并日则是获得控制权之日。也就是说，每一单项交易发生之日并不一定就是合并日，合并日应在多次交易之后实现控制权转移之日。

（2）初始投资成本的确定。通过多次交易分步实现的企业合并，合并日长期股权投资的初始投资成本等于合并日之前持有的被购买方的股权投资账面价值（原投资采用权益法核算）或公允价值（原投资按金融工具确认和计量准则进行处理）与合并日新增股权投资成本之和。

（3）合并日之前确认的与原投资有关的其他综合收益的处理。合并日之前持有的股权投资，因采用权益法核算而确认的其他综合收益，暂不进行会计处理，直至处置该项投资时采用与被投资方直接处置相关资产或负债相同的基础进行会计处理；

因采用权益法核算而确认的被投资方净资产中除净损益、其他综合收益和利润分配以外的所有者权益其他变动，暂不进行会计处理，直至处置该项投资时转入当期损益。

合并日之前持有的股权投资，如果是采用金融工具确认和计量准则核算的，应将原持有股权的公允价值与账面价值之间的差额以及原计入其他综合收益的累计公允价值变动，全部转入改按成本法核算的当期投资收益。

2. 合并日合并资产负债表的编制

多次交易分步实现非同一控制下的控股合并，合并方在合并日编制合并资产负债表时应进行如下会计处理：

（1）对于合并日之前已经持有的对被合并方的股权投资，按照其在合并日的公允价值进行重新计量，公允价值与账面价值之差，计入当期投资收益。

（2）合并日之前持有的被合并方股权于合并日的公允价值，加上合并日新购入股权所支付对价的公允价值，二者之和作为合并日合并报表中的合并成本。

（3）比较合并成本与合并日被合并方可辨认净资产公允价值中合并方应享有的份额，确定合并日应确认的合并商誉或应计入当期损益的金额（负商誉）。

（4）合并方对于合并日之前持有的被合并方股权涉及权益法核算下的其他综合收益等的，与其相关的其他综合收益等，应当转为合并日所属当期投资收益。

敲黑板

多次交易分步实现的企业合并中，正因为对合并日之前原持有的对被合并方的股权投资按其在合并日的公允价值进行了重新计量，合并成本中与这一部分股权投资相关的合并成本与其公允价值相等，所以，合并商誉的初始计量实际上与该部分投资无关，仅与导致企业合并的追加投资有关。

【例10－2】

沿用例10－1的资料。假设追加投资前原投资在合并日的公允价值为3 000万元，甲公司与乙公司在实现合并前为非同一控制下的两个企业。

根据上述资料，有关会计处理如下：

（1）与个别报表有关的确认与计量。

1）2×22年7月初进行股权投资时：

借：长期股权投资	25 000 000	
贷：银行存款		25 000 000

2）2×22年确认投资收益时：

借：长期股权投资	3 000 000	
贷：投资收益		3 000 000

3）2×23年1月追加投资时：

借：长期股权投资	68 000 000	
贷：银行存款		68 000 000

至此，购买日甲公司对作为子公司的乙公司的长期股权投资初始投资成本为 9 600 万元。

（2）与合并日合并报表有关的会计处理。

1）重新计算原有股权投资：

原投资公允价值＝3 000（万元）

应调整金额＝3 000－（2 500＋300）＝200（万元）

2）计算合并成本：

合并成本＝3 000＋6 800＝9 800（万元）

3）计算合并商誉：

合并商誉＝9 800－15 000×60%＝800（万元）

4）合并财务报表工作底稿中的有关调整与抵销分录：

①将原投资调整至公允价值：

借：长期股权投资	2 000 000	
贷：投资收益		2 000 000

②将母公司对子公司的股权投资与子公司的股东权益相抵销：

借：股本等股东权益项目	113 000 000	
固定资产	37 000 000	
商誉	8 000 000	
贷：长期股权投资		98 000 000
少数股东权益		60 000 000

10.1 即测即评

敲黑板

多次交易分步实现的吸收合并，应按照吸收合并相同的会计原则处理。以例 10－1 的资料为例，假定 2×23 年 1 月，甲公司支付 12 500 万元给乙公司的控股股东，将乙公司吸收合并。

如为同一控制下的吸收合并，则甲公司应作如下账务处理：

借：有关净资产	113 000 000	
资本公积（125 000 000＋28 000 000－113 000 000）	40 000 000	
贷：长期股权投资		28 000 000
银行存款		125 000 000

如为非同一控制下的吸收合并，则甲公司应作如下账务处理：

借：有关净资产	150 000 000	
商誉	3 000 000	
贷：长期股权投资		28 000 000
银行存款		125 000 000

10.2 母公司控股比例发生变动

[财报精选] 20%红线消失！证监会放宽上市公司收购少数股权限制

未丧失控制权前提下的母公司对子公司持股比例变动主要有四种情形：一是收购少数股权从而增加母公司的控股比例；二是未丧失控制权的处置部分股权从而减少母公司的控股比例；三是子公司的少数股东增资从而稀释母公司的控股比例；四是其他方减资导致母公司增持子公司股比。前两种情形相当于母公司持股的主动变化，主要发生在子公司的母公司与少数股东之间；后两种情形则相当于母公司控股比例的被动变动。国际会计准则理事会在2008年修订的《国际会计准则第27号——合并财务报表和单独财务报表》以及2011年取而代之的《国际财务报告准则第10号——合并财务报表》中都明确规定：在获得了对某一主体的控制权之后，母公司在子公司中所有者权益的变动，如不能导致其控制权的丧失，则应当按照权益性交易进行会计处理。

“权益性交易”是指与所有者以其所有者身份进行的交易。从权益性交易的对象来看，权益性交易除所有者以其所有者身份与主体之间的交易外，还包括不同所有者之间的交易，比如合并财务报表层面来看的母公司与少数股东之间的交易（如上述的前两种情形）。权益性交易意味着交易利得或损失均不能计入当期损益，而是直接计入权益；还意味着子公司资产（包括商誉）和负债账面金额的任何变动都不能确认为上述交易的结果。具体而言，对于企业合并中的权益性交易，在合并财务报表层面的会计处理上，一方面，应对控制性权益和非控制性权益（少数股权）账面金额进行调整，以反映它们在子公司中相对权益的变化；另一方面，非控制性权益的调整金额与所支付对价（收购少数股权）或收到对价（处置部分股权）的公允价值之间的差额——收购溢（折）价或处置损益——应当直接在权益中确认（而不是计入损益），并归属于母公司的所有者。

我国现行的合并财务报表准则中也有类似规范。

10.2.1 收购少数股权

根据本章章首的“公告摘编”，中国动力拟通过向交易对手发行公司普通股和可转换公司债券等方式收购少数股权。那么，收购少数股权，应如何进行相关会计处理？

母公司在已经取得对子公司的控制权之后，发生收购少数股东拥有的子公司部分或全部股权交易时，应遵循以下原则进行处理：

[视频] 权益性交易的报告

（1）在个别财务报表中，母公司应将自子公司少数股东处新取得的长期股权投资，按照《企业会计准则第2号——长期股权投资》的规定确定其入账价值。

（2）在合并财务报表中，子公司的资产、负债应以合并日开始持续计算的金额反映；购买子公司少数股权的交易日，母公司新取得的长期股权投资与按照新增持股比例计算应享有子公司自合并日开始持续计算的净资产份额之间的差额，应当调整合并财务报表中的资本公积（资本溢价或股本溢价），资本公积（资本溢价或股本溢价）余额不足冲减的，调整留存收益。

【例10-3】

甲公司于2×22年12月30日用银行存款20 000万元取得乙公司70%的股权，当日乙公司净资产账面价值为19 500万元、公允价值为25 000万元，公允价值超过账面价值的5 500万元系某项固定资产评估增值，该资产预计使用年限为11年，按直线法计提折旧（预计净残值略）；股本19 500万元。2×23年乙公司实现净利润3 000万元，在此期间，乙公司未宣告发放现金股利或利润。2×23年12月30日，甲公司又支付7 500万元取得乙公司20%的股权，当日乙公司净资产账面价值为22 500万元，按2×22年年末合并日净资产公允价值持续计算的价值为27 500万元（25 000+3 000−5 500/11）。收购少数股权之前甲公司资本溢价余额为3 000万元。为简化起见，不考虑相关税费及其他事项。

甲公司有关会计处理如下（金额单位为万元）：

（1）与个别报表有关的账务处理。

1）2×22年12月30日取得70%的股权时：

借：长期股权投资	20 000	
贷：银行存款		20 000

2）2×23年12月30日取得20%的股权时：

借：长期股权投资	7 500	
贷：银行存款		7 500

（2）2×22年合并财务报表工作底稿中的有关调整与抵销处理。

1）调整评估增值资产价值：

借：固定资产	5 500	
贷：资本公积		5 500

2）抵销母公司对子公司的股权投资与子公司的股东权益，并确认少数股东权益：

借：股本	19 500	
资本公积	5 500	
商誉	2 500	
贷：长期股权投资		20 000
少数股东权益		7 500

（3）2×23年合并财务报表工作底稿中的有关调整与抵销处理。

1）调整评估增值资产价值及相关折旧费：

借：管理费用等	500	
固定资产	5 000	
贷：资本公积		5 500

2）抵销母公司对子公司的股权投资与子公司的股东权益，确认少数股东权益，并将收购少数股权的“溢价”调整权益：

借：股本	19 500	
资本公积（5 500+2 000*）	7 500	
商誉	2 500	

少数股东损益（(3 000－5 500/11)×30%） 750

贷：长期股权投资 27 500

少数股东权益（27 500×10%） 2 750

＊2 000＝新取得的长期股权投资7 500－按照新增持股比例计算应享有子公司自合并日开始持续计算的净资产份额（少数股权的调减金额）(27 500×20%)。

10.2.2 未丧失控制权的处置部分股权

母公司在已经取得子公司控制权之后，发生处置子公司部分股权但并未丧失对子公司控制权的交易时，应遵循以下原则进行处理：

(1) 在个别财务报表中，母公司应将处置的长期股权投资，按照《企业会计准则第2号——长期股权投资》的规定，将处置价款与处置投资对应的账面价值的差额确认为当期投资收益。

(2) 在合并财务报表中，母公司应将处置价款与处置投资相对应的应享有该子公司自合并日开始持续计算的净资产份额的差额，计入资本公积（资本溢价或股本溢价），资本公积不足冲减的，调整留存收益。

【例10－4】

甲公司于2×21年12月30日用银行存款8 800万元取得乙公司80%的股权，当日乙公司可辨认净资产账面价值等于公允价值10 000万元。2×22年乙公司实现净利润2 000万元，尚未进行利润分配。2×23年5月5日，甲公司以1 400万元的价格出售了对乙公司投资中的10%，当日乙公司可辨认净资产按取得80%的股权之日持续计算的公允价值为12 000万元。不考虑相关税费及其他事项。

甲公司有关会计处理如下（金额单位为万元）：

(1) 与个别报表有关的账务处理。

1) 2×21年12月30日取得80%的股权时：

借：长期股权投资 8 800

贷：银行存款 8 800

2) 2×23年5月5日出售10%的股权时：

借：银行存款 1 400

贷：长期股权投资（8 800/8） 1 100

投资收益（1 400－1 100） 300

(2) 合并财务报表工作底稿中的有关调整与抵销处理。

1) 2×21年12月30日合并日的抵销分录：

借：股本等 10 000

商誉 800

贷：长期股权投资 8 800

少数股东权益（公允价值10 000×20%） 2 000

2) 2×23年5月5日出售10%股权日的调整与抵销分录：

借：股本等 10 000

少数股东损益（实现利润 2 000×20%）　400
商誉　800
投资收益　300
贷：长期股权投资（对子公司投资余额）　7 700
少数股东权益（公允价值 12 000×30%）　3 600
资本公积（处置价款 1 400－处置投资对应的净资产 12 000×10%）
200

10.2.3　子公司的少数股东增资

对于子公司的少数股东对子公司进行增资从而稀释了母公司对子公司的股权比例的情况，母公司在编制合并财务报表时应遵循以下原则进行处理：按照增资前的母公司股权比例计算其在增资前子公司账面净资产中的份额，该份额与增资后按母公司持股比例计算的在增资后子公司账面净资产份额之间的差额计入资本公积，资本公积不足冲减的，调整留存收益。

【例 10－5】

2×22 年年末，甲公司和乙公司分别出资 800 万元和 200 万元设立了 A 公司，甲公司和乙公司的持股比例分别为 80%和 20%，A 公司成为甲公司的子公司。2×23 年年末，乙公司对 A 公司增资 400 万元，增资后占 A 公司股权比例为 40%，甲公司仍拥有 A 公司的控制权。A 公司自成立日至乙公司增资前实现净利润 700 万元。假定不存在其他影响子公司净资产变动的交易或事项；不考虑相关税费的影响。

甲公司原持股比例是 80%，乙公司增资后甲公司的持股比例变为 60%。甲公司按增资前持股比例计算的应享有 A 公司净资产账面价值份额为 1 360 万元（1 700×80%）；乙公司增资后，甲公司按持股比例计算的应享有 A 公司净资产账面价值份额为 1 260 万元（2 100×60%）。两者之间的差额为 100 万元，应冲减资本公积。

因此，甲公司编制合并财务报表过程中应编制的调整与抵销分录如下（金额单位为万元）：

（1）2×22 年年末合并日合并财务报表工作底稿中的有关抵销处理：

借：股本　1 000
贷：长期股权投资　800
少数股东权益　200

（2）2×23 年年末编制合并财务报表时应编制如下调整与抵销分录：

借：股本（800＋200＋400）　1 400
少数股东损益（700×20%）　140
资本公积（1 360－1 260）　100
贷：长期股权投资　800
少数股东权益（2 100×40%）　840

10.2.4 子公司的少数股东减资

从业务实质及其对合并财务信息的影响来看，其他方减资导致母公司对子公司持股比例升高与母公司收购少数股权导致母公司对子公司的持股比例升高两者有相似之处，所以，相关会计处理可借鉴收购少数股权的处理原则。

在子公司少数股东或其他方减少了对子公司的股权投资从而间接增加了母公司的持股比例的情况下，母公司无须进行相应的账务处理，在个别财务报表中对该子公司的股权投资仍采用成本法核算；在合并财务报表中，将按母公司原持股比例计算的在子公司减资前账面净资产中的份额与按新持股比例计算的母公司在子公司减资后账面净资产中的份额的差额，计入资本公积，资本公积不足冲减的，调整留存收益。

下面举例予以说明。

【例 10－6】

对例 10－5 的资料进行修改：将 B 公司的增资 400 万元改为减资 150 万元并导致持股比例将降至 10%，假定此项减资操作符合相关法规要求。

少数股东减资前，A 公司在甲公司账面净资产中所占份额为 1 360 万元（1 700×80%）；少数股东减资后，A 公司在甲公司账面净资产中所占份额为 1 395 万元（1 550×90%），两者之差 35 万元应调整增加资本公积。

根据上述资料，A 公司编制合并财务报表的有关抵销处理如下（金额单位：万元）：

（1）2×22 年年末合并日合并财务报表工作底稿中的有关抵销处理：

借：股本	1 000	
贷：长期股权投资		800
少数股东权益		200

（2）2×23 年年末合并财务报表工作底稿中的有关抵销处理：

借：股本	850	
少数股东损益（700×20%）	140	
贷：长期股权投资		800
少数股东权益（(1 000－150＋700)×10%）		155
资本公积（1 395－1 360）		35

10.2 即测即评

敲黑板

（1）“权益性交易”在合并财务报表层面的会计处理原则对合并商誉的影响。例 10－3 中收购少数股权日合并财务报表中确认的合并商誉与合并日一样仍为 2 500 万元，将收购少数股权的“超额支付”直接计入权益（资本公积）；例 10－4 中处置部分股权日合并报表中确认的合并商誉也与合并日一样仍为 800 万元。两种情况下股权变动日确认的商誉均与合并日确认的商誉相等（假定商誉未发生减值）。可见，“权益性交易”的会计处理中并未终止确认与处置股权对应的商誉。

（2）采用“权益性交易”会计处理原则，一方面，母公司“主动”增减投资而产生的“差额”（包括收购少数股权的“溢、折价”、处置部分股权的“处置损益”）在合并报表中不作为利得或损失确认，而是直接计入权益。比如例 10－3 中将“差额”2 000万元计入资本公积，例 10－4 中将个别报表中原已确认的投资收益 300 万元予以抵销，而将“利得”200 万元直接计入资本公积。另一方面，母公司“被动”变动持股比例而出现的“份额之差”（少数股东增资前后母公司享有子公司净资产份额的差额），比照同理，也直接调整权益，比如例 10－5 中的 100 万元“份额之差”就计入了资本公积。

（3）以上“权益性交易”在合并财务报表层面进行的会计处理中对“资本公积”项目的调整金额，在此后各期期末编制合并财务报表时都要进行这一调整。以例 10－6 为例，假定 2×24 年甲公司实现净利润 400 万元，分配现金股利 250 万元，其他影响净资产的业务略。则 2×24 年年末 A 公司编制合并财务报表时的有关抵销分录中要按上年调增的 35 万元对本报告期末资本公积进行调整处理：

借：股本	850	
投资收益（250×90）	225	
少数股东损益（400×10%）	40	
未分配利润（期初数）	140	
贷：长期股权投资		800
少数股东权益（155＋(400－250)×10%）		170
对所有者（或股东）的分配		250
资本公积		35

（4）少数股东权益是一个静态指标，少数股东损益是一个动态指标，两者是分别根据子公司股东权益期末余额和净利润本期发生额乘以少数股东持股比例计算的。一般情况下，计算这两个指标所采用的少数股东持股比例是相同的。但是，在以上三种母公司控股比例发生变化的特殊交易中，少数股东的持股比例在交易前后发生了变化。所以，在特殊交易发生日编制的合并财务报表中，作为静态指标，“少数股东权益”根据子公司股东权益当时的余额乘以少数股东当时的持股比例（新股比）进行计算；作为动态指标，“少数股东损益”则根据子公司期初至特殊交易日净利润的发生额乘以少数股东在相应期间的持股比例（旧股比）进行计算。这种对于特殊交易发生后的特殊时点编制合并财务报表时对静态指标和动态指标采用不同的少数股东股比进行计量的思路，应该是合乎逻辑的。

10.3 反向购买日的合并资产负债表①

以发行权益性证券作为合并对价实施的非同一控制下的企业合并中，通常发行权益性证券的一方为购买方。但如果一项企业合并中发行权益性证券的一方因其生产经营决策在合并后被参与合并的另一方所控制，发行权益性证券的一方（法律上的购买方）在会计上被认定为被购买方时，该类企业合并就称为“反向购买”。与一般意义上

① 本节仅以购买对价为发行股份且被购买方构成业务的反向购买情形为主。

的企业合并不同，反向购买情况下合并财务报表的编制有其具体的要求，从而呈报的合并信息也就有了特定的含义。

10.3.1 法律主体与会计主体的界定

控股合并中参与合并各主体有两个层面的定位问题：法律层面要界定合并实施方（购买方）与被合并方（被购买方），会计层面要确定股权的控制方与被控制方，以便确定合并财务报表的呈报主体。

常规的非同一控制下的企业控股合并，购买方无论在法律意义上还是在会计意义上都是取得被购买方控制权的母公司，被购买方则既是法律意义上也是会计意义上的子公司。如果控股合并是以发行权益性证券交换股权的方式进行的，发行权益性证券的一方为购买方，是取得被购买方控制权的母公司，从而成为编制合并财务报表的主体。可见，就某一参与合并主体而言，法律和会计两个层面对该主体的定位是一致的。

反向购买则不然。反向购买中，发行权益性证券实施合并的一方虽然从法律形式上应定位为购买方，但因其生产经营决策在合并后被参与合并的另一方所控制了，所以，会计上将其认定为被购买方。换句话说，反向购买中，发行权益性证券的一方为法律意义上的母公司，会计意义上的子公司、被购买方；参与合并的另一方则为法律意义上的子公司，会计意义上的母公司、购买方。

下面来看一个典型的例子。

【例 10－7】

A、B公司合并前及合并信息等有关资料见表10－1。

表10－1 合并前及合并信息资料 单位：万元

项目	合并前财务状况（以账面价值列示）	
	A公司	B公司
存货、固定资产等	1 600	3 000
负债	300	400
股本		
A（225万股）	225	
B（600万股）		600
资本公积	0	0
盈余公积	275	500
未分配利润	800	1 500
股东权益合计	1 300	2 600

合并信息：

（1）2×23年9月1日，A公司向B公司原有股东发行A公司普通股900万股，以1.5∶1的比例，换取B公司全部股权。

（2）换股时A公司普通股的市场报价为10元，B公司普通股的公允价值为15元。

（3）换股时A、B公司的固定资产公允价值比账面价值分别高出100万元、80万元，其他资产、负债的账面价值等于公允价值。

（4）A公司增发普通股之后，取得了B公司100%的股权。

（5）A公司增发普通股之后，B公司原股东也拥有了合并后主体80%的股权（900/(225＋900)×100%），即合并后主体实际上是由B公司原股东控制。

例10－7中各方关系见图10－1。

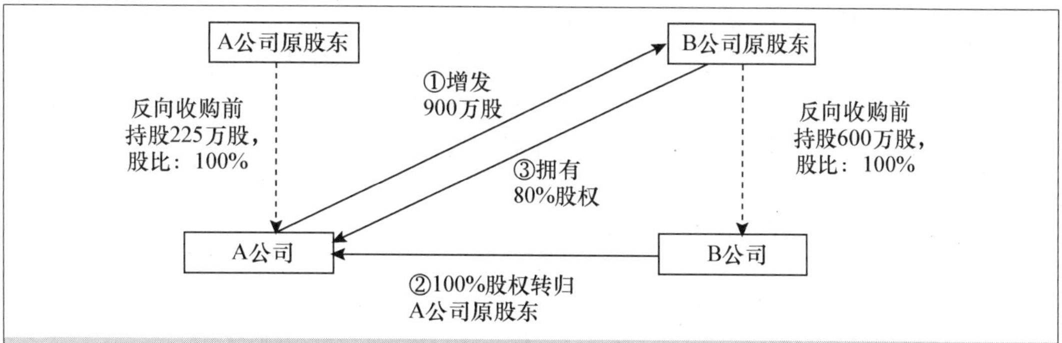

图 10-1 法律上母公司 A 公司收购 B 公司

例 10-7 中，从法律形式上看，A 公司是母公司，因为它是权益性证券的发行方；B 公司是子公司，因为它的权益被购买。而编制合并财务报表时，A 公司被认定为子公司、被购买方，B 公司被认定为母公司、购买方。

上述这种主体定性的“错位”，是反向购买会计思路的源头，同时也是正确解读反向购买情况下合并财务报表的立足点。

根据 IFRS 3，反向购买之后编制的合并财务报表应以法律上母公司的名义发布，但在附注中要说明合并财务报表是法律上子公司财务报表的延续。我国现行会计规范也要求由法律上的母公司编制合并财务报表，而合并财务报表的内容实质上是法律上子公司财务报表的延续。

换句话说，反向购买日编制的合并财务报表，从发布名义上看，法律上母公司是主体；而从内容实质上看，法律上子公司是主体。

这种“主体交叉”的影响是显而易见的，其内容如下：

第一，决定了合并财务报表的比较信息也应当是法律上子公司的比较信息（即法律上子公司的前期合并财务报表）；

第二，决定了要确定法律上子公司的“假定合并成本”；

第三，决定了参与合并双方资产、负债、所有者权益在合并财务报表中的报告价值和方式。

10.3.2 会计上母公司合并成本的确定

反向购买中，出于编制合并财务报表的需要，要确定会计上母公司（法律上子公司）的合并成本。

会计上母公司的合并成本，是指如果其以发行权益性证券的方式获取在合并后报告主体的股权比例（相当于反向购买后其原股东持有的合并主体的股比），应向法律上母公司（会计上子公司、被购买方）的股东发行权益性证券数量与其公允价值计算的结果。对此，有三点需要进行说明：

第一，这里的“应向法律上母公司（会计上子公司、被购买方）的股东发行权益性证券数量”，因发行是虚拟的，所以，“增发权益性证券数量”也只是假定的。

第二，对假定增发数量的理解。反向收购后，会计上母公司原股东持有的合并后主体的股权比例（假设为 A）已经确定（如例 10-7 中是 80%），现在假定会计上母公司增发权益性证券给法律上母公司的股东从而成为购买方，这就势必降低原股东所持股份占增发股份后总股份的比重。那么，要使得原股东对本公司原持有股份（假设为B）（如例10-7中是600万股）在合并后主体所占的股权比例由原来的股比（如例10-7中是100%）降为A，会计上母公司得向法律上母公司的股东发行权益性证券的数量（假设为X）就应该占合并后主体股权比例的$1-A$。由此得出X的计算公式为：$X=B/A-B$。

将上述思路用图10-2进行阐述如下：

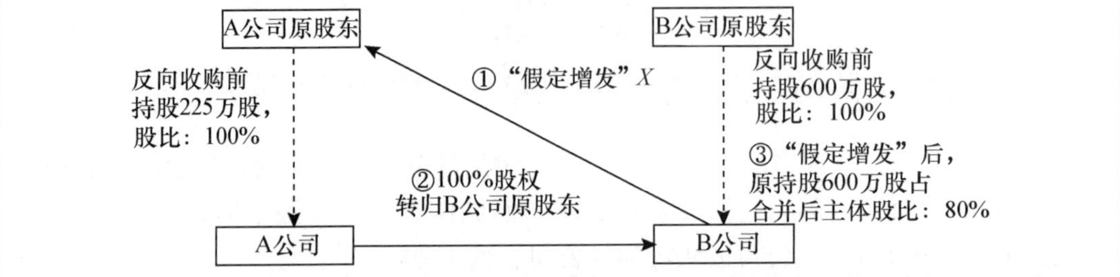

图10-2 会计上母公司B公司假定增发权益性证券收购A公司

根据图10-2的分析，则B公司为使A公司股东拥有20%股比需假定增发股份数$X=600/80\%-600=150$万股。

第三，这里的"公允价值"的获得方法是：购买方的权益性证券在购买日存在公开报价的，应参照购买方的公允价值和被购买方的公允价值两者之中有更为明显证据支持的一个作为基础，确定购买方假定发行权益性证券的公允价值。

10.3.3 资产、负债、权益的报告方法

会计主体与法律主体的界定"错位"，导致反向购买中法律上子公司成为合并财务报表的发布主体，因此，参与合并双方有关资产、负债、权益在合并资产负债表中的报告方法如下。

1. 资产、负债的报告

（1）法律上子公司的资产、负债应以其合并前的账面价值报告。

（2）法律上母公司的可辨认资产、负债应以其合并时在购买日的公允价值报告。

（3）会计上母公司合并成本大于合并中取得的法律上母公司可辨认净资产公允价值份额的差额，确认为商誉；会计上母公司合并成本小于合并中取得的法律上母公司可辨认净资产公允价值份额的差额，确认为合并当期损益。

2. 权益价值与结构的报告

由于合并报表内容主体是法律上子公司，因此，合并报表中的权益性工具的金额应当反映法律上子公司合并前发行在外的股份面值以及假定在确定该项企业合并成本过程中新发行的权益性工具的金额，合并报表中的留存收益和其他权益余额应当反映法律上子公司在合并前的留存收益和其他权益余额。

由于合并报表发布主体是法律上母公司，因此，合并报表中的权益结构应当反映法律上母公司的权益结构，即法律上母公司发行在外权益性证券的数量和种类。

敲黑板

根据 IFRS 3，反向购买之后编制的合并报表应以法律上母公司的名义发布，但在附注中要说明合并报表是法律上子公司财务报表的延续。如果说这种“名义”与“内容”的不一致是由对合并双方的法律与会计主体界定“错位”决定的，那么，这个合并报表就必然成为“法律上子公司除资本结构外财务报表的延续”，并顺理成章地导致了合并报表中股东资本结构与资本价值报告的“错配”。

下面举例予以说明。

根据例 10－7 的资料，相关计算及会计处理如下（金额单位为万元）：

（1）相关计算。

1）正如前述，假定 B 公司为获取合并后主体 80%权益而向 A 公司股东发行普通股，则意味着 B 公司原股东现有股份 600 万股为合并后主体的 80%，B 公司为使 A 公司股东拥有 20%股比需发行股份数为：

600/80%－600＝150(万股)

2）B 公司合并成本为：

合并成本＝150×15＝2 250(万元)

（2）合并财务报表工作底稿中的调整与抵销分录。

①假定会计上母公司 B 公司增发 150 万股：

借：长期股权投资（150×15）　2 250
　贷：股本——对合并后主体（150×1）　150
　　　资本公积（150×14）　2 100

②会计上子公司资产、负债在合并报表中应按合并日公允价值报告，调整分录为：

借：固定资产　100
　贷：资本公积　100

③抵销内部股权投资及会计上子公司的股东权益，抵销分录为：

借：股本　1 125
　　资本公积（8100＋100）　8 200
　　盈余公积　275
　　未分配利润　800
　　商誉（2 250－(1 300＋100)）　850
　贷：长期股权投资（9 000＋2 250）　11 250

（3）将上述调整与抵销分录填入合并财务报表工作底稿，见表 10－2。

表 10－2　A 公司合并日合并财务报表工作底稿

2×23 年 9 月 1 日　　单位：万元

项目	个别报表		调整与抵销分录		合并数
	A 公司（会计上子公司）	B 公司（会计上母公司）	借	贷	
存货、固定资产等	1 600	3 000	②100		4 700

续表

项目	个别报表		调整与抵销分录		合并数
	A公司（会计上子公司）	B公司（会计上母公司）	借	贷	
长期股权投资	9 000	0	①2 250	③11 250	0
商誉	0	0	③850		850
负债	300	400			700
股本	1 125	600	③1 125	①150	750
资本公积	8 100	0	③8 200	①2 100 ②100	2 100
盈余公积	275	500	③275		500
未分配利润	800	1 500	③800		1 500

(4) 根据合并财务财务报表工作底稿（表10-2），整理出反向购买日合并资产负债表数据，见表10-3。

表10-3　A公司2×23年9月1日合并资产负债表有关数据　　单位：万元

项目	合并数
存货、固定资产等	4 700
长期股权投资	0
商誉	850
负债	700
股本（225+900=1 125万股）	750
资本公积	2 100
盈余公积	500
未分配利润	1 500

敲黑板

表10-3中的数据显示，反向购买日合并报表中的股东权益各项目，体现的是会计上母公司反向购买前原有股东权益与反向购买中假定增发导致的股东权益的增加之和，其各项目金额（单位为万元）如下：

(1)“股本”项目，结构是合并报表发布者（会计上子公司）的股本结构，金额则是会计上母公司的股本总额：750=600+150。

(2)“资本公积”项目：2 100=0×100%+2 100。

(3)“盈余公积”项目：500。

(4)“未分配利润”项目：1 500。

10.3.4 少数股东权益的确认与计量

通常情况下的非同一控制下企业合并，其合并报表中的“少数股东权益”项目，内容反映的是子公司的非控制性权益，金额是按子公司合并日可辨认净资产公允价值为基础进行计量的（部分商誉法下）。反向购买之后合并报表中关于少数股东权益的报告却非如此。

对于反向购买而言，合并报表中的少数股东权益是指会计上母公司（而不是会计上子公司）的非控制性权益。这是因为，如果反向购买中法律上母公司没有取得法律上子公司 100%的股权，则意味着法律上子公司（会计上母公司）的一部分股东并未将其持有的股份转为对法律上母公司的股份，从法律上母公司发布合并报表的视角来看，法律上子公司该部分股东享有的权益份额在合并报表中应作为少数股东权益报告。

敲黑板

根据 IFRS 3，“那些没有以其权益来交换法律上购买方的法律上被购买方的所有者，仅在法律上被购买方而非合并后主体的经营成果和净资产中拥有权益”。

换句话说，法律上被购买方的持非控制性权益的股东，并没有参与反向购买交易。

实际上，反向购买之后编制的合并报表，虽然内容上要作为法律上子公司（会计上母公司）财务报表的延续，名义上却要由法律上母公司（会计上子公司）发布，会计上母公司的非控制性权益成了合并报表中的“少数股东权益”，这就必然会导致合并报表中少数股东的“换位”。

反向购买日合并报表中少数股东的这种“换位”对合并会计信息的直接影响如下：

第一，反向购买日合并报表中“少数股东权益”项目金额按会计上母公司股东权益账面价值（而不是公允价值）中非控制性股东享有的份额计算。

第二，反向购买日合并商誉的计量是按“假定的转移对价”确定的合并成本减去会计上子公司的净资产公允价值的全部（而不是“份额”）。

第三，无论法律上母公司取得法律上子公司的控股比例是否达到 100%，法律上子公司（会计上母公司）确定的“虚拟”增发权益性证券数量都是一样的，合并商誉的金额也是相同的。

下面举例予以说明。

【例 10－8】

对例 10－7 的条件稍做修改。假定 A 公司向 B 公司原股东增发的权益性证券普通股不是 900 万股而是 720 万股，以 1.5∶1 的比例，换取 B 公司 80%的股权。其他资料同例 10－7。

相关计算及会计处理如下（金额单位为万元）：

（1）相关计算。

1）根据上述资料，转移 B 公司 80%股权的股东拥有了合并后主体 76.19%的股权，76.19%＝720/(225＋720)×100%。

2）假定 B 公司为获取合并后主体 76.19%权益而发行普通股，需增发的普通股为：

增发普通股＝600×80%/76.19%－600×80%＝150(万股)

3）B 公司的合并成本为：

合并成本＝150×15＝2 250(万元)

（2）合并财务报表工作底稿中的调整与抵销分录。

①假定会计上母公司B公司增发150万股：

借：长期股权投资（150×15）　　2 250

　贷：股本——对合并后主体（150×1）　　150

　　资本公积（150×14）　　2 100

②会计上子公司资产、负债在合并报表中应按合并日公允价值报告，其调整分录为：

借：固定资产　　100

　贷：资本公积　　100

③抵销内部股权投资及会计上子公司的股东权益，其抵销分录为：

借：股本（945+600×20%）　　1 065

　资本公积（6 480+100）　　6 580

　盈余公积（275+500×20%）　　375

　未分配利润（800+1 500×20%）　　1 100

　商誉（2 250−(1 300+100)）　　850

　贷：长期股权投资（7 200+2 250）　　9 450

　　少数股东权益（(600+500+1 500)×20%）　　520

（3）将上述调整与抵销分录填入合并财务报表工作底稿，见表10－4。

表10－4　A公司合并日合并财务报表工作底稿

2×23年9月1日　　单位：万元

项目	个别报表		调整与抵销分录		合并数
	A公司（会计上子公司）	B公司（会计上母公司）	借	贷	
存货、固定资产等	1 600	3 000	②100		4 700
长期股权投资	7 200	0	①2 250	③9 450	0
商誉	0	0	③850		850
负债	300	400			700
股本	945	600	③1 065	①150	630
资本公积	6 480	0	③6 580	①2 100 ②100	2 100
盈余公积	275	500	③375		400
未分配利润	800	1 500	③1 100		1 200
少数股东权益	—	—		③520	520

（4）根据表10－4，整理反向购买日合并资产负债表数据，见表10－5。

表10－5　A公司2×23年9月1日合并资产负债表有关数据　　单位：万元

项目	合并数
存货、固定资产等	4 700
长期股权投资	0
商誉	850
负债	700

续表

项目	合并数
股本（225＋720＝945 万股）	630
资本公积	2 100
盈余公积	400
未分配利润	1 200
少数股东权益	520

敲黑板

表 10－5 中的数据显示，反向购买日合并报表中的股东权益各项目，体现的是会计上母公司反向购买前原有股东权益与反向购买中假定增发导致的股东权益的增加之和，并分别按控制性权益和非控制性权益列报，其各项目金额（单位为万元）如下：

（1）“股本”项目，结构是合并报表发布者（会计上子公司）的股本结构，金额则是会计上母公司的控制性权益部分：630＝600×80%＋150。

（2）“资本公积”项目反映会计上母公司的控制性权益部分：2 100＝0×80%＋2 100。

（3）“盈余公积”项目反映会计上母公司的控制性权益部分：400＝500×80%。

（4）“未分配利润”项目反映会计上母公司的控制性权益部分：1 200＝1 500×80%。

（5）“少数股东权益”项目反映会计上母公司反向购买前股东权益账面价值中的非控制性权益部分：520＝2 600×20%。

思考题

10.3 即测即评

1. 分步实现企业合并的情况下，合并成本、合并商誉分别如何计量？

2. 母公司收购少数股权与处置部分股权未丧失控制权两种情况下，相关会计处理有何共同之处？如何理解？

3. 处置部分股权丧失控制权的两种情况下，会计处理有何异同点？如何解释其合理性？

4. 如何编制和理解反向购买日合并资产负债表？

练习题

［目的］　股权结构变动情况下合并商誉的计量比较。

［资料］　甲公司为上市公司。甲、乙、丙、丁公司为非同一控制下的公司。2×21 年至 2×23 年，甲公司发生的有关交易或事项如下：

1. 2×21 年 1 月 1 日，甲公司以 40 000 万元从非关联方购入乙公司 60%的股权，购买日乙公司可辨认净资产公允价值为61 000万元（含原未确认的无形资产公允价值1 000万元），除原未确认的无形资产外，其余各项可辨认资产、负债的公允价值与其账面价值相同。上述无形资产按10年采用直线法摊销，预计净残值为0。甲公司取得乙公司60%股权后，能够对乙公司的财务和经营决策实施控制。

根据2×23年1月10日甲公司与乙公司其他股东签订的协议，经相关监管部门批准，2×23年6月30日，甲公司向乙公司其他股东定向发行本公司普通股2 000万股换得其持有的乙公司40%的股权，并已办理完成定向发行股票的登记手续和乙公司股东的变更登记手续。同日，甲公司股票的市场价格为每股12元。

2×21年1月1日至2×23年6月30日，乙公司实现净利润11 000万元，在此期间未分配现金股利；乙公司无其他影响所有者权益变动的事项。

2. 甲公司于2×22年12月31日用银行存款31 000万元取得丙公司100%的股份，当日丙公司可辨认净资产账面价值等于公允价值30 000万元。2×23年上半年丙公司实现净利润900万元。2×23年6月30日，甲公司以13 000万元的价格出售了对丙公司40%的投资，之后仍对丙公司保留控制权。当日丙公司可辨认净资产按2×22年12月31日公允价值持续计算的价值为30 900万元。不考虑相关税费及其他会计事项。

3. 甲公司于2×22年7月初用银行存款3 000万元取得丁公司30%的股份，当日丁公司可辨认净资产账面价值与公允价值均为10 200万元。取得投资后甲公司派人参与丁公司的生产经营决策，对该投资采用权益法核算。2×22年下半年及2×23年上半年丁公司实现净利润共1 000万元，未宣告发放现金股利。2×23年6月末，甲公司支付5 600万元进一步购入丁公司40%的股份，从而拥有对丁公司70%的表决权。购买日丁公司可辨认净资产的账面价值为11 000万元、公允价值为13 000万元，公允价值超过账面价值的2 000万元为库存商品的评估增值。不考虑相关税费及其他会计事项。

[要求]

1. 根据资料1，进行如下会计处理（金额单位用万元表示，下同）：

(1) 判断甲公司购买乙公司40%股权的交易性质。

(2) 计算甲公司购买乙公司40%股权的成本。

(3) 计算甲公司购买乙公司40%股权后对乙公司的长期股权投资账面余额。

(4) 编制2×23年6月30日合并财务报表工作底稿中的有关调整与抵销分录。

2. 根据资料2，进行如下会计处理：

(1) 判断甲公司处置丙公司40%股权的交易性质。

(2) 计算甲公司处置丙公司40%股权的处置损益。

(3) 计算甲公司处置丙公司40%股权后对丙公司的长期股权投资账面余额。

(4) 编制2×23年6月30日合并财务报表工作底稿中的有关调整与抵销分录。

3. 根据资料3，进行如下会计处理：

(1) 判断甲公司取得丁公司40%股权的交易性质。

(2) 计算甲公司取得丁公司40%股权后对丁公司的长期股权投资账面余额。

(3) 计算甲公司取得丁公司40%股权后的合并成本。

(4) 计算甲公司取得丁公司40%股权时对投资收益的调整金额。

(5) 编制2×23年6月30日合并财务报表工作底稿中的有关调整与抵销分录。

4. 根据资料 1～3，计算甲公司 2×23 年 12 月 31 日合并资产负债表应当列示的商誉金额。

年报分析

[主题]　母公司控股比例变动情况下的合并财务报表。

[资料]　中国动力 2020 年半年度报告中披露的控股比例发生变动的有关资料，见本章的“公告摘编”专栏。

[要求]　根据上述资料并进一步查阅该草案的详细资料：

(1) 思考上市公司中国动力收购少数股权的动机与影响。

(2) 尝试说明中国动力对此番收购少数股权的交易在个别报表中有关账务处理和合并报表编制过程中相关处理的基本思路，比较资本溢价 7 288 942 642.66 元中发行股权增加资本公积 8 852 516 072.83 元和购买子公司股权减少资本公积 1 563 573 430.17 元在会计处理上的区别。

第11章

衍生金融工具会计

思维导图

学习目标：

通过本章的学习，了解衍生金融工具会计的含义与种类；了解衍生金融工具的会计处理原理；了解套期保值活动中衍生金融工具的会计处理方法。

年报撷萃　华能国际2022年年度报告中的衍生金融工具信息

华能国际电力股份有限公司（简称“华能国际”，A股股票代码600011）及其附属公司在全国范围内开发、建设和经营管理大型发电厂，截至2019年6月30日，拥有权益发电装机容量93 520兆瓦，可控发电装机容量106 136兆瓦，公司境内电厂广泛分布在中国26个省、自治区和直辖市；公司在新加坡全资拥有一家营运电力公司，是中国最大的上市发电公司之一。

华能国际2022年年度报告中，合并资产负债表中的资产、负债部分均有衍生金融工具信息的列报与披露。主要内容摘编如下：

一、合并资产负债表相关信息

合并资产负债表

编制单位：华能国际电力股份有限公司　　2022年12月31日　　单位：元　币种：人民币

项目	附注七	2022年12月31日	2021年12月31日（经重述）
流动资产：			
货币资金	1	17 175 574 864	163 533 230
衍生金融资产	3	44 924 620	652 458 025
⋮		⋮	⋮
流动资产合计		86 721 861 527	92 471 124 604
非流动资产：			
衍生金融资产	3	3 570 251	69 753 069

续表

项目	附注七	2022 年 12 月 31 日	2021 年 12 月 31 日（经重述）
长期应收款	16	8 814 701 666	9 262 917 550
长期股权投资	17	23 898 397 315	22 951 902 634
其他权益工具投资	18	708 911 827	729 070 008
⋮		⋮	⋮
非流动资产合计		451 884 115 961	397 875 548 373
资产总计		502 605 977 488	490 346 672 977
流动负债：			
短期借款	32	83 573 496 799	91 806 724 789
衍生金融负债	34	417 237 322	41 033 947
⋮		⋮	⋮
流动负债合计		171 333 345 746	186 398 300 837
非流动负债：			
长期借款	45	151 677 525 923	136 857 716 583
衍生金融负债	34	245 613 394	99 323 322
⋮		⋮	⋮
非流动负债合计		204 728 580 993	179 778 180 242
负债合计		376 061 926 739	366 176 481 079
所有者权益：			
实收资本（或股）本	53	15 698 093 359	15 698 093 359
其他权益工具	54	62 083 704 204	48 417 976 965
⋮		⋮	⋮
所有者权益合计		126 544 050 749	124 170 191 898
负债和所有者权益总计		502 605 977 488	490 346 672 977

二、合并资产负债表项目注释中有关衍生金融资产、衍生金融负债的注释

1. 衍生金融资产

单位：元　币种：人民币

项目	期末余额	期初余额
现金流量套期工具（燃料合约）	20 170 510	669 958 767
现金流量套期工具（外汇合约）	21 636 719	52 252 327
现金流量套期工具（利率合约）	6 687 642	—
减：非流动资产部分		
现金流量套期工具（燃料合约）	−1 801 432	−20 516 419
现金流量套期工具（外汇合约）	−1 768 819	−49 236 650
合计	44 924 620	652 458 025

其他说明：

本公司之境外子公司中新电力通过签订远期外汇合约对很可能发生的预期采购及预期将要偿还的美元债券所导致的外汇风险敞口进行套期对冲。该公司亦采用燃料掉

期合约对很可能发生的预期燃料采购所导致的燃料价格风险敞口进行套期对冲。该公司通过签订利率掉期合约对冲浮动利率借款带来的利率风险。

2. 衍生金融负债

单位：元　币种：人民币

项目	期末余额	期初余额
现金流量套期工具（燃料合约）	360 797 744	16 328 193
现金流量套期工具（外汇合约）	298 231 391	14 200 801
现金流量套期工具（利率合约）	3 821 581	109 828 275
减：非流动资产部分		
现金流量套期工具（燃料合约）	−739 556 920	−4 382 874
现金流量套期工具（外汇合约）	−202 234 893	−1 776 802
现金流量套期工具（利率合约）	−3 821 581	−93 163 646
合计	417 237 322	41 033 947

其他说明：

本公司之境外子公司中新电力通过签订远期外汇合约对很可能发生的预期采购及预期将要偿还的美元债券所导致的外汇风险敞口进行套期对冲。该公司采用燃料掉期合约对很可能发生预期燃料采购所导致的燃料价格风险敞口进行套期对冲。该公司通过签订利率掉期合约对冲浮动利率借款带来的利率风险。

资料来源：华能国际 2022 年年度报告．上海证券交易所网站，http：//www.sse.com.cn.

从上述资料中我们发现，华能国际报告期末有衍生金融资产余额，也有衍生金融负债余额，其中又分别归属于流动性部分和非流动性部分；而且这些衍生金融资产、衍生金融负债的产生主要与现金流量套期有关。那么，什么是衍生金融资产、衍生金融负债呢？衍生金融资产、衍生金融负债与非衍生金融资产和金融负债有什么区别呢？企业对衍生金融资产、衍生金融负债如何确认、计量呢？什么是现金流量套期？除了现金流量套期还有其他套期活动吗？套期活动应怎样进行会计确认与计量？本章将简要地梳理衍生金融工具的相关内容。

11.1 衍生金融工具概述

11.1.1 基础概念

1. 金融工具

金融工具，是指形成一个企业的金融资产，并形成另一个单位的金融负债或权益工具的合同。

把握金融工具定义的关键，是从“合约”的角度正确理解金融资产、金融负债、权益工具的含义。“合约”的签订决定了签约者交易的法律性质，“合约”的各方也由此拥有相应的权利或承担相应的义务，但并不是所有的合同都会涉及金融资产、金融负债的确认。金融资产、金融负债与非金融资产、非金融负债如何进行区别，金融负债与权益工具又如何进行区别，是正确理解金融工具概念必须要解决的问题。

2. 金融资产

（1）金融资产的概念。金融资产，是指企业持有的现金、其他方的权益工具以及符合下列条件之一的资产：

1）从其他方收取现金或其他金融资产的合同权利。

2）在潜在有利条件下，与其他方交换金融资产或金融负债的合同权利。

3）将来须用或可用企业自身权益工具进行结算的非衍生工具合同，且企业根据该合同将收到可变数量的自身权益工具。

4）将来须用或可用企业自身权益工具进行结算的衍生工具合同，但以固定数量的自身权益工具交换固定金额的现金或其他金融资产的衍生工具合同除外。

（2）对金融资产概念的进一步阐释。如何理解金融资产的概念？下面我们分别从四个方面进行阐述。

第一，企业持有的现金属于金融资产。这里的现金应该是广义的现金，包括库存现金、银行存款等货币资金。之所以说现金属于金融资产，是因为它代表交换的媒介，并因此成为在财务报表中对所有交易进行计量和报告的基础；在银行或类似金融机构中的存款是金融资产，因为它代表了这样一种合同权利，即存款人有权从该机构中取得现金，或者根据其存款余额签发支票或类似工具付给债权人，以偿付金融负债。

第二，企业持有的对其他单位的权益工具也属于金融资产。那么，是不是所有的权益工具投资都按金融资产相关会计准则进行核算呢？现行企业会计准则体系中有关金融资产与权益工具投资的关系见图 11－1。

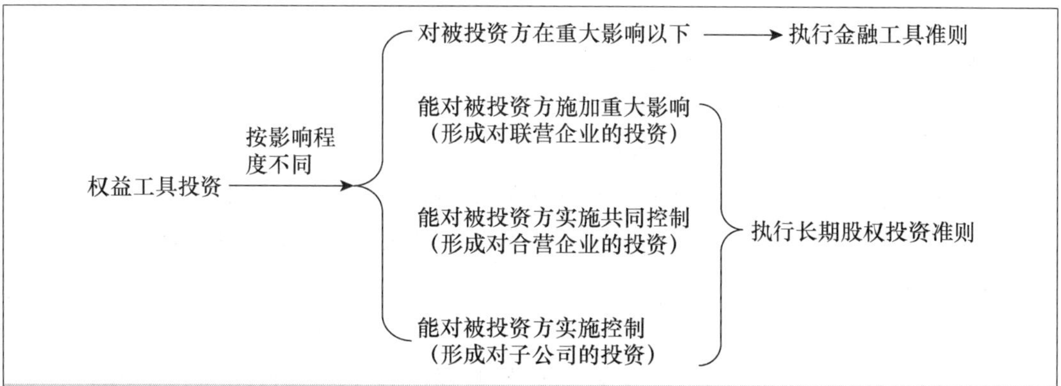

图 11－1　金融资产与权益工具投资的关系

第三，理解金融资产概念的关键之一是，从“合约”的角度将金融资产与非金融资产予以区别。企业是否形成收取现金或其他金融资产（或交换金融负债或权益工具）的合约权利，是判断金融资产与非金融资产的主要标准。

代表在未来收取现金的合约权利的资产，诸如应收账款、应收票据、应收贷款以及应收债券等也是金融资产。

债务工具的持有人拥有的债务工具投资（债券投资）、权益工具的持有人拥有的权益工具投资（股票投资）也属于金融资产。

存货、固定资产、租入资产和无形资产都不是金融资产，因为控制这些有形和无形资产虽然能够创造产生现金或其他金融资产流入的机会，但并不引起收取现金或其他金融资产的现时权利。

预付费用不是金融资产，因为预付费用产生的未来经济利益是收取商品或服务而不是收取现金或另外一项金融资产的权利。

经营租赁作为一项未完成的合约，要求出租方在未来期间提供资产给承租方使用，出租方继续核算的是租赁资产本身而不是根据合同在未来应收取的租金，所以，经营租赁合同不被视为金融工具；而融资租赁合同被视为一项金融工具，因为出租方是以租赁合同下的应收金额而不是租赁资产本身来核算投资。相应地，融资租赁的出租方在租赁合同下的长期应收款是金融资产，因为出租方在租赁合同下连续收款的权利实质上与贷款协议下收取本息的权利是一样的。

第四，理解金融资产概念的另一个关键是：在潜在有利条件下与其他方交换金融资产或金融负债的合约权利以及将来须用或可用企业自身权益工具进行结算的金融工具合同，怎样判断其是否涉及金融资产的确认。下面举例予以说明。

【例11-1】 在潜在有利条件下与其他方交换金融资产或金融负债的合约权利[①]

2×21年1月31日，乙公司的股票价格为113元。甲公司与乙公司签订一份6个月后结算的期权合同，该合同规定：甲公司以每股4元的期权费买入6个月后执行价格为115元的乙公司股票的看涨期权。

这里是否涉及金融资产的确认？

2×21年7月31日，如果乙公司股票的价格高于115元，则行权对甲公司有利，甲公司将选择行权。所以，2×21年1月31日，甲公司应确认一项衍生金融资产。

【例11-2】 将来须用企业自身权益工具进行结算的非衍生工具合同（购回股票的远期合同）

2×22年2月1日，为了购回其发行在外的普通股股份，甲公司与乙公司签订合同，并向其支付100万元现金。合同规定，乙公司将于2×22年6月30日向甲公司交付与100万元等值的甲公司普通股；甲公司可获取的普通股的具体数量以2×22年6月30日甲公司的股价而定。

这里是否涉及金融资产的确认？

根据合同，这是一个甲公司将来须用自身权益工具进行结算的非衍生工具合同，且甲公司根据该合同将收到可变数量的自身权益工具。所以，2×22年2月1日，甲公司应确认一项金融资产。

【例11-3】 将来须用企业自身权益工具进行结算的购入股票的远期合同

2×22年2月1日，甲公司与乙公司签订一份按现金净额结算的购入股票的远期合

① 本章例题主要根据《国际会计准则第32号——金融工具：列报》示例和《国际财务报告准则第9号——金融工具》实施指南改编。

同，合同约定：在 2×23 年 1 月 31 日甲公司支付现金 104 000 元（即固定远期价格为每股 104 元）给乙公司，向乙公司收取相当于甲公司自身发行在外的 1 000 股普通股当天的公允价值。由于该合同以现金净额的方式结算，不会涉及甲公司股票的收付。为了简化起见，假定基础股票不发放股利，从而当远期合同的公允价值为零时，固定远期价格的现值与现货价值相等。远期合同的公允价值是按照股票市场价格与固定远期价格的现值之间的差额计算的。有关资料见表 11－1。

表 11－1　甲公司购入股票的远期合同相关资料

项目	时间/数量/金额
合同签订日	2×22 年 2 月 1 日
合同到期日	2×23 年 1 月 31 日
2×22 年 2 月 1 日股票每股市价	100 元
2×22 年 12 月 31 日股票每股市价	110 元
2×23 年 1 月 31 日股票每股市价	106 元
2×22 年 2 月 1 日远期价格	104 元
2×22 年 2 月 1 日远期价格的现值	100 元
远期合同涉及的股票数量	1 000 股
2×22 年 2 月 1 日远期合同的公允价值	0
2×22 年 12 月 31 日远期合同的公允价值	6 300 元
2×23 年 1 月 31 日远期合同的公允价值	2 000 元

甲公司 2×23 年 12 月 31 日是否确认金融资产？

首先，这个合同是以甲公司自身权益工具结算的衍生工具合同。其次，以现金净额结算，意味着甲公司具有结算时按当天本公司股票市价大于固定远期价格的差额向乙公司收取现金净额的权利（或按当天本公司股票市价小于固定远期价格的差额向乙公司支付现金净额的义务），并不是以固定数量的自身权益工具交换固定金额的现金或其他金融资产。所以，2×23 年 12 月 31 日，甲公司资产负债表中应确认 6 300 元的金融资产。（至于此项业务的全部账务处理，将在例 11－13 中详细说明。）

（3）金融资产的分类。2017 年修订后的《企业会计准则第 22 号——金融工具确认和计量》中，将金融资产划分为以下三类：以摊余成本计量的金融资产、以公允价值计量且其变动计入其他综合收益的金融资产和以公允价值计量且其变动计入当期损益的金融资产。金融资产的分类原则见图 11－2。

综上所述，财务会计教学过程中通常涉及的金融资产见图 11－3。

（4）金融资产确认与计量的基本原则。以上三类金融资产的确认与计量的基本原则见表 11－2。

（5）金融资产的重分类。根据修订后的第 22 号企业会计准则，企业只有在改变管理金融资产的业务模式时，才可以对金融资产进行重分类。企业管理金融资产的业务模式发生变更应是比较罕见的情形。

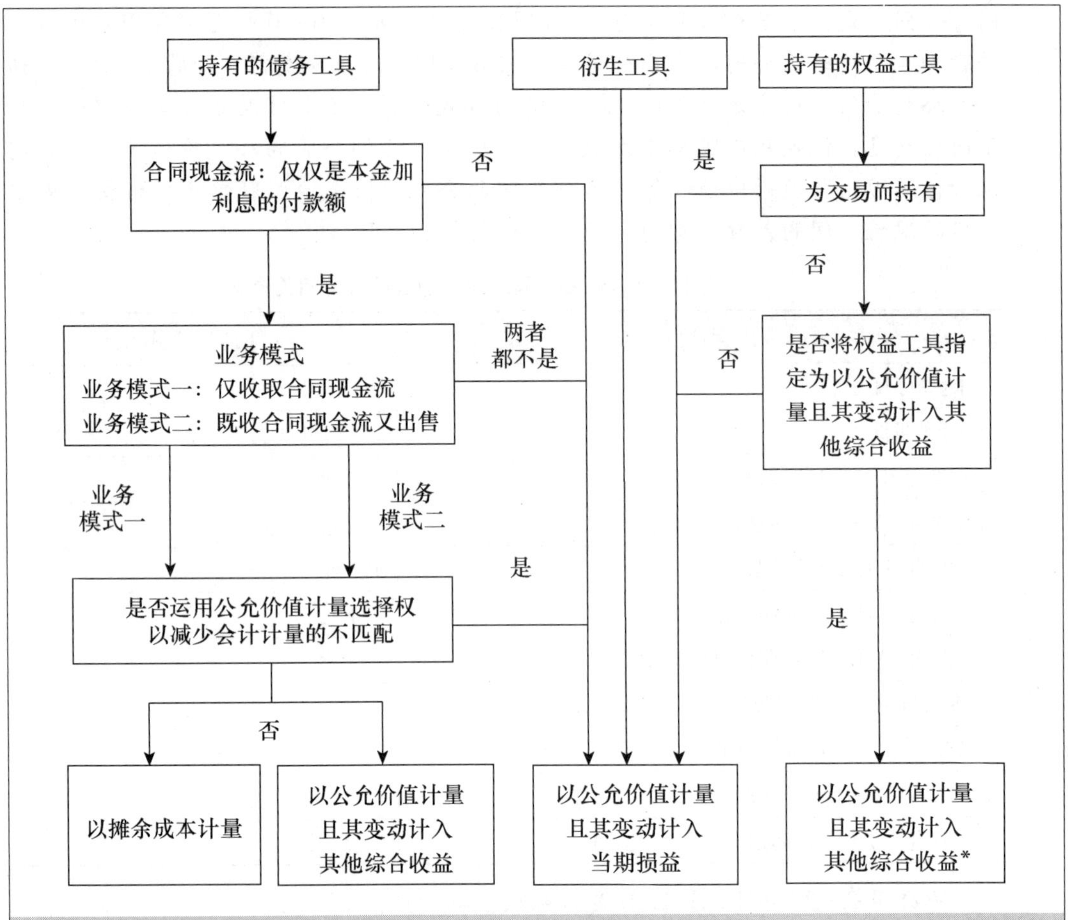

图 11-2　金融资产分类原则的简要归纳

* 该其他综合收益将来不能重分类进损益，而是计入未分配利润。

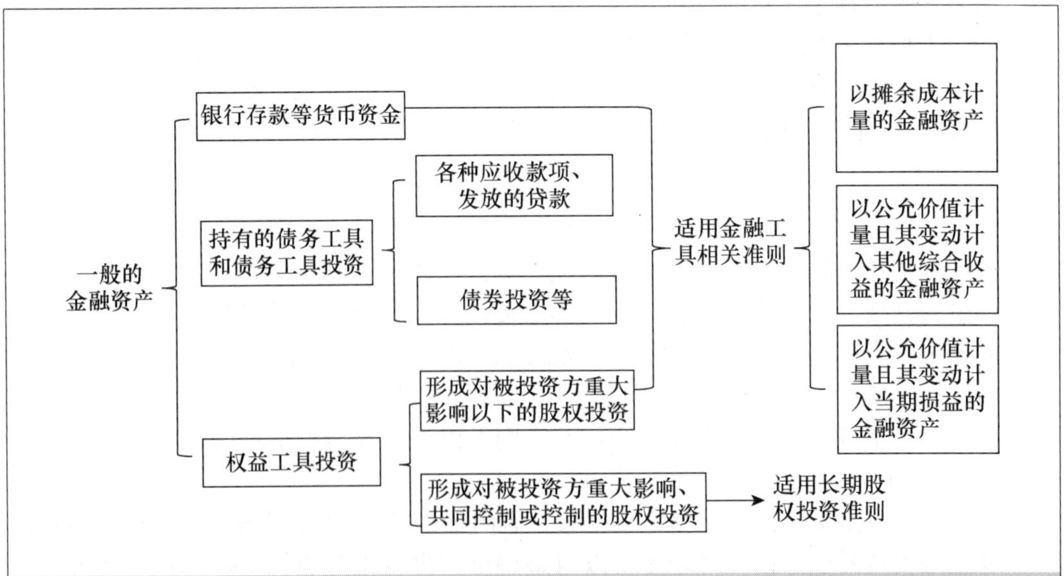

图 11-3　金融资产的组成内容

表 11-2　金融资产确认与计量基本原则的简要归纳

类别		会计科目	初始计量	后续计量：投资收益、利得、损失			
				公允价值变动	利息收入	股利收入	预期信用损失**
以摊余成本计量		贷款 应收账款等 债权投资	公允价值＋交易费用	—	计入当期损益	—	计入当期损益
以公允价值计量且其变动计入其他综合收益	持有的债务工具	其他债权投资	公允价值＋交易费用	计入其他综合收益	计入当期损益	—	计入当期损益***
	持有的权益工具	其他权益工具投资	公允价值＋交易费用	计入其他综合收益*	—	计入当期损益	—
以公允价值计量且其变动计入当期损益		交易性金融资产 衍生工具等	公允价值（交易费用计入当期损益）	计入当期损益	计入当期损益	计入当期损益	—

* 将来不能重分类进损益，而是直接转入权益。
** 采用“三阶段”预期信用损失模型。
*** 同时调整其他综合收益。

金融资产重分类的会计处理原则是：自重分类日起采用未来适用法进行相关会计处理。这里的“重分类日”是指导致企业对金融资产重分类的业务模式发生变更后的首个报告期间的第一天。

金融资产重分类的会计处理中，根据各类别金融资产的分类规范和采用未来适用法处理重分类的规范，可以归纳出以下几个要点：第一，不需对以前已确认的利得、损失（包括减值损失或利得）以及利息进行追溯调整；第二，其他类别金融资产重分类为以公允价值计量且其变动计入当期损益的金融资产时，相关账务处理中可能需要确认重分类损益；第三，以公允价值计量且其变动计入当期损益的金融资产重分类为其他两类金融资产时，自重分类日起对该金融资产适用金融资产减值的相关规定；第四，以摊余成本计量的金融资产与以公允价值计量且其变动计入其他综合收益的金融资产两类别之间重分类时，不影响其实际利率和预期信用损失的计量。

【例 11-4】　金融资产的分类、重分类、减值①

甲公司一项债权投资的有关资料如下：

（1）某期初以公允价值（账面价值）500 000 元购入一项债券投资组合。

（2）后来变更了债券管理模式，假定重分类日该债券组合的公允价值为 490 000 元。

（3）如果该组合在紧临重分类日之前以摊余成本计量或以公允价值计量且其变动计入其他综合收益，重分类日已确认的减值损失为 6 000 元（反映了自初始确认后信用风险显著增加，因此以整个存续期预期信用损失计量）。

（4）重分类日，12 个月预期信用损失为 4 000 元。

（5）为简化起见此处不列示确认利息收入的会计分录。

① 本例根据《国际财务报告准则第 9 号——金融工具》示例 15 改编。

根据上述资料，分别六种重分类情形进行有关账务处理。

各种重分类情形下的有关账务处理比较见表11-3。

表11-3　金融资产分类、重分类、减值有关账务处理比较　　单位：元

重分类的情形	确认与计量的账务处理		
	初始投资时	后续计量时	重分类日
1. 从以摊余成本计量的金融资产重分类为以公允价值计量且其变动计入当期损益的金融资产	借：债权投资 500 000 贷：银行存款 500 000	借：资产减值损失 6 000 贷：债权投资减值准备 6 000	借：交易性金融资产 490 000 债权投资减值准备 6 000 投资收益 4 000* 贷：债权投资 500 000
2. 从以公允价值计量且其变动计入当期损益的金融资产重分类为以摊余成本计量的金融资产	借：交易性金融资产 500 000 贷：银行存款 500 000	借：公允价值变动损益 10 000 贷：交易性金融资产 10 000	借：债权投资 490 000 贷：交易性金融资产 490 000 借：资产减值损失 4 000** 贷：债权投资减值准备 4 000 借：投资收益 10 000 贷：公允价值变动损益 10 000
3. 从以摊余成本计量的金融资产重分类为以公允价值计量且其变动计入其他综合收益的金融资产	借：债权投资 500 000 贷：银行存款 500 000	借：资产减值损失 6 000 贷：债权投资减值准备 6 000	借：其他债权投资 490 000 债权投资减值准备 6 000 其他综合收益 4 000*** 贷：债权投资 500 000
4. 从以公允价值计量且其变动计入其他综合收益的金融资产重分类为以摊余成本计量的金融资产	借：其他债权投资 500 000 贷：银行存款 500 000	借：其他综合收益 10 000 贷：其他债权投资 10 000 借：资产减值损失 16 000 贷：其他综合收益 6 000	借：债权投资 500 000 贷：其他债权投资 490 000 其他综合收益 4 000***** 债权投资减值准备 6 000
5. 从以公允价值计量且其变动计入当期损益的金融资产重分类为以公允价值计量且其变动计入其他综合收益的金融资产	借：交易性金融资产 500 000 贷：银行存款 500 000	借：公允价值变动损益 10 000 贷：交易性金融资产 10 000	借：其他债权投资 490 000 贷：交易性金融资产 490 000 借：资产减值损失 4 000****** 贷：其他综合收益 4 000 借：投资收益 10 000 贷：公允价值变动损益 10 000

续表

重分类的情形	确认与计量的账务处理		
	初始投资时	后续计量时	重分类日
6. 从以公允价值计量且其变动计入其他综合收益的金融资产重分类为以公允价值计量且其变动计入当期损益的金融资产	借：其他债权投资 500 000 贷：银行存款 500 000	借：其他综合收益 10 000 贷：其他债权投资 10 000 借：资产减值损失 6 000 贷：其他综合收益 6 000	借：交易性金融资产 490 000 贷：其他债权投资 490 000 借：投资收益 4 000 贷：其他综合收益 4 000*******

* 重分类损益。

** 从重分类日起适用减值规范。

*** 4 000＝公允价值变动 10 000－累计减值 6 000。

**** 结转现有余额。

***** 从重分类日起适用减值规范。

****** 将其他综合收益现有余额予以结转并同时确认重分类损益。

3. 金融负债

（1）金融负债的概念。金融负债，是指企业符合下列条件之一的负债：

1）向其他方交付现金或其他金融资产的合同义务。

2）在潜在不利条件下，与其他方交换金融资产或金融负债的合同义务。

3）将来须用或可用企业自身权益工具进行结算的非衍生工具合同，且企业根据该合同将交付可变数量的自身权益工具。

4）将来须用或可用企业自身权益工具进行结算的衍生工具合同，但以固定数量的自身权益工具交换固定金额的现金或其他金融资产的衍生工具合同除外。

（2）金融负债与非金融负债的比较。理解金融负债概念的关键之一是，从“合约”的角度将金融负债与非金融负债予以区别。企业是否形成支付现金或其他金融资产、金融负债或自身权益工具的合同义务，是判断金融负债与非金融负债的标志。代表在未来交付现金的合同义务的金融负债，通常包括应付账款、应付票据、应付贷款以及应付债券等；融资租赁的承租方在租赁合同下的系列应付金额，也构成一部分金融负债。因政府的法定要求而征收的所得税等非合同性的负债，就不属于金融负债。

（3）基于自身权益工具的金融工具中的金融负债。理解金融负债概念的另一个关键是：正确区分金融负债与权益工具，尤其是涉及基于自身权益工具的金融工具合同，两者如何区分，是学习相关概念的难点之一。我们将在稍后进行系统梳理。

（4）金融负债的分类与重分类。2017 年修订后的《企业会计准则第 22 号——金融工具确认和计量》中，将金融负债主要划分为以下两类：以摊余成本计量的金融负债和以公允价值计量且其变动计入当期损益的金融负债，但指定为以公允价值计量且其变动计入当期损益的金融负债由于其自身信用风险导致的公允价值变动计入当期其他综合收益，该其他综合收益以后不可重分类进损益。

金融负债不可以重分类。

4. 权益工具

权益工具，是指能证明拥有某个企业在扣除所有负债后的资产中剩余利益的合同。

同时满足下列条件的，发行方应当将发行的金融工具分类为权益工具：

（1）该金融工具不包括交付现金或其他金融资产给其他方，或在潜在不利条件下与其他方交换金融资产或金融负债的合同义务。

（2）将来须用或可用企业自身权益工具进行结算该金融工具的，如该金融工具为非衍生工具，不包括交付可变数量的自身权益工具进行结算的合同义务；如为衍生工具，企业只能通过以固定数量的自身权益工具交换固定金额的现金或其他金融资产结算该金融工具。

权益工具包括不可回售的普通股、优先股（不包括可赎回优先股）、企业发行的使持有者有权以固定价格购入固定数量该企业普通股的认股权证等。

诚如上述，正确区分金融负债与权益工具，尤其是涉及基于自身权益工具的金融工具合同，两者如何区分，是学习相关概念的难点之一。我们将在稍后进行系统梳理。

下面举例说明一般情况下对一项合同是否涉及金融资产、金融负债或权益工具的判断。

【例 11-5】 金融资产、金融负债或权益工具的判断

甲公司 2×22 年 5 月 5 日发生了以下三笔经济业务：（1）甲公司向乙公司销售商品，价款和税款合计 565 万元，销售合同约定，乙公司需在购货 1 个月之内支付全部款项。（2）甲公司支付 300 万元购买乙公司发行的公司债（划分为以摊余成本计量的金融资产类别）。（3）甲公司支付 300 万元购买乙公司发行的面值为 200 万元的普通股，从而可以对乙公司施加重大影响。

上述业务对于交易双方而言，是否涉及金融资产、金融负债抑或权益工具？

（1）甲公司向乙公司销售商品这一合约导致甲公司确认一项 565 万元的应收账款，同时乙公司确认一项 565 万元的应付账款。这里的应收账款就是一项金融资产，而这里的应付账款就是一项金融负债。

（2）甲公司支付 300 万元购买乙公司发行的公司债，作为投资方，甲公司持有 300 万元的债权投资；作为发行方，乙公司则确认 300 万元的应付债券。这里的债权投资和应付债券就分别属于金融资产和金融负债。

（3）甲公司支付 300 万元购买乙公司发行的面值为 200 万元的普通股这一合同导致甲公司持有的 300 万元股权投资是金融资产，乙公司确认的 200 万元股本和 100 万元资本公积（股本溢价）则是权益工具。

交易双方有关账务处理见表 11-4。

表 11-4 2×22 年 5 月 5 日有关业务账务处理比较 单位：万元

业务序号	甲公司的账务处理	乙公司的账务处理
（1）	借：应收账款 565 贷：主营业务收入 500 应交税费 65	借：库存商品等 500 应交税费 65 贷：应付账款 565
（2）	借：债权投资 300 贷：银行存款 300	借：银行存款 300 贷：应付债券 300

续表

业务序号	甲公司的账务处理	乙公司的账务处理
(3)	借：长期股权投资　300 　贷：银行存款　300	借：银行存款　300 　贷：股本　200 　　资本公积　100

由上例可知，一项合同涉及金融资产、金融负债还是权益工具，一般情况下比较容易判断。但是，在某些情况下，这种判断就相对复杂一些，尤其将来须用或可用企业自身权益工具进行结算的金融工具。

5. 区分金融负债与权益工具的基本原则

（1）通过交付现金、其他金融资产或交换金融资产或金融负债结算的金融工具，要根据是否存在无条件地避免交付现金或其他金融资产的合约义务来判断应确认金融负债还是权益工具。

如果企业不能无条件地避免以交付现金或其他金融资产来履行一项合约义务，则该合同义务符合金融负债定义。常见的具有这类合同义务的情形包括：不能无条件地避免的赎回、强制付息等。

如果企业能够无条件地避免交付现金或其他金融资产，例如，能够根据相应的议事机制自主决定是否支付股息（即无支付股息的义务），同时所发行的金融工具没有到期日且合同对手方没有回售权，或者虽有固定期限但发行方有权无限期递延（即无支付本金的义务），则此类交付现金或其他金融资产的结算条款不构成金融负债。

【例 11－6】　金融资产、金融负债或权益工具的判断

甲公司以面值 1 亿元发行的优先股，要求每年按 6%的股息率支付优先股股息。甲公司还发行了一项永续债，无固定还款期限且不可赎回，每年按 8%的利率强制付息。

发行方应将这两项合同确认为权益工具还是金融负债？

甲公司发行 6%股息率的优先股，使甲公司承担了支付未来每年 6%股息的合同义务，该交付现金的义务不能无条件地避免，属于强制付息合同，应该将该合同义务确认为金融负债。另外，甲公司发行的永续债，尽管期限永续且不可赎回，但由于企业承担了以利息形式永续支付现金的合同义务，因此也应该确认为金融负债。

【例 11－7】　金融资产、金融负债或权益工具的判断

甲公司发行了一项年利率为 8%、无固定还款期限、可自主决定是否支付利息的不可累积永续债，其他合同条款如下（假定没有其他条款导致该工具被分类为金融负债）：

（1）该永续债嵌入了一项看涨期权，允许甲公司在发行第 5 年及之后以面值回购该永续债；

（2）如果甲公司在第 5 年年末没有回购该永续债，则之后的票息率增加至 12%（通常称为“息票递增”）；

（3）该永续债票息在甲公司向其普通股股东支付股利时必须支付（即“股利推动机制”）。

假设：甲公司根据相应的议事机制能够自主决定普通股股利的支付；发行该永续债之前多年来均支付普通股股利。

甲公司应将此项永续债确认为金融负债还是权益工具？

一方面，尽管甲公司多年来均支付了普通股股利，但由于甲公司能够根据相应的议事机制自主决定普通股股利的支付，进而影响永续债利息的支付，因此，对于甲公司而言，该永续债利息并未形成支付现金或其他金融资产的合约义务；另一方面，尽管甲公司有可能在第5年年末行使回购权，但甲公司并没有回购的合约义务。综上所述，甲公司应将该永续债整体分类为权益工具。

敲黑板

对归类为金融负债的优先股、永续债，企业要在“应付债券”科目及其下设的“优先股”“永续债”等明细科目里进行核算。

对归类为权益工具的优先股、永续债，企业要在“其他权益工具”科目及其下设的“优先股”“永续债”等明细科目里进行核算。

（2）通过自身权益工具结算的金融工具，要根据交付自身权益工具的数量是可变的还是固定的来判断应确认为金融负债还是权益工具。

如果一项金融工具须用或可用企业自身权益工具进行结算，结算该工具的自身权益工具是作为现金或其他金融资产的替代品的，该工具是发行方的金融负债。

如果一项金融工具须用或可用企业自身权益工具进行结算，结算该工具的自身权益工具是为了使该工具持有者享有在发行方扣除所有负债后的资产中的剩余权益的，该工具就是发行方的权益工具。

区别以上两者的关键是：所交付的自身权益工具的数量是可变的还是固定的。

值得一提的是，在根据所交付的自身权益工具数量是可变的还是固定的来确定应确认金融负债还是权益工具时，还需分别非衍生工具和衍生工具两种情况进行说明。

1）基于自身权益工具的非衍生工具。对于非衍生工具，如果发行方未来有义务交付可变数量的自身权益工具进行结算，则该非衍生工具是金融负债；否则，该非衍生工具是权益工具。

2）基于自身权益工具的衍生工具。对于衍生工具，如果发行方只能通过固定数量的自身权益工具交换固定金额的现金或其他金融资产进行结算（即“固定换固定”），则该衍生工具为权益工具；如果发行方以固定数量自身权益工具交换可变金额现金或其他金融资产，或以可变数量自身权益工具交换固定金额现金或其他金融资产，或以可变数量自身权益工具交换可变金额现金或其他金融资产，则该衍生工具应当确认为衍生金融负债或衍生金融资产。

敲黑板

发行方以可变数量的自身权益工具作为合同结算方式，该合同不能证明持有方享有发行方在扣除所有负债后的资产中的剩余权益，从而发行方应确认金融负债。

下面举例予以说明。

【例 11－8】 通过自身权益工具结算的非衍生工具

甲公司与乙公司签订合同，合同约定甲公司以 100 万元等值的自身权益工具偿还所欠乙公司债务。

甲公司发行的金融工具应确认为金融负债还是权益工具？

甲公司需要偿还的负债金额是固定的，为 100 万元，但甲公司需交付的自身权益工具数量是随着该权益工具市场价格的变动而变动的。所以，这种情况下，甲公司发行的该金融工具应当划分为金融负债。

【例 11－9】 基于企业自身权益工具的非衍生工具

甲公司与乙公司签订合同，合同约定甲公司以 100 盎司黄金等值的自身权益工具偿还所欠乙公司债务。

甲公司应将该金融工具确认为金融负债还是权益工具？

甲公司需要偿还的负债金额是随着黄金价格的变动而变动的，同时，甲公司需交付的自身权益工具数量也随其权益工具市场价格的变动而变动。所以，这种情况下，甲公司应将该金融工具划分为金融负债。

【例 11－10】 通过自身权益工具结算的衍生工具

2×22 年 2 月 1 日，甲公司与乙公司签订一份看涨期权合同，该合同赋予乙公司一项一年后以每股 102 元的行权价向甲公司购入 1 000 股普通股的权利，同时使甲公司承担一项支付的义务。

判断对该合同分别采用以现金净额结算（现金换现金）和以实物总额结算（现金换股票）两种结算方式下，甲公司应将该期权合同确认为金融资产、金融负债还是权益工具。

这是甲公司签发的股票看涨期权的例子。

以现金净额计算，意味着如果乙公司在 2×23 年 1 月 31 日行权，则甲公司有按行权日自身普通股 1 000 股的公允价值超过行权价 102 000 元之差向乙公司交付现金的义务。所以，甲公司应将该衍生工具确认为金融负债。

以实物总额计算，意味着如果乙公司在 2×23 年 1 月 31 日行权，则甲公司将以固定数量 1 000 股普通股的自身权益工具交换固定金额 102 000 元的现金。所以，甲公司应将该衍生工具确认为权益工具。

例 11－1、例 11－3、例 11－10 中都出现了衍生金融工具。那么，什么是衍生金融工具呢？企业应怎样对应确认金融资产、金融负债或权益工具的衍生工具进行具体的确认、计量与报告呢？接下来，我们就介绍衍生金融工具的相关内容。

11.1.2 衍生金融工具的概念

衍生金融工具（即衍生工具）是相对于原生金融工具而言的，是在原生金融工具基础上派生出来的新型金融工具。

原生金融工具即基本金融工具（primary financial instruments），亦即传统的金融工具，基本上已构成传统财务报表项目。基本金融工具的以下两个特点使其有别于衍生金融工具：（1）基本金融工具的取得或发生通常伴随着资产的流入或流出；（2）基本金融工具的价值取决于标的物本身的价值。现金、存放于金融机构的款项等货币资金；普通股和优先股等股权证券；代表在未来期间收取金融资产的合同权利或支付金融资产的合同义务的债券投资、应付债券，应收账款、应收票据、其他应收款，应付账款、应付票据、其他应付款，存入保证金、存出保证金，客户贷款、客户存款等，都属于基本金融工具涉及的金融资产、金融负债。

根据《企业会计准则第22号——金融工具确认和计量》，衍生工具是指具有下列特征的金融工具或其他合同：（1）其价值随特定利率、金融工具价格、商品价格、汇率、价格指数、费率指数、信用等级、信用指数或其他类似变量的变动而变动；（2）不要求初始净投资，或与对市场变化有类似反应的其他类型合同相比，要求很少的初始净投资；（3）在未来某一日期结算。

上述例11－10中涉及的甲公司发行的股票看涨期权，就是衍生金融工具的一个例子。

下面是《国际财务报告准则第9号——金融工具》中列举的几个判断衍生金融工具的例子。

【例11－11】 按净额或总额在未来某一日期结算的利率互换

ABC公司与XYZ公司签订了一项按1亿元名义本金确定的利率互换合同，该合同要求ABC公司按8%的固定利率向XYZ公司支付利息，XYZ公司按3个月期的伦敦银行同业拆借利率（按季调整）的变动金额向ABC公司支付利息。ABC可以按总额结算，也可以按现金净额结算（即根据8%和3个月期伦敦银行同业拆借利率之间的差额按季度支付或收取一笔现金净额——按8%大于3个月期伦敦银行同业拆借利率的利率差计算1亿元名义本金的利息进行支付，或者按8%小于3个月期伦敦银行同业拆借利率的利率差计算1亿元名义本金的利息进行收取）。双方并不相互交换名义本金。

该利率互换合同是否属于衍生金融工具？

不论是按总额结算还是按净额结算，该合同均属于衍生金融工具，因为合同的价值随基础变量（伦敦银行同业拆借利率）的变动而变动，同时没有初始净投资，并且在未来某一日期结算。

【例11－12】 预付款的远期合同

ABC公司与XYZ公司签订了一项远期合同，约定一年后按每股55元的价格购入现行市价为每股50元的T股票100万股，ABC公司在合同开始时按约定预付5 000万元。

此项远期合约是否属于衍生金融工具？

该合同不属于衍生金融工具，因为合同开始时预付的5 000万元不符合衍生金融工具定义中的第二个特征，不要求初始净投资，或要求的初始净投资小于预期对市场因素变化有类似反应的其他类型合同所要求的初始净投资，即虽然5 000万元的初始投资小于以每股 55 元的远期价格应用于基础变量 100 万股的名义本金（即 5 500 万元），但该初始净投资类似于预计对市场因素变化有类似反应的其他类型合同所要求的投资，因为 ABC 公司在合同开始时也可以按 50 元的价格购买 100 万股 T 股票。

11.1.3　衍生金融工具的特点、功用与风险

1. 特点

与原生金融工具相比，衍生金融工具主要具有以下特点：

（1）衍生性。前已述及，衍生金融工具派生于基本金融工具；衍生金融工具的价值受特定利率、金融工具价格、商品价格、汇率、价格或利率指数、信用等级或信用指数或其他变量的变动的影响。其之所以得以衍生，始于人们规避风险（套期保值）和投机（套利）的要求。

（2）杠杆性。衍生金融工具不要求初始净投资或要求很小的初始净投资，并往往采用净额结算。这种“以小博大”的杠杆效应满足了人们规避风险（套期保值）和投机（套利）的需要。

衍生金融工具的衍生性、杠杆性，不仅直接说明了衍生金融工具的基本功用，也清楚地显示了衍生金融工具的创新性和高风险性。

2. 功能与作用

衍生金融工具的功能主要是对冲风险。在满足人们规避投资与筹资活动中特定风险的同时，衍生金融工具也被一些试图冒险牟利者用来进行投机。所以，衍生金融工具被广泛用作避险（套期保值）与投机套利。

衍生金融工具的作用主要表现在以下几个方面：（1）满足了市场对规避风险和保值的要求；（2）促进了基础金融工具的发展；（3）拓宽了金融机构的业务；（4）提高了金融体系的效率；（5）降低了企业的筹资成本（比如互换）；（6）促进了金融市场的证券化。①

3. 风险

我国的《企业会计准则第 37 号——金融工具列报》要求企业披露与各种金融工具风险相关的定性和定量信息，以便财务报表使用者评估报告期末金融工具产生的风险的性质和程度，更好地评价企业所面临的风险敞口。该准则指出相关风险包括信用风险、流动性风险、市场风险等。

信用风险，是指金融工具的一方不履行义务造成另一方发生财务损失的风险。

流动性风险，是指企业在履行以交付现金或其他金融资产的方式结算的义务时发生资金短缺的风险。

市场风险，是指金融工具的公允价值或未来现金流量因市场价格变动而发生波动的风险，包括汇率风险、利率风险和其他价格风险。其中，汇率风险是指金融工具的公允价值或未来现金流量因汇率变动而发生波动的风险；利率风险是指金融工具的公允价值或未来现金流量因利率变动而发生波动的风险；其他价格风险则是指金融工具

① 胡继之．金融衍生产品及其风险管理．北京：中国金融出版社，1997.

的公允价值或未来现金流量因汇率风险和利率风险以外的市场价格变动而发生波动的风险。

实际上，正是金融工具尤其是衍生金融工具的各种风险所带来的损失乃至金融灾难，使得衍生金融工具的风险披露越来越成为重点信息需求；正是金融工具乃至衍生金融工具会计信息呈报的需求，引发了国际会计界对金融工具会计的关注、研究与开发。

11.1.4 衍生金融工具的种类

衍生金融工具包括的内容很多，从不同的角度可以进行不同的分类，最常见的分类方法是将其分为金融远期、金融期货、金融期权和金融互换四类。

1. 金融远期

金融远期属于远期合约。远期合约（forward contract）是买卖双方现在约定的在未来特定日期以约定价格交割特定数量标的物的合约。金融远期就是指合约双方现在约定的在将来某一特定日期按照事先商定的价格和方式买卖约定数量的某种金融工具的合约。金融远期是衍生金融工具最基本的类别。作为衍生金融工具的早期形态，金融远期19世纪80年代就已存在，虽然其风险较小，但其所具有的非标准化、流通性差、多需进行实物交割等特点，使金融期货、金融期权和金融互换等金融远期的延伸和变形成为必然。

金融远期主要包括远期外汇合约和远期利率协议等。例11－3中购入股票的远期合约就属于金融远期。华能国际2018年年报的合并财务报表项目注释中所披露的导致衍生金融负债余额变动的诸项业务中，有一笔业务就与该公司的境外子公司采用远期外汇合约对很可能发生的预期采购所面临的外汇风险敞口进行套期保值有关。

2. 金融期货

金融期货属于期货合约。期货（futures）合约是远期合约的标准化。期货合约与远期合约都是“先买卖，后交割”的合约，但是两者无论在合约形式、交易方式、交易的主要目的还是交易的标的物上均有所不同。金融期货是指合约双方在有组织的交易所内，根据交易规则，通过公开竞价的方式达成的在未来特定时间交割特定数量的特定金融工具的标准合约。

金融期货主要包括外汇期货、利率期货以及股票指数期货等。

3. 金融期权

期权（option）亦称选择权，是指持权人（买方）有权选择在未来是否买卖一定数量的标的物的合约。金融期权是指合约双方达成的是否在约定日（或以前）按约定价格买卖特定数量某种金融工具的合约。

金融期权主要包括外汇期权、利率期权、股票期权、股指期权。值得注意的是，金融期权除了上述几种常见类型之外，还包括一些与基本金融工具结合而成的新型的金融工具，如可转换债券、认股权证等。例11－10的股票看涨期权就是金融期权的一个例子。

4. 金融互换

金融互换（financial swap）亦称掉期，是指两个或两个以上的个体以特定方式在未来某一时段内交换一系列现金流的协议。就金融远期、金融期货、金融期权三种合约而言，如果未来标的物价格发生变化，交易双方必有一方获利而另一方发生损失；与此不同的是，金融互换通常有双赢甚至三赢的结果。

金融互换主要有货币互换和利率互换。例 11-11 中 ABC 公司与 XYZ 公司签订的就是利率互换合同。华能国际 2018 年年报的合并财务报表项目注释中所披露的导致衍生金融负债余额变动的诸项业务中，有两笔业务分别与该公司及其境外子公司采用利率互换对相关的浮动利率借款进行套期保值有关。

综上所述，金融远期是衍生金融工具的最基本类别，金融互换可以看作金融远期的组合，金融期货标志着衍生金融工具的成型，金融期权则更加拓宽了衍生金融工具的应用领域。如果说金融远期是衍生金融工具的最早形态，那么，金融期货、金融期权则标志着衍生金融工具的成熟和发展，而金融互换更成为衍生金融工具的新兴力量；如果说金融远期、金融期货、金融期权主要被用来规避风险和投机套利，金融互换则很少用于投机；如果说金融远期、金融期货、金融期权只导致单方获利，金融互换则将带来双赢。另外，必须看到，随着金融产品的不断创新，金融产品基本类别之间的组合又不断导致新衍生产品的开发。

素养提升

关注企业实务、关注准则动态，培养持续学习能力

与金融工具相关的实务与会计处理，一直是我们学习财务会计课程中的难点。之所以成为学习难点，原因之一是：我们对相关业务或产品相对陌生。对于我们学习财务会计的学生而言，金融工具尤其是衍生金融工具的内容、种类及其在企业实务中的应用，不要说与存货、固定资产相比，即使与租赁、外币业务相比，也更加不熟悉，更加不好理解。成为学习难点的另一个原因就是：相关会计规范一直在变化。2017 年以来，与金融工具相关的会计准则进行了重大修订。以金融资产减值模型为例，2006 年颁布实施的《企业会计准则第 22 号——金融工具确认和计量》中，金融资产减值准备的计提和减值损失的确认，是基于金融资产减值迹象的“已发生损失模型”；而修订后的金融资产减值会计处理规范则是“预期信用损失模型”。与会计准则的其他修订一样，一方面，金融资产减值模型的这一修订，既是适应会计环境不断变化的需要，也是与国际会计准则趋同的体现；另一方面，金融资产减值模型的这一修订，既对财务会计知识体系带来很大变动，也对企业相关会计实务产生重大影响。

随着会计环境的不断变化，企业实务中应用金融工具的业务空间会不断扩展，企业会计准则也会不断有新的变动。所以，为了不断提高实际工作能力和不断更新专业知识，自觉地培养与提高持续的自我学习能力，无疑是很必要的。

11.1 即测即评

11.2　衍生金融工具会计的基本内容

11.2.1　确认与计量的基本原则

1. 初始确认与计量

衍生金融工具形成的金融资产或金融负债的初始确认与计量，主要需要解决三个问题：何时确认、确认为什么项目、如何计量。

（1）确认的时点。会计主体成为金融工具合同条款的一方时，就应当在其资产负债表中将衍生工具产生的所有合同权利和义务分别确认为资产和负债。例如，企业与某金融机构签订一项远期合约，企业应在承诺日而不是结算日将该合同确认为一项资产或负债。

（2）确认所涉及的报表项目。具体确认为什么报表项目，这就涉及具体会计科目乃至报表项目的问题。根据现行会计准则，企业可以根据实际情况，在相关的金融资产、金融负债科目中核算包括衍生工具在内的金融工具，也可设置“衍生工具”会计科目，用来核算企业衍生工具的公允价值及其变动形成的衍生资产或衍生负债，从而在资产负债表中的资产或负债部分，以“衍生工具”项目列示衍生金融工具形成的资产或负债。

（3）初始计量。对于衍生金融工具，应按公允价值进行初始计量。

2. 后续计量

衍生金融工具形成的资产或负债通常以公允价值进行后续计量。

3. 终止确认

衍生金融工具形成的资产或负债的终止确认，应满足金融资产、金融负债终止确认的条件。

（1）金融资产的终止确认条件。金融资产满足下列条件之一的，应当终止确认：

1）收取该金融资产现金流量的合同权利终止；

2）该金融资产已经转移，且符合《企业会计准则第23号——金融资产转移》规定的金融资产终止确认条件。

显而易见，终止确认金融资产的第一个条件比较好理解。企业收回应收账款、企业在到期日收回以摊余成本计量的金融资产的本息等事项，就属于“收取该金融资产现金流量的合同权利终止”的情形。

终止确认金融资产的第二个条件与金融资产转移有关。金融资产转移，是指企业（转出方）将金融资产让与或交付给该金融资产的发行方以外的另一方（转入方）。如果企业转让了金融资产所有权上几乎所有的风险与报酬，则企业就应对该被转移的金融资产进行终止确认；如果企业保留了金融资产所有权上几乎所有的风险与报酬，则企业不能终止确认该金融资产。比如，甲企业将一笔对乙企业的应收账款出售给丙企业，且不附任何追索权，则甲企业应终止确认该笔应收账款；再比如，甲企业将附追索权的票据进行贴现，由于票据到期日贴现银行若无法收到付款单位支付的票款则将向甲企业追回已贴现票款，因此，甲企业贴现时不能贷记该应收票据，只能将收到的贴现款确认为借款。

（2）金融负债的终止确认条件。终止确认金融负债的条件是：金融负债（或金融负债的一部分）消除时，即合同中规定的义务解除、取消或到期时。比如到期偿还借款本金与利息时，就要终止确认该借款。

11.2.2 “衍生工具”会计科目及其应用

企业可设置“衍生工具”会计科目，用来核算企业衍生工具的公允价值及其变动形成的衍生资产或衍生负债。作为套期工具的衍生工具不在本科目核算。

“衍生工具”科目属于共同类科目，也就是说，本科目既用来核算企业取得的衍生资产，也用来核算企业形成的衍生负债。企业取得的衍生工具，按其公允价值借记本科目，发生的交易费用借记“投资收益”科目，两者之和贷记“银行存款”等科目；资产负债表日，衍生工具的公允价值与账面价值的差额，记入“公允价值变动损益”科目；终止确认的衍生工具，比照“交易性金融资产”“交易性金融负债”等科目的规定进行处理。本科目的期末余额，反映企业衍生工具形成的资产的公允价值（借方余额）或衍生工具形成的负债的公允价值（贷方余额）。

下面举例说明“衍生工具”会计科目的应用。

【例 11-13】　购入股票的远期合同（假定以现金净额结算，即现金换现金）

资料同例 11-3。2×22 年 2 月 1 日甲公司与乙公司签订一份以现金净额结算的购入股票的远期合同，约定在 2×23 年 1 月 31 日甲公司向乙公司收取相当于甲公司自身发行在外的 1 000 股普通股当天的公允价值，作为交换，甲公司将支付现金 104 000 元（即固定远期价格为每股 104 元）给乙公司。由于该合同以现金净额的方式结算，不会涉及甲公司股票的收付。为了简化起见，假定基础股票不发放股利，从而当远期合同的公允价值为 0 时，远期价格的现值与现货价值相等。远期合同的公允价值是按照股票市场价格与固定远期价格的现值之间的差额计算的。有关资料见表 11-5。

表 11-5　甲公司购入股票的远期合同相关资料

项目	时间/数量/金额
合同签订日	2×22 年 2 月 1 日
合同到期日	2×23 年 1 月 31 日
2×22 年 2 月 1 日股票每股市价	100 元
2×22 年 12 月 31 日股票每股市价	110 元
2×23 年 1 月 31 日股票每股市价	106 元
2×22 年 2 月 1 日远期价格	104 元
2×22 年 2 月 1 日远期价格的现值	100 元
远期合同涉及的股票数量	1 000 股
2×22 年 2 月 1 日远期合同的公允价值	0
2×22 年 12 月 31 日远期合同的公允价值	6 300 元
2×23 年 1 月 31 日远期合同的公允价值	2 000 元

对这一合同，甲公司应如何进行会计处理？

以现金净额结算，意味着甲公司具有结算时按结算日本公司股票市价大于固定远期价格的差额向乙公司收取现金净额的权利，或者承担按结算日本公司股票市价小于固定远期价格的差额向乙公司支付现金净额的义务。前一种情况将导致甲公司确认金融资产，后一种情况则将导致甲公司确认金融负债。

2×22 年 2 月 1 日，由于远期合同的公允价值为 0，而且也没有支付或收取现金，因此，甲公司既不需要确认金融资产也不需要确认金融负债。

2×22 年 12 月 31 日，远期合同的公允价值由 0 增至 6 300 元（股票市场价格 110 000 元一固定远期价格 104 000 元的现值），甲公司应确认金融资产（远期资产）6 300 元。

2×23 年 1 月 31 日，远期合同的公允价值由 6 300 元降至 2 000 元（股票市场价格

106 000 元－固定远期价格 104 000 元），甲公司首先要按远期合同公允价值减少额 4 300 元确认远期资产的减少，再按 2 000 元记录远期合同的结算。

甲公司确认该衍生金融工具的有关账务处理如下：

（1）2×22 年 2 月 1 日，远期合同公允价值为 0，不作账务处理。

（2）2×22 年 12 月 31 日，记录远期合同公允价值的增加：

借：衍生工具——远期合同	6 300	
贷：公允价值变动损益		6 300

（3）2×23 年 1 月 31 日，记录远期合同公允价值的减少：

借：公允价值变动损益	4 300	
贷：衍生工具——远期合同		4 300

（4）2×23 年 1 月 31 日，记录远期合同的结算，终止确认衍生金融资产：

借：银行存款	2 000	
贷：衍生工具——远期合同		2 000

根据上述账务处理，2×22 年 12 月 31 日，甲公司应将 6 300 元的远期资产在资产负债表中资产部分的"衍生金融资产"项目中列报。

【例 11－14】 出售股票的远期合同（假定以现金净额结算，即现金换现金）

资料见例 11－13，将甲公司购入股票的远期合同改为出售股票的远期合同，即合同约定：2×22 年 2 月 1 日甲公司与乙公司签订一份合同，约定在 2×23 年 1 月 31 日甲公司向乙公司收取现金 104 000 元（即固定远期价格为每股 104 元），作为交换，甲公司向乙公司支付相当于自身发行在外的 1 000 股普通股当天的公允价值。双方按现金净额结算。有关资料见表 11－6。

表 11－6　甲公司出售股票的远期合同相关资料

项目	时间/数量/金额
合同签订日	2×22 年 2 月 1 日
合同到期日	2×23 年 1 月 31 日
2×22 年 2 月 1 日股票每股市价	100 元
2×22 年 12 月 31 日股票每股市价	110 元
2×23 年 1 月 31 日股票每股市价	106 元
2×22 年 2 月 1 日远期价格	104 元
2×22 年 2 月 1 日远期价格的现值	100 元
远期合同涉及的股票数量	1 000 股
2×22 年 2 月 1 日远期合同的公允价值	0
2×22 年 12 月 31 日远期合同的公允价值	－6 300 元
2×23 年 1 月 31 日远期合同的公允价值	－2 000 元

对这一合同，甲公司应如何进行会计处理？

以现金净额结算，意味着甲公司承担结算时按结算日本公司股票市价大于固定远期价格的差额向乙公司支付现金净额的义务，或者享有按结算日本公司股票市价小于固定远期价格的差额向乙公司收取现金净额的权利。前一种情况将导致甲公司确认金融负债，后一种情况则将导致甲公司确认金融资产。

2×22 年 2 月 1 日，由于远期合同的公允价值为 0，而且也没有支付或收取现金，因此，甲公司既不需要确认金融资产也不需要确认金融负债。

2×22 年 12 月 31 日，远期合同的公允价值由 0 降至－6 300 元（6 300 元是根据股票市场价格 110 000 元与固定远期价格 104 000 元的现值两者之间的差额计算的，－6 300 元意味着甲公司预期承担的未来支付义务超过收取权利），所以，甲公司应确认金融负债 6 300 元。

2×23 年 1 月 31 日，远期合同的公允价值由－6 300 元升至－2 000 元（2 000＝106 000－104 000，即股票市场价格 106 000 元与固定支付价格 104 000 元之差，－2 000元意味着甲公司结算日承担的 106 000 元支付义务超过 104 000 元的收取权利），甲公司首先要按远期合同公允价值减少额 4 300 元确认远期负债的减少，再按2 000 元记录远期合同的结算。

甲公司确认该衍生金融工具的有关账务处理如下：

（1）2×22 年 2 月 1 日，远期合同公允价值为 0，不作账务处理。

（2）2×22 年 12 月 31 日，记录远期合同公允价值的减少导致的负债：

借：公允价值变动损益　　6 300
　贷：衍生工具——远期合同　　6 300

（3）2×23 年 1 月 31 日，记录远期合同公允价值的增加：

借：衍生工具——远期合同　　4 300
　贷：公允价值变动损益　　4 300

（4）2×23 年 1 月 31 日，记录远期合同的结算，终止确认衍生金融负债：

借：衍生工具——远期合同　　2 000
　贷：银行存款　　2 000

根据上述账务处理，2×22 年 12 月 31 日，甲公司应将 6 300 元的金融负债在资产负债表中负债部分的“衍生金融负债”项目中列报。

【例 11－15】　购入的股票看涨期权（以现金净额结算、以股票净额结算、以实物总额结算的比较）

2×22 年 2 月 1 日，甲公司与乙公司签订一份期权合同，合同有关资料见表 11－7。

表 11－7　甲公司购入的股票看涨期权合同相关资料

项目	时间/数量/金额
合同签订日	2×22 年 2 月 1 日
行权日	2×23 年 1 月 31 日
行权的权利持有者	甲公司
2×22 年 2 月 1 日股票每股市价	100 元
2×22 年 12 月 31 日股票每股市价	104 元
2×23 年 1 月 31 日股票每股市价	104 元
2×23 年 1 月 31 日应支付的固定的行权价格	102 元
期权合同涉及的股票数量	1 000 股

续表

项目	时间/数量/金额
2×22年2月1日期权的公允价值	5 000元
2×22年12月31日期权的公允价值	3 000元
2×23年1月31日期权的公允价值	2 000元

分别三种结算方式，比较甲公司的会计处理。

（1）合同签订日的数据表明，行权价102元超过了股票市价100元，所以没有内在价值，只有时间价值，该期权为价外期权，这时看来，甲公司行权并不经济。行权日，该看涨期权为价内期权，甲公司应该行权。

（2）从合同规定的结算方式来看。

1）以现金净额结算（即现金换现金），意味着甲公司预期其购入的期权合约将令其具有将来按股票市价大于行权价之差计算的向乙公司收取现金净额的权利，所以，应将购入的期权确认为金融资产。

2）以股票净额结算（即股票换股票），意味着甲公司如果行权，则乙公司有义务向甲公司交付价值为104 000元的甲公司股票，以换取价值为102 000元的甲公司股票，因此，甲公司有权利向乙公司收取净额价值为2 000元的本公司股票，即19.2股（2 000/104）。换句话说，甲公司具有将来按股票市价大于行权价之差计算的向乙公司收取本公司可变数量股票的权利。所以，应将购入的期权确认为金融资产。

3）以实物总额结算（即现金换股票），意味着甲公司如果行权，将有权向乙公司收取1 000股甲公司自身发行在外的股票，并以102 000元的现金进行交换。所以，不能将购入的期权确认为金融资产，而需将支付的期权费计入权益。

（3）根据上述分析，甲公司的有关账务处理见表11-8。

表11-8　甲公司购入的股票看涨期权的账务处理比较　　单位：元

日期	内容	账务处理比较		
		以现金净额结算	以股票净额结算	以实物总额结算
2×22年2月1日	将支付的期权费确认为资产或计入权益	借：衍生工具——看涨期权资产 5 000 贷：银行存款 5 000	借：衍生工具——看涨期权资产 5 000 贷：银行存款 5 000	借：资本公积等 5 000 贷：银行存款 5 000
2×22年12月31日	确认看涨期权的公允价值变动损失	借：公允价值变动损益 2 000 贷：衍生工具——看涨期权资产 2 000	借：公允价值变动损益 2 000 贷：衍生工具——看涨期权资产 2 000	
2×23年1月31日	确认看涨期权的公允价值变动损失	借：公允价值变动损益 1 000 贷：衍生工具——看涨期权资产 1 000	借：公允价值变动损益 1 000 贷：衍生工具——看涨期权资产 1 000	
	结算期权合同	借：银行存款 2 000 贷：衍生工具——看涨期权资产 2 000	借：库存股 2 000 贷：衍生工具——看涨期权资产 2 000	借：库存股 102 000 贷：银行存款 102 000

11.2.3　嵌入衍生工具的会计处理原理

1. 相关概念

嵌入衍生工具，是指嵌入非衍生工具（即主合同）中的衍生工具。嵌入衍生工具与主合同构成混合工具，使混合工具的全部或部分现金流量随特定利率、金融工具价格、商品价格、汇率、价格指数、费率指数、信用等级、信用指数或其他类似变量的变动而变动。

对嵌入衍生工具概念的理解，应该注意以下三个方面：

（1）关于主合同。主合同通常包括租赁合同、保险合同、服务合同、特许权合同、债务工具合同、合营合同等。嵌入衍生工具与主合同构成混合工具，如企业持有的可转换公司债券等。

（2）关于嵌入衍生工具的表现方式。在混合工具中，嵌入衍生工具通常以具体合同条款体现。例如，甲公司签订了按通胀率调整租金的 3 年期租赁合同。根据该合同，第 1 年的租金先约定，从第 2 年开始，租金按前一年的一般物价指数调整。在此例中，主合同是租赁合同，嵌入衍生工具体现为一般物价指数调整条款。除一般物价指数调整条款外，以下条款也可能体现嵌入衍生工具：在可转换公司债券中嵌入的股份转换选择权条款（对应可转换公司债券）、与权益工具挂钩的本金或利息支付条款、与商品或其他非金融项目挂钩的本金或利息支付条款、看涨期权条款、看跌期权条款、提前还款权条款、信用违约支付条款等。

（3）附在主合同上的衍生工具，如果可以与主合同分开并且能够单独转让，或者具有与该金融工具不同的交易对手方，则不能作为嵌入衍生工具，而应作为一项独立存在的衍生工具处理。例如，某贷款合同可能附有一项相关的利率互换条款。如该互换能够单独转让，那么该互换是一项独立存在的衍生工具，而不是嵌入衍生工具，即使该互换与主合同（贷款合同）的交易对手（借款人）是同一方也是如此。

2. 嵌入衍生工具的会计处理原则

（1）包含金融资产主合同的混合工具。如果混合工具包含的主合同属于第 22 号准则规范的金融资产的，企业不应将嵌入衍生工具从该混合工具中分拆出来，而应当将该混合工具作为一个整体使用该准则关于金融资产分类的相关规定进行相应的会计处理。

（2）其他混合工具——嵌入衍生工具应当分拆的。如果混合工具包含的主合同不属于第 22 号准则规范的资产，且同时符合下列规定条件的，企业应当将嵌入衍生工具从混合工具中予以分拆，作为单独存在的衍生工具进行会计处理。这些条件是：

1）嵌入衍生工具的经济特征和风险与主合同的经济特征和风险不紧密相关；

2）与嵌入衍生工具具有相同条款的单独工具符合衍生工具的定义；

3）该混合工具不是以公允价值计量且其变动计入当期损益进行会计处理。

嵌入衍生工具从混合工具中分拆的，一方面，企业应当按照适用的会计准则对混合工具的主合同进行会计处理；另一方面，企业对分拆出来的嵌入衍生工具要以公允价值进行初始计量，后续计量时将公允价值变动计入当期损益。在确定嵌入衍生工具的公允价值时，如果企业无法根据嵌入衍生工具的条款和条件可靠计量嵌入衍生工具的公允价值，应当根据混合工具公允价值和主合同公允价值两者之间的差额确定该嵌入衍生工具的公允价值；如果使用了上述方法后仍然无法单独计量该嵌入衍生工具在取得日或后续计量日的公允价值的，企业应当将该混合工具整体指定为以公允价值计量且其变动计入当期损益的金融工具。

（3）其他混合工具——嵌入衍生工具不需要分拆的。如果混合工具包含一项或多项嵌入衍生工具，且主合同不属于第22号准则规范的资产的，企业可以将其整体指定为以公允价值计量且其变动计入当期损益的金融工具，但下列情形除外：

1）嵌入衍生工具不会对混合工具的现金流量产生重大改变。

2）在初次确定类似的混合工具是否需要分拆时，几乎不需分析就能明确其包含的嵌入衍生工具不应分拆。例如，嵌入贷款的提前还款权，允许持有人以接近摊余成本的金额提前偿还贷款，该提前还款权不需要分拆。

综上所述，嵌入衍生工具可否从混合工具中分拆的基本判断思路见图11-4。

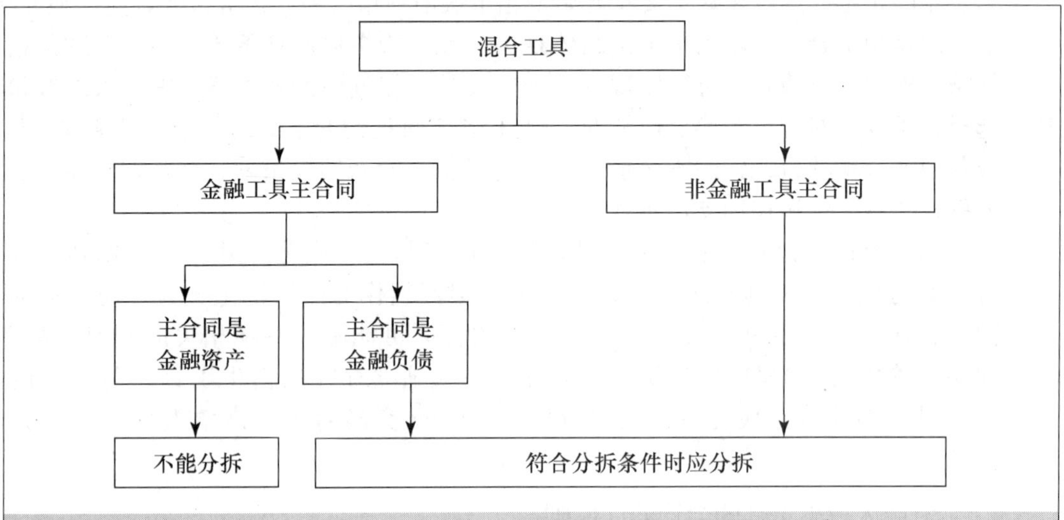

图11-4 嵌入衍生工具可否从混合工具中分拆的判断示意

【例11-16】 嵌入衍生工具①

假定某企业在第1年年初按每份面值1 000元发行了2 000份可转换公司债券，期限为3年，年名义利率为6%，每年年末支付利息；每份债券可在到期前的任何时间转换为250股普通股。该债券发行时不具备转换选择权的类似债券的市场利率为9%。该企业将发行的该债券归类为以摊余成本计量的金融负债。

该企业应如何进行会计处理？

首先，主合同不属于第22号准则规范的金融资产，另假定符合分拆的其他条件。

其次，分拆的过程如下：

（1）本金的现值：按9%的折现率计算的第3年年末应付面值2 000 000元的现值1 544 367元。

① 本例根据《国际会计准则第32号——金融工具：列报》示例改编。

（2）利息的现值：按 9%的折现率计算的 3 年内每年应付利息 120 000 元的现值 303 755 元。

（3）负债部分总额：面值的现值与利息的现值之和 1 848 122 元（1 544 367＋303 755）。

（4）债券发行收入：2 000 000 元。

（5）权益部分金额：151 878 元（2 000 000－1 848 122）。

最后，初始确认的账务处理如下：

借：银行存款	2 000 000	
应付债券——利息调整	151 878	
贷：应付债券——面值		2 000 000
其他权益工具		151 878

11.2.4　衍生金融工具用于套期保值的会计处理原理

1. 相关概念

（1）套期。套期保值（hedge）原义是建立“防护墙”，有规避风险之意。根据《企业会计准则第 24 号——套期会计》，套期，是指企业为管理外汇风险、利率风险、价格风险、信用风险等特定风险引起的风险敞口，指定金融工具为套期工具，以使套期工具的公允价值或现金流量变动，预期抵销被套期项目的全部或部分公允价值或现金流量变动的风险管理活动。

（2）套期工具及其指定。套期工具（hedging instrument）是相对于被套期项目而言的，是指企业为进行套期而指定的、其公允价值或现金流量变动预期可抵销被套期项目的公允价值或现金流量变动的金融工具。

作为套期工具的基本条件是：其公允价值应当能够可靠地计量。指定套期工具的基本原则是：第一，衍生工具通常可以作为套期工具，例外情况是：无法有效地对冲被套期项目风险的衍生工具不能作为套期工具，如企业的签出期权就不能作为套期工具，只有在对购入期权（包括嵌入在混合合同中的购入期权）进行套期时，签出期权才可以作为套期工具。第二，以公允价值计量且其变动计入当期损益的非衍生金融资产或非衍生金融负债可以作为套期工具，但指定为以公允价值计量且其变动计入当期损益且其自身信用风险变动引起的公允价值变动计入其他综合收益的金融负债除外。第三，企业自身权益工具不属于企业的金融资产或金融负债，不能作为套期工具。第四，对于外汇风险套期，企业可以将非衍生金融资产（选择以公允价值计量且其变动计入其他综合收益的非交易性权益工具投资除外）或非衍生金融负债的外汇风险成分指定为套期工具。

（3）被套期项目及其指定。被套期项目（hedged item），是指使企业面临公允价值或现金流量变动风险，且被指定为被套期对象的、能够可靠计量的项目。

可作为被套期项目的项目有：已确认资产或负债；尚未确认的确定承诺；极可能发生的预期交易；境外经营净投资；等等。这里的确定承诺，是指在未来某特定日期或期间，以约定价格交换特定数量资源、具有法律约束力的协议；这里的预期交易，是指尚未承诺但预期会发生的交易。

（4）合并财务报表层面套期工具与被套期项目的指定。运用套期会计时，在合并财务报表层面，只有与企业集团之外的对手方之间交易形成的资产、负债、尚未确认的确定承诺或极可能发生的预期交易才能被指定为被套期项目；在合并财务报表层面，只有与企业集团之外的对手方签订的合同才能被指定为套期工具。对于同一企业集团内的主体之间的交易，在企业个别财务报表层面可以运用套期会计，在企业集团合并财务报表层面不得运用套期会计，但下列情形除外：

1）在合并财务报表层面，符合《企业会计准则第 33 号——合并财务报表》规定的投资性主体与其以公允价值计量且其变动计入当期损益的子公司之间的交易，可以运用套期会计。

2）企业集团内部交易形成的货币性项目的汇兑收益或损失，不能在合并财务报表中全额抵销的，企业可以在合并财务报表层面将该货币性项目的外汇风险指定为被套期项目。

3）企业集团内部极可能发生的预期交易，按照进行此项交易的主体的记账本位币以外的货币标价，且相关的外汇风险将影响合并损益的，企业可以在合并财务报表层面将该外汇风险指定为被套期项目。

2. 套期关系的种类

套期工具与被套期项目，是一项套期关系的两个组成要素。只有当企业特定的风险管理策略将这两个要素有机地连接起来，才构成一项套期关系。

套期关系分为以下三类：

（1）公允价值套期。公允价值套期，是指对已确认资产或负债、尚未确认的确定承诺，或上述项目组成部分的公允价值变动风险敞口进行的套期。

但对确定承诺的外汇风险进行的套期，企业可以将其作为公允价值套期或现金流量套期处理。

（2）现金流量套期。现金流量套期，是指对现金流量变动风险敞口进行的套期。该现金流量变动源于与已确认资产或负债、极可能发生的预期交易，或与上述项目组成部分有关的特定风险，且将影响企业的损益。

已确认的资产或负债承受的现金流量变动风险与已确认的资产或负债承受的公允价值变动风险显然不同。前者如浮动利率债权或债务的未来利息收入或利息支付，后者如已入账存货未来的跌价损失。

预期交易可能承受的风险与已确认的资产或负债承受的风险也不相同。前者承受的是未来现金流量风险，后者承受的则多是未来公允价值变动的风险（除类似于浮动利率债券以外，已确认资产或负债承受的是未来现金流量风险）。例如，企业在未来 6 个月里预计需要消耗 100 单位的原料，现已有库存 40 单位，预期采购 60 单位。库存 40 单位原料将承受的是公允价值变动风险，而采购 60 单位原料这一预期交易所承受的则是现金流量风险。

（3）境外经营净投资套期。境外经营净投资套期，是指对企业在境外经营净资产中享有的份额所面临的外汇风险进行的套期。

以上三类套期关系中，公允价值套期中的外币公允价值套期、现金流量套期中的外币现金流量套期和对境外经营净投资的外币风险的套期，还可统称为外币套期。

3. 套期会计方法及其应用条件

套期会计方法，是指企业将套期工具和被套期项目产生的利得或损失在相同会计期间计入当期损益（或其他综合收益）以反映风险管理活动影响的方法。

公允价值套期、现金流量套期或境外经营净投资套期同时满足下列条件的，才能运用套期会计准则规定的套期会计方法进行处理：

（1）套期关系仅由符合条件的套期工具和被套期项目组成。

（2）在套期开始时，企业正式指定了套期工具和被套期项目，并准备了关于套期关系和企业从事套期的风险管理策略和风险管理目标的书面文件。该文件至少载明了套期工具、被套期项目、被套期风险的性质以及套期有效性评估方法（包括套期无效部分产生的原因分析以及套期比率确定方法）等内容。

（3）套期关系符合套期有效性要求。套期有效性，是指套期工具的公允价值或现金流量变动能够抵销被套期风险引起的被套期项目公允价值或现金流量变动的程度。套期工具的公允价值或现金流量变动大于或小于被套期项目的公允价值或现金流量变动的部分为套期无效部分。

4. 确认与计量的原则

（1）公允价值套期的确认与计量。

1）套期工具产生的利得或损失应当计入当期损益。如果套期工具是对选择以公允价值计量且其变动计入其他综合收益的非交易性权益工具投资（或其组成部分）进行套期的，套期工具产生的利得或损失应当计入其他综合收益。

2）被套期项目因被套期风险敞口形成的利得或损失应当计入当期损益，同时调整未以公允价值计量的已确认被套期项目的账面价值。

被套期项目利得或损失的具体处理要求如下：

被套期项目为按照《企业会计准则第 22 号——金融工具确认和计量》第十八条分类为以公允价值计量且其变动计入其他综合收益的金融资产（或其组成部分）的，其因被套期风险敞口形成的利得或损失应当计入当期损益，其账面价值已经按公允价值计量，不需要调整；被套期项目为企业选择以公允价值计量且其变动计入其他综合收益的非交易性权益工具投资（或其组成部分）的，其因被套期风险敞口形成的利得或损失应当计入其他综合收益，其账面价值已经按公允价值计量，不需要调整。

被套期项目为尚未确认的确定承诺（或其组成部分）的，其在套期关系指定后因被套期风险引起的公允价值累计变动额应当确认为一项资产或负债，相关的利得或损失应当计入各相关期间损益。当履行确定承诺而取得资产或承担负债时，应当调整该资产或负债的初始确认金额，以包括已确认的被套期项目的公允价值累计变动额。

被套期项目为以摊余成本计量的金融工具（或其组成部分）的，企业对被套期项目账面价值所作的调整应当按照开始摊销日重新计算的实际利率进行摊销，并计入当期损益。该摊销可以自调整日开始，但不应当晚于对被套期项目终止进行套期利得和损失调整的时点。被套期项目为按照《企业会计准则第 22 号——金融工具确认和计量》第十八条分类为以公允价值计量且其变动计入其他综合收益的金融资产（或其组成部分）的，企业应当按照相同的方式对累计已确认的套期利得或损失进行摊销，并计入当期损益，但不调整金融资产（或其组成部分）的账面价值。

（2）现金流量套期的确认与计量。

1）套期工具产生的利得或损失中属于套期有效的部分，作为现金流量套期储备的金额，计入其他综合收益。该金额应当按照下列两项的绝对额中较低者确定：一是套期工具自套期开始的累计利得或损失；二是被套期项目自套期开始的预计未来现金流量现值的累计变动额。

2）套期工具产生的利得或损失中属于套期无效的部分（即扣除计入其他综合收益后的其他利得或损失），应当计入当期损益。

3）计入其他综合收益的现金流量套期储备的金额的后续处理方法是：①被套期项目为预期交易，且该预期交易使企业随后确认一项非金融资产或一项非金融负债的，或者非金融资产或非金融负债的预期交易形成一项适用于公允价值套期会计的确定承诺时，企业应将原计入其他综合收益中的现金流量套期储备金额转出，计入该资产或负债的初始确认金额。②对于不属于①涉及的现金流量套期，企业应当在被套期的预期现金流量影响损益的相同期间，将原在其他综合收益中确认的现金流量套期储备金额转出，计入当期损益。③如果在其他综合收益中确认的现金流量套期储备金额是一项损失，且该损失全部或部分预计在未来会计期间不能弥补的，企业应当在预计不能弥补时，将预计不能弥补的部分从其他综合收益中转出，计入当期损益。

4）对现金流量套期终止运用套期会计时，在其他综合收益中确认的累计现金流量套期储备金额，应当按照下列规定进行处理：①被套期的未来现金流量预期仍然会发生的，累计现金流量套期储备的金额应当予以保留，并按照前述后续计量的规定进行会计处理。②被套期的未来现金流量预期不再发生的，累计现金流量套期储备的金额应当从其他综合收益中转出，计入当期损益。被套期的未来现金流量预期不再极可能发生但可能预期仍然会发生，在预期仍然会发生的情况下，累计现金流量套期储备的金额应当予以保留，并按照前述后续计量的规定进行会计处理。

（3）境外经营净投资套期的确认与计量。对境外经营净投资的套期，与现金流量套期的会计处理原则相类似：

1）套期工具形成的利得或损失中属于套期有效的部分，应当计入其他综合收益。全部或部分处置境外经营时，上述计入其他综合收益的套期工具利得或损失应当相应转出，计入当期损益。

2）套期工具形成的利得或损失中属于套期无效的部分，应当计入当期损益。

（4）终止运用套期会计的情形。企业发生下列情形之一的，应当终止运用套期会计：

1）因风险管理目标发生变化，导致套期关系不再满足风险管理目标。

2）套期工具已到期、被出售、合同终止或已行使。

3）被套期项目与套期工具之间不再存在经济关系，或者被套期项目和套期工具经济关系产生的价值变动中，信用风险的影响开始占主导地位。

4）套期关系不再满足准则规定的运用套期会计方法的其他条件。在适用套期关系再平衡的情况下，企业应当首先考虑套期关系再平衡，然后评估套期关系是否满足准则规定的运用套期会计方法的条件。

5. 设置的会计科目及其应用

（1）“套期工具”科目。企业应设置“套期工具”科目核算指定为套期工具的衍生工具和其他套期工具。

当已确认的衍生工具、以公允价值计量且其变动计入当期损益的非衍生金融资产或非衍生金融负债等金融资产或金融负债被指定为套期工具时，应将其账面价值自“衍生工具”“交易性金融资产”等科目转入“套期工具”科目。

资产负债表日，对于公允价值套期，应当按照套期工具产生的利得，借记本科目，贷记“套期损益”“其他综合收益——套期损益”科目，套期工具产生的损失作相反会计分录。对于现金流量套期，应按套期工具产生的利得，借记本科目，按照套期有效部分的变动额，贷记“其他综合收益——套期储备”科目，按照套期工具产生的利得减去套期有效部分的变动额之后的差额，贷记“套期损益”科目。套期工具产生的损失，作相反的会计分录。

金融资产或金融负债不再作为套期工具核算的，应当按照套期工具形成的资产或负债，借记或贷记有关资产或负债，贷记或借记本科目。

本科目期末借方余额，反映企业套期工具形成资产的公允价值；本科目期末贷方余额，反映企业套期工具形成负债的公允价值。

（2）“被套期项目”科目。与“套期工具”科目相对应，企业还应根据套期会计需要，设置“被套期项目”科目。本科目核算开展套期保值业务被套期项目公允价值变动形成的资产或负债。

企业将已确认的资产或负债指定为被套期项目，应按其账面价值，借记或贷记本科目，贷记或借记“库存商品”“长期借款”等科目，已计提跌价准备或减值准备的，还应同时结转跌价准备或减值准备。

资产负债表日，对于公允价值套期，应按照被套期项目因被套期风险敞口形成的利得，借记本科目，贷记“套期损益”“其他综合收益——套期损益”等科目，被套期项目因被套期风险敞口产生的损失作相反的会计分录。资产或负债不再作为被套期项目的，应按被套期项目形成的资产或负债，借记或贷记有关科目，贷记或借记本科目。

本科目期末借方余额，反映企业被套期项目形成资产的公允价值；本科目期末贷方余额，反映企业被套期项目形成负债的公允价值。

可见，“套期工具”“被套期项目”两者也都属于共同类科目。

（3）“套期损益”科目。企业可以设置“套期损益”科目，用来核算套期工具和被套期项目价值变动形成的利得或损失。

资产负债表日，对于公允价值套期，按照套期工具产生的利得，借记“套期工具”科目，贷记本科目；套期工具产生的损失作相反的会计分录。对于现金流量套期，套期工具的利得中属于套期无效的部分，借记“套期工具”科目，贷记本科目；套期工具的损失中属于套期无效的部分，作相反的会计分录。

资产负债表日，对于公允价值套期，应按照被套期项目因被套期风险敞口形成的利得，借记“被套期项目”科目，贷记本科目；被套期项目因被套期风险敞口形成的损失，作相反的会计分录。

期末，应将本科目的余额转入“本年利润”科目，经结转后本科目应无余额。

（4）“净敞口套期损益”科目。企业应设置“净敞口套期损益”科目核算净敞口套期下被套期项目累计公允价值变动转入当期损益的金额或现金流量套期储备转入当期损益的金额。

对于净敞口公允价值套期，企业应在被套期项目影响损益时，将被套期项目因被套期风险敞口形成的累计利得或损失转出，贷记或借记“被套期项目”科目，借记或贷记本科目。

对于净敞口现金流量套期，企业应在将相关现金流量套期储备转入当期损益时，借记或贷记“其他综合收益——套期储备”科目，贷记或借记本科目；将相关现金流量套期储备转入资产或负债的，当资产或负债影响损益时，借记或贷记资产（或其备抵）、负债科目，贷记或借记本科目。

期末，应将本科目的余额转入“本年利润”科目，经结转后本科目应无余额。

（5）“其他综合收益”下的相关明细科目。一方面，企业应在“其他综合收益”科目下设置“套期损益”明细科目，核算公允价值套期下对被指定为以公允价值计量且其变动计入其他综合收益的非交易性权益工具投资或其组成部分进行套期时，套期工具和被套期项目公允价值变动形成的利得或损失。

另一方面，企业还应在“其他综合收益”科目下设置“套期储备”明细科目，核算现金流量套期下累计公允价值变动中的有效套期部分。

下面举例说明衍生金融工具在套期保值中的应用。

【例 11－17】 期权合约用于公允价值套期

2×21年9月1日，丙公司以每股50元的价格从二级市场购入丁公司的股票100 000股，从而拥有丁公司5%的股份。丙公司将该项股权投资归类以公允价值计量且其变动计入当期损益的金融资产。根据后来的股市分析，丙公司管理层认为有规避股价下跌风险的必要，公司有关部门遂于2×21年12月31日支付期权费90 000元购入一项看跌期权（卖出期权），将其指定为对公司持有的丁公司股票投资进行套期保值。按当天该股票市场价格每股40元作为该期权的行权价格，行权日期为2×23年12月31日。

假定有关股票公允价值和看跌期权公允价值资料见表11－9。

表11－9 丙公司购入的丁公司股票以及看跌期权的公允价值资料 单位：元

项目		2×21年12月31日	2×22年12月31日	2×23年12月31日
股票	每股价格	40	38	35
	总价	4 000 000	3 800 000	3 500 000
看跌期权	时间价值	90 000	70 000	0
	内在价值	0	200 000	500 000
	公允价值	90 000	270 000	500 000

假定丙公司在不考虑期权的时间价值变化的情况下对该看跌期权的套期有效性进行分析，认为套期有效。

丙公司应如何进行相关会计处理？

首先，丙公司应确定套期活动的分类。对已确认资产进行的套期保值活动，应归类为公允价值套期。

然后，对此项套期活动进行账务处理。有关账务处理如下：

（1）2×21年9月1日，买入丁公司股票：

借：交易性金融资产 5 000 000

贷：银行存款 5 000 000

（2）2×21 年 12 月 31 日，确认金融资产公允价值变动：

借：公允价值变动损益 1 000 000

贷：交易性金融资产 1 000 000

（3）2×21 年 12 月 31 日，确认套期关系：

借：被套期项目——交易性金融资产 4 000 000

贷：交易性金融资产 4 000 000

借：套期工具——卖出期权 90 000

贷：银行存款 90 000

（4）2×22 年 12 月 31 日，确认套期工具公允价值变动：

借：套期工具——卖出期权 180 000

贷：套期损益 180 000

（5）2×22 年 12 月 31 日，确认被套期项目公允价值变动：

借：套期损益 200 000

贷：被套期项目——交易性金融资产 200 000

（6）2×23 年 12 月 31 日，确认套期工具公允价值变动：

借：套期工具——卖出期权 230 000

贷：套期损益 230 000

（7）2×23 年 12 月 31 日，确认被套期项目公允价值变动：

借：套期损益 300 000

贷：被套期项目——交易性金融资产 300 000

（8）2×23 年 12 月 31 日，按行权价格卖出所持股票，确认行权：

借：银行存款 4 000 000

贷：套期工具——卖出期权 500 000

被套期项目——交易性金融资产 3 500 000

（9）2×23 年 12 月 31 日，结转原来确认的公允价值变动损益：

借：投资收益 1 000 000

贷：公允价值变动损益 1 000 000

通过以上账务处理可以看出，套期工具的公允价值变动利得共 410 000 元，弥补了被套期项目的部分公允价值变动损失，也就是说，如若不做套期，丙公司此项股票投资将损失 1 500 000 元（(50－35)×100 000）；由于采用卖出期权进行套期，丙公司在此项股票投资上仅损失了 1 090 000 元（5 090 000 元的资金投入，卖出股票价款 4 000 000 元），减少了 410 000 元的损失（税费略）。另外，丙公司在此项股票投资上损失的 1 090 000 元，通过“套期损益”“投资收益”等损益类科目的记录体现为对各期损益的影响。

【例 11－18】 期权合约用于公允价值套期

沿用例 11－17 的资料，假定被套期项目——丙公司持有的对丁公司的股权投资，被归类以公允价值计量且其变动计入其他综合收益的金融资产，其他资料不变。则丙公司有关账务处理如下：

(1) 2×21年9月1日，买入丁公司股票：

借：其他权益工具投资	5 000 000	
贷：银行存款		5 000 000

(2) 2×21年12月31日，确认金融资产公允价值变动：

借：其他综合收益——公允价值变动	1 000 000	
贷：其他权益工具投资		1 000 000

(3) 2×21年12月31日，确认套期关系：

借：被套期项目——其他权益工具投资	4 000 000	
贷：其他权益工具投资		4 000 000
借：套期工具——卖出期权	90 000	
贷：银行存款		90 000

(4) 2×22年12月31日，确认套期工具公允价值变动：

借：套期工具——卖出期权	180 000	
贷：其他综合收益——套期损益		180 000

(5) 2×22年12月31日，确认被套期项目公允价值变动：

借：其他综合收益——套期损益	200 000	
贷：被套期项目——其他权益工具投资		200 000

(6) 2×23年12月31日，确认套期工具公允价值变动：

借：套期工具——卖出期权	230 000	
贷：其他综合收益——套期损益		230 000

(7) 2×23年12月31日，确认被套期项目公允价值变动：

借：其他综合收益——套期损益	300 000	
贷：被套期项目——其他权益工具投资		300 000

(8) 2×23年12月31日，按行权价格卖出所持股票，确认行权：

借：银行存款	4 000 000	
贷：套期工具——卖出期权		500 000
被套期项目——其他权益工具投资		3 500 000

(9) 2×23年12月31日，结转原来确认的公允价值变动损益：

借：盈余公积——法定盈余公积	109 000	
利润分配——未分配利润	981 000	
贷：其他综合收益——套期损益		90 000
——公允价值变动		100 000

通过以上账务处理可以看出，丙公司在此项股票投资上损失的1 090 000元，与例11-17中的处理不同，是通过“其他综合收益”这个科目直接影响所有者权益的，并最终体现为对留存收益的影响。

【例11-19】 期汇合约用于现金流量套期

2×22年8月1日，乙公司预期将在2×23年1月30日销售一批A商品20吨，根据目前的市场价格情况，预期销售价格为300 000元；而综合市场情况分析，未来销售价格有走低的风险。为了规避现金流量风险，2×22年8月1日，乙公司与某金融机构签订了一项衍生金融工具合同 B，将其用于为此项预期销售进行套期保值。衍生金融工具 B 的标的资产与被套期的预期销售商品 A 的数量、质量、产地、销售地以及价格变动等要素均相同，衍生金融工具 B 的结算日也与商品 A 的预期销售日相同。签约当天，衍生金融工具 B 的公允价值为 0；2×22 年 12 月 31 日，衍生金融工具 B 的公允价值上涨了 20 000 元，20 吨商品 A 的预期销售价格为 280 000 元；结算日，衍生金融工具 B 的公允价值又上涨了 30 000 元，20 吨商品 A 的实际销售价格则比 1 个月以前的预期价格下降了 30 000 元。

假定：乙公司经分析，此项套期因关键条款相同而完全有效；不考虑衍生金融工具 B 的时间价值以及商品 A 的增值税因素等；2×22 年 12 月 31 日、2×23 年 1 月 30 日被套期项目自套期开始的预计未来现金流量现值的累计变动额的绝对额均大于当时套期工具自套期开始的累计利得。

乙公司应如何进行相关会计处理？

首先，乙公司应确定套期活动的分类。对预期交易进行的套期保值活动，应归类为现金流量套期。

然后，对此项套期活动进行账务处理如下：

(1) 2×22 年 8 月 1 日，套期工具公允价值为 0，被套期项目尚未发生，不予以确认。

(2) 2×22 年 12 月 31 日，确认套期工具公允价值变动：

借：套期工具——衍生金融工具 B　　20 000
　贷：其他综合收益——套期储备　　20 000

(3) 2×23 年 1 月 30 日，确认套期工具公允价值变动：

借：套期工具——衍生金融工具 B　　30 000
　贷：其他综合收益——套期储备　　30 000

(4) 2×23 年 1 月 30 日，确认预期交易（销售 A 商品）的发生：

借：银行存款或应收账款　　250 000
　贷：主营业务收入　　250 000

(5) 2×23 年 1 月 30 日，确认衍生金融工具 B 的结算：

借：银行存款　　50 000
　贷：套期工具——衍生金融工具 B　　50 000

(6) 2×23 年 1 月 30 日，结转套期工具的累计公允价值变动损益：

借：其他综合收益——套期储备　　50 000
　贷：主营业务收入　　50 000

【例 11-20】 期汇合约用于对确定承诺进行套期

2×22 年 10 月 31 日，甲公司与境外某公司签订合同，约定于 2×23 年 1 月 31 日以每桶 55 美元的价格购入 2 000 桶原油。为了规避购入原油成本的外汇风险，甲公司于当日又与 A 金融机构签订一项合约，合约约定：2×23 年 1 月 31 日，甲公司按 2×22 年 10 月 31 日的 3 个月期远期汇率从 A 金融机构购入 110 000 美元，结算方式为按净额结算。有关汇率和利率资料为：2×22 年 10 月 31 日，3 个月的美元对人民币远期汇率为

1美元=6.86元人民币；2×22年12月31日，1个月的美元对人民币远期汇率为1美元=6.84元人民币；2×23年1月31日，美元对人民币即期汇率为1美元=6.83元人民币。人民币的市场利率为3%。不考虑增值税等相关税费。

甲公司如何就对确定承诺进行的这一套期保值活动进行会计处理？

（1）甲公司与A金融机构签订的合约就是一项远期外汇合约。按净额结算意味着甲公司在结算日（2×23年1月31日）按约定的交割汇率与结算日即期汇率的差额（6.86−6.83=0.03）对合同金额110 000美元进行结算，根据题意，甲公司结算日应向A金融机构支付3 300元（110 000×(6.86−6.83)）的净额。

（2）2×22年10月31日为合约签订日，甲公司应对该工具涉及的权利或义务进行初始确认；当天期汇合约的现值即其公允价值=(6.86−6.86)×110 000÷(1+3%×1/12)=0。初始确认日衍生工具的公允价值为0。

（3）2×22年12月31日，1个月的美元对人民币远期汇率为1美元=6.84元人民币，甲公司对该工具涉及的权利或义务进行后续计量的结果是：当天期汇合约的现值即其公允价值为−2 195元((6.84−6.86)×110 000÷(1+3%×1/12))，这就意味着甲公司2×22年12月31日的资产负债表中要按公允价值报告未来按净额结算时需承担的2 195元义务，同时需要确认公允价值变动损失2 195元（2 195−0）。

（4）同样道理，2×23年1月31日期汇合约的现值即其公允价值为−3 300元((6.83−6.86)×110 000)，这就意味着甲公司2×23年1月31日按净额结算前的金融负债余额应为3 300元，从而需要确认1 105元（3 300−2 195）的负债增加额和公允价值变动损失。

（5）2×23年1月31日是结算日，所以，甲公司需要按约定的交割汇率大于结算日即期汇率的差额对合同金额110 000美元进行结算，即应向A金融机构支付3 300元(110 000×(6.86−6.83))的净额。

（6）对涉及外汇的确定承诺进行套期保值，可以将其归类于公允价值套期，也可以将其归类为现金流量套期。

综上所述，分别公允价值套期和现金流量套期两种情况，有关账务处理的比较见表11-10。

表11-10　甲公司将期汇合约用于购货的确定承诺套期保值的账务处理比较　　单位：元

日期	内容	账务处理及报表列报	
		将该套期划分为公允价值套期	将该套期划分为现金流量套期
2×22年10月31日	签订期汇合约，将其指定为套期工具	因套期工具和被套期项目的公允价值为0*，不作账务处理；将套期保值进行表外登记	因套期工具和被套期项目的公允价值为0*，不作账务处理；将套期保值进行表外登记
2×22年12月31日	确认公允价值变动	借：套期损益　2 195** 　贷：套期工具——期汇合约　2 195	借：其他综合收益——套期储备　2 195 　贷：套期工具——期汇合约　2 195
		借：被套期项目——确定承诺　2 195 　贷：套期损益　2 195	

续表

日期	内容	账务处理及报表列报	
		将该套期划分为公允价值套期	将该套期划分为现金流量套期
2×23 年 1 月 31 日	确认公允价值变动	借：套期损益　1 105*** 　贷：套期工具——期汇合约　1 105	借：其他综合收益——套期储备 　贷：套期工具——期汇合约
		借：被套期项目——确定承诺　1 105 　贷：套期损益　1 105	
	结算期汇合约	借：套期工具——期汇合约　3 300 　贷：银行存款　3 300	借：套期工具——期汇合约 　贷：银行存款
	履行确定承诺，购货	借：原材料——原油　751 300 　贷：银行存款　751 300	借：原材料——原油 　贷：银行存款
	结转被套期项目公允价值变动损益	借：原材料——原油　3 300 　贷：被套期项目——确定承诺　3 300	
该存货影响企业损益的期间	结转套期工具累计的公允价值变动损益		借：主营业务成本等　3 300 　贷：其他综合收益——套期储备　3 300

* 当天期汇合约的现值即其公允价值＝(6.86－6.86)×110 000÷(1＋3%×1/12)＝0。

** 当天期汇合约的现值即其公允价值＝(6.86－6.84)×110 000÷(1＋3%×1/12)＝2 195 元。

*** 当天期汇合约的现值即其公允价值＝(6.86－6.83)×110 000＝3 300 元，应调整额＝3 300－2 195＝1 105元。

甲公司套期活动的结果是：将购入原油的折算成本（按公允价值套期来处理）或与购入原油有关的销售成本的折算价值（按现金流量套期来处理）锁定在套期开始日远期汇率的水平上。从某种意义上说，这也是进行套期活动的初衷。但此项套期活动中汇率的变化却致使公司多支出人民币3 300 元。

11.2.5　报表列报与附注披露

1. 报表列报

报告期末，企业应将“衍生工具”科目的借方余额在资产负债表中以“衍生金融资产”项目列报，贷方余额则在资产负债表中以“衍生金融负债”项目列报。

报告期末，企业应将“套期工具”科目的余额根据具体情况分别在“交易性金融资产”“交易性金融负债”“其他非流动资产”“其他非流动负债”等项目中列报。“被套期项目”科目的余额视被套期项目的内容分别列入“存货”“应付债券”“其他流动资产”等有关项目。另外，利润表中单设“净敞口套期收益”项目，反映净敞口套期下被套期项目累计公允价值变动转入当期损益的金额或现金流量套期储备转入当期损益的金额；在利润表的“其他综合收益”部分，还设有“现金流量套期储备”项目，反映企业套期工具产生的利得或损失中属于套期有效的部分（该项目应根据“其他综合收益”科目下的“套期储备”明细科目的发生额分析填列）。

2. 附注披露

包括衍生金融工具在内的金融工具的信息披露，是指企业在附注中披露已确认和未确认金融工具的有关信息，有助于财务报告使用者就金融工具对企业财务状况和经营成果影响的重要程度作出合理评价。

根据企业会计准则，金融工具的信息披露主要有以下几个要求：

（1）一般信息披露要求。

1）企业应当披露编制财务报表时对金融工具所采用的重要会计政策、计量基础等信息。

2）企业应当披露相关金融资产和金融负债的账面价值。

3）企业将单项或一组贷款或应收款项指定为以公允价值计量且其变动计入当期损益的金融资产的，应当披露有关信用风险信息以及因信用风险变化引起的公允价值变动信息。

4）企业将某项金融负债指定为以公允价值计量且其变动计入当期损益的金融负债的，应当披露本期因相关信用风险变化引起的公允价值变动额和累计变动额以及账面价值与到期日按合同约定应支付金额之间的差额。

5）企业将金融资产进行重分类，使该金融资产后续计量基础由成本或摊余成本改为公允价值，或由公允价值改为成本或摊余成本的，应当披露该金融资产重分类前后的公允价值或账面价值和重分类的原因。

6）对于不满足《企业会计准则第 23 号——金融资产转移》规定的金融资产终止确认条件的金融资产转移，企业应当披露有关信息。

7）企业应当披露与作为担保物的金融资产的账面价值信息和与担保物有关的期限及条件信息。

8）企业收到的担保物（金融资产或非金融资产）在担保物所有人没有违约时就可以出售或再作为担保物的，应当披露有关信息。

9）企业应当披露每类金融资产减值损失的详细信息，包括前后两期可比的金融资产减值准备期初余额、本期计提数、本期转回数、期末余额之间的调节信息等。

10）企业应当披露与违约借款有关的信息。

11）企业应当披露与每类套期保值有关的信息。

12）企业应当披露与现金流量套期有关的信息。

13）对于公允价值套期，企业应当披露本期套期工具形成的利得或损失，以及被套期项目因被套期风险形成的利得或损失。

14）对于境外经营净投资套期，企业应当披露本期无效套期形成的利得或损失。

15）企业在披露金融资产或金融负债的公允价值信息时，除非这些金融资产或金融负债是账面价值与公允价值相差很小的短期金融资产或金融负债，或者是在活跃市场中没有报价的权益工具投资，以及与该权益工具挂钩并须通过交付该权益工具结算的衍生工具，否则应当按照每类金融资产和金融负债披露有关公允价值信息。

16）企业应当披露在活跃市场中没有报价的权益工具投资，以及与该权益工具挂钩并须通过交付该权益工具结算的衍生工具有关信息。

17）企业应当披露与金融工具有关的收入、费用、利得或损失信息。

（2）金融工具风险信息披露要求。

企业应披露金融工具风险的描述性信息，同时还应披露金融工具风险的数量信息。企业应当披露与每类金融工具信用风险、流动性风险、市场

11.2 即测即评

风险有关的信息。

思考题

1. 如何理解衍生金融工具的概念？
2. 衍生金融工具会计面临的主要问题是什么？
3. 什么是嵌入衍生工具？嵌入衍生工具是否一定要从混合工具中分拆？
4. 什么是套期会计？
5. 什么是公允价值套期？什么是现金流量套期？
6. 公允价值套期和现金流量套期两者的会计处理有何主要区别？

练习题

［目的］ 了解衍生金融工具会计确认与计量的基本原理。

［资料］ 资料见例 11-20。修改部分资料如下：假定有关汇率资料为：(1) 2×22 年 10 月 31 日，3 个月的美元对人民币远期汇率为 1 美元＝6.86 元人民币；(2) 2×22 年 12 月 31 日，1 个月的美元对人民币远期汇率为 1 美元＝6.87 元人民币；(3) 2×23 年 1 月 31 日，美元对人民币即期汇率为 1 美元＝6.89 元人民币。其他资料不变。

［要求］ 根据上述资料，分别以下两种情况指出甲公司将期汇合约用于购货的确定承诺套期保值的账务处理：

(1) 将该套期活动划分为公允价值套期；

(2) 将该套期活动划分为现金流量套期。

第 12 章

清算会计

思维导图

学习目标：

通过本章的学习，了解企业清算的概念、种类及基本程序；以破产清算为主，了解清算会计确认、计量与报告的基本规范及其应用。

快报摘录　　大唐发电控股子公司破产清算公告

2019 年 6 月 28 日，大唐国际发电股份有限公司（简称“大唐发电”，股票代码 601991）在上交所网站发布了其控股子公司破产清算的提示性公告，公告内容如下：

证券代码：601991　　证券简称：大唐发电　　公告编号：2019－033

大唐国际发电股份有限公司
关于控股子公司破产清算的提示性公告

特别提示

本公司董事会及全体董事保证本公告内容不存在任何虚假记载、误导性陈述或者重大遗漏，并对其内容的真实性、准确性和完整性承担个别及连带责任。

大唐国际发电股份有限公司（“公司”或“本公司”）控股子公司甘肃大唐国际连城发电有限责任公司于 2019 年 6 月 27 日收到《甘肃省永登县人民法院的民事裁定书》（〔2019〕甘 0121 民破 1 号）和《甘肃省永登县人民法院的民事裁定书》（〔2019〕甘 0121 民破 1 号－2），现将有关情况公告如下：

一、破产清算概述

甘肃大唐国际连城发电有限责任公司债权人以其无力支付到期款项（约人民币 1 644.34 万元）为由，向甘肃省永登县人民法院申请甘肃大唐国际连城发电有限责任公司破产清算。

二、本次裁定主要内容

1.《甘肃省永登县人民法院的民事裁定书》（〔2019〕甘 0121 民破 1 号）裁定内容：

本院认为：被申请人甘肃大唐国际连城发电有限责任公司已严重资不抵债，符合破产条件，债权人的申请符合法律规定，其破产还债申请应予准许。据此，依照《中华人民共和国企业破产法》第二条第一款、第七条第一、二款、第十条、第十三条之规定，裁定如下：

决定立案受理申请人提出的关于被申请人甘肃大唐国际连城发电有限责任公司破产还债的申请。

> 指定甘肃正天合律师事务所为破产管理人。
> 2.《甘肃省永登县人民法院的民事裁定书》（〔2019〕甘 0121 民破 1 号－2）裁定内容：
> 本院认为，债务人甘肃大唐国际连城发电有限责任公司已无力清偿到期债务，债权人的申请符合法律规定。
> 依照《中华人民共和国企业破产法》第二条、第七条第一、二款、第十条、第十一条之规定，裁定如下：
> 宣告甘肃大唐国际连城发电有限责任公司破产还债。
> 三、破产清算企业基本情况
> 甘肃大唐国际连城发电有限责任公司成立于 2001 年 8 月，注册资本 27 550 万元（人民币，下同），主要经营范围包括：建设经营电厂、销售电力；电力技术咨询、服务及综合利用。其股权结构为：本公司持有 55%的股权；国电电力发展股份有限公司持有 25%的股权；甘肃省电力投资集团有限责任公司持有 20%的股权。
> 截至 2018 年 12 月 31 日，甘肃大唐国际连城发电有限责任公司资产总额约 6.55 亿元，负债总额约 17.42 亿元，资产负债率约 265.81%，净利润约－2.30 亿元（以上数据已经会计师事务所审计）。截至 2019 年 5 月 31 日，甘肃大唐国际连城发电有限责任公司资产总额约 5.94 亿元，负债总额约 17.73 亿元，资产负债率约 298.5%，2019 年累计净利润约－0.92 亿元（以上数据未经会计师事务所审计）。截至目前，公司向甘肃大唐国际连城发电有限责任公司提供委托贷款余额 5.36 亿元，担保借款 8.81 亿元。
> 公司将密切关注破产清算进程及其对公司的影响，及时履行信息披露义务。
> 鉴于公司执行董事应学军先生过往 12 个月内曾任甘肃大唐国际连城发电有限责任公司董事长（2018 年 8 月 30 日起不再担任甘肃大唐国际连城发电有限责任公司董事长），根据香港上市规则，此事项构成须予披露事项，除此事项，概无其他需对外披露的事项。
> 特此公告
>
> 大唐国际发电股份有限公司
> 2019 年 6 月 27 日

资料来源：大唐发电关于控股子公司破产清算的提示性公告．上海证券交易所网站，http://www.sse.com.cn.

浏览该公告，我们可以发现，甘肃大唐国际连城发电有限责任公司因严重资不抵债而申请破产清算。那么，什么是企业清算？什么是破产清算？清算会计的主要内容有哪些？接下来我们首先梳理企业清算的含义及种类，然后以破产清算为主介绍企业清算会计的基本原理与方法。

12.1　清算会计概述

12.1.1　企业清算的概念与程序

1. 企业清算的相关概念

企业清算，是指在企业终止过程中，为终结企业现存的各种经济关系、消灭企业的法人资格，而对企业尚未了结的业务、财产及债权债务关系等进行清理、处分的行为和程序。

企业清算一般是指企业的解散清算和破产清算。

（1）解散清算。企业因为各种原因解散的，应依法进行解散清算。

根据《中华人民共和国公司法》（以下简称《公司法》）的规定，公司解散的原因有：公司章程规定的营业期限届满或者公司章程规定的其他解散事由出现；股东会决议解散；因公司合并或者分立需要解散；依法被吊销营业执照、责令关闭或者被撤销；企业经营管理发生严重困难，继续存续会使股东利益受到重大损失，通过其他途径不能解决的，持有公司10%以上表决权的股东，可以请求人民法院解散公司。

企业解散后应在公司法规定的期限内组织清算。由企业自行组织清算的为自行清算；企业自行清算无法启动或逾期时，企业的债权人和股东可以向法院申请强制清算。

（2）破产清算。企业被依法宣告破产的，应依法实施破产清算。

《中华人民共和国企业破产法》（以下简称《破产法》）规定，以下三种情况下有关方面可提出破产清算申请：企业法人不能清偿到期债务，并且资产不足以清偿全部债务或者明显缺乏清偿能力的，债务人可以向人民法院提出重整、和解或者破产清算申请；债务人不能清偿到期债务，债权人可以向人民法院提出对债务人进行重整或者破产清算的申请；企业法人已解散但未清算或者未清算完毕，资产不足以清偿债务的，依法负有清算责任的人应当向人民法院申请破产清算。

人民法院受理破产申请后宣告企业破产的，破产企业就进入破产清算程序。

2. 企业清算的程序

无论是解散清算还是破产清算，企业清算的程序主要包括以下几个环节：

（1）成立清算机构。对于解散清算，《公司法》规定，董事为公司清算义务人，应当在解散事由出现之日起15日内组成清算组进行清算。清算组由董事组成。逾期不成立清算组进行清算的，利害关系人可以申请人民法院指定有关人员组成清算组进行清算，人民法院应当受理该申请，并及时组织清算组进行清算。

对于破产清算，《破产法》规定，人民法院裁定受理破产申请的，应当同时指定管理人。管理人可以由有关部门、机构的人员组成的清算组担任，或者由依法设立的律师事务所、会计师事务所、破产清算事务所等社会中介机构担任。人民法院根据债务人的实际情况，可以在征询有关社会中介机构的意见后，指定该机构具备相关专业知识并取得执业资格的人员担任管理人。管理人依照破产法规定执行职务，向人民法院报告工作，并接受债权人会议和债权人委员会的监督。管理人主要履行以下职责：接管债务人（破产企业）的财产、印章和账簿、文书等资料；调查债务人财产状况，制作财产状况报告；决定债务人的内部管理事务；决定债务人的日常开支和其他必要开支；在第一次债权人会议召开之前，决定继续或者停止债务人的营业；管理和处分债务人的财产；代表债务人参加诉讼、仲裁或者其他法律程序；提议召开债权人会议；人民法院认为管理人应当履行的其他职责。

清算机构的主要职权与职责见表12-1。

表12-1 清算机构主要职权与职责

解散清算	破产清算
清算组在清算期间行使下列职权： 清理公司财产，分别编制资产负债表和财产清单； 通知、公告债权人； 分配与清算有关的公司未了结的业务； 清缴所欠税款以及清算过程中产生的税款； 清理债权、债务； 分配公司清偿债务后的剩余财产； 代表公司参与民事诉讼活动。	管理人主要履行以下职责： 接管债务人（破产企业）的财产、印章和账簿、文书等资料； 调查债务人财产状况，制作财产状况报告； 决定债务人的内部管理事务； 决定债务人的日常开支和其他必要开支； 在第一次债权人会议召开之前，决定继续或者停止债务人的营业； 管理和处分债务人的财产； 代表债务人参加诉讼、仲裁或其他法律程序； 提议召开债权人会议； 人民法院认为管理人应当履行的其他职责。

虽然清算组的职权和管理人的职责在具体的法规条文里不尽相同，但作为清算活动执行主体，其基本职责是一致的，就是组织清算活动。

（2）组织清算。解散清算的，清算组成立后，就应对解散企业的财产、物资、债权、债务进行全面清查，提出财产作价和计算依据，制定清算方案，具体处理企业未了结的业务、收取企业债权、向股东收取已认缴而未缴纳的股金、清算纳税事宜、偿还企业债务，处分企业剩余财产。

破产清算的，管理人接管破产企业后在组织破产清算工作的过程中，应当按照债权人会议通过的或者人民法院依法裁定的破产财产变价方案，适时变价出售破产财产；用破产财产优先清偿破产费用和共益债务，然后依序清偿所欠职工的各项负债、所欠税款以及普通破产债权。

（3）终结清算。解散清算的，企业清算工作结束后，由清算组提出清算报告，报股东会、股东大会或者人民法院确认，并报送公司登记机关，申请注销公司登记，公告公司终止。

破产清算的，破产人无财产可供分配的，管理人应当请求人民法院裁定终结破产程序。管理人在最后分配完结后，应当及时向人民法院提交破产财产分配报告，并提请人民法院裁定终结破产程序。人民法院应当自收到管理人终结破产程序的请求之日起 15 日内作出是否终结破产程序的裁定。裁定终结的，应当予以公告。管理人应当自破产程序终结之日起 10 日内，持人民法院终结破产程序的裁定，向破产人的原登记机关办理注销登记。

12.1.2　清算会计的基本特征

与持续经营前提下的常规财务会计相比，清算会计具有如下几个特征：

1. 关于会计前提

企业清算的会计确认计量与报告，其显著特征是以非持续经营为前提。企业宣告解散或法院宣告企业破产，被清算企业就是要走向终结，不再持续经营，从而清算期间会计确认、计量与报告的内容将主要是财产的变卖、债务的清偿、清算费用的支付以及清算损益的结转等与清算相关的特有业务。以非持续经营为前提，决定了解散清算或破产清算的企业在清算期间采用的计量属性、设置的会计科目、清算财务报表的编制时点及呈报内容等，均与持续经营情况下大不相同。

2. 关于计量属性

与持续经营前提下根据具体情况对资产、负债采用历史成本、重置成本、公允价值、可变现净值、现值等计量属性不同，清算会计分别采用清算净值、清偿价值对被清算企业的资产、负债进行计量。以破产清算为例，破产资产清算净值，是指在破产清算的特定环境下和规定时限内，最可能的变现价值扣除相关的处置税费后的净额①；破产负债清偿价值，是指在不考虑破产企业的实际清偿能力和折现等因素的情况下，破产企业按照相关法律规定或合同约定应当偿付的金额。

---

① 其中，最可能的变现价值应当为公开拍卖的变现价值，但有两项例外：债权人会议另有决议的，最可能变现价值应为其决议的处置方式下的变现价值；国家规定不能拍卖或限制转让的，则应以按照国家规定的方式处理后的所得作为变现价值。

3. 关于会计科目体系

在会计科目体系方面，与常规财务会计相比有显著不同。一方面，资产、负债类的会计科目要适当简并。另一方面，解散清算的，要设置“清算费用”“清算净损益”等会计科目，一来取代持续经营前提下的损益类会计科目用来核算清算过程中的各项损益，二来在清算结束时结转所有者权益科目余额；破产清算的，则不再使用所有者权益类会计科目以及持续经营前提下的损益类会计科目，而是代之以“清算净值”“清算净损益”等会计科目。

4. 关于财务报表编制时点与列报内容

清算财务报表的编制时点与列报内容，均与持续经营前提下的财务报表不同。

以破产清算为例：一方面，与持续经营情况下企业需在资产负债表日编制财务报表不同，清算会计的财务报表编制时点不再是每个会计期末。以破产清算为例，企业经法院宣告破产后，应在破产报表日编制清算财务报表。这里的破产报表日是指法院或债权人会议要求的时点，这些时点包括破产宣告日、债权人会议确定的编报日、破产终结申请日等。另一方面，与持续经营情况下企业财务报表反映的内容不同，清算财务报表包括清算资产负债表、清算损益表、清算现金流量表、债务清偿表及相关附注。

12.1.3 清算会计的主要内容

解散清算与破产清算，两者在会计处理的主要内容上大同小异。

1. 解散清算会计的主要内容

企业解散清算的会计确认、计量与报告，主要包括以下几项内容：

（1）编制清算日的资产负债表；

（2）核算清算费用；

（3）核算变卖财产物资的损益；

（4）核算收回的债权和偿还的债务；

（5）结转剩余所有者权益；

（6）向所有者归还剩余财产；

（7）编制清算费用表、清算利润表和清算结束日的资产负债表。

［财报精选］11部门强调2020年底前完成处置“僵尸企业”

12.1 即测即评

2. 破产清算会计的主要内容

破产企业破产清算的会计确认、计量与报告，主要包括以下几项内容：

（1）将破产企业会计科目余额结转至清算机构新设的会计科目体系中；

（2）处置破产财产；

（3）清偿破产费用；

（4）清偿破产债务；

（5）核算其他相关收益、费用与支出；

（6）核算并结转清算净损益；

（7）在破产报表日编制清算财务报表。

接下来，我们就通过介绍企业破产清算的会计处理，来了解清算会计的基本内容。

12.2　企业破产清算的会计处理

12.2.1　设置的会计科目

破产企业的会计档案等财务资料经法院裁定由破产管理人接管的，管理人组织的清算机构应当在企业被法院宣告破产后，比照原有会计科目根据实际情况设置相关资产、负债类会计科目，将有关资产、负债入账。

值得注意的是，对于破产企业，管理人还要增设相关负债类、清算净值类以及清算损益类会计科目，以便反映清算过程及其结果。

破产清算企业会计科目体系及其核算的内容归纳见表 12－2。

表 12－2　破产清算的会计科目及其核算内容

科目类别	科目名称	核算内容
相关资产、负债类科目	比照原有会计科目根据实际情况设置相关资产、负债类会计科目，并将有关资产、负债入账	
增设的负债类科目	应付破产费用	核算破产企业在破产清算期间发生的破产法规定的各类破产费用
	应付共益债务	核算破产企业在破产清算期间发生的破产法规定的各类共益债务
增设的清算净值类科目	清算净值	核算破产企业在破产报表日结转的清算净损益科目余额以及破产企业资产与负债的差额
增设的清算损益类科目	资产处置净损益	核算破产企业在破产清算期间处置破产资产产生的、扣除相关处置费用后的净损益
	债务清偿净损益	核算破产企业在破产清算期间清偿债务产生的净损益
	破产资产和负债净值变动净损益	核算破产企业在破产清算期间按照破产资产清算净值调整资产账面价值以及按照破产债务清偿价值调整负债账面价值产生的净损益
	其他收益	核算除资产处置、债务清偿之外，在破产清算期间发生的其他收益
	破产费用	核算破产企业在企业破产清算期间发生的破产法规定的各项破产费用，主要包括破产案件的诉讼费用，管理、变价和分配债务人资产的费用，管理人执行职务的费用、报销和聘用工作人员的费用
	共益债务支出	核算破产企业清算期间发生的破产法规定的共益债务相关的各项支出
	其他费用	核算破产企业破产清算期间发生的除破产费用、共益债务支出和所得税费用之外的各项其他费用
	所得税费用	核算破产企业破产清算期间发生的企业所得税费用
	清算净损益	核算破产企业破产期间结转的上述各类清算损益科目余额

12.2.2 账务处理的内容

破产清算的账务处理，内容比较繁杂，为清晰起见，先将其进行简要梳理，见表12－3。

表12－3 破产清算账务处理的主要内容

业务类别	账务处理内容
破产清算期间主要业务的账务处理	破产宣告日原有余额的结转与调整； 追回、处置破产资产； 处理未入账资产、负债； 履行未完毕合约； 确认发生的破产费用； 确认共益债务支出； 清偿债务； 处理收到的利息、股利、租金等孳息。
破产报表日的相关账务处理	对破产资产、负债进行重新计量； 提存应交所得税； 结转清算损益类科目余额。

下面简要说明表12－3中列示的各类业务的账务处理。

1. 破产宣告日原有余额的结转与调整

在破产宣告日，管理人需根据破产企业移交的科目余额表，将原科目余额结转计入新设的会计科目中。具体做法是：

（1）将大多数原资产、负债余额转入新设的相关资产、负债科目里。

（2）原“应付账款”“其他应付款”科目余额中，属于破产法规定的破产费用的余额，应转入“应付破产费用”科目；属于破产法规定的共益债务的余额，应转入“应付共益债务”科目。

（3）原“商誉”“长期待摊费用”“递延所得税资产”“递延所得税负债”“递延收益”等资产、负债类科目余额，应转至“清算净值”科目。

（4）原“股本”“资本公积”“盈余公积”“其他综合收益”“利润分配”等科目的余额，应转入“清算净值”科目。

（5）破产宣告日，管理人还应对破产企业拥有的各类资产（包括原账面价值为零的已提足折旧的固定资产、已摊销完毕的无形资产等）登记造册，估计其清算净值，按照破产资产清算净值对各资产科目余额进行调整；同样，也要对各类负债进行核查，按照破产债务的清偿价值对各负债科目余额进行调整。对有关资产、负债的余额调整金额，要相应调整“清算净值”科目。

2. 追回、处置破产资产

（1）破产管理人依法追回相关破产资产的，按照追回资产的破产财产清算净值，借记相关资产科目，贷记“其他收益”科目。

（2）收回各种应收款项、出售各项破产财产时，应按收到的款项，借记“现金”“银行存款”等科目；按处置资产的账面价值，贷记“应收账款”“应收票据”“长期股权投资”“存货”“固定资产”“在建工程”“无形资产”等科目；按应缴纳的税费，贷记“应交税费”科目；按上述处理的差额，借记或贷记“资产处置净损益”科目。

（3）国家收回划拨的土地使用权时，根据国家给予的补偿金额，借记“现金”“银行存款”等科目，贷记“其他收益”科目。

3. 处理未入账的资产、负债

（1）破产清算期间通过清查、盘点等方式取得的未入账资产，应当按照取得日的破产资产清算净值，借记相关资产科目，贷记“其他收益”科目。

（2）破产清算期间通过债权人申报发现的未入账债务，应当按照破产债务清偿价值确定计量金额，借记“其他费用”科目，贷记有关负债科目。

4. 履行未完毕合约

（1）破产清算期间，破产企业作为买入方继续履行尚未履行完毕的合同的，按照收到的资产的破产资产清算价值，借记相关资产科目；按照相应的增值税进项税额，借记“应交税费”科目；按照已支付或应支付的款项，贷记“现金”“银行存款”“应付共益债务”“预付款项”等科目；按照上述各科目的差额，借记“其他费用”或贷记“其他收益”科目。

（2）破产清算期间，破产企业作为卖出方继续履行尚未履行完毕的合同的，按照应收或已收的金额，借记“现金”“银行存款”“应收账款”等科目；按照转让的资产的账面价值，贷记相关资产科目；按照上述各科目的差额，借记“其他费用”或贷记“其他收益”科目。

5. 确认发生的破产费用

破产企业在企业破产清算期间发生的破产法规定的各项破产费用，如处置破产财产产生的评估、变价、拍卖等费用，破产案件的诉讼费用，管理、变价和分配债务人资产的费用，管理人执行职务的费用、报销和聘用工作人员的费用等，应确认为破产费用。发生这些破产费用时，借记“破产费用”科目，贷记“现金”“银行存款”“应付破产费用”等科目。

6. 确认共益债务支出

共益债务，是指在人民法院受理破产申请后，为全体债权人的共同利益而管理、变卖和分配破产财产而负担的债务，主要包括因管理人或者债务人（即破产企业）请求对方当事人履行双方均未履行完毕的合同所产生的债务、为债务人继续经营而应当支付的劳动报酬和社会保险费用以及由此产生的其他债务、管理人或者相关人员执行职务致人损害所产生的债务以及债务人财产致人损害所产生的债务。

破产企业发生各项共益债务支出时，借记“共益债务支出”科目，贷记“现金”、“银行存款”或“应付共益债务”等科目。

7. 清偿债务

（1）清偿已入账的破产费用和共益债务。

清偿已入账的应付破产费用时，借记“应付破产费用”科目；按实际支付金额，贷记“现金”“银行存款”等科目；按两者之差额，借记或贷记“破产费用”科目。

清偿已确认的共益债务时，按已确认负债的账面价值，借记“应付共益债务”科目；按实际支付金额，贷记“现金”“银行存款”等科目；按两者之差额，借记或贷记“共益债务支出”科目。

（2）清偿与职工薪酬、税款、应付账款等有关的破产债务。

支付按照批准的职工安置方案应支付的所欠职工的工资和医疗、伤残补助、抚恤费用，应当划入职工个人账户的基本养老保险、基本医疗保险和其他社会保险费用，以及法律、行政法规规定应支付给职工的补偿金时，按已确认负债的账面价值，借记“应付职工薪酬”科目；按实际支付金额，贷记“现金”“银行存款”等科目；按两者之差额，借记或贷记“债务清偿净损益”科目。

支付所欠税款时，按已确认负债的账面价值，借记“应交税费”科目；按实际支付金额，贷记“现金”“银行存款”等科目；按两者之差额，借记或贷记“债务清偿净损益”科目。

清偿破产债务时，如果用货币资金清偿破产债务，按实际支付金额，借记“应付账款”等科目，贷记“现金”“银行存款”等科目；如果用非货币性资产清偿破产债务，按清偿的价值，借记“应付账款”等科目，按非货币性资产的账面价值，贷记有关资产科目，按两者之差额，借记或贷记“债务清偿净损益”科目。

（3）破产企业在破产清算终结日，剩余债务不再清偿的，按其账面价值，借记相关负债科目，贷记“其他收益”科目。

8. 破产清算期间其他业务的处理

破产企业收到的利息、股利、租金等孳息，借记“现金”“银行存款”等科目，贷记“其他收益”科目。

敲黑板

破产企业清偿债务时，并不是所有的清偿债务账务处理中都会涉及“债务清偿净损益”科目，比如破产清算终结日不再清偿的剩余债务就转入“其他收益”科目。

破产清算企业的“其他收益”科目，核算破产清算期间破产企业处置破产资产、偿还破产债务之外的各种收益，包括：追回资产收益、收到的国家收回土地使用权支付的补偿款、处理未入账资产以及履行未完毕合约涉及的收益、破产清算终结日不再清偿的剩余债务以及收到的利息、股利、租金等孳息。

破产清算企业的“其他费用”科目，核算破产企业破产清算期间发生的除破产费用、共益债务支出和所得税费用之外的各项其他费用，主要包括：处理未入账负债以及履行未完毕合约涉及的费用。

9. 破产报表日的相关账务处理

（1）对破产资产、负债进行重新计量。为了编制破产清算期间的财务报表，应当对所有资产项目按其于破产报表日的破产资产清算净值进行重新计量，借记或贷记有关资产科目，贷记或借记“破产资产和负债净值变动净损益”科目；应当对所有负债项目按破产债务清偿价值进行重新计量，借记或贷记有关负债科目，贷记或借记“破产资产和负债净值变动净损益”科目。

（2）提存应交所得税。有已实现的应纳税所得额的，考虑可以抵扣的金额后，对据此提存的应交所得税，借记“所得税费用”科目，贷记“应交税费”科目。

（3）结转清算损益类科目余额。应当将“资产处置净损益”“债务清偿净损益”“破产资产和负债净值变动净损益”“其他收益”“破产费用”“共益债务支出”“其他费用”“所得税费用”科目余额结转至“清算净损益”科目，并将“清算净损益”科目余额结转至“清算净值”科目。

下面举例予以说明。

【例 12－1】

甲公司因经营不善连年亏损，出现严重资不抵债，经全体股东大会讨论决定申请破产，经人民法院裁定，自 2×23 年 8 月 1 日起进行破产清算。该公司 2×23 年 7 月 31 日的财务状况见表 12－4。

表 12－4　清算前资产负债表

编制单位：甲公司　　2×23 年 7 月 31 日　　单位：万元

资产	行次	期末数	负债和所有者权益	行次	期末数
流动资产：			流动负债：		
货币资金		20	短期借款		1 000
交易性金融资产		40	应付账款		1 820
应收账款		960	预收款项		0
其他应收款		0	应付职工薪酬		500
预付款项		0	应交税费		300
存货		600	其他应付款		0
流动资产合计		1 620	非流动负债：		
非流动资产：			应付债券		0
债权投资		100	长期借款		1 100
长期股权投资		170	负债合计		4 720
投资性房地产		0	所有者权益：		
固定资产*		700	股本		1 000
在建工程		0	资本公积		0
无形资产		0	盈余公积		50
递延所得税资产		130	未分配利润		－3 050
非流动资产合计		1 100	所有者权益合计		－2 000
资产总计		2 720	负债和所有者权益总计		2 720

* “固定资产”账户余额 800 万元，“累计折旧”账户余额 100 万元。

在破产清算期间，发生如下业务：

(1) 对存货、固定资产按清算净值调整账面余额，存货的清算净值为 590 万元，固定资产的清算净值为 500 万元。

(2) 确认应支付的破产财产的评估、变卖等费用 15 万元。

(3) 将持有的金融资产和长期股权投资以 210 万元全部出售；将存货以 590 万元的价格处置；将固定资产以 500 万元的价格处置。收回应收账款 960 万元。

(4) 确认应支付的破产案件诉讼费用、聘用工作人员的工资等各项破产费用 30 万元。

(5) 用现金支付各项破产费用。

(6) 偿付应付职工薪酬 500 万元，上缴应缴各项税费 400.3 万元。

(7) 将剩余货币资金按 36.6%的比例偿还应付账款、借款等债务。

(8) 破产清算终结日 2×23 年 11 月 30 日，对不再清偿的债务余额进行结转。

(9) 结转清算损益类科目余额，并结清“清算净值”科目。

相关税费略。

如何进行破产清算的账务处理？

根据上述资料，与甲公司破产清算有关的账务处理如下：

（1）破产宣告日原有余额的结转与调整：

借：金融资产投资	140	
贷：交易性金融资产		40
债权投资		100
借：累计折旧	100	
贷：固定资产		100
借：存货	600	
贷：原材料、库存商品等		600
借：短期借款	1 000	
长期借款	1 100	
贷：借款		2 100
借：股本	1 000	
盈余公积	50	
清算净值	2 130	
贷：利润分配		3 050
递延所得税资产		130

（2）破产清算期间对有关资产账户余额进行调整：

借：破产资产和负债净值变动净损益	210	
贷：存货		10
固定资产		200

（3）确认应支付的破产费用，支付破产费用：

借：破产费用	45	
贷：应付破产费用		45
借：应付破产费用	45	
贷：银行存款		45

（4）处置破产财产，收回应收债权：

借：银行存款等	1 300	
资产处置净损益	100	
贷：存货		590
固定资产		500
金融资产投资		140
长期股权投资		170
借：银行存款	960	
贷：应收账款		960

（5）偿还破产债务：

偿付应付职工薪酬：

借：应付职工薪酬	500	
贷：银行存款		500

上缴应缴各项税费：

借：应交税费　300

　贷：银行存款　300

清偿应付账款和各项借款：

借：应付账款　666

　　借款　769

　贷：银行存款　1 435

破产清算终结日，对不再清偿的债务余额进行结转：

借：应付账款　1 154

　　借款　1 331

　贷：其他收益　2 485

（6）结转清算损益类科目余额：

借：其他收益　2 485

　贷：破产费用　45

　　　资产处置净损益　100

　　　破产资产和负债净值变动净损益　210

　　　清算净损益　2 130

（7）结转清算净损益：

借：清算净损益　2 130

　贷：清算净值　2 130

将上述账务处理以丁字账形式进行归纳，破产清算基本业务的账务处理流程见图 12－1。

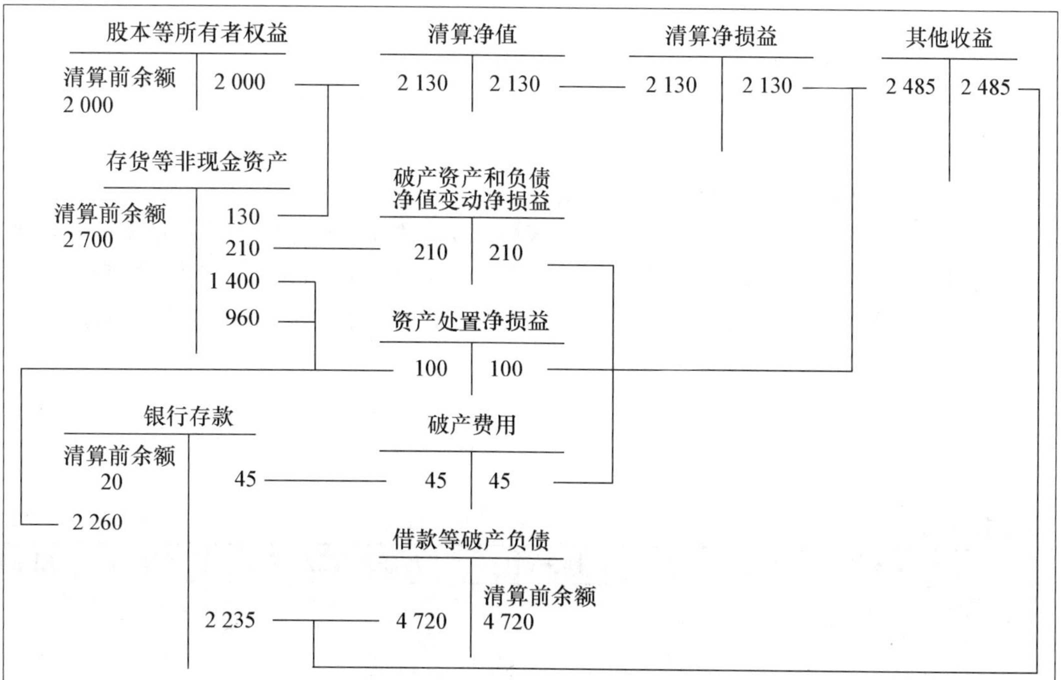

图 12－1　破产清算基本业务账务处理流程简示

12.2.3 破产清算的报表列报与附注披露

1. 清算财务报表的含义及种类

为了向法院、债权人会议等报表使用者反映破产企业在破产清算过程中的财务状况、清算损益、现金流量变动和债务清偿情况，破产企业应当在破产报表日编制清算财务报表，并由破产管理人签章。

破产企业的财务报表包括清算资产负债表、清算损益表、清算现金流量表、债务清偿表及相关附注。

清算资产负债表反映破产企业在破产报表日关于资产、负债、清算净值及其相互关系的信息。清算资产负债表中，要反映破产企业在破产报表日资产的破产资产清算价值，以及负债的破产债务清偿价值，资产项目和负债项目的差额在报表中作为清算净值列示。

清算损益表反映破产企业在清算期间发生的各项收益、费用。

清算现金流量表反映破产企业在破产清算期间货币资金余额的变动情况。

债务清偿表反映破产企业在破产清算期间发生的债务清偿情况。

表12－5列示了各种情况下清算报表的编制时间要求。

表12－5 清算财务报表的编制时间及种类要求

情况	编制时间	报表种类
1. 法院宣告企业破产	破产宣告日	清算资产负债表及其附注
2. 法院或债权人会议要求提供清算财务报表	法院或债权人会议要求的编报日	清算资产负债表及其附注 清算损益表及其附注 清算现金流量表及其附注 债务清偿表及其附注
3. 向法院申请裁定破产终结	破产终结申请日	清算损益表及其附注 债务清偿表及其附注

接下来，我们来了解清算财务报表的具体内容。

2. 清算财务报表的格式与填列方法

（1）清算资产负债表。与持续经营情况下的资产负债表不同，清算资产负债表的填列表现出以下三个特征：第一，本表列示的资产、负债项目，不区分流动与非流动；第二，本表在资产、负债项目之外没有所有者权益项目，而是列示“清算净值”项目；第三，尽可能简并报表项目。

清算资产负债表的格式见表12－6。

表12－6 清算资产负债表

会清01表

编制单位： 年 月 日 单位：元

资产	行次	期末数	负债及清算净值	行次	期末数
货币资金			负债：		
应收票据			借款		
应收账款			应付票据		
其他应收款			应付账款		

续表

资产	行次	期末数	负债及清算净值	行次	期末数
预付款项			预收款项		
存货			其他应付款		
金融资产投资			应付债券		
长期股权投资			应付破产费用		
投资性房地产			应付共益债务		
固定资产			应付职工薪酬		
在建工程			应交税费		
无形资产			⋮		
⋮			负债合计		
			清算净值：		
			清算净值		
资产总计			负债及清算净值总计		

清算资产负债表各项目的填列方法如下：

1）大多数项目可根据有关会计科目的余额填列。比如：资产部分的“货币资金”“预付款项”“存货”“长期股权投资”“投资性房地产”“固定资产”“在建工程”“无形资产”等项目，负债部分的“预收款项”“应付债券”“应付职工薪酬”“应交税费”等项目，就是分别根据有关科目的余额直接填列或计算填列。

2）有些项目包含了相关的并入信息。比如“应收账款”“其他应收款”两个项目，不仅分别反映“应收账款”“其他应收款”科目的余额，还包括“长期应收款”科目余额中的相关金额；同理，“应付账款”“其他应付款”两个项目，不仅分别反映“应付账款”“其他应付款”科目的余额，还包括“长期应付款”科目余额中的相关金额。再比如，“金融资产投资”项目应根据“交易性金融资产”“债权投资”等科目的余额合计数填列，而“借款”项目，则根据“短期借款”“长期借款”科目余额之和填列。

3）“应付破产费用”“应付共益债务”“清算净值”项目，分别反映破产报表日破产企业的应付破产费用、应付共益债务以及清算净值，应分别根据“应付破产费用”“应付共益债务”“清算净值”科目的余额填列。

（2）清算损益表。清算损益表的格式见表 12 - 7。

表 12 - 7　清算损益表

会清 02 表

编制单位：　　　　　　　　　年　月　日至　　年　月　日　　　　　　　　单位：元

项目	行次	本期数	累计数
一、清算收益（清算损失以“—”号表示）			
（一）资产处置净收益（净损失以“—”号表示）			
（二）债务清偿净收益（净损失以“—”号表示）			
（三）破产资产和负债净值变动净收益（净损失以“—”号表示）			
（四）其他收益			
小计			
二、清算费用			
（一）破产费用（以“—”号表示）			
（二）共益债务支出（以“—”号表示）			

续表

项目	行次	本期数	累计数
（三）其他费用（以“－”号表示）			
（四）所得税费用（以“－”号表示）			
小计			
三、清算净收益（清算净损失以“－”号表示）			

清算损益表中的信息分为“本期数”和“累计数”两栏，其中，“本期数”反映破产企业从上一破产报表日至本破产报表日期间有关项目的发生额，“累计数”反映破产企业从被人民法院宣告破产之日起至本破产报表日期间有关项目的发生额。

清算损益表中各项目，分别根据有关会计科目的发生额填列。

（3）清算现金流量表。清算现金流量表的格式见表12－8。

表12－8 清算现金流量表

会清03表

编制单位： 年 月 日至 年 月 日 单位：元

项目	行次	本期数	累计数
一、期初货币资金余额			
二、清算现金流入			
（一）处置资产收到的现金净额			
（二）收到的其他现金			
清算现金流入小计			
三、清算现金流出			
（一）清偿债务支付的现金			
（二）支付破产费用的现金			
（三）支付共益债务的现金			
（四）支付所得税费用的现金			
（五）支付的其他现金			
清算现金流出小计			
四、期末货币资金余额			

清算现金流量表中的信息分为“本期数”和“累计数”两栏，其中，“本期数”反映破产企业从上一破产报表日至本破产报表日期间有关项目的发生额，“累计数”反映破产企业从被法院宣告破产之日起至本破产报表日期间有关项目的发生额。

清算现金流量表中各项目，应根据货币资金各科目的变动情况分析填列。

（4）债务清偿表。债务清偿表应按有担保的债务和普通债务分别设置项目，普通债务部分还需要按照清偿顺序设置具体项目。具体格式见表12－9。

表12－9 债务清偿表

会清04表

编制单位： 年 月 日 单位：元

债务项目	行次	期末数	经法院确认债务的金额	清偿比例	实际需清偿金额	已清偿金额	尚未清偿金额
		①	②	③	④＝②×③	⑤	⑥＝④－⑤
一、有担保的债务：							
××银行							

续表

债务项目	行次	期末数	经法院确认债务的金额	清偿比例	实际需清偿金额	已清偿金额	尚未清偿金额
		①	②	③	④=②×③	⑤	⑥=④-⑤
××企业							
⋮							
小计							
二、普通债务：							
第一顺序：劳动债务							
其中：应付职工薪酬							
⋮							
第二顺序：国家税款债务							
其中：应交税费							
⋮							
第三顺序：普通债务							
其中：借款							
——××银行							
——××企业							
应付债务工具							
——××银行							
——××企业							
应付票据							
应付款项							
——××银行							
——××企业							
小计							
合计							

债务清偿表各栏目中，“期末数”反映负债按照破产债务清偿价值确定的金额；“经法院确认债务的金额”为经债权人申报并由法院确认的金额，无须填写未经确认的债务金额；“清偿比例”为根据破产法的规定，当破产资产不足以清偿同一顺序的清偿要求时，按比例进行分配时所采用的比例。

3. 附注披露

破产资产负债表的附注中，主要应披露以下信息：

（1）区分是否用作担保，分别披露破产资产的明细信息；

（2）依法追回的账外资产、取回的质物和留置物等明细信息，如追回或取回有关资产的时间、有关资产的名称、破产资产的清算净值等；

（3）经法院确认以及未经法院确认的债务的明细信息，如债务项目名称以及有关金额等；

（4）应付职工薪酬的明细信息，如所欠职工的工资和医疗、伤残补助、抚恤费用，所欠的应当划入职工个人账户的基本养老保险、基本医疗保险费用，以及法律、行政法规规定应当支付给职工的补偿金。

清算损益表附注中，应分别披露以下信息：

（1）资产处置净损益的明细信息，包括资产性质、处置收入、处置费用及处置净收益；

（2）破产费用的明细信息，包括费用性质、金额等；

（3）共益债务支出的明细信息，包括具体项目、金额等。

清算现金流量表附注中，应披露期末货币资金余额中已经提存用于向特定债权人分配或向国家缴纳税款的情况。

【例12－2】 破产报表的编制

沿用例12－1的资料。

如何编制破产终结申请日的相关会计报表？

根据例12－1有关资料，编制破产终结申请日的清算损益表，见表12－10。

表12－10 破产终结申请日的清算损益表

会清02表

编制单位：甲公司　　2×23年8月1日至2×23年11月30日　　单位：元

项目	行次	本期数	累计数
一、清算收益（清算损失以“－”号表示）		略	
（一）资产处置净收益（净损失以“－”号表示）			－100
（二）债务清偿净收益（净损失以“－”号表示）			0
（三）破产资产和负债净值变动净收益（净损失以“－”号表示）			－210
（四）其他收益			2 485
小计			2 175
二、清算费用			
（一）破产费用（以“－”号表示）			－45
（二）共益债务支出（以“－”号表示）			0
（三）其他费用（以“－”号表示）			0
（四）所得税费用（以“－”号表示）			0
小计			－45
三、清算净收益（清算净损失以“－”号表示）			2 130

12.2 即测即评

思考题

1. 什么是企业清算？企业清算主要有哪几种情况？
2. 破产清算会计的主要内容是什么？
3. 如何理解破产清算会计的基本会计处理流程？

练习题

［目的］ 了解企业破产清算中清算净损益的确认与计量。

［资料］　甲公司因经营不善连年亏损，出现严重资不抵债，经全体股东大会讨论决定申请破产，经人民法院裁定，自 2×23 年 2 月 1 日起进行破产清算，至 2×23 年 2 月末，清算过程中发生了如下业务：

(1) 通过清查、盘点等方式取得一批未入账原材料，经评估其清算净值为 30 000 元；

(2) 通过债权人申报发现有两笔未入账的应付购货款，经评估该债务清偿价值为 70 000 元；

(3) 破产企业作为买入方继续履行尚未履行完毕的购货合同，收到的资产的破产资产清算价值为 50 000 元，增值税进项税额为 8 500 元，用现金支付了其中的 30 000 元；

(4) 破产企业收到 2 000 元现金股利。

［要求］　根据上述资料，计算相关业务对 2×23 年 2 月清算净损益的影响金额。

中国人民大学出版社　管理分社

教师教学服务说明

中国人民大学出版社管理分社以出版工商管理和公共管理类精品图书为宗旨。为更好地服务一线教师，我们着力建设了一批数字化、立体化的网络教学资源。教师可以通过以下方式获得免费下载教学资源的权限：

- ★ 在中国人民大学出版社网站 www.crup.com.cn 进行注册，注册后进入“会员中心”，在左侧点击“我的教师认证”，填写相关信息，提交后等待审核。我们将在一个工作日内为您开通相关资源的下载权限。

- ★ 如您急需教学资源或需要其他帮助，请加入教师 QQ 群或在工作时间与我们联络。

中国人民大学出版社　管理分社

教师 QQ 群：648333426(工商管理)　114970332(财会)　648117133(公共管理)
教师群仅限教师加入，入群请备注（学校+姓名）

联系电话：010-62515735，62515987，62515782，82501048，62514760

电子邮箱：glcbfs@crup.com.cn

通讯地址：北京市海淀区中关村大街甲 59 号文化大厦 1501 室（100872）

管理书社　　人大社财会　　公共管理与政治学悦读坊